NA LUZ DA VERDADE

NA LUZ DA VERDADE

MENSAGEM DO GRAAL
de
ABDRUSCHIN

Volume 2

ORDEM DO GRAAL NA TERRA

Título do original em língua alemã:
IM LICHTE DER WAHRHEIT
Gralsbotschaft von Abdruschin
(obra escrita entre 1923 e 1937)

Traduzido sob responsabilidade da
ORDEM DO GRAAL NA TERRA
Rua Sete de Setembro, 29.200
06845-000 – Embu das Artes – SP – BRASIL
www.graal.org.br

8ª edição: 2011
Primeira reimpressão: 2019

Dados Internacionais de Catalogação na Publicação (CIP)
(Câmara Brasileira do Livro, SP, Brasil)

Abdruschin, 1875 – 1941.
  Na Luz da Verdade : Mensagem do Graal, volume 2 / de Abdruschin.
– 8ª ed. – Embu das Artes, SP : Ordem do Graal na Terra, 2019.

  Título original: Im Lichte der Wahrheit.
  Vários tradutores.
  ISBN 978-85-7279-027-7

  1. Espiritualidade 2. Filosofia de vida 3. Pensamentos 4. Reflexões
I. Título.

15-01962   CDD-113.8

Índices para catálogo sistemático:
1. Filosofia de vida 113.8

NA LUZ DA VERDADE
Mensagem do Graal de Abdruschin
Obra em 3 volumes

Direitos de tradução: ORDEM DO GRAAL NA TERRA
Registrados sob nº 21.851 na Biblioteca Nacional

CAMINHA AGORA VIGOROSAMENTE RUMO AO ALTO!

RESPONSABILIDADE

Essa questão continua sendo primordial, porque os seres humanos, em sua grande maioria, gostariam de livrar-se de toda a responsabilidade, jogando-a sobre qualquer outra coisa, menos sobre si mesmos. Que isso constitua em si uma desvalorização pessoal não tem nenhuma importância para eles. A tal respeito são de fato bem humildes e modestos, mas somente a fim de poder entregar-se a uma vida ainda mais prazenteira e inescrupulosa.

Seria, pois, tão bonito poderem preencher todos os seus desejos e satisfazerem todos os seus apetites, também perante outras pessoas, ficando isentos de castigo. As leis terrenas podem, em casos de necessidade, ser burladas, evitando conflitos. Os mais habilidosos podem até mesmo, acobertados por essas mesmas leis, realizar empreendimentos astuciosos muito bem-sucedidos e fazer muitas outras coisas que não suportariam nenhum teste de moralidade. Ainda muitas vezes granjeiam com isso a fama de pessoas excepcionalmente eficientes.

Portanto, com alguma habilidade poderiam levar uma vida bem agradável, conforme suas próprias ideias, se... não existisse em algum lugar determinada coisa que despertasse um sentimento incômodo, se não surgisse às vezes uma momentânea inquietação crescente no sentido de que, finalmente, muita coisa poderia ser um pouco diferente do que os próprios desejos estabelecem para si.

E assim é! A realidade é séria e inexorável. Os desejos humanos não podem, a tal respeito, provocar alterações de espécie alguma. Férrea se mantém a lei: "O que o ser humano semeia, colherá multiplicadamente!"

1. Responsabilidade

Estas poucas palavras contêm e dizem muito mais do que tantos pensam. Coadunam-se, com precisão e certeza absolutas, com os fenômenos reais do efeito recíproco que reside na Criação. Não poderia ser encontrada expressão mais adequada para o fato. Assim como a colheita resulta da multiplicação de uma semeadura, da mesma forma o ser humano colherá sempre multiplicado aquilo que ele despertou e emitiu com suas próprias intuições, de acordo com a espécie de sua vontade.

A criatura humana traz, por conseguinte, espiritualmente, a responsabilidade de tudo quanto faz. Essa responsabilidade é contemporânea já da resolução, e não posterior ao ato realizado, que nada mais é senão uma consequência da resolução. E a resolução é o despertar dum querer sincero!

Não existe separação nenhuma entre o Aquém e o chamado Além, mas sim tudo é um único e imenso existir. Toda essa Criação gigantesca, em parte visível e em parte invisível aos seres humanos, atua como uma engrenagem admiravelmente benfeita, jamais falhando, que se articula com justeza, sem se desengrenar. Leis *uniformes* seguram o todo, perpassam tudo como um sistema nervoso, unem e liberam mutuamente em constante efeito recíproco!

Quando as igrejas e as escolas se referem ao céu e ao inferno, a Deus e ao diabo, tudo isso está certo. O errado é a explicação referente às forças boas e más. Isso induzirá qualquer indagador sério a ficar em dúvidas e a cometer erros, pois onde existem *duas* forças, logicamente deve haver dois soberanos, que nesse caso seriam dois deuses, um bom e outro mau.

E este não é o caso!

Existe apenas *um* Criador, um Deus, e, portanto, também apenas *uma* força que perflui, vivifica e fomenta tudo o que existe!

Essa força divina, pura e criadora, atravessa constantemente toda a Criação, reside nela e é inseparável dela. Encontra-se em toda parte: no ar, em cada gota d'água, nas pedras que se formam, nas plantas que crescem, nos animais e naturalmente nas criaturas humanas também. Nada existe onde ela não esteja.

1. Responsabilidade

E assim como ela tudo perpassa, da mesma forma também perflui ininterruptamente o ser humano. O ser humano, porém, é constituído de tal maneira, que se assemelha a uma lente.

E assim como uma lente reúne os raios solares que a atravessam, conduzindo-os adiante em forma concentrada, de maneira que os raios caloríficos, reunindo-se num ponto, ardam e produzam fogo, da mesma forma o ser humano, devido a sua constituição especial, reúne por meio de sua intuição a força da Criação que o perpassa e a conduz adiante, de forma concentrada, através de seus pensamentos.

Conforme a espécie desse intuir e os consequentes pensamentos, a força criadora de Deus, de atuação autônoma, será *dirigida* por ele para bons ou maus efeitos!

Essa é a responsabilidade com que o ser humano tem de arcar! Nisso se encontra também o seu livre-arbítrio!

Vós, que muitas vezes procurais de modo tão convulsivo encontrar o verdadeiro caminho, por que fazeis tudo assim tão difícil? Imaginai com toda a simplicidade como flui através de vós a força pura do Criador, a qual dirigis com os vossos pensamentos em direção boa ou má. Dessa maneira, sem esforço nem quebra-cabeça, tereis tudo!

Considerai que depende da simplicidade de vossas intuições e pensamentos, essa força prodigiosa acarretar o bem ou o mal. Que poder benéfico ou destruidor vos é concedido com isso!

Não precisais nesse caso fazer tal esforço que vos provoque suor na fronte, nem precisais agarrar-vos às chamadas práticas ocultistas, a fim de, mediante contorções corporais e espirituais, possíveis e impossíveis, alcançar algum degrau totalmente insignificante para vossa verdadeira ascensão espiritual!

Abandonai tais brincadeiras que roubam o tempo e que já tantas vezes se transformaram em tormentos mortificantes, que nada mais significam do que as autofustigações e castigos de outrora nos conventos. Apresentam-se apenas de outra forma, da qual tampouco podereis obter vantagem.

Os chamados mestres e discípulos do ocultismo são modernos fariseus! Na mais fiel acepção do termo. Constituem legítimas reproduções dos fariseus do tempo de Jesus de Nazaré.

1. Responsabilidade

Lembrai-vos com alegria pura, que podeis, sem nenhum esforço, através de vosso simples e bem-intencionado intuir e pensar, dirigir essa força única e gigantesca da Criação. Exatamente de acordo com a maneira de vossa intuição e de vossos pensamentos são os efeitos dessa força. *Atua por si*, bastando apenas que a guieis.

Isso se processa com toda a simplicidade e singeleza! Para tal não se faz necessário erudição, nem mesmo saber ler ou escrever. A *cada qual* de vós é dado em igual medida! Nisso não há diferença.

Assim como uma criança pode, brincando, ligar uma corrente elétrica, mexendo num interruptor, disso decorrendo efeitos incríveis, da mesma forma vos é outorgado o dom de guiar a força divina, através de vossos simples pensamentos.

Utilizando-a para boas finalidades, podeis vos alegrar e orgulhar! Tremei, porém, se a desperdiçardes ou se a empregardes em coisas impuras! Pois não podeis fugir à lei da reciprocidade que está inserida na Criação! Mesmo que tivésseis as asas da aurora, alcançar-vos-ia a mão do Senhor, de cuja força abusastes, onde quer que vos escondêsseis, e isso através desse efeito de reciprocidade que atua automaticamente.

O mal é produzido pela mesma pura força divina, assim como o bem!

E essa maneira voluntária e livre de aplicar a força divina uniforme, acarreta consigo a responsabilidade da qual ninguém pode escapar. Por isso clamo a cada um que procura: "Conserva puro o foco dos teus pensamentos, com isso estabelecerás a paz e serás feliz!"

Regozijai-vos, ignorantes e fracos, pois vos é dado o mesmo poder que aos fortes! Não vos dificulteis, portanto, em demasia! Não vos esqueçais de que a pura e autônoma força de Deus flui também através de vós e que igualmente vós, como seres humanos, estais capacitados a dar a essa força uma determinada direção pela espécie de vossas intuições, isto é, de vossa vontade, quer para o bem como para o mal, construindo ou devastando, trazendo alegria ou sofrimento!

Em virtude de existir apenas essa única força de Deus, esclarece-se também o segredo por que em todas as lutas finais

1. Responsabilidade

acabam as trevas tendo de retroceder diante da Luz, e o mal diante do bem. Se dirigirdes a força de Deus no sentido do bem, ela preservará sua pureza primitiva, sem turvação, e desenvolverá desse modo uma força muito maior, ao passo que com a turvação para o impuro se processa ao mesmo tempo um enfraquecimento. Assim, numa luta final, a *pureza* da força terá sempre efeitos concretos e decisivos.

O que vem a ser bem e mal, cada um sente até nas pontas dos dedos, sem explicações. Cismar a tal respeito só traria confusões. Entregar-se a cismas é desperdício de energias, é como um pântano, um brejo viscoso, que imobiliza e asfixia tudo o que está ao seu alcance. Alegria radiante, porém, rompe as barreiras do cismar. Não tendes necessidade de ser tristes e oprimidos!

A todo momento podeis iniciar a escalada para as alturas e reparar o passado, seja ele qual for! Não façais nada mais do que pensar no fato de que a pura força de Deus vos perflui continuamente, então vós próprios temereis em dirigir essa pureza para canais imundos de maus pensamentos, porque sem qualquer esforço podeis alcançar da mesma maneira o mais elevado e o mais nobre. Precisais apenas *dirigir;* a força então atuará por si mesma, na direção por vós desejada.

Tendes assim em vossas próprias mãos a felicidade ou a infelicidade. Soerguei, portanto, a cabeça com altivez, libertando e arejando a fronte. Se não o chamardes, o mal não poderá aproximar-se! Suceder-vos-á aquilo pelo que houverdes *optado!*

DESTINO

AS pessoas falam sobre destino merecido e destino imerecido, recompensa e castigo, desforra e carma. Tudo isso são apenas designações parciais duma lei existente na Criação: *a lei da reciprocidade!*

Trata-se de uma lei que existe na Criação inteira desde os seus primórdios, lei essa que foi entrelaçada inseparavelmente no vasto processo do evoluir eterno, como parte indispensável do próprio criar e do desenvolvimento. Como um gigantesco sistema de finíssimos fios de nervos, essa lei mantém e anima o gigantesco Universo, impulsionando permanente movimento, um eterno dar e receber!

Já de modo simples e singelo, porém tão acertado, disse Jesus Cristo: *"O que o ser humano semeia, isso ele colherá!"*

Estas poucas palavras transmitem, de modo tão brilhante, a imagem da atuação e da vida em toda a Criação, como dificilmente poderia ser explicado de outra maneira. O sentido de tais palavras se insere ferreamente na existência. De modo inabalável, intocável e incorruptível em seus efeitos contínuos.

Podereis vê-lo, se *quiserdes* ver! Começai com a observação do ambiente em torno de vós. Aquilo a que chamais leis da natureza são, pois, as leis divinas, são a vontade do Criador. Sem demora reconhecereis quão permanentes são tais leis em suas incessantes atuações, pois se semeardes trigo, não colhereis centeio, e se semeardes centeio, não poderá surgir arroz!

Isso é tão evidente a todo ser humano, que ele já nem medita sobre o fenômeno em si. Razão por que nem se torna consciente da severa e grande lei que aí reside. E, todavia, aí se encontra diante da solução de um enigma, que não precisava ser um enigma para ele.

2. Destino

Essa mesma lei, pois, que aqui podeis observar, atua com a mesma certeza e a mesma potencialidade também nas coisas mais delicadas que só estais aptos a averiguar mediante o emprego de lentes de aumento e, ainda continuando, no setor de matéria fina de toda a Criação, que é a sua parte mais extensa. Em *cada* fenômeno ela jaz inalteravelmente, até mesmo no desenvolvimento, o mais sutil, de vossos pensamentos, os quais, aliás, ainda são constituídos também de certa materialidade. Como pudestes supor que justamente lá devesse ser diferente, onde vós queríeis que fosse? Vossas dúvidas outra coisa não são, na realidade, senão desejos íntimos não expressos!

Em todo existir que se vos apresenta visível ou invisível, tudo se baseia em que cada espécie dá origem à sua mesma espécie, seja qual for a matéria. A mesma regra perdura para o crescimento, o desenvolvimento e a frutificação, bem como para a reprodução da mesma espécie. Esse acontecimento atravessa tudo *uniformemente,* sem nenhuma diferença, sem nenhuma lacuna, não se detém diante de outra parte da Criação, mas conduz os efeitos como um fio inquebrantável, sem parar ou romper.

Mesmo que a maior parte da humanidade, por estreiteza e arrogância, se tenha isolado do Universo, as leis divinas ou da natureza não deixam de considerá-la como parte integrante, continuando a trabalhar serenamente de forma inalterada e uniforme.

A lei da reciprocidade estipula, outrossim, que tudo quanto a criatura humana semeia, isto é, ali onde ela der ensejo a uma ação ou a um efeito, também *terá* de colher!

O ser humano dispõe sempre apenas da livre decisão, da livre resolução no início de cada ato, com referência à direção que deve ser dada a essa força universal que o perflui. *Terá,* portanto, de arcar com as consequências da atuação da força na direção por ele desejada. Apesar disso, muita gente se apega à afirmação de que o ser humano não tem nenhum livre-arbítrio se está sujeito a um destino!

Essa tolice só deve ter como finalidade um autoatordoamento ou uma submissão rancorosa por algo inevitável, uma resignação desgostosa, principalmente, porém, uma autodesculpa; porque cada um desses efeitos, que recai sobre ele, teve um início e *nesse início* estava a causa, em uma anterior *livre decisão* do ser humano, para o posterior efeito.

Essa livre decisão precedeu *cada* ação de retorno, portanto, cada destino! Em cada querer inicial o ser humano produziu e criou algo, no qual ele mesmo, mais tarde, em prazo curto ou longo, terá de viver. É, no entanto, muito variável *quando* isso ocorrerá. Pode ser ainda na mesma existência terrena em que teve início esse primeiro querer, assim como também pode ser depois de despir o invólucro de matéria grosseira, já, portanto, no mundo de matéria fina, ou então ainda mais tarde, novamente numa existência terrena na matéria grosseira.

As mudanças não alteram nada, não livram a pessoa disso. Permanentemente carrega ela consigo os fios de ligação, até que deles um dia venha a ser libertada, isto é, "desligada" deles, mediante o derradeiro efeito decorrente da lei da reciprocidade.

O formador está ligado à sua própria obra, mesmo que a tenha destinado a outrem!

Portanto, se hoje uma pessoa toma a deliberação de prejudicar outra pessoa, seja por pensamentos, palavras ou atos, com isso "inseriu no mundo" algo, não importando se é visível ou não, se, portanto, de matéria grosseira ou fina, tem força e com isso vida em si, que continua atuando e se desenvolvendo na direção desejada.

De como o efeito se realiza na pessoa a quem foi destinado, depende inteiramente da respectiva conformação anímica, podendo o dano causado a essa pessoa ser grande ou pequeno, ou mesmo talvez diverso do que foi desejado, ou até mesmo não lhe acarretar dano nenhum, pois unicamente o estado anímico da respectiva pessoa, por sua vez, é determinante para ela mesma. Logo, em tais coisas, ninguém se encontra sem proteção.

De modo diferente ocorre com aquele que, por sua decisão e por sua vontade, deu origem a esse fenômeno, isto é, aquele que foi seu gerador. O produto gerado permanece incondicionalmente ligado a ele, e retorna a ele, depois de uma curta ou longa peregrinação no Universo, reforçado, carregado como uma abelha, devido à atração da espécie igual.

2. Destino

Desencadeia-se aí a lei da reciprocidade, pois cada produto gerado atrai no seu movimento através do Universo várias espécies iguais ou ele mesmo será atraído por estas, e devido à concentração dessas espécies surge uma fonte de energia, a qual, como se fosse de uma central, retransmite força aumentada da mesma espécie a todos aqueles que, devido a seus produtos gerados, serão atados como que por cordões com o ponto de concentração das espécies iguais.

Através desse fortalecimento advém, então, uma condensação cada vez mais forte, até que finalmente disso se forme um sedimento de matéria grosseira, no qual o gerador de outrora terá agora de exaurir-se, na espécie por ele desejada aquela vez, para que finalmente seja libertado daquilo.

Essa é a formação e o desenvolvimento do tão temido e não compreendido destino! É justo até a mais ínfima e mais sutil gradação, porque, pela atração *somente* de *espécies iguais,* nunca poderá, na irradiação de retorno, trazer algo diferente daquilo que na realidade foi desejado originalmente.

É indiferente se destina-se a uma determinada pessoa ou de um modo geral, pois o mesmo processo ocorre também naturalmente quando a pessoa dirige seu querer não incondicionalmente em direção a uma ou várias pessoas, mas sim quando vive em qualquer espécie de querer.

A espécie do querer pelo qual ela se decide é determinante para os frutos que por fim terá de colher. Dessa maneira inúmeros fios de matéria fina pendem no ser humano ou ele se acha pendurado neles, os quais lhe fazem refluir tudo quanto uma vez desejou. Esses fluxos acabam constituindo uma mistura que contínua e fortemente influi na formação do caráter.

Assim, inúmeras são as coisas que no colossal maquinismo do Universo concorrem para ter influência na "vida" do ser humano; nada existe, porém, a que o próprio ser humano não tenha inicialmente dado origem.

Ele fornece os fios com os quais, no infatigável tear da existência, é tecido o manto que terá de usar.

De modo claro e nítido Cristo exprimiu a mesma coisa, ao dizer: "O que o ser humano semeia, isso ele *colherá*." Não disse "pode", mas sim "*colherá*". Vem a dar no mesmo que: ele *tem* de colher o que semeia.

Quantas vezes se ouvem pessoas, em geral bem sensatas, dizer: "Que Deus permita semelhante coisa, é incompreensível para mim!" Incompreensível, porém, é que haja pessoas que possam dizer tal coisa! De que forma mesquinha imaginam Deus, segundo essa afirmação. Com isso dão prova de que o concebem como um "Deus *arbitrário* em Suas ações".

No entanto, Deus nem intervém diretamente em todas essas pequenas e grandes preocupações humanas, guerras, misérias e o que ainda mais existe de terrenal! Já de início Ele entrelaçou na Criação as Suas leis perfeitas que executam automaticamente suas funções incorruptíveis, de modo a tudo se cumprir com a máxima exatidão, desencadeando-se num ritmo eternamente uniforme, com o que fica excluída a possibilidade tanto de preferências como de prejuízos, sendo impossível qualquer injustiça.

Deus não precisa, portanto, preocupar-se de modo especial a esse respeito, Sua obra não apresenta lacunas.

Um erro essencial de tantas pessoas, porém, é julgarem somente segundo pontos de vista de matéria grosseira e se considerarem como ponto central, bem como contarem com *uma* existência terrena, quando na realidade já têm atrás de si *várias* vidas terrenas. Tais vidas, bem como os intervalos no mundo de matéria fina, constituem um existir *uno,* durante o qual os fios são firmemente distendidos, sem se romperem, de maneira que nos efeitos de cada existência terrena apenas uma pequena parte desses fios se torna visível.

Constitui, por conseguinte, um grande erro acreditar que com o nascimento principia uma vida inteiramente nova, que, portanto, uma criança é "inocente"* e que todos os acontecimentos deverão ficar adstritos apenas ao curto lapso duma existência terrena. Se isso fosse realidade, então, havendo justiça, as causas, os efeitos e os efeitos retroativos em conjunto deveriam naturalmente se efetivar no lapso de uma existência terrena.

---

* Dissertação: "O mistério do nascimento".

2. Destino

Afastai-vos desse erro. Então descobrireis rapidamente em todos os acontecimentos a lógica e a justiça, das quais tantas vezes sentistes falta!

Muitos se assustam com isso e temem aquilo que, segundo essas leis, ainda têm de esperar de outrora, nos efeitos retroativos. No entanto, são preocupações desnecessárias para aqueles que levam a sério a boa vontade, *pois nessas leis automáticas reside também, ao mesmo tempo, a segura garantia da graça e do perdão!*

Sem levar em conta que com o firme começo da boa vontade fica imediatamente colocado um limite para o ponto em que a corrente dos efeitos retroativos ruins tem de atingir um fim, entra em vigor mais um fenômeno de inestimável valor:

Através da permanente boa vontade em todos os pensamentos e ações, flui igualmente de modo retroativo, proveniente da fonte de força de igual espécie, um reforço contínuo, de modo que o bem se torna cada vez mais firme na própria pessoa, transborda dela, formando, a seguir, o ambiente de matéria fina correspondente, que a circunda como um invólucro protetor, semelhante à camada de atmosfera que rodeia a Terra, dando-lhe proteção.

Mesmo que advenham maus efeitos retroativos de antigamente para se desencadearem sobre tal pessoa, eles escorregam na pureza de seu ambiente ou invólucro, sendo assim dela desviados.

Caso, porém, apesar disso, as más irradiações penetrarem nesse invólucro, ou serão imediatamente desfeitas ou pelo menos ficarão bastante enfraquecidas, de modo que os efeitos nocivos nem sequer poderão realizar-se ou apenas em escala bem reduzida.

Além disso, pela transformação ocorrida, também a criatura humana interior, propriamente dita, visada pelas irradiações de retorno, tornou-se muito mais delicada e leve, devido aos constantes esforços em direção à boa vontade, de modo que ela não se encontra mais de maneira igual frente à densidade maior de más e baixas correntezas. Semelhante ao telégrafo sem fio, quando o receptor não se acha sintonizado na frequência do aparelho transmissor.

A consequência natural disso é que as correntes mais densas, por sua espécie diferente, não podem agarrar-se e atravessam inócuas, sem maus efeitos, liquidando-se através de uma inconsciente ação simbólica, de cujas espécies virei a falar mais tarde. Portanto, sem demora ao trabalho! O Criador vos colocou nas mãos tudo na Criação. Aproveitai o tempo! Cada momento encerra para vós a ruína ou o proveito!

A CRIAÇÃO DO SER HUMANO

"DEUS criou o ser humano segundo a Sua imagem e soprou-o, animando-o com o Seu alento!" Trata-se de dois acontecimentos: o criar e o vivificar!

Ambos os processos ficaram severamente sujeitos às leis divinas vigentes, como tudo o mais. Nada pode ultrapassar o âmbito delas. Nenhum ato da vontade divina se oporá às inamovíveis leis que conduzem essa vontade divina. Até mesmo cada revelação e promessa realiza-se com base nessas leis, devendo cumprir-se através delas, e não diferentemente!

Assim também a encarnação do ser humano na Terra, que constituiu um progresso da Criação grandiosa, a passagem da matéria grosseira para um estágio inteiramente novo e mais elevado.

Falar da encarnação do ser humano condiciona o conhecimento do mundo de matéria fina, pois o ser humano em carne e sangue é posto como elo favorecedor entre a parte da Criação de matéria fina e a de matéria grosseira, enquanto suas raízes permanecem no espiritual.

"Deus criou o ser humano segundo a Sua imagem!"

Esse criar ou conformar foi uma extensa corrente no desenvolvimento que se processou rigorosamente dentro das leis entretecidas na Criação pelo próprio Deus. Instituídas pelo Altíssimo, essas leis atuam ferreamente com ritmo contínuo no cumprimento de Sua vontade, automaticamente, como uma parte Dele, ao encontro da perfeição.

Assim também se deu com a criação do ser humano, como coroa de toda a obra, na qual deveriam reunir-se todas as espécies existentes na Criação. Por isso, no mundo de matéria grosseira, na matéria terrenamente visível, foi formado pouco a pouco, pelo desenvolvimento progressivo, o receptáculo onde pôde ser encarnada uma centelha proveniente do espiritual, a qual era imortal.

Pelo contínuo e progressivo processo de formar, surgiu com o tempo o animal desenvolvido ao máximo que, raciocinando, já se servia de diversos meios auxiliares para a subsistência e para a defesa. Podemos também hoje observar espécies de animais que se utilizam de alguns meios auxiliares para obter e conservar suas necessidades de vida e que mostram, muitas vezes, na defesa, surpreendente astúcia.

Os animais desenvolvidos ao máximo, antes mencionados, que com as transmutações operadas na Terra acabaram desaparecendo, são designados hoje como "seres humanos primitivos". Chamá-los, porém, de *antepassados do ser humano* é um grande erro! Com o mesmo direito se poderia designar as vacas como "mães parciais" da humanidade, visto que um grande número de crianças, nos primeiros meses de vida, necessita do leite de vaca para o desenvolvimento de seus corpos, permanecendo, portanto, com o auxílio delas em condições de viver e crescer.

Muito mais, esse nobre e pensante animal "ser humano primitivo" também não tem a ver com o verdadeiro ser humano, pois o corpo de matéria grosseira do ser humano nada mais é do que o meio auxiliar indispensável de que ele necessita para poder agir em todos os sentidos, na matéria grosseira terrenal, e fazer-se compreender.

Com a afirmação de que o ser humano descende do macaco, literalmente "joga-se fora a criança com a água do banho"! Com isso ultrapassa-se muito o objetivo. Uma parte do processo é erigida como fato único e total. Aí falta o essencial!

Seria adequada, se o corpo do ser humano fosse realmente "o ser humano". Mas o corpo material é apenas sua vestimenta, que ele despe tão logo retorne à matéria fina.

Como se deu então a primeira encarnação do ser humano? Depois de atingido o ponto culminante no mundo de matéria grosseira com o animal mais perfeito, tinha de processar-se uma alteração em prol do desenvolvimento progressivo, se não

3. A criação do ser humano 21

devesse ocorrer nenhuma estagnação, a qual, com seus perigos, poderia tornar-se um retrocesso. E essa alteração fora prevista e sobreveio:
   Saído como centelha espiritual, baixando através do mundo de matéria fina, soerguendo tudo com isso, estava em seu limite, no momento exato em que o receptáculo de matéria grosseira terrenal, ascendendo, atingira o ponto culminante de seu desenvolvimento, o ser humano de matéria fina e espiritual, igualmente aparelhado a se ligar com a matéria grosseira para beneficiá-la e soerguê-la.
   Assim, enquanto o receptáculo ia amadurecendo na matéria grosseira, a alma tinha se desenvolvido de tal forma na matéria fina, que possuía a força necessária para, entrando no receptáculo grosseiro, resguardar sua autonomia.
   A ligação dessas duas partes significou, então, uma união mais íntima do mundo de matéria grosseira com o mundo de matéria fina, até em cima, no espiritual.
   Somente este processo constituiu o nascimento do ser humano!
   A própria geração é ainda hoje no ser humano um ato puramente animal. Sentimentos mais elevados ou mais baixos aí nada têm a ver com o ato em si, mas acarretam conjunturas espirituais, cujos efeitos, na *atração* da espécie absolutamente igual, são de grande importância.
   De espécie puramente animal é também o desenvolvimento do corpo até a metade da gestação. Puramente animal não é propriamente a expressão certa, no entanto, quero designá-lo por ora de puramente grosso-material e somente em dissertações vindouras entrarei em detalhes.
   No meio da gestação, em um determinado grau de maturidade do corpo em formação, é encarnado o espírito previsto para o nascimento e que até ali se mantivera frequentemente nas proximidades da futura mãe. A entrada do espírito provoca as primeiras contrações do pequeno corpo de matéria grosseira que se desenvolve, isto é, os primeiros movimentos da criança.
   Então também se origina a sensação particularmente bem-aventurada da gestante que, desse instante em diante, experimenta intuições inteiramente diferentes: a consciência da

proximidade do segundo espírito nela, a percepção dele. E conforme a espécie desse novo, desse segundo espírito nela, serão também as suas próprias intuições. Assim é o processo em cada encarnação do ser humano. Agora, porém, voltemos à primeira encarnação do ser humano. Chegara, pois, o grande período no desenvolvimento da Criação: de um lado, no mundo de matéria grosseira, estava o animal desenvolvido ao máximo, que devia fornecer o corpo terreno como receptáculo para o futuro ser humano; de outro lado, no mundo de matéria fina, estava a alma humana desenvolvida, que aguardava a ligação com o receptáculo de matéria grosseira, a fim de assim dar a tudo quanto é matéria grosseira um impulso mais amplo para a espiritualização.

Quando se realizou um ato gerador entre o mais nobre par desses animais altamente desenvolvidos, não surgiu no momento da encarnação, como até então, uma alma animal*, encarnando-se, contudo, em seu lugar, a alma humana já preparada para isso e que trazia em si a imortal centelha espiritual. As almas humanas de matéria fina com aptidões desenvolvidas de modo predominantemente positivo encarnaram-se de acordo com a igual espécie em corpos animais masculinos; aquelas com aptidões predominantemente negativas, mais delicadas, em corpos femininos mais chegados à sua espécie.**

Esse processo não oferece o menor ponto de apoio para a afirmação que o ser humano, cuja verdadeira origem está no espiritual, descende do animal "ser humano primitivo", que apenas pôde fornecer o receptáculo grosso-material de transição. Também hoje os mais obstinados materialistas não admitiriam a hipótese de parentesco direto com um animal e, entretanto, hoje como outrora, permanece um estreito parentesco corporal, isto é, igual espécie grosso-material, ao passo que o ser humano realmente "vivo", o seu "eu" propriamente espiritual, não apresenta nenhuma igual espécie com o animal e tampouco é uma derivação dele.

---

* Dissertação: "A diferença de origem entre o ser humano e o animal".
**Dissertação: "Sexo".

3. A criação do ser humano

Após o nascimento do primeiro ser humano terreno, encontrava-se este então sozinho na realidade, sem pais, visto que, apesar do elevado desenvolvimento deles, não podia reconhecer nos animais os seus pais e com eles ter uma vida em comum. Aliás, nem necessitava disso, pois era criatura humana plenamente intuitiva e vivia como tal também no mundo de matéria fina, que lhe proporcionava valores que completavam tudo o mais.

A separação da mulher, do primeiro ser humano, foi de ordem fino-material e espiritual. Ela não ocorreu na matéria grosseira terrenal, pois as descrições da Bíblia e dos velhos escritos religiosos se referem, predominantemente, apenas a acontecimentos espirituais e de matéria fina. O ser humano, como tal, estava sozinho e se utilizava, então, no crescimento, principalmente das intuições mais duras, mais rudes, para a manutenção de sua vida, com o que as mais delicadas foram cada vez mais empurradas para o lado e isoladas, até que se separaram completamente como a parte mais delicada do ser humano espiritual.

Essa segunda parte, a fim de não permanecer ineficaz na matéria grosseira, onde, em primeiro lugar, era absolutamente necessária para o progresso ascendente, foi então encarnada num segundo receptáculo, o qual, conforme sua delicadeza, era do sexo feminino, ao passo que as intuições mais rudes permaneciam no homem materialmente mais forte. Exatamente de acordo com as leis do mundo de matéria fina, no qual tudo se forma imediatamente, mostrando o que é delicado e fraco, em formas femininas, o que é severo e forte, em masculinas.

Por suas qualidades espirituais mais valiosas, a mulher deveria e poderia ser na realidade mais perfeita do que o homem, se tivesse ao menos se esforçado em clarificar mais e mais harmoniosamente as intuições que lhe foram outorgadas, com o que ela se teria transformado em uma potência, que deveria atuar revolucionariamente, beneficiando de modo ascendente toda a Criação de matéria grosseira.

Infelizmente, porém, foi logo ela quem falhou em primeiro lugar, tornando-se joguete das poderosas forças intuitivas a ela conferidas, as quais, além do mais, turvou e conspurcou pelo sentimentalismo e pela fantasia.

Que sentido profundo não encerra a narrativa bíblica, quanto ao provar da árvore do conhecimento! E de como a mulher, estimulada pela serpente, ofereceu a maçã ao homem. Figuradamente, o acontecimento nem poderia ser expresso melhor na matéria grosseira.

O oferecimento da maçã pela mulher representa a consciência adquirida por ela de seus atrativos perante o homem e a *utilização intencionada* deles. O fato de aceitar e comer, por parte do homem, no entanto, foi a sua concordância a esse respeito, juntamente com o despertar do impulso de atrair a atenção da mulher somente sobre si mesmo, com o que ele começou a se fazer desejado pela acumulação de tesouros e pela apropriação de diversos valores.

Com isso começou o cultivo excessivo do raciocínio com seus fenômenos colaterais de cobiça, de mentiras e de opressões, a que os seres humanos acabaram se sujeitando inteiramente, tornando-se assim voluntariamente escravos de seu instrumento.

No entanto, com o raciocínio como soberano, eles também se acorrentaram firmemente ao espaço e ao tempo, como consequência inevitável da constituição específica dele, e perderam com isso a capacidade de compreender ou vivenciar algo que esteja acima do espaço e do tempo, como tudo quanto é espiritual e de matéria fina.

Isto constituiu a *separação* total do próprio Paraíso e do mundo de matéria fina, provocada por eles mesmos, pois então era inevitável que não mais pudessem "entender", com sua capacidade de compreensão de horizonte restrito, devido à ligação firme do raciocínio ao terrenal, tudo quanto fosse de matéria fina, que não conhece sequer o conceito terrenal de espaço ou de tempo.

Assim, para os seres humanos de raciocínio, os fenômenos vivenciados por criaturas humanas de intuição e suas visões, bem como as incompreendidas tradições, acabaram virando "lendas". Os materialistas, cujo número cresce cada vez mais, isto é, as pessoas capacitadas a reconhecer somente a matéria

3. A criação do ser humano

grosseira, ligada ao espaço e ao tempo terrenos, acabaram rindo e zombando dos idealistas, aos quais, devido à sua vida interior muito maior e mais ampla, ainda não se achava totalmente fechado o caminho para o mundo de matéria fina, designando-os como sonhadores, quando não como tolos ou até como impostores. Tudo isso constituiu um tempo de desenvolvimento de longa duração, abrangendo milhões de anos.

Hoje, contudo, estamos finalmente perto da hora em que surgirá o próximo grande período na Criação, que será de progresso incondicional e trará o que já o primeiro período com a encarnação do ser humano deveria trazer: o nascimento do ser humano pleno e espiritualizado! Desse ser humano que atua favorecendo e enobrecendo toda a Criação de matéria grosseira, como é a verdadeira finalidade dos seres humanos na Terra.

Então não haverá mais lugar para o materialista acorrentado somente a conceitos terrenos de espaço e tempo, retendo tudo embaixo. Será um estranho em todos os países, um apátrida. Secará e desaparecerá como o joio que se separa do trigo. Atentai para que não vos encontreis demasiado leves nessa separação!

O SER HUMANO NA CRIAÇÃO

O SER humano não deve, na realidade, viver segundo os conceitos de até agora, e sim tornar-se mais *criatura humana intuitiva*. Com isso constituiria um elo indispensável ao desenvolvimento progressivo de toda a Criação.

Como reúne em si a matéria fina do Além e a matéria grosseira do Aquém, é possível a ele inteirar-se de ambas e vivenciá-las ao mesmo tempo. Além disso, dispõe para seu uso de um instrumento que o coloca no ápice de toda a Criação de matéria grosseira: o raciocínio. Com esse instrumento consegue ele dirigir, isto é, conduzir.

O raciocínio é o que há de mais elevado terrenalmente, devendo ser durante a vida na Terra o *leme,* ao passo que a *força propulsora* é a intuição, que se origina no mundo espiritual. O solo do raciocínio é, portanto, o corpo; o solo da intuição, porém, é o espírito.

O raciocínio, como tudo quanto é terrenal, está preso ao conceito terreno de espaço e de tempo, por ser produto do cérebro, que pertence ao corpo de matéria grosseira. O raciocínio jamais poderá funcionar fora do espaço e do tempo, apesar de ser de matéria mais fina do que o corpo, mas ainda demasiadamente espesso e pesado para se elevar acima dos conceitos terrenos de espaço e de tempo. Está, portanto, inteiramente preso à Terra.

A intuição, porém, (não o sentimento) encontra-se fora do tempo e do espaço; provém, portanto, do espiritual.

Assim aparelhado, podia o ser humano estar intimamente ligado com a parte mais etérea da matéria fina e até ter contato com o próprio espiritual, mesmo vivendo e atuando no meio de

4. O ser humano na Criação 27

tudo quanto é terrenal, de matéria grosseira. Somente o ser humano é dotado dessa maneira.

Somente ele deveria e poderia fornecer a ligação sadia e vigorosa, como a única ponte entre as alturas luminosas e as coisas terrenas de matéria grosseira! *Somente através dele, devido à sua característica específica, podia a vida pura pulsar da fonte da Luz, descendo até a matéria grosseira mais profunda e dela novamente para cima, na mais harmoniosa e magnífica reciprocidade!* Encontra-se entre ambos os mundos, unindo-os, de modo que através dele estes se fundem *num só* mundo.

Todavia, ele *não* cumpriu essa missão. *Separou* esses dois mundos, ao invés de conservá-los firmemente unidos. *E isso foi o pecado original!* —

O ser humano, devido à característica específica agora mesmo esclarecida, foi colocado realmente como uma espécie de senhor do mundo de matéria grosseira, porque o mundo de matéria grosseira depende de sua mediação, até o ponto em que esse mesmo mundo, de acordo com a espécie do ser humano, foi forçado a sofrer conjuntamente, ou pôde ser elevado através dele, conforme as correntes da fonte da Luz e da vida tenham ou não podido perfluir *puras* através da humanidade.

Mas o ser humano *obstruiu* a passagem necessária dessa corrente recíproca entre o mundo de matéria fina e o mundo de matéria grosseira. Assim como uma circulação sanguínea boa mantém o corpo vigoroso e sadio, o mesmo acontece com a corrente recíproca na Criação. Uma obstrução tem de acarretar confusão e doença, que por fim terminam em catástrofes.

Esse falhar funesto do ser humano pôde dar-se por haver ele deixado de se servir do raciocínio, que se origina da matéria grosseira, apenas como um mero instrumento; ao invés disso, sujeitou-se totalmente a ele, colocando-*o* como regente de todas as coisas. Tornou-se com isso escravo do seu instrumento, ficando apenas ser humano de raciocínio, que costuma orgulhosamente se denominar materialista!

Sujeitando-se o ser humano, pois, totalmente ao raciocínio, acabou acorrentando-se a si próprio a tudo quanto é de matéria grosseira. Como o raciocínio nada pode compreender daquilo que se encontra além do conceito terrenal de espaço e de tempo, é lógico que também não o poderá quem se sujeitou a ele totalmente. Seu horizonte, isto é, sua capacidade de compreensão, restringiu-se juntamente com a capacidade limitada do raciocínio. A ligação com o mundo de matéria fina ficou assim desfeita, levantou-se um muro que se foi tornando cada vez mais espesso. Como a fonte da vida, a Luz primordial, Deus, paira muito acima do espaço e do tempo e até mesmo muito acima da matéria fina, é natural que, devido ao atamento do raciocínio, qualquer contato esteja interrompido. Por esse motivo é inteiramente impossível ao materialista reconhecer Deus.

Provar da árvore do conhecimento outra coisa não foi senão cultivar o raciocínio. A separação da matéria fina, que a isso se liga, foi também o fechamento do Paraíso, como consequência natural. Os seres humanos excluíram-se por si mesmos, ao se inclinarem totalmente à matéria grosseira através do raciocínio, portanto rebaixando-se, e voluntariamente, ou seja, por escolha própria, forjaram sua servidão.

E onde foi dar isso? Os pensamentos do raciocínio, nitidamente materialistas, isto é, baixos e presos à Terra, com todos os seus fenômenos colaterais — cobiça, ganância, mentiras, roubo, opressões, volúpias, etc. — *tinham* de ocasionar o efeito recíproco inexorável da igual espécie, que formou tudo correspondentemente, que impeliu os seres humanos e por fim se desencadeará sobre tudo com... destruição!

Um julgamento mundial, que, de acordo com as leis vigentes da Criação, não pode ser evitado. Como numa tempestade que se concentra e por fim acaba produzindo descarga e destruição. Mas ao mesmo tempo também purificação!

O ser humano não serviu de elo necessário entre as partes de matéria fina e de matéria grosseira da Criação, não deixou que as atravessasse a corrente recíproca sempre refrescante, vivificante e estimuladora indispensável, pelo contrário, separou a Criação em dois mundos, já que se negou a servir de elo e algemou-se inteiramente à matéria grosseira. Devido a isso, pouco a pouco, foram adoecendo ambos os mundos.

4. O ser humano na Criação

A parte que foi obrigada a se ver totalmente privada da corrente de Luz, ou que a recebia demasiadamente fraca, através das poucas pessoas que ainda mantinham ligação, foi naturalmente a que adoeceu mais gravemente. Trata-se da parte de matéria grosseira que, devido a isso, se encaminha para uma crise espantosa e será sacudida por tremendos acessos febris, até que tudo quanto aí haja de doente seja consumido e possa finalmente sarar sob novo e forte influxo proveniente da fonte primordial.

Mas quem, com isso, será consumido?

A resposta se encontra nos próprios acontecimentos naturais: cada pensamento *intuído* adquire logo, por intermédio da viva força criadora nele contida, uma forma de matéria fina correspondente ao conteúdo do pensamento e permanece sempre ligado como por um cordão ao seu gerador, sendo, porém, atraído e puxado para fora pela força de atração da igual espécie, para tudo quanto é de matéria fina, e impulsionado através do Universo juntamente com as correntes que pulsam constantemente e que, como tudo na Criação, se movimentam de forma oval.

Assim chega o tempo em que os pensamentos, que se tornaram vivos e reais na matéria fina, juntamente com os de sua igual espécie atraídos no percurso, *retornam* para a sua origem e *ponto de partida,* visto que, apesar de sua migração, permanecem ligados a este, para então aí se desencadearem, redimindo-se.

A destruição atingirá, portanto, *em primeiro lugar,* na derradeira concentração dos efeitos esperados, aqueles que com seus pensamentos e intuições foram os geradores e nutridores constantes. É inevitável que a devastadora força de retorno abranja círculos ainda maiores, alcançando de leve também espécies iguais apenas aproximadas dessas pessoas.

Depois, porém, os seres humanos cumprirão *aquilo* que é seu dever na Criação. Virão a ser o elemento de união, pela sua capacidade de haurir do espiritual, isto é, deixar-se-ão guiar pela intuição purificada, transmitindo-a para a matéria grosseira, para o que é terreno, servindo-se então do raciocínio e das experiências adquiridas apenas como instrumento, de modo a, contando com todas as coisas terrenas, impor tais intuições puras na vida material, com o que toda a Criação de matéria grosseira será constantemente auxiliada, purificada e elevada.

Através disso, nos efeitos recíprocos, pode também algo mais sadio refluir da matéria grosseira para a matéria fina, surgindo então um mundo novo, harmônico e uniforme.

Os seres humanos tornar-se-ão, no cumprimento acertado de sua função, os tão desejados seres completos e nobres, pois também eles, pela sintonização adequada na grande obra da Criação, receberão forças bem diferentes do que até agora, que os deixarão intuir contentamento e felicidade permanentes.

PECADO HEREDITÁRIO

O PECADO hereditário surgiu do pecado original. O pecado, isto é, a atuação errada, consistiu no cultivo exagerado do raciocínio, com o consequente acorrentamento voluntário ao tempo e ao espaço e os efeitos colaterais aí surgidos do trabalho restrito do raciocínio, tais como a cobiça, o logro, a opressão e assim por diante, que têm no seu séquito muitos outros, no fundo, aliás, todos os males.

Esse fato teve, naturalmente, naqueles que se desenvolviam como seres humanos de puro raciocínio, influências cada vez mais fortes na formação do corpo de matéria grosseira. Como o cérebro anterior, gerador do raciocínio, foi se tornando unilateralmente cada vez maior por causa do esforço contínuo, era natural que na geração tais formas em processo de alteração se manifestassem na reprodução do corpo terreno e as crianças já nascessem trazendo um cérebro anterior cada vez mais forte e desenvolvido.

Nisso se encontrava, e se encontra ainda hoje, a disposição ou a predisposição para, acima de tudo o mais, predominar o poder do raciocínio, o que encerra em si o perigo de em seu total despertar acorrentar o portador do cérebro, não somente ao espaço e ao tempo, isto é, a tudo quanto é de matéria grosseira terrestre, tornando-o assim incapaz de compreender o que é de matéria fina e o que é espiritual primordial, mas também o emaranhando em todos os males decorrentes inevitavelmente da hegemonia do raciocínio.

O fato de trazer consigo esse cérebro anterior voluntariamente hipertrofiado, no qual se encontra o perigo do puro predomínio do raciocínio com todos os seus males colaterais inevitáveis, isto *é o pecado hereditário!*

Portanto, a herança física da parte atualmente designada como grande cérebro, devido ao seu intensificado desenvolvimento artificial, pelo que o ser humano traz consigo ao nascer um perigo que mui facilmente pode emaranhá-lo no mal. Tal fato dificulta, em todo caso, o reconhecimento de Deus, devido aos limites restritos da ligação à matéria grosseira.

Isso, porém, não lhe tira nenhuma responsabilidade. Essa permanece, pois herda apenas o perigo, não o pecado propriamente. Não é necessário, em absoluto, que deixe predominar incondicionalmente o raciocínio, submetendo-se a ele por isso. Pode, ao contrário, utilizar-se da grande força do raciocínio como uma espada afiada para abrir caminho na agitação terrestre, conforme assim lhe indicar a sua intuição, também denominada voz interior.

Se, porém, em uma criança o raciocínio é elevado a um domínio absoluto através de educação e ensinamentos, então cai da criança uma parte da culpa, ou melhor, o consequente efeito retroativo devido à lei da reciprocidade, visto que essa parte atinge o educador ou mestre causador disso. A partir desse momento ele fica preso à criança, até que esta fique liberta dos erros e de suas consequências, mesmo que isso demore séculos ou milênios.

Tudo, porém, quanto uma criança assim educada fizer depois de lhe ter sido dada oportunidade para uma introspecção e conversão, atingirá somente a ela própria nos efeitos retroativos. Semelhantes oportunidades se oferecem pela palavra oral ou escrita, por grandes abalos na vida ou por acontecimentos parecidos que obrigam a momentos de profundas intuições. Nunca deixam de vir. —

Seria inútil continuar a falar mais a esse respeito, pois sob todos os aspectos tratar-se-ia apenas de seguidas repetições, as quais teriam de se encontrar nesse ponto. Quem refletir sobre isso, a esse logo será tirado um véu dos olhos, terá solucionado em si próprio muitas perguntas.

DEUS

POR que motivo evitam os seres humanos tão receosamente esta palavra, que no entanto lhes deveria ser mais familiar do que tudo o mais?
Será veneração? Não. Estais confusos porque nunca a tal respeito, quer nas escolas, quer nas igrejas, ministraram-vos informações claras, satisfazendo vosso impulso interior pela Verdade. A verdadeira Trindade continuou sendo ainda no fundo um mistério para vós, diante do qual procurastes vos acomodar do melhor modo possível.
Pode, sob tais circunstâncias, a oração ser tão íntima e confiante como deve ser? Impossível.
No entanto, precisais e deveis chegar mais perto de vosso Deus! Quão insensato é, pois, dizer que poderia ser um erro ocupar-se tão pormenorizadamente com Deus. A preguiça e o comodismo até afirmam que isso é injúria!
Eu, contudo, vos digo: as condições para a aproximação se encontram na Criação inteira! Por conseguinte, não tem humildade quem se esquiva a essa aproximação, pelo contrário, ilimitada presunção! Exige assim que Deus se lhe aproxime, ao invés de ele tentar se aproximar de Deus para reconhecê-lo.
Para onde quer que se volte, vê-se e ouve-se hipocrisia e comodidade, e tudo sob o manto de falsa humildade!
Vós, porém, que não quereis continuar dormindo, que procurais e vos esforçais com fervor pela Verdade, aceitai a revelação e procurai compreender o certo:
Existe apenas *um* Deus, apenas *uma* força! Que é então a Trindade? Deus-Pai, Deus-Filho e o Espírito Santo?

Quando a própria humanidade fechou para si o Paraíso, pela razão de não se deixar guiar mais pela intuição, que é espiritual e, portanto, também próxima a Deus, mas arbitrariamente cultivou em excesso o raciocínio terreno e a ele se submeteu, tornando-se com isso escrava do seu próprio instrumento, que lhe fora dado para utilização, ela se distanciou mui naturalmente mais e mais de Deus.

Com isso se consumou a separação, visto que a humanidade se inclinara predominantemente apenas para as coisas terrenas, que estão incondicionalmente atadas ao tempo e ao espaço, o que Deus em Sua espécie não conhece, razão por que Ele também jamais poderá ser compreendido.

A cada geração se foi alargando mais o abismo, e os seres humanos cada vez mais se algemavam à Terra. Tornaram-se seres humanos de raciocínio atados à Terra, que se chamam materialistas, denominando-se assim até com orgulho, porque nem se dão conta das suas algemas, visto que naturalmente, com a condição de estarem firmemente atados ao espaço e ao tempo, seu horizonte se estreitou simultaneamente.

Como devia ser encontrado, a partir daí, o caminho para Deus?

Era impossível, se o auxílio não viesse de Deus. E Ele se apiedou. O próprio Deus em Sua pureza não mais podia se revelar aos baixos seres humanos de raciocínio, porque estes não estavam mais capacitados a sentir, ver ou ouvir Seus mensageiros, e os poucos que ainda o conseguiam eram ridicularizados, porque o horizonte estreitado dos materialistas, atado apenas ao espaço e ao tempo, recusava como impossível cada pensamento referente a uma ampliação existente acima disso, por lhe ser incompreensível.

Por isso também não bastavam mais os profetas, cuja força já não conseguia se fazer valer, porque, por fim, até os pensamentos básicos de todas as tendências religiosas haviam se tornado puramente materialistas.

Portanto, tinha de vir um mediador entre a divindade e a humanidade transviada, e que dispusesse de mais força do que todos os outros até então, para poder se fazer valer. Poder-se-ia perguntar: por causa dos poucos que, sob o mais crasso materia-

6. Deus

lismo, ainda ansiavam por Deus? Estaria certo, mas seria denominado pelos adversários, preferencialmente, como presunção dos fiéis, ao invés de reconhecerem nisso o amor de Deus e ao mesmo tempo severa justiça, que com a recompensa e o castigo oferecem ao mesmo tempo salvação.

Por esse motivo Deus, em Seu amor, por um ato de vontade, separou uma *parte* de si mesmo, encarnando-a num corpo humano de sexo masculino: Jesus de Nazaré, daí por diante o Verbo feito carne, o amor de Deus encarnado, o Filho de Deus! Um processo de irradiação, que ainda será esclarecido.

A parte assim separada, mas apesar disso ainda intimamente ligada, tornou-se através disso *pessoal*. Continuou pessoal, mesmo depois de despida do corpo terreno, quando tornou a se unir a Deus-Pai.

Deus-Pai e Deus-Filho são, portanto, dois e na realidade apenas um!

E o "Espírito Santo"? Em relação a ele, Cristo disse que pecados contra Deus-Pai e Deus-Filho poderiam ser perdoados; nunca, porém, os pecados contra o "Espírito Santo"!

É então o "Espírito Santo" mais elevado ou algo mais do que Deus-Pai e Deus-Filho? Esta pergunta já preocupou e oprimiu tantos corações, tendo desnorteado tantas crianças.

O "Espírito Santo" é a vontade de Deus-Pai, o Espírito da Verdade, que, apartado Dele, atua separadamente em toda a Criação e que, apesar disso, na qualidade de Filho, como também o amor, ainda permaneceu estreitamente ligado com Ele, um só com Ele.

As leis férreas da Criação, que atravessam todo o Universo como uma rede de nervos, ocasionando a absoluta reciprocidade, o destino do ser humano ou seu carma procedem... do "Espírito Santo" ou mais explicitamente: de seu atuar!*

Por isso, disse o Salvador que ninguém se atreveria a pecar contra o Espírito Santo impunemente, porque, segundo a inexorável e inalterável reciprocidade, a retribuição retorna ao autor, ao ponto de partida, seja coisa boa ou má.

---

* Dissertação: "Desenvolvimento da Criação".

Assim como Jesus, Filho de Deus, é do Pai, do mesmo modo o é o Espírito Santo. Ambos, por conseguinte, partes Dele mesmo, pertencendo-lhe inteiramente, de modo inseparável. Assim como os braços de um corpo, que realizam movimentos independentes e, todavia, lhe pertencem, quando o corpo é completo, mas que também só podem realizar movimentos independentes em ligação com o todo.

Assim é Deus-Pai em Sua onipotência e sabedoria, tendo à direita, como uma parte Sua, Deus-Filho, o amor, e à esquerda, Deus, o Espírito Santo, a justiça. Ambos saídos de Deus-Pai e pertencendo a Ele num conjunto uno. Esta é a Trindade do Deus *uno*.

Antes da Criação, Deus era um! Durante a Criação separou Ele uma parte de Sua vontade, para que atuasse autonomamente na Criação, tornando-se assim dual. Quando se tornou necessário remeter um mediador à humanidade transviada, por ser impossível uma ligação direta entre a pureza de Deus e a humanidade que se acorrentara a si própria, separou Ele, movido de amor, uma parte de si mesmo para a aproximação temporária aos seres humanos, a fim de novamente poder se tornar compreensível à humanidade, e com o nascimento de Cristo tornou-se *triplo!*

O que são Deus-Pai e Deus-Filho muitos já sabiam, mas do "Espírito Santo" permaneceu uma noção confusa. Ele é a justiça atuante, cujas leis eternas, inamovíveis e incorruptas, perpulsam o Universo e que até agora só foram denominadas vagamente: Destino! Carma! A vontade de Deus!

A VOZ INTERIOR

A ASSIM chamada "voz interior", o espiritual na criatura humana, a que ela pode dar ouvidos, é a intuição! Não é em vão que a voz do povo diz: "A primeira impressão é sempre a certa".

Como em todas essas frases e ditados semelhantes, assim também aqui reside profunda verdade. Por impressão sempre se compreende a intuição. O que uma pessoa, por exemplo, intui no primeiro encontro com uma até então desconhecida é ou uma espécie de advertência para que se acautele, podendo ir até a repulsa total, ou algo agradável até a simpatia plena, e em alguns casos também indiferença.

Se então essa impressão, no decorrer da conversação e nas relações posteriores, for alterada ou totalmente apagada pelo critério do raciocínio, de modo que surja a ideia de que a intuição original tenha sido errada, no fim de tais conhecimentos quase sempre resulta a precisão da primeira intuição. Muitas vezes para amarga dor daqueles que se deixaram enganar pelo raciocínio, devido ao modo dissimulado dos outros.

A intuição, que não é ligada ao espaço e ao tempo, e que está em conexão com espécies iguais, com o espiritual, reconhece logo nos outros a verdadeira natureza, não se deixa enganar pela habilidade do raciocínio.

Um erro é totalmente impossível na intuição.

Cada vez que acontece de seres humanos serem enganados, existem dois motivos que causam os erros: ou o raciocínio ou o sentimento!

Quantas vezes se ouve também dizer: "Nesta ou naquela coisa deixei-me levar por meu sentimento e me prejudiquei. Só se deve confiar no raciocínio!"

7. A voz interior

Tais pessoas cometem o equívoco de tomar o sentimento pela voz interior. Pregam louvor ao raciocínio sem pressentir que justamente este representa papel importante junto ao sentimento. Por isso, sede vigilantes! Sentimento não é intuição! Sentimento promana do corpo de matéria grosseira. Este gera instintos que, dirigidos pelo raciocínio, fazem surgir o sentimento. Uma grande diferença com a intuição. O trabalho conjunto do sentimento com o raciocínio, porém, faz nascer a fantasia.

Assim, pois, temos do lado espiritual apenas a intuição, que se acha acima do espaço e do tempo*. Do lado terreno temos, em primeiro lugar, o corpo de matéria grosseira ligado ao espaço e ao tempo. Desse corpo promanam instintos que, pela cooperação do raciocínio, resultam em *sentimentos*.

O raciocínio, um produto do cérebro ligado ao espaço e ao tempo, pode, por sua vez, como o que há de mais fino e de mais elevado na matéria, gerar, em colaboração com o sentimento, a *fantasia*.

Portanto, a fantasia é o resultado do trabalho conjunto do sentimento com o raciocínio. Ela é de matéria fina, mas *sem* força espiritual. Por isso a fantasia só tem efeito *retroativo*. Consegue apenas influir sobre o sentimento de seu próprio gerador, jamais enviando uma onda de força para outros.

A fantasia atua, portanto, apenas *retroativamente* sobre o sentimento daquele que a gerou, só podendo inflamar o *próprio* entusiasmo, jamais agindo sobre o ambiente. Com isso é claramente reconhecível o cunho de baixo grau. Diferentemente com a intuição. Esta contém em si energia espiritual criadora e vivificante, e atua com isso irradiando sobre outros, arrebatando-os e convencendo-os.

Temos, portanto, de um lado a intuição, e do outro lado corpo — instinto — raciocínio — sentimento — fantasia.

A intuição é espiritual, está acima dos conceitos terrenos de espaço e tempo. O sentimento é constituído de fina matéria grosseira, dependente dos instintos e do raciocínio, portanto de nível inferior.

---

* Dissertação: "Intuição".

7. A voz interior   39

Apesar de o sentimento ser constituído dessa fina matéria grosseira, *jamais* poderá ocorrer, porém, uma *mistura* com a intuição espiritual, nem nenhuma turvação da intuição. A intuição permanecerá sempre clara e pura, porque é espiritual. É também sempre intuída ou "escutada" de modo claro pelos seres humanos, se... é realmente a intuição que fala! Os seres humanos, porém, na maior parte, fecharam-se a essa intuição, ao colocarem o sentimento em primeiro plano, qual denso invólucro, uma parede, tomando erroneamente o sentimento como voz interior, razão pela qual vivenciam muitas decepções, confiando então tanto mais apenas no raciocínio, não pressentindo que justamente pela cooperação do raciocínio é que puderam ser enganados.

Por causa desse equívoco condenam mais que depressa tudo quanto é espiritual, com o que as suas experiências nada tinham que ver, absolutamente, apegando-se cada vez mais às coisas de pouca valia.

O mal básico é, como em muitos outros casos, também aqui, sempre de novo, a sujeição voluntária dessas criaturas humanas ao raciocínio atado ao espaço e ao tempo!

A pessoa que se submete totalmente ao seu raciocínio, submete-se também de todo *às restrições* do raciocínio, que está atado firmemente ao espaço e ao tempo, como produto do cérebro de matéria grosseira. Dessa forma a pessoa acorrenta-se completamente à matéria grosseira.

Tudo quanto o ser humano faz, provém dele mesmo e voluntariamente. Logo, não está sendo acorrentado, mas ele mesmo se acorrenta! Deixa-se dominar pelo raciocínio (pois se ele mesmo não quisesse, jamais aconteceria), que o prende, segundo a sua espécie, também ao espaço e ao tempo e não mais o deixa reconhecer e compreender o que está fora do tempo e do espaço.

Por isso estende-se aí um invólucro firmemente adstrito ao espaço e ao tempo, uma barreira, sobre a intuição fora do tempo e do espaço, devido à capacidade restrita de compreensão, e o ser humano dessa maneira não consegue ouvir nada mais, isto é, a sua "voz interior pura" se perdeu, ou ele apenas ainda está capacitado a "escutar" o sentimento ligado ao raciocínio, em lugar da intuição.

Gera um conceito errôneo, dizer: o sentimento subjuga a intuição pura; pois nada é mais forte do que a intuição; ela é a força mais elevada do ser humano, jamais poderá ser subjugada ou simplesmente prejudicada por outra coisa. Será mais certo dizer: o ser humano torna-se incapaz de reconhecer a intuição.

O falhar depende sempre apenas da própria pessoa e nunca da intensidade mais forte ou mais fraca de determinados dons, pois justamente o dom fundamental, a força propriamente dita, o mais poderoso de tudo no ser humano, que encerra em si toda a vida e é imortal, é outorgado em quinhões *iguais* a cada um! Quanto a isso, ninguém apresenta vantagem sobre os demais. A diferença toda reside apenas na *aplicação!*

Outrossim, jamais poderá tal dom fundamental, a centelha imortal, ser turvada ou conspurcada! Conserva-se pura até mesmo no maior lodo. Apenas deveis romper o invólucro com que vós próprios vos cobristes por meio da restrição voluntária da capacidade de compreensão. Então, sem demora arderá tão límpida e clara conforme era no princípio, desenvolver-se-á de modo vivo e forte, e ligar-se-á ao espiritual!

Alegrai-vos com esse tesouro que jaz em vós assim intangível! Não importa que o vosso próximo vos considere ou não com apreço! Mediante a boa vontade sincera pode ser eliminada qualquer sujeira que se juntou em torno dessa centelha espiritual como obstáculo. Se tiverdes executado esse trabalho e libertado o tesouro, sereis tão valiosos como aquele que jamais o enterrou!

Ai, porém, daquele que por comodismo se abstiver constantemente de querer o bem. Na hora do julgamento ser-lhe-á tomado esse tesouro, e com isso ele deixará de existir.

Acordai, por isso, ó vós que vos mantendes segregados e que, com a restrição da capacidade de compreensão, cobristes a vossa intuição com o raciocínio! Sede atentos e escutai os brados que vos alcançam! Não deixeis passar inaproveitado nada que seja capaz de fazer saltar a camada obscurecedora dos baixos sentimentos, seja uma dor violenta, um forte abalo anímico, um imenso sofrimento ou uma alegria sublime e pura. São auxílios que vos mostram o caminho!

Contudo, será melhor que não espereis por isso, e sim que inicieis já com vontade sincera para todo o bem e para a escalada espiritual. Assim, logo irá se tornando mais delgada e leve a camada separadora, até acabar se desvanecendo, e a centelha sempre pura e imaculada irromperá em chama ardente.

Todavia, esse primeiro passo pode e tem de ser dado *somente pela própria pessoa;* de outra maneira não poderá ser ajudada.

E quanto a isso tendes de distinguir rigorosamente entre desejar e querer. Com o desejar, nada ainda está feito, não basta para qualquer progresso. Tem de ser o querer, que também condiciona a ação, trazendo-a já em si. A ação já se inicia com o querer sincero.

Mesmo que aí muitos também tenham de seguir inúmeros atalhos, por se terem amarrado até então somente ao raciocínio, não devem hesitar. Também lucram! Sua meta é clarificar o raciocínio, descartando-se e livrando-se gradualmente de tudo quanto seja obstáculo, através do vivenciar de todos os atalhos separadamente.

Por isso, adiante, sem vacilação. Com o querer sincero cada caminho conduz finalmente ao alvo!

A RELIGIÃO DO AMOR

A RELIGIÃO do amor é erroneamente compreendida devido às múltiplas desfigurações e deturpações do conceito de *amor*, pois a maior parte do verdadeiro amor é severidade!

O que *presentemente* é chamado amor, é tudo menos amor. Se forem examinados, de modo inexorável e profundo, todos os assim chamados amores, nada restará a não ser egoísmo, vaidade, fraqueza, comodismo, imaginação ou instintos.

O verdadeiro amor não verificará o que possa dar prazer a outrem, o que lhe proporcione agrado e alegria, e sim cuidará apenas do que lhe *seja útil!* Não importando se isso lhe cause ou não alegria. Isso é realmente amar e servir.

Portanto, se está escrito: "Amai vossos inimigos!", então isso quer dizer: "Fazei o que lhes for útil! Castigai-os, portanto, também, se por outra maneira não possam chegar ao reconhecimento!" Isso é servi-los. Só que aí tem de imperar a justiça, pois o amor não se deixa separar da justiça, são uma só coisa!

Condescendência imprópria equivaleria em aumentar ainda mais os erros dos inimigos e desse modo continuar a deixá-los deslizar pelo caminho em declive. Seria isso amor? Pelo contrário, sobrecarregar-se-ia assim com uma culpa!

Devido aos desejos não formulados das criaturas humanas, a religião do amor foi transformada em uma religião de indolência, como também a pessoa do portador da Verdade, Cristo Jesus, foi desfigurada pela moleza e indulgência que jamais possuíra. Exatamente por causa do amor universal, foi ele áspero e severo entre as criaturas humanas de raciocínio.

8. A religião do amor

A tristeza que o acometia muitas vezes era apenas natural, em vista de sua elevada missão e do material humano que tinha de enfrentar. Absolutamente, nada tinha ela que ver com moleza.

Após a eliminação de todas as deturpações e estreitezas dogmáticas, a religião do amor será uma doutrina da mais rigorosa consequência, na qual não se encontrará qualquer fraqueza nem ilógicas condescendências.

O SALVADOR

O REDENTOR na cruz! Aos milhares estão colocadas essas cruzes como símbolo de que Cristo sofreu e morreu por causa da humanidade. De todos os lados chamam elas a atenção dos fiéis: "Pensai nisso!"

Em paragens solitárias, nas ruas movimentadas das metrópoles, nos quartos silenciosos, nas igrejas, em cemitérios, nas festas de casamento, por toda parte serve ela de consolo, de fortalecimento e de advertência. Pensai nisso! Foi por causa de vossos pecados que o Filho de Deus, que trouxe a salvação à Terra, sofreu e morreu na cruz.

Com estremecimento interior, tomado de profunda reverência e cheio de gratidão encaminha-se para ela o fiel. Com sensação de alegria deixa então o lugar, consciente de que com aquele sacrifício mortal também ele ficou livre de seus pecados.

Tu, porém, pesquisador sincero, vai e coloca-te ante o símbolo da sagrada severidade e esforça-te por compreender o teu Salvador! Atira longe o macio manto do comodismo que tão agradavelmente te aquece e produz uma sensação de bem-estar e segurança, que te deixa dormitar até a derradeira hora terrestre, quando então serás arrancado de chofre de tua sonolência, libertando-te da estreiteza terrena e colocando-te repentinamente diante da verdade límpida. Então terá terminado logo o teu sonho, ao qual havias te agarrado, junto com o qual te afundaste na inércia.

Por isso, acorda, teu tempo terreno é precioso! É literalmente certo e indiscutível que o Redentor veio por causa dos nossos pecados. E, também, que ele morreu por causa da culpa da humanidade.

9. O Salvador

Todavia, através disso não serão tirados os teus pecados! A obra de salvação do Redentor foi travar luta com as trevas de modo a trazer Luz à humanidade, *abrindo-lhe o caminho para o perdão de todos os pecados.* Cada qual tem de percorrer sozinho esse caminho, segundo as leis inamovíveis do Criador. Também Cristo não veio para derrubar essas leis, mas para cumpri-las. Não desconheças, pois, aquele que deve ser o teu melhor amigo! Não atribuas significado errôneo às palavras legítimas!

Quando se diz acertadamente: por causa dos pecados da humanidade aconteceu tudo isso, então quer dizer que a vinda de Jesus só foi indispensável porque a humanidade não mais conseguia, por si, achar saída das trevas criadas por ela mesma e libertar-se de suas tenazes.

Cristo teve de mostrar esse caminho à humanidade. Se esta não se tivesse emaranhado tão profundamente em seus pecados, isto é, se a humanidade não tivesse andado no caminho *errado,* a vinda de Jesus não teria sido necessária, e ter-lhe-ia sido poupado o caminho de luta e de sofrimento.

Por isso, é inteiramente certo que ele tivesse de vir somente por causa dos pecados da humanidade, para que esta, no caminho errado, não deslizasse completamente para o abismo, para as trevas.

Isto não quer dizer, todavia, que qualquer pessoa, *num instante,* possa ter quitação de suas culpas individuais, mal acredite realmente nas palavras de Jesus e viva segundo elas. Se, porém, viver segundo as palavras de Jesus, então seus pecados lhe *serão* perdoados. Contudo, isso só se dará aos poucos, assim que o remate se efetivar, na reciprocidade, através dos esforços da boa vontade. Não de outro modo. Diferentemente, porém, será com aqueles que não vivem segundo as palavras de Jesus, sendo-lhes absolutamente impossível o perdão.

Isto não quer dizer, contudo, que somente os adeptos da igreja cristã podem obter o perdão dos pecados.

Jesus anunciou a *Verdade.* Por conseguinte, suas palavras devem encerrar também todas as verdades de outras religiões. Ele não quis fundar uma igreja, mas mostrar o verdadeiro caminho à humanidade, o qual pode ser igualmente atingido pelas verdades de outras religiões. Por isso é que se encontram em suas palavras também tantas consonâncias com as religiões já existentes naquele tempo.

Jesus não as tirou daquelas religiões, mas como ele trouxe a Verdade, devia encontrar-se nela também tudo aquilo que em outras religiões já existia de verdade.

Também mesmo quem não conhece as palavras de Jesus e almeja de modo sincero a Verdade e o enobrecimento, já vive muitas vezes inteiramente no sentido dessas palavras e por isso marcha com segurança também para uma crença pura e o perdão de seus pecados. Acautela-te, por conseguinte, de concepções unilaterais. Desvalorizam a obra do Salvador.

Quem se esforça seriamente pela Verdade, pela pureza, a esse também não falta o amor. Será conduzido para cima espiritualmente, de degrau em degrau, mesmo que às vezes através de duras lutas e dúvidas e, *seja qual for a religião a que pertença,* já aqui ou também só no mundo de matéria fina, encontrará o espírito de Cristo, o qual o levará *por fim* até o reconhecimento de Deus-Pai, com o que se cumpre a sentença: "Ninguém chegará ao Pai, a não ser através de mim".

Esse "por fim", contudo, não se inicia nas últimas horas terrenas, mas sim num determinado grau de desenvolvimento do ser humano espiritual, para o qual o trespasse do mundo de matéria grosseira para o de matéria fina significa apenas uma mudança.

Agora, quanto ao fato, propriamente, da grande obra de salvação: a humanidade andava a esmo na escuridão espiritual. Ela própria a criou, ao submeter-se cada vez mais somente ao raciocínio que cultivou arduamente no começo. Com isso os seres humanos restringiram cada vez mais os limites da capacidade de compreensão, até que ficaram incondicionalmente atados ao espaço e ao tempo, tal como o cérebro, sem possibilidades de discernir o caminho para o infinito e o eterno.

Assim ficaram eles inteiramente atados à Terra, restritos ao espaço e ao tempo. Estava cortada com isso toda e qualquer ligação com a Luz, com o que é puro, espiritual. A vontade dos seres humanos só conseguia ainda se dirigir pelo que era terrenal, com exceção de uns poucos que, como profetas, não possuíam o poder para se impor e abrir caminho livre para a Luz.

Devido a esse estado, todas as portas ficaram abertas para o mal. As trevas ascendiam borbulhando, derramando-se funestamente sobre a Terra. Isso só podia acarretar *um* fim: morte espiritual. O que de mais pavoroso pode atingir o ser humano.

A culpa de toda essa miséria, porém, cabia aos próprios seres humanos! Ocasionaram-na, já que deliberadamente optaram por essa direção. Desejaram-na e cultivaram-na, ficaram mesmo orgulhosos de tal aquisição, em sua cegueira desmedida, sem reconhecer a terribilidade das consequências, devido à restrição da compreensão a que eles mesmos penosamente se obrigaram. Caminho algum poderia ser aberto dessa humanidade em direção à Luz. O estreitamento voluntário já era demasiado grande.

Se, aliás, ainda devesse tornar-se possível salvação, então devia vir auxílio da Luz. Do contrário, não poderia ser impedido o soçobro da humanidade nas trevas.

As próprias trevas, devido à impureza, têm uma maior densidade que acarreta peso. Devido a esse peso, elas conseguem elevar-se por si próprias somente até um determinado limite de peso, se não lhes vier do outro lado uma força de atração em auxílio. A Luz, porém, possui uma leveza correspondente à sua pureza, que a impossibilita de descer até essas trevas.

Existe, portanto, entre essas duas partes um abismo intransponível, no qual se encontra a criatura humana com a sua Terra!

Depende, pois, dos seres humanos, segundo a espécie de sua vontade e de seus desejos, ir ao encontro da Luz ou das trevas, abrir os portões e aplainar os caminhos para que a Luz ou as trevas se derramem sobre a Terra. Eles próprios constituem o baluarte onde, por intermédio dessa força de vontade, a Luz ou as trevas encontram firme apoio, podendo daí agir com maior ou menor força.

Quanto mais a Luz ou as trevas, dessa maneira, ganham poder sobre a Terra, tanto mais cobrem a humanidade com aquilo que podem dar, com coisas boas ou más, salvação ou infortúnio, felicidade ou desgraça, paz paradisíaca ou tormentos infernais.

9. O Salvador

A vontade pura dos seres humanos havia se tornado demasiado fraca para, em meio às pesadas trevas que tudo sufocavam e assoberbavam, poder oferecer à Luz um ponto de apoio na Terra, ao qual pudesse se prender, ligar de tal modo que, em pureza cristalina e consequente força plena, conseguisse destruir as trevas, libertando a humanidade, a qual então poderia aprovisionar-se de forças na fonte assim aberta e encontrar o caminho ascendente para as alturas luminosas.

Para a própria Luz não era possível descer tanto até a imundície, sem que para isso fosse encontrado um forte apoio. Por isso era necessário que viesse um mediador. Somente um emissário dos páramos luminosos, mediante *encarnação*, podia derrubar o muro das trevas erguido pela vontade dos seres humanos, e assim formar entre todos os males *o* baluarte de matéria grosseira para a Luz divina, firmemente, no meio das pesadas trevas. Saindo desse ancoradouro poderiam então as irradiações puras da Luz separar e espalhar as massas obscuras, para que a humanidade não sucumbisse totalmente nas trevas, asfixiando-se.

Dessa maneira, Jesus *veio* por causa da humanidade e de seus pecados!

A nova ligação assim criada com a Luz não podia, em virtude da pureza e força do emissário da Luz, ser cortada pelas trevas. Estava assim aberto para os seres humanos um novo caminho para as alturas espirituais.

De Jesus, esse baluarte terreno surgido da Luz, saíam então as irradiações em direção às trevas mediante a Palavra viva, portadora da Verdade. Ele podia transmitir essa Verdade inalterada, pois ele próprio era a Palavra e a Verdade.

Os seres humanos foram então sacudidos de seu estado de sonolência pelos milagres que simultaneamente se operavam. Seguindo estes, encontravam a Palavra. Ouvindo a Verdade trazida por Jesus e nela refletindo, foi nascendo em centenas de milhares de pessoas, gradualmente, o desejo de ir ao encontro dessa Verdade e sobre ela saber mais. E assim vagarosamente foram se esforçando em direção à Luz.

Por causa de tal desejo as trevas do ambiente foram afrouxadas, irradiações e mais irradiações da Luz penetravam vitorio-

9. O Salvador

samente, à medida que os seres humanos refletiam nas palavras e as consideravam como certas. Em torno deles o ambiente foi se clareando cada vez mais, as trevas não encontravam mais nenhum apoio firme neles e resvalando desse modo, finalmente, perdiam cada vez mais terreno. Assim a Palavra da Verdade atuava nas trevas como um germinante grão de mostarda, como o fermento na massa de pão.

E *essa* foi a obra salvadora de Jesus, Filho de Deus, o portador da Luz e da Verdade.

As trevas, que se supunham donas da humanidade inteira, contorceram-se, soerguendo-se em luta selvagem, a fim de tornar irrealizável a obra salvadora. Não podiam aproximar-se de Jesus, resvalavam em sua pura intuição. Natural era então que lançassem mão dos instrumentos voluntários que dispunham para o combate.

Esses eram os seres humanos que acertadamente se cognominavam "seres humanos de raciocínio", isto é, que se sujeitavam ao raciocínio e, como este, estavam por consequência firmemente atados ao espaço e ao tempo, impossibilitados assim de discernir os conceitos espirituais mais elevados, situados muito acima do espaço e do tempo. Por isso lhes era também impossível seguir a doutrina da Verdade.

Todos eles estavam, segundo suas próprias convicções, em solo demasiadamente "real", como também ainda hoje existem tantos. Terreno real, porém, se chama na verdade um solo demasiadamente restrito. E todos esses seres humanos constituíam justamente a maioria que representava a autoridade, isto é, que tinha em mãos o poder religioso e governamental.

Assim as trevas fustigavam, em sua resistência furiosa, tais seres humanos até as graves ofensas contra Jesus, servindo-se do poder terreno que exerciam.

As trevas esperavam com isso poder destruir a obra salvadora. Que elas pudessem exercer esse poder na Terra a tal ponto, foi exclusivamente culpa da humanidade, que pela sua deliberada orientação falsa estreitou sua capacidade de compreensão, dando assim supremacia às trevas.

E por causa dessa culpa da humanidade, Jesus teve de sofrer! As trevas fustigavam ainda mais, até o extremo: Jesus acabaria morrendo na cruz, se persistisse em suas asseverações de ser o portador da Verdade e da Luz. Tratava-se da decisão final. Uma fuga, uma retirada de tudo poderia salvá-lo da morte na cruz. Mas isso significaria no último momento a vitória das trevas, pois então toda a atuação de Jesus vagarosamente malograria, podendo assim as trevas cobrir tudo vitoriosamente. Jesus não teria cumprido sua missão, a iniciada obra salvadora permaneceria incompleta.

A luta íntima no Getsêmani foi dura, porém curta. Jesus não temia a morte terrena, mas sim encaminhou-se serenamente para o desenlace terrenal, em prol da Verdade trazida por ele. Com seu sangue na cruz, ele colocou o selo em tudo quanto disse e viveu.

Com esse ato ele superou totalmente as trevas, que com isso haviam jogado seu último trunfo. Jesus venceu. Por amor à humanidade, para a qual ficou com isso aberto o caminho para a liberdade em direção à Luz, pois com essa morte ela fora fortalecida da verdade de suas palavras.

Retirar-se pela fuga com a consequente renúncia à sua obra, deveria ter trazido dúvidas à humanidade.

Jesus morreu, portanto, devido aos pecados da humanidade! Se não fossem os pecados da humanidade, o afastamento de Deus causado pela restrição do raciocínio, poderia ter sido poupada a vinda de Jesus e, dessa forma, também o seu caminho de sofrimento e a sua morte na cruz. É inteiramente certo, portanto, quando é dito: foi por causa dos nossos pecados que Jesus veio, padeceu e sofreu a morte na cruz!

Nisso, porém, não consta que tu próprio não terias de remir teus pecados!

Só que agora podes fazê-lo com facilidade, porque Jesus *mostrou*-te o caminho pela transmissão da Verdade *em suas palavras.*

Assim nem a morte de Jesus na cruz pode simplesmente apagar teus pecados. Para que tal coisa acontecesse, teriam de desmoronar antes todas as leis universais. Tal não se dá, porém. O próprio Jesus faz referência muitas vezes a tudo "que está escrito", isto é, ao antigo. O novo evangelho do amor também

9. O Salvador

não tem a intenção de destruir ou de anular o velho, da justiça, *mas completá-lo.* Quer com ele ser ligado.

Não olvides, por conseguinte, a justiça do grande Criador de todas as coisas, a qual não se deixa deslocar sequer por um fio de cabelo e que permanece inabalável desde o começo do mundo até o seu fim! Ela nem poderia consentir que alguém tomasse a si a culpa de outrem para remi-la.

Por causa da culpa de outros, isto é, devido à culpa de outros, Jesus pôde vir, sofrer e morrer, apresentando-se como lutador em prol da Verdade, mas ele próprio permaneceu puro e inatingido por essa culpa, razão pela qual não poderia tomá-la sobre si pessoalmente.

A obra salvadora por isso não é menor, mas um sacrifício como não pode haver maior. Por ti desceu Jesus das alturas luminosas para a lama, lutou por ti, sofreu e morreu por ti, para trazer-te Luz no caminho certo para o alto, a fim de que não te perdesses nem submergisses nas trevas!

Assim está teu Salvador diante de ti. *Essa* foi sua enorme obra de amor.

A justiça de Deus permaneceu séria e severa nas leis do mundo, pois o que o ser humano semeia, isso ele colherá, diz também o próprio Jesus em sua Mensagem. Nem sequer um centavo lhe poderá ser perdoado, de acordo com a justiça divina!

Lembra-te disso quando estiveres diante do símbolo da sagrada severidade. Agradece de todo o coração ao Salvador que com a sua Palavra te abriu novamente o caminho para o perdão de teus pecados, e deixa tais lugares com o firme propósito de seguir o caminho a ti mostrado, para que te possa advir o perdão.

Seguir o caminho, porém, não quer dizer apenas aprender a Palavra e acreditar nela, mas *viver* essa Palavra! Acreditar nela, considerá-la certa e não agir em tudo de acordo com ela, de nada te adiantaria. Pelo contrário, estarás em pior situação do que aqueles que nada sabem da Palavra.

Por isso, acorda, o tempo terreno é precioso para ti!

O MISTÉRIO DO NASCIMENTO

OS seres humanos não sabem o que fazem, quando dizem que existe uma grande injustiça na maneira pela qual se dá a distribuição dos nascimentos!

Com grande insistência afirma um: "Se existe uma justiça, como pode nascer uma criança já com o fardo de uma doença hereditária! A criança inocente tem de carregar consigo os pecados dos pais."

O outro: "Uma criança nasce na riqueza, outra em amarga pobreza e miséria. Com isso não pode surgir qualquer crença na justiça."

Ou então: "Admitindo que os pais devam ser castigados, não está certo que isso se cumpra pela doença e morte de uma criança. A criança, pois, com isso terá de sofrer inocentemente."

Estas e outras observações pululam aos milhares entre a humanidade. Até mesmo pesquisadores sinceros às vezes quebram a cabeça com esses problemas.

A ânsia pelo "porquê" não se elimina com a simples declaração de que "estes são os imperscrutáveis caminhos de Deus, que tudo conduzem para o melhor". Quem com isso se contenta tem de concordar *apaticamente,* ou reprimir imediatamente como injusto qualquer pensamento indagador.

Assim não é desejado! É perguntando que se acha o caminho certo. Apatia ou violenta repressão apenas lembra escravidão. Mas Deus não quer escravos! Não quer obediência apática, mas um olhar livre e consciente para o alto.

Suas maravilhosas e sábias disposições não precisam ser envoltas pela escuridão mística, pelo contrário, ganham em sua sublime e inatingível magnitude e perfeição, quando expostas

10. O mistério do nascimento

em nossa frente, abertamente! Elas operam ininterruptamente, com ritmo sereno e firme, sempre imutáveis e incorruptas em sua atuação eterna.

Não se preocupam com o rancor nem com o reconhecimento dos seres humanos, tampouco com sua ignorância, mas restituem a cada um, com a maior fidelidade, em frutos maduros, o que semeou.

"Os moinhos de Deus moem devagar, mas com segurança", diz a voz do povo acertadamente, quanto a esse tecer de incondicional reciprocidade em toda a Criação, cujas leis imutáveis trazem em si justiça de Deus e a executam. Brota, flui e corre, e derrama-se sobre todos os seres humanos, quer queiram ou não, quer se submetam ou se revoltem, terão de receber como castigo justo e como perdão, ou como recompensa para a elevação.

Se um resmungador ou cético pudesse uma única vez apenas lançar um olhar para o flutuar e tecer da matéria fina, perpassado e suportado pelo rigoroso espiritual; flutuar e tecer que traspassa a Criação toda, que a envolve e que nela se encontra, sendo mesmo uma parte dela, vivo como um tear de Deus em eterno funcionamento, logo silenciaria envergonhado e reconheceria assustado a arrogância contida em suas palavras.

A serena sublimidade e segurança que vê obriga-o a prostrar-se, pedindo perdão.

Quão mesquinho, pois, havia suposto seu Deus! E, todavia, que incrível grandeza encontra em Suas obras. Reconhecerá então que com suas mais elevadas conceituações terrenas, só podia ter procurado diminuir Deus e restringir a perfeição da grande obra, com o trabalho vão de querer encerrá-la no âmbito estreito que o cultivo do raciocínio criou, o qual jamais poderá elevar-se acima do espaço e do tempo.

O ser humano não deve esquecer-se de que ele se encontra na *obra* de Deus, que ele mesmo é um pedaço dessa obra e que, por conseguinte, está incondicionalmente também sujeito às leis dessa obra.

Tal obra não abrange, contudo, apenas as coisas visíveis aos olhos terrenos, mas também o mundo de matéria fina que contém em si a maior parte da verdadeira existência e atividade humana. As respectivas vidas terrenas são apenas pequenas partes disso, *mas sempre importantes pontos de transição.*

O nascimento terreno constitui sempre apenas o início de uma fase importante da existência inteira de uma criatura humana, mas não seu começo propriamente dito.

Ao iniciar sua peregrinação pela Criação, o ser humano como tal encontra-se livre, sem fios de destino, que então, somente através de sua vontade, se estendem dele para o mundo de matéria fina, tornando-se cada vez mais fortes no caminho devido à força de atração da igual espécie, cruzando-se com outros, entretecendo-se e atuando retroativamente sobre o autor, com quem permaneceram ligados, de modo a conduzir consigo destino ou carma.

Os efeitos de fios em retorno simultâneo misturam-se entre si, pelo que as cores, originalmente definidas de modo nítido, recebem outras tonalidades, produzindo novos quadros combinados.*

Os fios individuais constituem o caminho das ações de retorno até que o autor já não ofereça nenhum ponto de apoio em seu íntimo para elementos de igual espécie, portanto quando de sua parte não mais cuida do caminho e nem o conserva, pelo que esses fios não podem mais se prender nem se firmar, devendo secar e cair dele, quer se trate de coisas boas, quer más.

Cada fio de destino é, portanto, formado na matéria fina através de um ato de vontade na decisão para uma ação, emigra, mas permanece apesar disso ancorado no autor e constitui dessa maneira o caminho seguro para espécies iguais, fortalecendo-as, mas também, simultaneamente, recebendo delas força, a qual retorna ao ponto inicial por esse caminho.

Decorre desse processo o auxílio que chega aos que se esforçam pelo bem, conforme fora prometido, ou, porém, a circunstância de que "o mal tem de gerar continuamente o mal".**

Cada ser humano recebe, portanto, pela ação de retorno desses fios em curso, e aos quais diariamente ele ata outros

---

* Dissertação: "Destino".
**Dissertação: "O ser humano e seu livre-arbítrio".

10. O mistério do nascimento

novos, o seu destino, portanto, criado por ele próprio e ao qual está sujeito. Cada arbitrariedade fica aí excluída, portanto também cada injustiça. O carma que uma pessoa traz consigo e que se assemelha a uma predestinação unilateral, é na realidade apenas a *consequência* inconteste de seu passado, enquanto esta não tiver sido remida através da reciprocidade.

O verdadeiro começo da existência de uma pessoa é *sempre* bom, e de muitas também o fim, com exceção daquelas que se perdem por si próprias, por serem as primeiras, através de suas resoluções, a estenderem elas mesmas as mãos ao mal, o que por sua vez as arrasta totalmente para a ruína. As vicissitudes ocorrem sempre apenas no intervalo transitório, na época da formação e maturação interior.

Assim, pois, a pessoa é quem forma sempre sua vida futura. Ela fornece os fios e com isso determina a cor e o padrão da vestimenta que o tear de Deus lhe tece pela lei da reciprocidade.

Frequentemente jazem bem distantes as causas que atuam de modo determinante para as conjunturas em que uma alma nascerá, bem como para a época sob cujas influências a criança virá ao mundo terrestre, para que estas então influam sem cessar durante sua peregrinação na Terra, conseguindo exatamente o que se faz mister para a remição, polimento, eliminação e desenvolvimento dessa alma.

Também isso, porém, não acontece unilateralmente apenas à criança, mas os fios se tecem automaticamente, de maneira a se estabelecer também uma ação recíproca no terrenal.

Os pais dão ao filho exatamente aquilo que este precisa para seu desenvolvimento e, de modo inverso, o filho em relação aos pais, seja algo bom ou mau, pois ao desenvolvimento e à elevação pertence também, naturalmente, a libertação do mal pelo seu exaurir, com o que ele será reconhecido como tal e repelido. E a oportunidade para tanto traz sempre a reciprocidade. Sem esta não poderia nunca, realmente, o ser humano se libertar de coisas sucedidas.

Portanto, encontra-se nas leis da reciprocidade, como grande dádiva de graça, o caminho para a liberdade ou ascensão. Não se pode, por conseguinte, falar absolutamente em castigo. Castigo é uma expressão errada, uma vez que exatamente nisso se encontra o grandiosíssimo amor, a mão que o Criador estende para o perdão e a libertação.

A vinda terrena do ser humano se compõe de geração, encarnação e nascimento. A encarnação vem a ser a entrada, propriamente dita, da criatura humana na existência terrena.*

São aos milhares os fios que coparticipam na determinação de uma encarnação. Há sempre, contudo, também nesses fenômenos da Criação uma justiça sintonizada até às minúcias, que se efetua impelindo para o progresso de *todos* os implicados nisso.

Através disso o nascimento de uma criança torna-se muito mais importante e valioso do que em geral é considerado. Acontece, pois, com isso, simultaneamente à criança, aos pais e também a eventuais irmãos e outras pessoas que venham a ter contato com a criança, com sua entrada no mundo terreno, uma nova e especial graça do Criador, com o que todos recebem a oportunidade de progredir de alguma maneira.

Aos pais pode ser dada a oportunidade para lucro espiritual pelo tratamento necessário de uma doença, graves preocupações ou sofrimentos, seja como simples meio a um fim ou também como verdadeira remição de uma culpa antiga, talvez até como pré-remição de um carma ameaçador.

Acontece muitas vezes que com a já iniciada boa vontade, a *própria* doença grave de uma pessoa, que deveria atingi-la como carma, segundo a lei da reciprocidade, seja *pré-remida* por graça, em consequência de sua boa vontade em dispensar, por livre resolução, cuidados abnegados a outrem ou a um próprio filho.

Uma verdadeira redenção só se pode processar através do pleno vivenciar na intuição. Na execução de um tratamento com verdadeiro amor, o vivenciar frequentemente é ainda maior do que numa doença própria. É mais profundo na ansiedade, na dor durante a doença de um filho ou de outrem a quem se considere realmente como seu querido próximo. Profunda igualmente é a alegria ante o restabelecimento do mesmo.

---

* Dissertação: "A criação do ser humano".

10. O mistério do nascimento

E unicamente esse forte vivenciar imprime suas marcas indeléveis na intuição, no ser humano espiritual, modificando-o e cortando com essa transformação fios de destino que de outra forma ainda o teriam atingido.

Devido a esse cortar ou abandonar, os fios voltam como elásticos distendidos para o lado oposto, para as centrais de matéria fina de igual espécie, por cuja força de atração são agora atraídos de modo unilateral. Com isso cada efeito subsequente sobre o ser humano transformado fica excluído, por faltar o caminho de ligação para tanto.

Existem assim milhares de maneiras de redenções nessa forma, quando uma pessoa voluntariamente e de bom grado toma a si algum dever perante outrem por amor.

Quanto a isso, Jesus mostrou os melhores exemplos em suas parábolas. Da mesma forma no seu sermão da montanha, bem como em todas as demais preleções, apontou ele nitidamente os bons resultados de semelhantes práticas. Sempre se referia ao "próximo", mostrando assim, na forma mais singela e mais elucidativa, o melhor caminho para a remição do carma e para a ascensão.

"Ama a teu próximo como a ti mesmo", exortou ele, dando com isso a chave para o portal de toda a escalada. Não é necessário que a esse respeito se trate sempre de doenças. As crianças, seu necessário trato e educação, dão da maneira mais natural tantas oportunidades, que encerram em si *tudo* o que ademais possa entrar em conta como remição. E por isso crianças trazem bênçãos, pouco importando como nasceram e se desenvolveram!

O que vale para os pais, vale também para os irmãos e para todos aqueles que estão muito em contato com crianças. Também estes têm ensejo de lucrar com o novo habitante da Terra, pelos esforços que empregam, quer seja apenas para se livrarem de maus hábitos ou coisas semelhantes, quer na paciência, nos cuidadosos auxílios da mais variada espécie.

Para a própria criança, o auxílio não é menor. Cada um, pelo nascimento, é colocado diante da possibilidade de escalar um enorme trecho do caminho! Onde isso não ocorra, ele próprio é o culpado. Então, não o quis.

10. O mistério do nascimento

Deve-se, por conseguinte, considerar cada nascimento uma bondosa dádiva de Deus distribuída equanimemente. Também para aquele que não tem filhos e adota uma criança estranha, a bênção não fica diminuída, ao contrário, maior ainda pelo ato da adoção, se esta ocorrer por causa da criança, e não para satisfação própria.

A força de atração da igual espécie espiritual numa encarnação comum tem papel predominante como coatuante nos efeitos recíprocos. Características que são consideradas como herdadas, na realidade não são herdadas, mas devem ser atribuídas meramente a essa força de atração. Nada se encontra aí de herdado espiritualmente da mãe ou do pai, uma vez que a criança é também uma pessoa individual, tal como aqueles, trazendo em si apenas espécies iguais pelas quais se sentiu atraída.

Contudo, não é apenas essa força de atração da igual espécie que atua de modo determinante na encarnação, mas coparticipam também ainda outros fios do destino em curso, aos quais a alma a ser encarnada se encontra ligada e que talvez estejam por qualquer forma atados a um membro da família a que ela é conduzida. Tudo isso colabora, atrai e concretiza por fim a encarnação.

É, porém, diferente quando uma alma aceita voluntariamente uma missão para ajudar determinados seres humanos terrenos ou para colaborar numa obra de auxílio a toda a humanidade. Em tais casos a alma aceita de antemão e voluntariamente sobre si o que vier a encontrar na Terra, com o que tampouco se pode falar de injustiça. E a recompensa lhe advirá como resultado da ação da reciprocidade, se tudo acontece em abnegado amor, que por sua vez nem pergunta pela recompensa.

Nas famílias em que há doenças hereditárias, encarnam-se almas que precisam dessas doenças, através da reciprocidade, para remição, purificação ou progresso.

Os fios condutores e sustentadores nem consentem que ocorra uma encarnação errada, isto é, injusta. Excluem nisso cada erro. Seria o mesmo como a tentativa de nadar contra uma correnteza que segue seu curso normal de maneira férrea e imperturbável, excluindo de antemão qualquer resistência, de modo que nem

10. O mistério do nascimento

pode ocorrer uma tentativa. Pela rigorosa observância de suas propriedades, no entanto, oferece ela apenas bênçãos.

E tudo é considerado, inclusive nos casos de encarnações voluntárias, quando as doenças são tomadas a si espontaneamente para conseguir uma determinada finalidade. Se talvez o pai ou a mãe atraiu a doença sobre si, por causa duma culpa, mesmo que isso advenha somente por inobservância às leis naturais que exigem cuidados essenciais para a preservação da saúde do corpo a eles confiado, então a dor de ver novamente essa doença no filho já constitui uma expiação que conduzirá à purificação, assim que tal dor for intuída de modo legítimo.

Mencionar exemplos específicos pouco adiantaria, uma vez que cada nascimento, individualmente, daria um novo quadro, devido aos fios de destino multientrelaçados, diferenciando dos outros, e mesmo cada igual espécie teria de se apresentar através dos delicados matizes da reciprocidade, nas suas misturas, em milhares de variações.

Seja dado apenas um exemplo simples: uma mãe gosta tanto de seu filho, que o impede por todos os meios de deixá-la pelo casamento. Prende-o a si indeterminadamente. Esse amor é errado, puramente egoístico, embora a mãe, segundo a própria opinião, ofereça tudo para tornar a vida terrena do filho tão bela quanto possível. Devido a esse amor egoístico, intrometeu-se indevidamente na vida do filho.

O verdadeiro amor nunca pensa em si, mas sempre quer o bem da pessoa querida e age nesse sentido, mesmo que tenha de se submeter à renúncia.

Virá a hora da mãe, quando for chamada para o Além. O filho ficará sozinho. Para ele tornou-se tarde demais, a fim de ainda conseguir dar o impulso alegre para a realização de seus próprios desejos, impulso esse que a juventude proporciona. Apesar de tudo, ele ainda lucrou algo com isso, porque com a renúncia circunstancial redimiu alguma coisa. Seja, pois, uma igual espécie decorrente de sua vida anterior, com o que concomitantemente se desviou do isolamento interior num matrimônio que, ao contrário, com o casamento, teria de atingi-lo, ou qualquer outra coisa. Em tais circunstâncias, só há lucro para ele.

Mas a mãe levou consigo seu amor egoístico. A força de atração da igual espécie espiritual leva-a irresistivelmente às pessoas com propriedades idênticas, porque nas proximidades delas ela encontra a possibilidade de poder intuir conjuntamente uma pequena parte da sua própria paixão, na vida intuitiva de tais pessoas, quando elas exercem seu amor egoístico sobre outrem. Dessa forma ela permanece ligada à Terra.

Quando, porém, se der uma fecundação numa das pessoas em cuja proximidade ela se encontre constantemente, ela se encarna devido à ligação desse entrelaçamento espiritual existente.

Inverter-se-ão então os papéis. Agora, como criança, por causa das idênticas propriedades paternas ou maternas, terá de sofrer a mesma coisa que outrora infligiu ao seu filho. Não poderá livrar-se da casa paterna, não obstante seus desejos e as oportunidades que se ofereçam. Dessa forma sua culpa será extinta, quando ela, através do vivenciar em si mesma de tais propriedades, reconhece-as como erro e assim é libertada disso.

Pela ligação com o corpo de matéria grosseira, isto é, a encarnação, é colocada em cada pessoa uma venda que lhe impede ver sua existência anterior. Também isso, como todo acontecimento na Criação, só é para vantagem da pessoa. Nisso, mais uma vez, encontra-se a sabedoria e o amor do Criador.

Se cada um se recordasse exatamente da existência anterior, permaneceria em sua nova vida terrena apenas um calmo observador, ficando de lado, na convicção de conquistar com isso um progresso ou de remir algo. Justamente devido a isso, porém, não haveria para ele nenhum progresso, mas sim antes traria um grande perigo de escorregar para baixo.

A existência terrena deve ser realmente *vivenciada,* se é que deva ter uma finalidade. Somente o que for experimentado no íntimo de modo vivencial em todos seus altos e baixos, quer dizer, intuído, torna-se algo próprio. Se uma pessoa soubesse sempre de antemão a direção certa que lhe seria útil, não haveria para ela nenhum ponderar, nenhum decidir. Assim também não receberia nenhuma força e nenhuma autonomia, absolutamente indispensáveis para ela.

10. O mistério do nascimento

Dessa forma, pois, ela toma com mais realismo cada situação de sua vida terrena. Tudo o que é realmente vivenciado, grava impressões fortes na intuição, no imperecível, que o ser humano em sua metamorfose leva consigo para o Além como sendo seu, como parte dele mesmo, novo, moldado de acordo com as impressões. Mas *apenas* aquilo que é realmente vivenciado, pois tudo o mais se apaga com a morte terrena. O *vivenciado,* porém, permanece como extrato purificado da existência terrena, seu lucro!

Nem tudo o que foi aprendido faz parte do vivenciado. Mas do aprendido restará apenas aquilo que o ser humano houver absorvido pela vivência. Todo o acúmulo restante de coisas inúteis do que foi aprendido, a que tantas pessoas sacrificam a existência terrena inteira, permanece como debulho. Portanto, cada momento da vida jamais pode ser encarado de modo suficientemente sério, para que através dos pensamentos, palavras e ações, pulse forte calor de vida, a fim de que não decaiam em hábitos vazios.

A criança recém-nascida parece, por causa dessa venda que lhe é passada nos olhos no ato da encarnação, totalmente ignorante, por isso também tida erroneamente como inocente. Não raro traz consigo enorme carma, que lhe dá oportunidade de remir caminhos errados anteriores no exaurir vivencial. O carma é na predestinação apenas a consequência necessária dos fatos passados. Nas missões, uma aceitação voluntária para atingir a compreensão e a maturação terrena indispensável ao cumprimento da tarefa, caso não faça parte da própria missão.

Por isso o ser humano não deveria mais resmungar a respeito de injustiça nos nascimentos, mas olhar com gratidão para o Criador que, com cada nascimento individual, apenas oferece novas graças!

É ACONSELHÁVEL O APRENDIZADO DO OCULTISMO?

ESTA pergunta tem de ser respondida com um "não" absoluto. O aprendizado do ocultismo, que em geral engloba exercícios para a aquisição de clarividência, clariaudiência, etc., é um estorvo ao livre desenvolvimento interior e à verdadeira escalada espiritual. O que com isso pode ser desenvolvido é o que em tempos passados se compreendia com os assim chamados magos, tão logo o aprendizado decorresse mais ou menos favorável.

É um tatear unilateral, de baixo para cima, pelo qual nunca se poderá transpor a assim denominada área terrestre. Sempre se tratará, em todos esses acontecimentos eventualmente alcançáveis, apenas de coisas baixas e baixíssimas, que não poderão elevar interiormente os seres humanos, mas sim induzi-los a erros.

O ser humano consegue com isso apenas se inserir no âmbito de matéria mais fina que lhe está bem próxima, cujos inteligentes muitas vezes são ainda mais ignorantes do que as próprias pessoas terrenas. Tudo quanto com isso alcança é abrir-se a perigos desconhecidos por ele e dos quais permanece protegido exatamente pelo fato de não se abrir.

Quem por meio de aprendizado se tornou clarividente ou clariaudiente verá ou ouvirá, nesse âmbito inferior, muitas vezes também coisas que têm aparência de algo elevado e puro, e que, no entanto, muito longe estão disso. A tudo isso se junta também a própria fantasia, superexcitada por causa de exercícios, gerando igualmente um ambiente que o aprendiz, então, vê e ouve realmente, e a confusão aí está.

Tal pessoa, não estando firme nos pés devido a aprendizado artificial, não poderá diferenciar e, mesmo com a melhor boa

11. É aconselhável o aprendizado do ocultismo? 63

vontade, não poderá traçar um limite nítido entre a verdade e a ilusão, assim como entre as múltiplas e multiformes forças configuradoras da vida na matéria fina. Por último, juntam-se ainda as influências inferiores que lhe serão nocivas na certa, às quais ele mesmo deliberadamente e com tanto esforço se abriu, às quais não poderá opor nenhuma força superior, e assim tornar-se-á logo como um destroço de navio sem leme num mar desconhecido, podendo tornar-se perigoso a tudo que lhe vier de encontro.

É idêntico a uma pessoa que não sabe nadar. Num barco estará perfeitamente apta a atravessar com toda a segurança o elemento que não lhe é familiar. Comparável à vida terrena. Se, porém, durante o trajeto tirar uma tábua do barco protetor, romperá uma brecha no abrigo por onde entrará água, roubando sua proteção e arrastando-a para o fundo. Por não saber nadar, tal pessoa será apenas uma vítima do elemento que não lhe é familiar.

Eis o processo no aprendizado do ocultismo. Com isso a pessoa só arranca uma tábua de seu barco protetor, *mas não aprende a nadar!*

Contudo, também há nadadores que se denominam mestres. Nadadores nesse setor são aqueles que já trazem consigo um dom, complementando-o mediante alguns exercícios, a fim de pô-lo em relevo e procurando também ampliá-lo cada vez mais. Em tais casos há sempre uma predisposição maior ou menor, ligada a um aprendizado artificial. Todavia, mesmo ao melhor nadador sempre são colocados limites bastante restritos. Se ousa ir mais longe, as forças lhe fraquejam e ele acaba se perdendo da mesma forma que um que não sabe nadar, caso... não lhe seja proporcionado socorro da mesma forma como a um que não sabe nadar.

Tal auxílio, no entanto, no mundo de matéria fina, só pode sobrevir das alturas luminosas, do espiritual puro. E esse auxílio, por sua vez, só pode se aproximar caso a pessoa que se encontra em perigo já tiver atingido determinado grau de pureza em seu desenvolvimento anímico, com o que poderá ligar-se a um ponto de apoio. E tal pureza não se consegue através do aprendizado do ocultismo com finalidades de experiências, só podendo vir pela elevação da legítima moral interior, no constante olhar para a pureza da Luz.

Tendo uma pessoa seguido *esse* caminho, que aos poucos a levará a certo grau de pureza interior, que naturalmente se refletirá também em seus pensamentos, palavras e ações, então, pouco a pouco, consegue ligação com as alturas mais puras e de lá, reciprocamente, também energias aumentadas.

Com isso ela tem uma ligação através de todos os degraus intermediários, que a segura e na qual pode se apoiar. Não demorará muito e tudo lhe será dado sem esforços próprios, o que os nadadores inutilmente procuravam obter. Mas com um cuidado e precaução, que jazem nas rígidas leis da reciprocidade, de modo que sempre receberá apenas tanto daquilo quanto pode dar de força equivalente, pelo menos na mesma intensidade, com o que de antemão fica eliminado qualquer perigo.

E assim acabará a barreira separadora, que pode ser comparada às tábuas de uma embarcação, ficando cada vez mais finas até sumir de vez. Mas então já terá também chegado o momento em que tal pessoa, como o peixe na água, se sentirá inteiramente à vontade no mundo de matéria fina, como em seu elemento, manobrando direito até as alturas luminosas. Esse é o único caminho certo.

Todo preparo prematuro mediante aprendizado artificial é errado. Somente para o peixe habituado à água, esta se apresenta realmente sem perigos, por se tratar de "seu elemento" e para o qual ele traz em si todos os aparelhamentos que mesmo um exímio nadador *jamais* conseguirá *adquirir.*

Se um indivíduo adota tal aprendizado, tem isso de se iniciar com uma prévia resolução voluntária, a cujas consequências ele então ficará sujeito. Por conseguinte, não poderá contar que um auxílio lhe *deva* ser dado. Dispôs, antes, do livre-arbítrio de resolução.

Uma pessoa, porém, que incentiva outros a tais aprendizados, donde resulta toda sorte de perigos, tem de arcar com uma grande parte das consequências, como culpa, de cada um individualmente. Será acorrentada a todos na matéria fina. Após sua morte terrena terá de descer irrevogavelmente até aqueles que a precederam, que sucumbiram aos perigos, até aquele que caiu mais profundamente.

E ela mesma não conseguirá subir, enquanto não houver ajudado cada um daqueles a se elevar de novo, enquanto não houver extinguido o caminho errado e, além disso, recuperado o assim perdido. Isso é o equilíbrio na reciprocidade e ao mesmo tempo o caminho de graças para ela, a fim de corrigir o mal cometido e ascender.

E se aquela pessoa não tiver agido apenas pela palavra, mas sim também pela escrita, sua situação ainda será pior, porque seus escritos continuarão a causar danos, mesmo depois de sua morte terrena. Terá então de aguardar na vida de matéria fina, até que ninguém mais apareça daqueles que se deixaram desviar pela escrita, aos quais, por isso, ela terá de ajudar a subir de novo. Séculos poderão passar nisso.

Com isso, porém, não se quer dizer que o âmbito do mundo de matéria fina deva permanecer incólume e inexplorado na vida terrena!

Aos interiormente amadurecidos sempre será dado aquilo na hora certa, para que se sintam à vontade, o que para outros encerra perigos. Ser-lhes-á permitido contemplar a verdade e transmiti-la. No entanto, terão também aí uma visão clara dos perigos que ameaçam aqueles que, unilateralmente, mediante o aprendizado do ocultismo, querem intrometer-se nos baixios de um terreno que lhes é desconhecido. Estes amadurecidos jamais darão estímulo a aprendizados ocultistas.

ESPIRITISMO

ESPIRITISMO! Mediunidade! Acaloradamente são discutidos os prós e os contras. Não é tarefa minha dizer algo sobre os adversários e seu afinco em negar. Seria desperdício de tempo, pois cada ser humano que raciocina logicamente necessita somente ler o tipo dos assim chamados exames ou pesquisas para, por si só, reconhecer que eles atestam completo desconhecimento e categórica incapacidade dos "examinadores".

Por quê? Se eu quero pesquisar a terra, tenho de me orientar de acordo com a terra e sua constituição. Se, porém, pretendo investigar o mar, outra coisa não me resta senão me orientar de acordo com a constituição da água e servir-me dos meios de auxílio correspondentes à constituição da água.

Querer aplicar à água perfuradoras ou enxadas ou mesmo pás, pouco proveitoso me seria em minhas pesquisas. Ou porventura terei de negar a água, por não opor resistência à entrada da pá, ao contrário do que acontece com a terra, de consistência mais compacta e a mim mais familiar? Ou por não me ser possível, tampouco, andar a pé sobre ela, como habitualmente em terra firme?

Adversários dirão: É diferente, pois a existência da água *vejo* e sinto; isto, portanto, ninguém pode negar!

Quanto tempo faz que se negavam bem energicamente os milhões de seres vivos multicolores numa gota de água, de cuja existência já agora cada criança sabe? E por que se negava? Somente porque não eram vistos! Só depois que se inventou um instrumento adequado, foi que se pôde reconhecer, ver e observar esse novo mundo.

O mesmo se dá com o mundo extramaterial, o assim chamado Além! Tornai-vos, pois, capazes de ver! E *então* podereis

12. Espiritismo

fazer um julgamento! Depende de *vós*, e não do "outro mundo". Tendes em vós, além do vosso corpo de matéria grosseira, ainda a matéria do outro mundo, ao passo que os que se acham no Além não possuem mais da vossa matéria grosseira.

Exigis e esperais que os que se acham no Além se aproximem de vós (dando sinais, etc.), conquanto desprovidos de todo de matéria grosseira. Esperais que eles *vos* comprovem sua existência, enquanto vós mesmos, que sois constituídos não só de matéria grosseira, como também da substância que eles dispõem, aguardais sentados em atitudes de juízes.

Construí *vós*, pois, a ponte que *vós podeis* estender, trabalhai enfim com a mesma matéria que também está à vossa disposição e tornai-vos dessa forma capazes de ver! Ou calai-vos, se não compreendeis, e continuai a nutrir apenas o que é de matéria grosseira, que cada vez mais sobrecarrega o que é de matéria fina.

Dia virá em que o que é de matéria fina terá de se separar do que é de matéria grosseira, ficando então por terra extenuado, por ter se desabituado totalmente ao voo, pois também tudo isso está sujeito às leis terrenas como o corpo terrenal.

Somente movimento produz força! Não necessitais de médiuns para reconhecer o que é de matéria fina. Basta observardes a vida que encerra a vossa própria matéria fina. Concedei-lhe, mediante a vossa vontade, o que necessita para se fortificar. Ou acaso pretendeis contestar também a existência de vossa vontade, uma vez que não a podeis ver nem palpar?

Quantas vezes sentis os efeitos da vossa vontade em vós mesmos. Vós os sentis bem, mas não podeis vê-los nem pegá-los. Tanto nos momentos de elevação, de alegria ou de sofrimento, de ira ou de inveja. Logo que a vontade atua, tem ela de possuir também força, que produz uma pressão, porque sem pressão não pode haver nenhum efeito, nenhuma percepção. E onde há uma pressão, tem de atuar um corpo, algo de consistente da idêntica matéria, do contrário não poderá originar-se qualquer pressão.

Portanto, deve haver formas sólidas duma substância que não podeis ver nem palpar com vosso corpo de matéria grosseira. E assim é a matéria do Além, que somente podeis perceber com a igual espécie, também inerente a vós.

Esquisita é a disputa a favor e contra uma vida depois da morte terrena, chegando, aliás, muitas vezes até ao ridículo. Quem se dispuser com intento sereno, imparcial e neutro, a refletir e a observar, logo concluirá que na verdade *tudo,* mas tudo mesmo, fala a favor da probabilidade de um mundo extramaterial, mundo esse que a atual criatura humana mediana não consegue perceber. São tantos os acontecimentos que sempre e sempre advertem a esse respeito, que não podem ser postos à margem simplesmente como inexistentes.

No entanto, a favor de um cessar incondicional, após a morte terrena, nada mais existe senão o desejo de muitos que com isso gostariam de esquivar-se de qualquer responsabilidade espiritual, onde não pesam inteligência ou habilidades, mas apenas o verdadeiro intuir. —

Contudo, agora, aos *adeptos* do espiritismo, do espiritualismo e assim por diante, ou como queiram denominar-se, vindo tudo a dar na mesma, isto é, em grandes erros!

Os adeptos são muitas vezes bem mais perigosos, muito mais nocivos à verdade do que os adversários!

São apenas poucos dentre milhões que permitem que se lhes diga a verdade. A maioria deles está emaranhada numa gigantesca trama de pequenos erros, que não lhes deixa encontrar o caminho de saída rumo à verdade singela. Onde se encontra a culpa? Estaria nos do Além? Não! Ou nos médiuns? Também não! *Apenas no próprio ser humano individual!* Ele não é bastante sincero nem severo consigo mesmo, não quer derrubar opiniões preestabelecidas, teme destruir uma imagem que ele próprio formou a respeito do Além, a qual lhe deu durante muito tempo, em sua fantasia, *sagrados calafrios e certo bem-estar.*

E ai daquele que nisso tocar! Cada um dos adeptos já está com a pedra pronta para lhe arremessar! Agarra-se firmemente nisso e está disposto a chamar, mais facilmente, os do Além de mentirosos ou de espíritos gracejadores, ou a tachar de insuficientes os médiuns, em vez de primeiramente iniciar um sereno exame de si próprio, refletindo se a *sua concepção* por acaso não teria sido errônea.

12. Espiritismo

Onde deveria eu começar aí a exterminar as muitas ervas daninhas? Seria um trabalho sem fim. Por isso seja destinado, aquilo que aqui falo, apenas para aqueles que realmente procuram com sinceridade, pois somente esses devem encontrar.

Um exemplo: uma pessoa procura um médium, seja este competente ou não! Estão com ela ainda outros. Começa uma "sessão". O médium "falha". Não se passa nada. A consequência? Há gente que dirá: O médium não presta. Outras: O espiritismo todo não vale nada. Os analisadores aprumam-se declarando: As propriedades mediúnicas tantas vezes positivadas do médium não passaram dum embuste, pois, assim que *nós* chegamos, o médium nada mais ousa. E os "espíritos" calam-se!

Mas os fiéis e os convictos saem acabrunhados. A fama do médium sofre e poderá ser totalmente desacreditada, se os "malogros" se repetirem.

Se houver no caso até uma espécie de empresário do médium e interesses monetários, então o empresário nervosamente pressionará o médium para que se esforce, uma vez que os espectadores dão dinheiro para tal, etc. Em suma: há dúvidas, zombarias, descontentamentos, e o médium procurará uma nova tentativa de colocar-se de maneira forçada em estado de mediunidade, chegando a dizer, talvez inconscientemente em nervosa autoilusão, algo que pretende ouvir, ou até lançar mão de fraude direta, a qual, por exemplo, não se tornará muito difícil a um médium de manifestação oral.

Conclusão: embuste, negação total do espiritismo e isso porque talvez naquelas determinadas circunstâncias alguns médiuns se valeram de fraudes, a fim de evitar inimizades crescentes. Com isso, algumas perguntas:

1. Em qual associação humana, seja ela qual for, não existem trapaceiros? Por causa de alguns trapaceiros condena-se, também em outras questões, imediatamente a capacitação dos que trabalham honestamente?

2. Por que razão apenas nisto aqui e não especificamente em tudo o mais?

Estas perguntas qualquer pessoa poderá responder a si mesma facilmente.

Mas de quem será a culpa principal, em tal estado indigno de coisas? Não do médium, mas sim dos próprios seres humanos! Por suas ideias preconcebidas bastante unilaterais e, acima de tudo, por sua total ignorância, obrigam o médium a escolher entre inimizades injustas e fraudes.

Dificilmente os seres humanos concederão um meio-termo a um médium.

Refiro-me aqui apenas a um médium merecedor de consideração, e não aos inúmeros com sopro de mediunidade, que procuram pôr em evidência suas faculdades medíocres. Também está longe de mim, defender de alguma forma os grandes séquitos dos médiuns, pois em mui raros casos existe real valor em tais espíritas que se juntam ao redor de um médium, com exceção dos pesquisadores sinceros que enfrentam esse campo novo a fim de *aprender*, não, porém, a fim de julgar ignorantemente.

Para a maioria dos assim chamados fiéis, semelhantes frequências ou "sessões" não produzem nenhum progresso, mas estagnação ou retrocesso. Tornam-se tão sem autonomia, que não mais são capazes de tomar uma resolução, mas sempre querem pedir o conselho "dos que se acham no Além". Muitas vezes até em assuntos os mais ridículos e, via de regra, para ninharias terrenas.

Um pesquisador sério ou uma pessoa honestamente interessada há de sempre se revoltar com a incrível estreiteza exatamente desses que, durante anos e anos, como frequentadores assíduos, sentem-se junto a um médium "como que em casa".

Com ares de extraordinária inteligência e superioridade falam os maiores disparates e postam-se lá em atitude hipócrita de devoção, para sentirem as agradáveis sensações que o convívio com as forças invisíveis oferece à fantasia.

Muitos médiuns comprazem-se aí com as palavras aduladoras de tais visitantes que na realidade, com isso, denotam apenas mero desejo egoístico de quererem, eles próprios, "vivenciar" muita coisa. Mas para eles o "vivenciar" equivale apenas a ver ou ouvir, isto é, divertir-se. Nunca chegará a ser neles um "vivenciar".

Que deve, pois, pensar uma pessoa *séria* sobre tais acontecimentos?

12. Espiritismo

1. Que um médium não pode absolutamente contribuir para um "êxito", a não ser se abrindo intimamente, isto é, entregar-se e, no mais, aguardar, pois é um mero instrumento a ser utilizado, um instrumento que só pode produzir som quando for tocado. Portanto, devido a isso, nem pode ocorrer um assim chamado *malogro*. Quem disser isso demonstra estreiteza mental, deve largar mão disso e tampouco manifestar opiniões, visto nem poder julgar. Tal qual aquele que deve abster-se de cursar Universidade quando tem dificuldade em aprender. Um médium é, portanto, simplesmente uma ponte ou um meio para a finalidade.

2. Que aí, porém, os *visitantes* desempenham um grande papel! Não em sua aparência ou até condição social, mas *pela sua vida interior!*

A vida interior constitui, como é conhecido mesmo pelos maiores zombadores, um mundo por si. Não pode naturalmente ser um "nada", com suas intuições, com seus pensamentos geradores e nutridores, mas têm de haver, logicamente, corpos ou coisas de matéria fina, os quais, mediante pressão ou efeitos, produzem intuições, porque de outra maneira estas não poderiam surgir.

Tampouco podem ser vistas imagens no espírito, se não existe nada. Justamente tal concepção significaria a maior lacuna nas leis das ciências exatas.

Portanto, *tem* de existir algo, e também *existe* algo, pois o pensamento gerador cria imediatamente no mundo de matéria fina, isto é, no Além, formas correspondentes, cuja densidade e vitalidade dependem da força intuitiva dos respectivos pensamentos geradores. Assim, pois, origina-se com o que é chamado "vida interior" de uma pessoa, um ambiente correspondente de matéria fina em torno dela.

E é esse ambiente que, de modo agradável ou desagradável, até mesmo dolorosamente, deve tocar um médium, que está mais abertamente sintonizado com o mundo de matéria fina. Por essa razão, pode suceder que manifestações reais provenientes do mundo de matéria fina não venham a ser transmitidas de modo tão puro, quando o médium se acha constrangido, oprimido ou perturbado pela presença de pessoas de vida interior impura, seja de matéria fina ou espiritual.

Vai mais além ainda. Essa impureza constitui um muro para a matéria fina mais pura, de maneira que uma manifestação, por esse motivo, nem pode ocorrer, a não ser de igual espécie de matéria fina impura.

Tratando-se de visitantes de vida interior *pura,* é naturalmente possível a ligação com um ambiente de matéria fina correspondentemente puro. Cada diferença, porém, estabelece um abismo intransponível! Daí as diferenças nas assim chamadas sessões, daí muitas vezes completo malogro ou manifesta confusão. Tudo isso se baseia em leis imutáveis meramente físicas, que atuam no Além da mesma forma como no Aquém.

Com isso os relatos desfavoráveis dos "examinadores" expõem-se a uma luz diferente. E todo aquele que estiver apto a observar os fenômenos de matéria fina, terá de rir ao verificar que muitos dos examinadores, com seus relatos, pronunciam apenas um julgamento contra si *próprios* e, desnudando sua vida interior, censuram apenas o *próprio* estado anímico.

Um segundo exemplo: uma pessoa procura um médium. Acontece-lhe que um parente falecido lhe fale através do médium. Ela lhe pede conselho sobre um assunto terreno talvez de certa importância. O falecido dá-lhe a tal respeito algumas sugestões, às quais a consulente logo se apega como a um evangelho, como a uma revelação proveniente do Além, passa a se guiar por elas com exatidão e, por causa disso... malogra, sofrendo muitas vezes sérios prejuízos.

A consequência? Antes de tudo passa a consulente a duvidar do médium devido à sua decepção, e com raiva dos prejuízos sofridos, talvez agirá contra o médium, em alguns casos até se sentirá obrigada a atacá-lo publicamente, a fim de preservar outras de idênticos prejuízos e malogros.

A seguir, eu deveria aqui esclarecer a vida do Além, de como tal pessoa se abre assim a correntezas semelhantes do Além, pela maneira de atração da igual espécie espiritual, e de como, então, consegue tornar-se uma exaltada, como instrumento de tais correntezas contrárias, na orgulhosa convicção de colocar-se a favor da verdade e com isso prestar um grande serviço à humanidade, ao passo que essa pessoa, realmente, torna-se escrava da impureza, sobrecarregando-se com um carma para cuja remição necessitará de uma vida terrena e mais ainda, donde então partem, repetidamente, novos fios, a ponto de originar uma rede na qual ela se emaranha, acabando sem saber mais o que fazer, e então, hostilmente, investe tanto mais furiosa.

Ou a consulente decepcionada, caso não considere o médium um trapaceiro, pelo menos passa a desconfiar de todo o Além ou seguirá o caminho cômodo que tantos milhares percorrem, e dirá: "Importo-me lá com o Além. Os outros que quebrem a cabeça com isso. Tenho algo melhor para fazer". Esse "melhor", no entanto, é servir apenas ao corpo, ganhando dinheiro e distanciando-se assim ainda mais do que é de matéria fina.

Onde se encontra, então, propriamente, a culpa? *Novamente, apenas nela mesma!* Formou uma imagem *falsa* ao aceitar o que fora dito, como um evangelho. Isso foi unicamente *seu* erro e não culpa de outros. Porque admitiu que um falecido, devido à sua matéria fina, se teria tornado ao mesmo tempo em parte onisciente ou pelo menos soubesse mais.

Nisso reside o erro de muitas centenas de milhares de pessoas. Tudo quanto uma pessoa falecida sabe a mais, devido à sua transformação, é que ela realmente, com a assim chamada morte, nem por isso deixou de existir.

Isso, porém, será também tudo, enquanto não aproveitar progredir no mundo de matéria fina, o que também lá depende de sua própria livre deliberação, bem como de seus sinceros e diligentes esforços.

Dará, portanto, ao ser consultada em questões terrenas, sua opinião, na boa vontade de satisfazer o desejo, convencida também de assim dar o melhor, mas ignora que não se encontra em situação de emitir juízo claro sobre coisas e relações terrenas, como uma pessoa viva de carne e sangue, uma vez que não dispõe mais da matéria grosseira de que necessitaria absolutamente para emitir juízo certo.

Seu ponto de vista deve ser, por conseguinte, bem diferente. Todavia, dá o que lhe é possível, e com isso dá também o melhor com a melhor boa vontade. Portanto, nem ela nem o médium merecem censura. Por isso tampouco é um espírito mentiroso, visto que só devemos distinguir espíritos que sabem e espíritos que não sabem, porque assim que um espírito decai, isto é, tornando-se mais impuro e mais pesado, o seu horizonte simultaneamente se restringe de modo todo natural.

Sempre dá e atua conforme ele próprio sente: *e vive apenas de acordo com a intuição,* e não pelo raciocínio calculador, o qual não possui mais, uma vez que este estava ligado ao cérebro terreno e, com isso, também ao espaço e ao tempo. Logo que isso deixou de existir com a morte, não havia mais para ele um pensar nem raciocinar, mas apenas um intuir, *um experimentar vivencial imediato e contínuo!*

O erro é dos que ainda querem receber conselhos, sobre coisas terrenas ligadas ao espaço e ao tempo, daqueles que não dispõem dessa restrição, não podendo, pois, compreender.

Os do Além estão de fato em condições de reconhecer em que direção, quanto a uma determinada coisa, está o certo e o errado, mas então o ser humano, com seus meios terrenos de auxílio, isto é, com o raciocínio e com sua experiência, terá de ponderar de que modo poderá seguir o rumo certo. Terá de harmonizar isso com todas as possibilidades terrenas! Essa é *sua* tarefa.

Mesmo quando um espírito muito decaído consegue ensejo para falar e influir, ninguém poderá declarar que ele mente ou procura orientar errado, mas transmite aquilo que vive, procurando convencer os demais disso. Nada poderá dar de diferente.

Assim, há numerosos erros nos conceitos dos espíritas.

O "espiritismo" tem sido muito difamado, não por si próprio, mas por causa da maior parte dos adeptos que, já após poucas experiências e no mais das vezes precárias, presumem, entusiasticamente, que o véu já lhes foi removido, desejando então proporcionar aos outros uma ideia da vida de matéria fina por eles mesmos imaginada, criada por uma fantasia desenfreada e correspondendo em primeiro lugar e de modo exato aos próprios desejos. Raramente, contudo, tais perspectivas se coadunam de todo com a verdade!

PRESO À TERRA

TAL expressão vem sendo muito usada. Mas quem é que compreende realmente o que com isso profere? "Preso à Terra" soa como um castigo horrendo. A maioria dos seres humanos sente certo pavor, atemoriza-se diante daqueles que ainda se acham presos à Terra. Todavia, o sentido desse termo não é tão ruim.

Certamente existe muita coisa sombria que deixa esta ou aquela pessoa tornar-se presa à Terra. Mas em geral são coisas bem simples as que predominantemente levarão a essa condição de aprisionamento à Terra.

Tomemos por exemplo um caso: os pecados dos pais vingam-se até a terceira e quarta geração!

Uma criança faz em família uma pergunta qualquer sobre o Além ou a respeito de Deus, com referência ao que ouviu na escola ou na igreja. O pai corta logo isso com a observação: "Ora, larga dessa tolice! Quando eu morrer, tudo estará acabado."

A criança fica surpresa e tomada de dúvidas. As manifestações desdenhosas do pai ou da mãe se repetem, a criança ouve o mesmo por parte de outros e acaba aceitando essa concepção.

Chega, no entanto, a hora do trespasse do pai. Com horror ele reconhece que com isso não deixou de existir. Desperta nele então o desejo ardente de comunicar esse reconhecimento ao seu filho. Esse desejo liga-o à criança.

O filho, porém, não o ouve nem sente a sua presença, porque vive na convicção de que o pai não existe mais, e isso se interpõe como uma firme e intransponível parede entre ele e os esforços do seu pai. E o tormento do pai por ter de observar que o filho segue caminho errado por sua culpa, o qual o leva cada vez mais longe da verdade, o medo de que o filho, nesse caminho errado, não possa escapar aos perigos de afundar ainda mais e, sobretudo, estar muito mais facilmente exposto, atuam concomitantemente nele, no pai, como um assim chamado castigo, pelo fato de haver dirigido o filho para esse caminho.

Raramente ele consegue transmitir de alguma maneira esse reconhecimento ao filho. Terá de assistir como a ideia errada do filho se retransmite aos filhos deste, e assim por diante, tudo como consequência de seu próprio erro. E não se libertará, enquanto um de seus descendentes não reconhecer e seguir o caminho certo, influindo sobre outros tantos, com o que pouco a pouco será libertado e poderá pensar na sua própria escalada.

Outro caso: um fumante inveterado leva consigo para o outro lado o impulso forte de fumar, pois esse impulso é um pendor que toca de leve a intuição, isto é, o espiritual, conquanto apenas em suas ramificações mais exteriores. Passa a sentir ardentes desejos e isso o prende lá onde possa alcançar essa satisfação... na Terra. Encontra-a, seguindo no encalço de fumantes e desfrutando *com eles através de suas intuições.*

Se tais não estiverem presos a outro lugar por pesado carma, sentem-se mais ou menos bem, raramente chegando a ficar conscientes de um real castigo. Somente aquele que abrange a existência toda reconhece o castigo na inevitável reciprocidade, que faz com que o respectivo não possa subir, enquanto nele o desejo vibrante para a satisfação, em contínua "vivência", ainda o liga a outras pessoas que vivem na Terra em carne e sangue, através de cuja intuição, unicamente, pode alcançar satisfação conjunta.

Assim também acontece com satisfação sexual, com bebidas, sim, até com predileção especial por comidas. Igualmente neste caso muitos estão presos por causa dessa predileção, de vasculhar por adegas e cozinhas, a fim de coparticipar através de outrem do saborear das comidas e pelo menos poder sentir uma pequena parte do prazer.

Considerando bem, isso constitui logicamente um "castigo". Mas o desejo premente dos "que se acham presos à Terra" não os deixa intuir isso, pelo contrário, domina tudo o mais e por isso o anseio pelas coisas mais elevadas, mais nobres, não pode tornar-se tão forte, que chegue a ser uma vivência dominante, libertando-os desse modo das outras coisas e elevando-os.

O que realmente perdem com isso, eles nem o percebem, até que esse desejo de satisfação, que, aliás, apenas pode constituir uma satisfação parcial através de outrem, acaba afrouxando e enfraquecendo como um descostume gradativo, dando margem, assim, a que outras intuições neles latentes, e com menor força de desejo, gradualmente se instalem e preponderem, chegando ao imediato vivenciar e com isso à força da realidade.

A espécie das intuições avivadas o conduz para lá onde se acha a igual espécie, quer de nível mais alto ou mais baixo, até que esta, como a anterior, pouco a pouco se liberte pelo descostume e venha outra a se evidenciar, se porventura ainda exista.

Assim, com o tempo, realiza-se a purificação das numerosas escórias que ele levou para o Além. Acaso permanecerá detido em algum lugar por uma última intuição? Ou empobrecido de força intuitiva? Não! Porque quando finalmente as intuições inferiores, pouco a pouco, morrerem ou forem abandonadas, seguindo em rumo ascendente, desperta a saudade contínua por coisas cada vez mais elevadas e puras, e esta impele permanentemente para cima.

Assim é o andamento *normal!* Há, porém, milhares de imprevistos. O perigo de queda ou de detenção é muito maior do que em carne e sangue na Terra. Se já te encontras em plano mais elevado e cedes ante alguma intuição inferior por um momento que seja, tal intuição tornar-se-á imediatamente um vivenciar e, com isso, realidade. És mais denso e serás mais pesado, cairás para regiões de igual espécie. Teu horizonte se restringe com isso e terás de te esforçar nova e lentamente para cima, se não te acontecer que caias mais baixo, sempre mais baixo.

"Velai e orai!", portanto, não é uma expressão vazia. Por enquanto a matéria fina existente em ti ainda se acha protegida por teu corpo, sustentada como que por uma firme âncora. Quando sobrevier o desenlace, na assim chamada morte e decomposição do corpo, estarás então sem essa proteção e como matéria fina serás irresistivelmente atraído pela igual espécie, seja alta ou baixa, não poderás fugir. Somente uma grande força propulsora poderá ajudar-te a subir, tua firme vontade em demanda das coisas elevadas, boas, transformando-se em saudade e em intuição e, com isso, também no vivenciar e na realidade, segundo a lei do mundo de matéria fina, que só conhece intuição.

Por isso, trata de preparar-te desde já com essa vontade, para que na ocasião da transformação, que pode sobrevir a qualquer hora, essa vontade não possa ser subjugada por desejos terrenais demasiado fortes! Acautela-te, criatura humana, e vigia!

A ABSTINÊNCIA SEXUAL BENEFICIA ESPIRITUALMENTE?

SE as criaturas humanas se livrassem do erro predominante de que a abstinência sexual é vantajosa, haveria muito menos infelicidade. A abstinência forçada é um abuso que pode vingar-se amargamente.

As leis da Criação inteira, para onde quer que se olhe, mostram nitidamente o caminho. Supressão é antinatural. E tudo quanto é antinatural vem a ser uma revolta contra as leis naturais, isto é, divinas, o que, como em todas as coisas, também aqui não poderá trazer bons resultados.

Exatamente neste ponto não há exceção. O ser humano somente não deve deixar-se dominar pelo desejo sexual, tornando-se escravo de seus instintos, caso contrário ele os transforma em paixão e com isso o que é natural, sadio, torna-se vício doentio.

O ser humano deve colocar-se *acima*, isto é: não forçar abstinência, mas exercer um controle com moral interior pura, para evitar males a si mesmo e a outrem.

Se um ou outro pensar em ascender espiritualmente através de abstinência, pode facilmente suceder-lhe que com isso consiga justamente o contrário. Segundo sua disposição, manter-se-á em luta mais ou menos constante com seus instintos naturais. Essa luta lhe absorve grande parte das energias espirituais, constituindo assim um estorvo para a aplicação delas em outros setores. Dessa maneira fica impedido um livre desabrochar de forças espirituais. Tal pessoa sofre, de tempos em tempos, de graves opressões anímicas que lhe impedem uma alegre elevação interior.

O corpo é uma dádiva confiada pelo Criador, que o ser humano tem obrigação de cuidar. Da mesma forma como ele não pode se abster, sem danos, das exigências do corpo pela comida, pelo beber, pelo descanso e pelo sono, pelo esvaziamento da bexiga e dos intestinos, da mesma forma como a falta de ar fresco e insuficiente movimentação logo se fazem sentir desagradavelmente, de modo idêntico não poderá também interferir nas exigências sadias de um corpo maduro para a atividade sexual, sem que com isso acarrete algum dano para si.

A satisfação das necessidades naturais do corpo só poderá beneficiar o ser humano interiormente, isto é, o desenvolvimento do espiritual; jamais estorvará, do contrário o Criador nunca o teria instituído.

Mas como em tudo o mais, também aqui todo excesso é prejudicial. Deve-se observar atentamente que essa exigência não seja acaso apenas a consequência de uma fantasia do corpo enfraquecido ou de nervos superexcitados, atiçada artificialmente por leituras ou outras causas. Tem de tratar-se realmente apenas da exigência de um corpo sadio, a qual absolutamente não se manifesta ao ser humano de modo mui frequente.

Isso só se dará quando existir previamente uma completa harmonia espiritual entre os dois sexos, a qual por fim leva às vezes também a uma união corporal.

Todos os outros motivos são para ambas as partes degradantes, impuros e imorais, *inclusive no matrimônio*. Ali onde não houver harmonia espiritual, a continuação de um casamento se tornará absoluta imoralidade.

Se a regulamentação social ainda não encontrou um caminho certo, tal falha não altera em nada as leis naturais, que jamais se orientarão segundo as disposições humanas e conceitos erroneamente doutrinados. Aos seres humanos nada mais restará, senão terminarem ajustando suas instituições estatais e sociais às leis naturais, isto é, às leis divinas, se realmente quiserem sanar e ter paz interior.

A abstinência sexual nada tem que ver também com a castidade. A abstinência poderia no máximo ser enquadrada no conceito de "disciplina", oriunda de cultivo, educação ou autocontrole.

14. A abstinência sexual beneficia espiritualmente?

Como legítima castidade deve-se compreender a *pureza dos pensamentos,* porém em *todas* as coisas, até mesmo nos pensamentos profissionais. A castidade é uma característica puramente espiritual, não uma característica física. Também na satisfação do instinto sexual a castidade pode ser mantida plenamente pela pureza mútua dos pensamentos.

Além disso, a união corporal não visa apenas a fecundação, mas deve haver aí o não menos valioso e necessário processo de uma fusão íntima e uma permuta de fluidos mútuos para maior desenvolvimento de forças.

FORMAS DE PENSAMENTOS

SENTAI-VOS em qualquer casa de lanches ou bar e observai as mesas ocupadas ao vosso redor. Ouvi o que falam. Escutai o que as pessoas se têm a dizer. Frequentai famílias, observai vosso ambiente mais próximo nas horas de lazer, quando o trabalho não mais assoberba.

Com espanto verificareis a vacuidade de tudo sobre o que as pessoas conversam, quando não podem falar a respeito de suas ocupações em geral. Intuireis, até à aversão, o vazio dos pensamentos, a estreiteza opressora do círculo de interesses, como também a assustadora superficialidade, tão logo vos ocupardes com aquilo de modo sério e com aguda observação.

As poucas exceções que então encontrareis, cujas palavras *em horas de lazer* da vida cotidiana se acham perpassadas de anseio pelo aperfeiçoamento da alma, parecer-vos-ão até estranhos solitários em meio à turbulência de um parque de diversões.

Exatamente nessas assim chamadas horas de lazer é que conseguireis reconhecer com maior facilidade o íntimo verdadeiro do ser humano, depois que o apoio externo e o campo específico de seus conhecimentos cessam com o afastamento de suas atividades profissionais costumeiras. O que *então* restar é o autêntico indivíduo. Olhai para ele, escutai suas palavras com neutralidade. Em breve tereis de interromper as observações, por tornarem-se-vos insuportáveis.

Profunda tristeza virá sobre vós quando reconhecerdes quantos seres humanos não são muito diferentes do que os animais. Não tão broncos, com maior raciocínio; em linhas gerais, porém, idênticos. Como que providos de antolhos, atravessam unilateralmente a existência terrena, vendo sempre apenas o mero terrenal diante de si. Preocupam-se com a comida, com a bebida, tratam de acumular quantidade maior ou menor de valores terrenos, esforçam-se por obter prazeres corporais e consideram quaisquer reflexões sobre coisas que não podem ver como desperdício de tempo que, na opinião deles, poderia ser empregado muito melhor em "recreio".

Não podem compreender nem jamais compreenderão que a existência terrena, com todos os seus prazeres e alegrias, só tem real conteúdo quando se fica de certo modo familiarizado com o mundo de matéria fina a isso pertencente, conhecendo os efeitos recíprocos que a ele nos ligam, não tendo mais assim a sensação de estar entregue a acasos. Repelem isso para longe de si, na falsa concepção de que se existisse realmente um mundo de matéria fina, dele só lhes poderiam advir incômodos ou também pavores, logo que com ele se ocupassem.

Estranha lhes é a ideia de que toda vida terrena só adquire valor real com o anseio por algo mais elevado, e que com isso também maravilhoso calor de vida perpulsa todas as alegrias e prazeres terrenais. Não colocando estes de lado, portanto, mas proporcionando calorosa afirmação de vida, como o mais belo efeito recíproco aos que anseiam por algo mais puro e elevado, e aos que procuram sinceramente, o que muitas vezes ressoa em jubiloso entusiasmo por tudo o que existe e se oferece.

Tolos são os que passam por tudo isso! Covardes, aos quais as maravilhosas alegrias de um progredir corajoso permanecerão sempre denegadas.

Rejubilai-vos, portanto, pois tudo em vossa volta *vive,* espraiando-se a paragens aparentemente imensuráveis! Nada está morto, nada vazio como aparenta. Tudo atua e tece na lei da reciprocidade, em cujo centro vos encontrais, como seres humanos, como pontos de partida e metas finais, para formar de novo os fios e dirigi-los.

Poderosos regentes, dos quais, cada um individualmente forma seu reino, para que o eleve ou o soterre. Despertai! Utilizai o poder que vos foi outorgado, com pleno conhecimento do processo gigantesco, para que não produzais, por estupidez, teimosia ou mesmo por preguiça, apenas monstros nocivos que sobrepujem o sadio e bom, acabando por levar o próprio originador a cambalear e tombar.

Já o ambiente de matéria fina, mais próximo dos seres humanos, consegue contribuir bastante para elevá-los ou derrubá-los. Trata-se do singular mundo das formas de pensamentos, cuja vivacidade constitui apenas uma pequena parte da gigantesca engrenagem de toda a Criação. Mas seus fios vão até o que é de matéria grosseira, como também ascendem ao que é de matéria fina e, igualmente, descem ao reino das trevas. Tal qual uma gigantesca rede de veias ou nervos, tudo se acha entretecido e entrelaçado de maneira indestrutível, inseparável! Prestai atenção a isso!

Favorecidos podem ver aqui ou acolá uma parte disso; muita coisa, porém, apenas conseguem pressentir. Dessa forma, pois, alguma coisa chegou ao conhecimento da humanidade. Esta procurou prosseguir nisso, a fim de obter um quadro completo. Todavia, não deixaram de aparecer erros e falhas. Muitos pesquisadores no campo da matéria fina deram saltos, o que tinha de resultar em perda da conexão. Outros, por sua vez, preencheram lacunas com figuras fantásticas, as quais causaram deformações e deturpações, que necessariamente acabaram abalando a fé no todo. A consequência foi zombaria justificada que, baseada na falta de lógica dos assim chamados pesquisadores espiritualistas, teve de triunfar.

Já que se deve falar sobre isso, então em primeiro lugar tem de ser estendida uma corda através de todos os acontecimentos na obra da Criação, onde o observador possa segurar-se e alçar-se. Muitos fenômenos que lhe são incompreensíveis, já encontram seu ponto de partida no ambiente próximo. Uma vista sobre o mundo das formas de pensamentos deveria deixá-lo aprender a entender muita coisa que antes lhe parecia inexplicável.

Também a justiça em exercício, ao julgar alguns casos, encontraria como reais causadores bem outros do que os imputados por ela, levando-os em primeiro lugar à responsabilidade. A chave para isso se encontra na conexão dos indivíduos com o mundo das formas de pensamentos, que se encontra como o mais próximo da humanidade terrena.

15. Formas de pensamentos

Para muitos constitui, sem dúvida, um benefício, estarem munidos de venda, a qual não lhes deixa ver além do que seus olhos terreno-corpóreos sejam capazes de abranger. A espécie das atuais formas de pensamentos deixá-los-ia assustados.

Pavor paralisante estender-se-ia sobre muitos que agora passam pela vida sem escrúpulos, de modo ingênuo ou até leviano. Pois *cada pensamento gerado* adquire logo uma forma, como tudo no mundo de matéria fina, a qual corporifica e apresenta o real sentido desse pensamento.

A força viva criadora que perflui os seres humanos congrega, pela vontade concentrada de um pensamento realizado, algo de matéria fina e acaba concretizando-a numa forma que expressa a vontade desse pensamento. Portanto, algo real, vivo, que nesse mundo de formas de pensamentos, através da lei de atração da igual espécie, atrai elementos homólogos ou por eles se deixa atrair, conforme suas próprias forças.

Assim como um pensamento ao irromper é ao mesmo tempo *intuído* com maior ou menor intensidade, de igual modo a sua forma de matéria fina trará em si *vida* correspondente. Densamente povoado é esse mundo de pensamentos. Centrais inteiras têm se formado pela força de atração recíproca, das quais, devido às suas forças concentradas, emanam influências sobre os seres humanos.

Em primeiro lugar sempre para aqueles que são propensos para a igual espécie, isto é, que contêm em si algo de semelhante. Serão desse modo fortalecidos em sua vontade correspondente e estimulados para a sempre renovada produção de formas semelhantes que, agindo de maneira análoga, entram no mundo das formas de pensamentos.

Mas também outras pessoas que não possuam essas particularidades podem ser molestadas por elas e pouco a pouco ser atraídas para isso, se essas centrais receberem forças inimagináveis através de contínuo e novo afluxo. Só se acham protegidas aquelas que possuem algo de outra espécie em maior força, com o que uma ligação com elementos não semelhantes se torna impossível.

Infelizmente na hora atual somente o ódio, a inveja, ciumeiras, sensualismo, avareza e todos os outros males, devido ao número

15. Formas de pensamentos

maior de adeptos, constituem as centrais de força mais poderosas no mundo das formas de pensamentos. Em menor escala a pureza e o amor. Por essa razão o mal se alastra com velocidade sinistra. Ocorre ainda que essas centrais de força das formas de pensamentos, por sua vez, recebem ligações com as esferas de igual espécie das trevas. De lá são especialmente atiçadas para uma atividade cada vez maior, de maneira que, progredindo, conseguem provocar verdadeiras devastações entre a humanidade.

Abençoada seja, portanto, a hora em que os pensamentos de amor puro adquirirem novamente um lugar de predomínio entre a humanidade, para que assim se formem fortes centrais de igual espécie no mundo das formas de pensamentos, podendo receber reforços das esferas mais luminosas e com isso não apenas propiciar fortalecimento aos que almejam o bem, mas também atuar lentamente, de modo purificador, sobre os ânimos mais escurecidos.

Pode-se ainda observar outra atividade nesse mundo de matéria fina: formas de pensamentos são impelidas pela vontade de seus geradores em direção a determinadas pessoas, às quais podem aderir.

Tratando-se de formas de pensamentos de espécie mais pura e nobre, constituem-se elas num embelezamento da pessoa visada, reforçando ao seu redor a proteção da pureza, e podem, pela semelhança das intuições interiores, elevar ainda mais e fortalecer para a ascensão.

Mas pensamentos de impureza têm de conspurcar a pessoa visada, da mesma forma que um corpo de matéria grosseira se torna sujo pelos arremessos de imundície e lodo. Se uma pessoa assim atingida não estiver interiormente bem ancorada nas centrais de correntes luminosas, pode suceder-lhe que sua intuição venha a ser perturbada com o tempo, devido a esses arremessos de pensamentos impuros. Isso é possível, porque as formas aderidas de pensamentos impuros conseguem atrair elementos de igual espécie, com os quais se robustecem, envenenando pouco a pouco os pensamentos da pessoa envolvida.

É lógico que a responsabilidade maior recai sobre a pessoa que gerou os pensamentos impuros e os remeteu à pessoa visada

15. Formas de pensamentos

por seu desejo ou cobiça, pois as formas de pensamentos permanecem ligadas a quem as gerou, agindo de retorno sobre ela, correspondentemente.

Por esse motivo deve sempre de novo ser chamada a atenção dos que procuram sinceramente: "Cuidai da pureza de vossos pensamentos!" Empregai nisso todas as vossas energias. Não podeis imaginar o que criais com isso. Há nisso algo de gigantesco! Com isso podeis atuar quais vigorosos lutadores, pioneiros em prol da Luz e, consequentemente, em prol da libertação dos vossos semelhantes do cipoal dos campos venenosos do mundo das formas de pensamentos.

Se fosse agora tirada dos olhos de uma pessoa a venda, de maneira que ela pudesse ver o âmbito mais próximo de matéria fina, a princípio ela depararia atemorizada com uma tremenda confusão que poderia incutir-lhe medo. Mas somente até que reconhecesse a força nela latente, com a qual está apta a abrir livre caminho para si, como se fosse com uma espada afiada. Sem esforços, apenas pela própria vontade.

Vê as formas de pensamentos com centenas de milhares de variedades, com todas as configurações possíveis e muitas vezes impossíveis para os olhos terrenos. Cada uma, porém, se expressa nitidamente, mostrando e vivendo exatamente aquilo que foi a verdadeira vontade por ocasião da geração do pensamento. Sem enfeites, livre de todos os artifícios encobridores.

Mas apesar dos milhares de espécies, com o tempo se reconhece imediatamente a essência de cada forma de pensamento, isto é, sabe-se a que categoria pertencem, apesar de sua multiplicidade. Da mesma maneira como se pode distinguir pela fisionomia um homem dum animal, ou mesmo as diversas raças humanas por determinadas características fisionômicas, exatamente assim as formas de pensamentos têm expressões bem determinadas, que indicam claramente se a forma pertence ao ódio, à inveja, à cobiça ou a qualquer outra categoria básica.

Cada uma dessas categorias básicas possui sua determinada marca, que é impressa nas formas de pensamentos isoladas, como base das características por elas corporificadas, seja qual for a configuração externa que essas formas tenham adquirido pelo pensamento gerador. Assim, portanto, é fácil reconhecer imediatamente, não obstante as mais grotescas desfigurações duma forma em horrendíssimas deformidades, a que espécie básica ela pertence. Com esse reconhecimento, também a aparente e desordenada confusão deixa de se apresentar como tal.

Vê-se a inamovível ordem e o rigor das leis básicas que perfluem toda a Criação, as quais, quando as conhecemos e nos ajustamos ao seu curso, concedem infinita proteção e trazem grandes bênçãos.

Mas quem se opuser a essas leis, será naturalmente atacado e, quando não derrubado e esmagado, sofrerá pelo menos dolorosas escoriações que, sob dores e amargas experiências vivenciais, remodelá-lo-ão até que se enquadre à correnteza dessas leis, não significando mais um obstáculo. Somente depois disso é que poderá ser levado para cima.

Essas formas de pensamentos não somente remetem seus efeitos à humanidade, como atingem ainda mais longe; porque no âmbito mais próximo desse mesmo mundo de matéria fina encontra-se também a maior parte dos seres da natureza. Quem se conformou com o fato de que tudo vive e, consequentemente, que tudo se acha formado, seja terrenamente visível ou não, a esse não será difícil imaginar que também forças elementares se acham formadas.

A essas pertencem os gnomos, elfos, silfos, ondinas, etc., seres da terra, do ar, do fogo e da água, já vistos por muitos — antigamente mais do que hoje. São influenciados pelas formas de pensamentos, com o que por sua vez se originam muitos benefícios ou muitos males. E assim por diante. Uma coisa se engrena na outra, como num conjunto de engrenagens de um mecanismo aperfeiçoado ao máximo primor.

Em meio a toda essa engrenagem se encontra, porém, o ser humano! Aparelhado com todos os meios para determinar a espécie da trama que deve resultar da sua atuação na Criação, manobrando o conjunto das engrenagens em diversas direções.

Tornai-vos, por conseguinte, cônscios dessa responsabilidade imensurável, pois tudo se desenrola apenas na própria esfera do vosso ambiente terrenal. Nada ultrapassa esse âmbito, conforme a disposição sábia do Criador, mas retorna somente a vós próprios. Conseguis com o vosso desejar, pensar e querer, envenenar o Aquém e o Além da Terra, ou também, purificando, elevá-los ao encontro da Luz. Tornai-vos, pois, condutores do destino que leva às alturas, pela pureza de vossos pensamentos!

VELA E ORA!

QUANTAS vezes esse ditame do Filho de Deus é transmitido como um bem-intencionado conselho e advertência, sem que, todavia, nem o aconselhador nem aquele a quem esse conselho é dado, se deem ao trabalho de refletir sobre o que essas palavras realmente devam dizer.

O que se compreende por orar, cada criatura humana sabe ou, falando mais acertadamente, acredita saber, conquanto na realidade o *ignore*. Também supõe compreender exatamente o velar, no entanto, está longe disso.

"Velai e orai" é a transmissão figurada da advertência para a vivacidade da faculdade da intuição, isto é, para a atividade do espírito! Espírito no *legítimo* sentido, e não compreendido como atividade do cérebro, pois a maneira de expressar-se do espírito vivo do ser humano é apenas e unicamente a *intuição*. *Em nada mais* exerce sua atividade o espírito do ser humano, isto é, seu núcleo de origem que se formou no "eu" propriamente dito, durante sua peregrinação através da Criação posterior.

"Vela e ora" nada mais quer dizer senão a exigência para o refinamento e o fortalecimento da faculdade da intuição do ser humano terreno, significando, outrossim, a vivificação do espírito, que é o único valor eterno do ser humano, único que consegue regressar ao Paraíso, donde veio. *Terá* de regressar para lá, quer seja amadurecido e autoconsciente, quer tornado novamente inconsciente; como um eu vivo, de acordo com a vontade da Luz, tornado útil na Criação, ou como um eu dilacerado e morto, se foi inútil na Criação.

A exortação do Filho de Deus, "vela e ora", é por isso uma das mais severas que legou aos seres humanos terrenos. Ao mesmo tempo uma advertência ameaçadora para que se torne útil na Criação, a fim de que não resulte na condenação, pela atuação automática das leis divinas na Criação.

Vede a mulher! Ela possui como o mais alto bem da feminilidade uma delicadeza na intuição, que nenhuma criatura pode alcançar. *Por isso* dever-se-ia poder falar apenas de feminilidade *nobre* nesta Criação, porque feminilidade traz em si as mais fortes dádivas para a realização de tudo quanto é bom.

Assim, pois, pesa sobre a mulher também a maior das responsabilidades. Por *esse* motivo Lúcifer, com todo o seu séquito, fixou na mulher seu principal objetivo, a fim de submeter desse modo a Criação inteira ao seu poder.

E infelizmente Lúcifer encontrou, na mulher da Criação posterior, terreno demasiadamente fácil. Com os olhos abertos correu ela ao seu encontro e envenenou, devido à sua espécie, toda a Criação posterior, pela transformação de conceitos puros em reflexos desfigurados que acabariam por acarretar confusão a todos os espíritos humanos.

A flor pura de nobre feminilidade, como coroa desta Criação posterior, logo se degradou, pela influência do tentador, em uma planta venenosa que ostenta reluzentes cores e que com seu perfume atraente arrasta tudo para o lugar onde ela medra, isto é, o *pântano,* em cujo lodaçal mole e asfixiante afundam os assim arrastados.

Ai da mulher! Já que lhe foram conferidos os mais elevados valores, que não empregou direito, tinha de ser a primeira sobre quem a espada da justiça divina se abaterá se ela não se resolver, com a agilidade da intuição espiritual que lhe é peculiar, adiantar-se na indispensável escalada da humanidade terrena, saindo das ruínas duma estruturação errada de conceitos deteriorados, que se originaram exclusivamente pela insuflação de Lúcifer.

A mulher terrena colocou em lugar do anseio exemplar pela joia da alva flor de pureza nobre o coquetismo e a vaidade, que encontraram seu campo de atividade numa vida social erradamente cultivada.

A mulher sentia, sim, que desse modo perdia a verdadeira joia da feminilidade e agarrou logo o sucedâneo que lhe foi oferecido pelas trevas, ao procurar expor os seus atrativos corporais, tornando-se uma desavergonhada escrava da moda, com o que deslizou ainda mais para o abismo, arrastando consigo os homens, através da intensificação dos instintos, o que acabaria por impedir o desenvolvimento de seus espíritos.

Contudo, elas próprias lançaram em seu íntimo o germe que agora no Juízo indispensável há de levar à destruição, pela ação recíproca, todas aquelas que assim falharam e se tornaram frutos apodrecidos desta Criação, porque com isso se tornaram incapazes de resistir aos vendavais purificadores que se aproximam vigorosamente.

Que ninguém se deixe sujar as mãos pelos adoradores dos ídolos da vaidade e do coquetismo, quando eles quiserem agarrá-las para se salvarem das aflições. Deixai-os afundar, repelindo-os, pois não há neles valor que possa ser aproveitado para a nova construção que está prometida.

Eles não percebem o ridículo e o vazio de seu atuar. Mas seus risos e escárnios a respeito dessas poucas que ainda procuram sustentar diante de si mesmas o decoro e a pureza de verdadeira feminilidade, *não* deixando sucumbir o mais belo adorno da moça e da mulher, isto é, o delicado sentimento do pudor, os escárnios a esse respeito em breve hão de se transformar em gritos de dor, silenciando-se neles!

A mulher da Criação posterior encontra-se como que sobre o gume de uma faca, por causa dos altos dotes que recebeu. Pois terá de prestar contas agora de como os utilizou até então. Para ela não existe nenhuma desculpa! Uma volta ou recuo são impossíveis, pois passou o tempo. Todas deveriam ter pensado nisso antes e sabido que *sua* opinião não poderia opor-se à vontade inamovível de Deus, na qual só existe a *pureza,* límpida como cristal. —

A mulher do futuro, porém, que puder salvar-se com os seus valores, através da época de vida desordenada de uma Sodoma e Gomorra da atualidade, e aquela que nascer de novo, levará finalmente a feminilidade àquela florescência, perante a qual tudo poderá aproximar-se apenas com sagrada timidez da *mais pura* reverência. Ela será *aquela* mulher que viverá de acordo com a vontade divina, isto é, que se encontrará na Criação *de tal maneira* que equivalerá à coroa radiante que ela *pode* e *deve* ser, perfluindo tudo com as vibrações que receber das alturas luminosas, podendo transmiti-las sem obscurecimento, em virtude de suas aptidões se encontrarem na delicadeza da intuição feminina.

A sentença do Filho de Deus: "Velai e orai" será corporificada em *cada* mulher do futuro, como já deveria estar corporificada em cada mulher do presente, *pois no vibrar da faculdade da intuição feminina encontra-se, sempre que se esforçar para a pureza e para a Luz, o velar permanente e o orar mais belo, que é do agrado de Deus!*

Tal vibrar traz a vivência de alegria cheia de gratidão! E *essa* é *a* oração como deve ser! O vibrar, porém, encerra ao mesmo tempo uma vigilância constante, isto é, um *velar!* Pois tudo que não for bonito e que procure se aproximar, cada má intenção, são captados e notados por tais vibrações de sensibilidade delicada, já antes mesmo que possam se formar em pensamentos, de modo que será fácil à mulher ainda e *sempre* se proteger em tempo certo, se ela mesma não o *quiser diferentemente*.

E apesar da delicadeza dessas vibrações, encontra-se nela uma força que é capaz de transformar *tudo* na Criação. Não há nada que lhe possa resistir, pois essa força encerra Luz e, com isso, vida!

Isso Lúcifer sabia muito bem! E por essa razão dirigiu-se, principalmente, com os ataques e as tentações, à feminilidade toda! Sabia que conseguiria *tudo,* se somente conquistasse a mulher. E infelizmente, infelizmente conseguiu, como pode ver nitidamente cada um que quiser!

Por isso o apelo da Luz, em primeiro lugar, volta-se novamente para a mulher! Ela *deveria,* pois, reconhecer quão baixo degrau está agora ocupando. Deveria, se... a vaidade o permitisse. Mas *essa* armadilha de Lúcifer mantém toda a feminilidade na esfera do seu poder tão firmemente, que ela até mesmo não mais pode reconhecer a Luz, sim, *nem mais quer!* Não quer, porque a mulher moderna da atualidade não pode se separar de suas levianas futilidades, apesar de vagamente já intuir o que com isso perdeu. *Sabe-o até muito bem!* E a fim de entorpecer essa intuição exortadora, equivalente ao saber, ela corre desvairadamente, como que às cegas, açoitada, ao encontro do novo ridículo, *masculinizando-se tanto na profissão como em todo o seu ser!*

Ao invés de retroceder à legítima feminilidade, o mais precioso dos bens em toda a Criação! E com isso à missão que lhe fora determinada pela Luz!

É *ela* que, com isso, rouba ao homem tudo quanto é sublime, impedindo assim o florescer da nobre masculinidade.

Onde o homem não for capaz de erguer o olhar para a mulher em sua feminilidade, nenhuma nação, nenhum povo consegue florescer!

Somente legítima, puríssima feminilidade pode levar e despertar o homem para grandes feitos! Nada mais. E *essa* é a missão da mulher na Criação, segundo a vontade divina! Pois assim ela ergue o povo e a humanidade, sim, toda a Criação posterior, porque unicamente nela se encontra essa elevada força de suave atuação! Um poder irresistível e dominador, abençoado pela força divina, onde for de vontade puríssima! Nada lhe equivale, pois traz beleza na forma mais pura em tudo o que faz e que dela emana!

Por isso sua atuação deve traspassar toda a Criação de modo refrescante, elevando, favorecendo e vivificando, como um sopro do Paraíso almejado!

Dessa pérola, nas dádivas de vosso Criador, é que Lúcifer lançou mão em *primeiro lugar* com toda a astúcia e malícia, sabendo que com isso rompia o vosso apoio e o vosso anseio pela Luz! Pois na mulher encontra-se o precioso segredo capaz de desencadear na Criação a pureza e a nobreza de todos os pensamentos, o impulso para a maior atividade, para a mais nobre atuação... pressupondo-se que essa mulher seja assim conforme o Criador quis que ela fosse, ao cumulá-la com essas dádivas.

No entanto, deixastes-vos iludir demasiadamente fácil! Entregastes-vos às tentações inteiramente sem luta. Como escrava obediente de Lúcifer, a mulher dirige agora os efeitos das belas dádivas de Deus inversamente e, com isso, submete toda a Criação posterior às trevas!

São caricaturas horrendas de tudo aquilo que Deus pretendia deixar surgir nesta Criação para alegria e felicidade de todas as criaturas! De fato, tudo surgiu, mas sob a influência de Lúcifer, alterado, torcido e errado!

A mulher da Criação posterior prestou-se a servir para tanto de intermediária! Sobre o solo límpido da pureza formou-se um pântano sufocante. O entusiasmo irradiante foi substituído pela embriaguez dos instintos. *Agora* quereis lutar, mas contra toda e qualquer exigência da Luz! A fim de permanecerdes no delírio de vaidosas presunções que vos embriagam!

Não são mais muitas as que hoje em dia são capazes de suportar um olhar franco. Na maioria revelam-se como leprosas, cuja beleza, isto é, a verdadeira feminilidade, já se encontra carcomida, o que nunca mais pode ser reparado. Para muitas sobrevirá asco de si mesmas se, apesar de tudo, ainda puderem ser salvas, e, após anos, lembrar-se-ão de tudo aquilo que hoje consideram belo e bom. Será como um despertar e convalescer dos mais pesados sonhos febris!

Assim, porém, como a mulher foi capaz de degradar profundamente toda a Criação posterior, tem ela também a força de soerguê-la novamente e favorecê-la, visto que nisso o homem a seguirá.

Em breve virá o tempo, após a purificação, em que se poderá exclamar, jubilosamente: Vede a mulher como deve ser, a *legítima* mulher em toda a sua grandeza, em sua mais nobre pureza e poder, e nela vivenciareis a sentença de Cristo: "Velai e orai" em toda a naturalidade e na mais bela forma!

O MATRIMÔNIO

MATRIMÔNIOS são contraídos no céu! Essa frase é proferida muitas vezes com raiva e amargura pelos casados. Mas também é dita com hipocrisia pelos que se encontram mais afastados do céu. O resultado natural é que a respeito dessa frase somente se encolhem os ombros, se ri, se fazem troças e até mesmo se escarnece.

Isso se torna compreensível em vista dos muitos matrimônios que uma pessoa chega a conhecer no decorrer dos anos, em seu ambiente mais próximo ou afastado. Os escarnecedores têm razão. Só que seria melhor não escarnecer dessa expressão, mas dos próprios matrimônios! São *esses* que em sua maioria merecem não apenas troça e escárnio, mas até desprezo.

Os matrimônios, conforme se apresentam hoje, bem como há séculos, solapam a verdade da citada frase, não permitindo que alguém acredite nela. Representam, infelizmente, com apenas raríssimas exceções, um estado nitidamente imoral, ao qual não se pode dar um fim suficientemente rápido, para resguardar milhares dessa vergonha, à qual, de acordo com os costumes da época atual, acorrem cegamente. Supõem que não pode ser de outra forma, porque assim é usual. Acresce ainda que exatamente na época atual tudo está talhado até a falta de pudor, a fim de turvar e sufocar cada intuição mais pura. Ser humano algum pensa em tornar a personalidade, também através do respeito pelo corpo, naquilo que deveria ser, pode ser e terá de ser.

O corpo, assim como a alma, tem de ser algo precioso, portanto intangível, que não se põe à vista como engodo. E por isso, na Terra, também a esse respeito o corpo não é separável

17. O matrimônio

da alma. Ambos têm de ser, concomitantemente, estimados e resguardados como algo intangível, se devam ter algum valor. Do contrário tornam-se trapos que sujam, que apenas merecem ser atirados para um canto, a fim de pertencer barato ao primeiro trapeiro que apareça.

Se surgisse hoje na Terra um exército de tais trapeiros e arrematadores, encontrariam uma quantidade inimaginável desses trapos. A cada passo encontrariam novos montes já à sua espera. E tais arrematadores e trapeiros já deambulam de fato por aí, em densos bandos. São os emissários e instrumentos das trevas, que se apoderam, vorazmente, das presas fáceis, a fim de arrastá-las, triunfalmente, cada vez mais para baixo, para o seu reino escuro, até que tudo os encubra com negror e não possam achar, nunca mais, o caminho de volta para a Luz.

Não é de admirar que todos riam, tão logo alguém ainda fale seriamente que matrimônios são contraídos no céu!

O casamento civil nada mais é do que um simples ato comercial. Os que se ligam por meio dele, não o fazem a fim de se dedicarem a uma obra em comum com seriedade, que eleve o valor intrínseco e extrínseco das pessoas em questão, que vise conjuntamente altas finalidades e com isso traga bênção a elas próprias, à humanidade e a toda a Criação, mas sim como um simples contrato, mediante o qual se asseguram reciprocamente quanto ao lado material, a fim de que a mútua entrega corporal possa acontecer sem considerações calculistas.

A mulher ocupa em tudo isso um lugar degradante. Em oitenta por cento dos casos, ela se empreita ou se vende simplesmente a serviço do homem, que não procura uma companheira de igual valor, mas sim um objeto de contemplação, uma governanta barata e obediente que lhe torne o lar agradável e com a qual ele também, sob o manto duma falsa honestidade, possa conjuntamente e sem perturbações satisfazer seus desejos.

Muitas vezes, por motivos mínimos, as jovens abandonam a casa dos pais, a fim de contrair núpcias. Às vezes se sentem cansadas da casa dos pais, desejam um ambiente de atuação no qual elas mesmas possam dar ordens. Outras acham interessante representar o papel de uma jovem senhora, ou esperam uma vida mais movimentada. Acreditam talvez chegar a condições materiais melhores.

Identicamente existem casos em que moças contraem núpcias por mero capricho, para com isso irritar outrem. Também instintos puramente corporais dão motivo para casamento. Por falsas leituras, conversas e brincadeiras, foram despertados e artificialmente cultivados.

Raramente se trata de verdadeiro amor anímico que as induz a dar esse passo, que é o mais sério de todos na vida terrena. As moças, sob a zelosa assistência de muitos pais, são "espertas demais" para se deixarem guiar somente por intuições mais puras, mas com isso correm justamente ao encontro da infelicidade. Essas têm a recompensa de sua superficialidade, em parte, já no próprio matrimônio. Mas só em parte! O amargo vivenciar dos efeitos recíprocos, como consequência de tais matrimônios errados, vem muito mais tarde, pois o mal principal nisso encontra-se nas perdas levianamente provocadas desse modo, em detrimento de possível progresso.

Muitas vidas terrenas ficam assim inteiramente perdidas para a verdadeira *finalidade* da existência pessoal. Isso ocasiona ainda até mesmo um grave retrocesso, que por sua vez terá de ser recuperado penosamente.

Quão diferente, quando um matrimônio é contraído em bases certas e se desenvolve harmoniosamente! Alegres, um a serviço espontâneo do outro, crescem lado a lado para cima, para enobrecimento espiritual, encarando sorridentes, ombro a ombro, as dificuldades terrenas. O matrimônio passa então a ser um lucro para a existência inteira, devido à felicidade. E nessa felicidade encontra-se um impulso para cima, não apenas individual, mas para toda a humanidade!

Ai, portanto, dos pais que impelem seus filhos a matrimônios errados por persuasão, astúcia ou obrigações provenientes de motivos da razão. O peso da responsabilidade, que nisso alcança mais longe do que apenas o próprio filho, recai, mais cedo ou mais tarde, tão fortemente sobre eles, que desejariam nunca haver tido "ideias tão brilhantes".

17. O matrimônio

O casamento religioso representa para muitos apenas uma parte dos meros festejos terrenos. As próprias igrejas ou os seus representantes aplicam a sentença: "O que Deus uniu, a criatura humana não deve separar!"

Nos cultos religiosos predomina a ideia básica de que ambos os noivos, pela cerimônia de um casamento, serão unidos por Deus. Os "mais adiantados" são, em vez disso, de opinião de que os dois que contraem matrimônio serão dessa forma unidos *perante* Deus. A última interpretação pelo menos tem maior justificativa do que a primeira.

Com essas palavras, porém, não se deseja tal interpretação! Elas devem dizer algo totalmente diferente. Com isso fica fundamentado o fato de que matrimônios são realmente contraídos no céu.

Afastando-se dessa frase todos os falsos conceitos e interpretações, cessa logo qualquer razão para risos, zombarias ou sarcasmos, e o sentido jaz diante de nós em toda a sua seriedade e em sua inalterável verdade. Mas a consequência natural é então o reconhecimento de que os matrimônios são idealizados e desejados de modo completamente diferente do que os de hoje, isto é, que um matrimônio só deve ser contraído sob pressuposições totalmente diferentes, com aspectos e convicções inteiramente diferentes e com propósitos totalmente puros.

"Os matrimônios são contraídos no céu" demonstra, em primeiro lugar, que já com a entrada na vida terrena cada pessoa traz consigo determinadas qualidades, cujo desenvolvimento harmonioso só pode ser efetuado por pessoas de qualidades correspondentes. Mas tais qualidades correspondentes não são as mesmas, e sim aquelas *que completam* e que mediante essa complementação se tornam de pleno valor.

Nesse pleno valor, porém, ressoam todas as cordas num acorde harmonioso. Se, contudo, uma parte se torna de pleno valor através de outra, também essa outra parte, que se achega, torna-se, através da segunda, identicamente, de pleno valor e, na união de ambas, isto é, no convívio e no atuar, soará esse harmonioso acorde. *Assim* é o matrimônio que foi contraído no céu.

Com isso, porém, não fica expresso que para uma pessoa seria adequada, para um matrimônio harmonioso, somente *uma* bem determinada pessoa na Terra, mas geralmente existem *várias* que trazem em si o complemento para a outra parte.

Não é necessário, portanto, que se peregrine pela Terra durante décadas para encontrar essa segunda parte que realmente combine e seja o complemento. Bastará tão só empregar para tanto a necessária seriedade, ficar com os olhos, os ouvidos e o coração abertos e, principalmente, desistir das atuais condições preliminares, consideradas exigências para um casamento. Justamente aquilo que hoje é válido *não* deve prevalecer.

Um matrimônio *sadio* necessita de trabalho em comum e de finalidades elevadas tão indispensavelmente como um corpo sadio de movimentação e de ar fresco. Quem contar com comodidade e a maior despreocupação possível, querendo nessa base construir vida em comum, terá de colher no fim somente um estado doentio com todos os fenômenos colaterais. Por isso procurai, finalmente, firmar casamentos que sejam contraídos no céu. Então a felicidade vos alcançará!

Contraído no céu significa estarem predestinados um para o outro, já antes ou com a entrada na vida terrena. A predestinação consiste, porém, apenas nas qualidades trazidas, com as quais as duas partes se completam mútua e integralmente. Estas são, desse modo, destinadas uma para a outra.

Serem destinadas pode também ser expresso "que combinam uma com a outra", completando-se, portanto, realmente. Nisso reside a destinação.

"O que Deus uniu, a criatura humana não deve separar."

A incompreensão desse ditame de Cristo já provocou muitos males. Muitos até agora supunham o casamento como: "O que Deus uniu". O casamento até agora, praticamente, nada teve a ver com o sentido de tais palavras. O que Deus une é um enlace no qual se preenchem as condições que uma harmonia plena exige, que, portanto, é contraído no céu. Se a esse respeito foi dada ou não uma permissão do Estado e da Igreja, em nada altera o caso.

Logicamente é necessário enquadrar-se também aí na ordem civil. Se um enlace assim firmado for ainda ratificado com a cerimônia de casamento pelo respectivo culto religioso, em correspondente devoção, é bem natural que esse enlace adquira consagração muito mais elevada, pela disposição interior dos participantes, propiciando vigorosas e legítimas bênçãos espirituais ao casal. Tal matrimônio terá sido então de fato realizado *por* Deus e *perante* Deus e contraído no céu.

Vem a seguir a advertência: "A criatura humana não deve separar!" Como tem sido amesquinhado também o alto sentido *dessas* palavras.

Aí, no entanto, a verdade evidencia-se tão claramente! Onde quer que exista uma união que foi contraída no céu, isto é, onde dois se completem de tal modo, que surja um acorde harmonioso total, lá nenhuma terceira pessoa deve tentar provocar uma separação. Seja introduzindo uma desarmonia, tornando impossível uma união ou provocando uma separação, não importa, tal procedimento seria pecado. Um agravo que, em seu efeito recíproco, tem de aderir pesadamente ao autor, uma vez que com isso são atingidas, simultaneamente, duas pessoas e com estas também as bênçãos que se teriam espalhado, através da felicidade delas, no mundo de matéria grosseira e no de matéria fina.

Há nessas palavras uma verdade singela que se torna reconhecível por qualquer lado. A advertência visa proteger apenas aquelas uniões que foram contraídas no céu, devido às condições prévias já antes mencionadas e confirmadas pelas propriedades anímicas trazidas, que mutuamente se completam.

Entre essas, nenhuma terceira pessoa deve intrometer-se, nem mesmo os pais! Os dois interessados, eles próprios, nunca terão a ideia de desejar uma separação. A harmonia divina, que forma a base, devido às suas mútuas propriedades anímicas, não deixará que surja tal pensamento. A sua felicidade e a estabilidade de seu matrimônio estão assim de antemão garantidas.

Se houver solicitação de separação por parte de um dos cônjuges, com isso dará este a melhor prova de que *não* existe a necessária harmonia; o matrimônio, portanto, não pode ter sido contraído no céu. Em tal caso um matrimônio deveria ser desfeito categoricamente; para elevação da autoconsciência moral de ambos os cônjuges, que vivem em tal ambiente insano.

Tais matrimônios errados constituem hoje a grande maioria. Esse estado pernicioso decorre, principalmente, do retrocesso moral da humanidade, bem como do culto predominante do raciocínio.

A separação daquilo que Deus uniu não se refere, porém, apenas ao matrimônio, mas também à aproximação anterior de duas almas que poderiam, por suas propriedades complementares, desenvolver somente harmonia, portanto, que estão predestinadas uma à outra. Uma vez concluído tal enlace e procurando uma terceira pessoa imiscuir-se por meio de difamações ou por semelhantes meios conhecidos, então tal intenção é adultério consumado!

O sentido das palavras: "O que Deus uniu, a criatura humana não deve separar" é tão simples e claro que é difícil compreender como pôde surgir a esse respeito uma acepção errônea. Isso só foi possível mediante a separação errada entre o mundo espiritual e o mundo terreno, com o que a conceituação estreita do raciocínio conseguiu se impor, e a qual jamais resultou em valores reais.

Do espiritual foram dadas essas palavras, portanto, apenas no espiritual elas podem encontrar seu verdadeiro esclarecimento!

O DIREITO DOS FILHOS EM RELAÇÃO AOS PAIS

MUITOS filhos vivem em relação aos pais numa suposição desastrosa, que lhes acarreta gravíssimos danos. Acreditam poder jogar sobre os pais a causa de suas próprias existências terrenas. Muitas vezes se ouve esta observação: "É lógico que meus pais têm de cuidar de mim, já que me puseram no mundo. Não tenho culpa de estar aqui."

Nada mais insensato pode ser dito. Cada pessoa está aqui nesta Terra por seu próprio pedido ou por própria culpa! Os pais só dão a possibilidade da encarnação, nada mais. E cada alma encarnada deve ser grata por tal possibilidade lhe ter sido dada!

A *alma* de uma criança nada mais é do que *hóspede* de seus pais. Só nessa evidência já existe esclarecimento suficiente para ficar explícito que um filho, na realidade, não pode querer impor quaisquer direitos em relação aos pais! Direitos espirituais em relação aos pais, não têm! Direitos terrenos, porém, originaram-se tão somente da ordem social, puramente terrena, que o Estado previu, para não precisar tomar a si quaisquer obrigações.

A criança é, espiritualmente, uma personalidade individual por si! Afora o corpo terreno, de que precisa como instrumento para atuar nesta Terra de matéria grosseira, nada recebeu dos pais. Por conseguinte, apenas um alojamento do qual a alma, já de antemão independente, pode utilizar.

Contudo, pela geração, assumem os pais a obrigação de cuidar desse alojamento assim formado e de conservá-lo, até que a alma, que dele tomou posse, seja capaz de assumir por si a manutenção. A época para tanto virá a ser mostrada pelo desenvolvimento natural do corpo. O que se fizer depois disso é um presente dos pais.

Os filhos deveriam, portanto, cessar de uma vez de contar com os pais, sendo preferível que pensassem o quanto antes possível em se firmar nos próprios pés.

Evidentemente, aí pouco importa se exerçam atividades na casa paterna ou fora. Mas tem de ser uma atividade que não consista em divertimentos e cumprimento dos chamados compromissos sociais, porém num determinado cumprimento de dever real e útil, no sentido de que quando o filho não mais executar esse trabalho, ele tenha de ser executado por outra pessoa especialmente contratada para isso. Só assim se pode falar numa existência útil na Terra, o que acarreta amadurecimento do espírito!

Se um filho preenche na casa paterna tal tarefa, seja qual for o sexo, masculino ou feminino, deveria receber dos pais *aquela* recompensa que caberia a uma pessoa estranha empregada para tal finalidade. Por outras palavras: o filho, cumpridor de suas obrigações, deve ser considerado e tratado como uma pessoa realmente autônoma.

Se laços especiais de amor, confiança e amizade unem pais e filhos, tanto mais belo será para ambas as partes, pois assim existirá uma aliança voluntária, oriunda de convicções íntimas, e, por conseguinte, tanto mais valiosa! Será então legítima, que se mantém unida inclusive no Além em favor de mútuo progresso e alegria.

Imposições e costumes de família, porém, são insanos e condenáveis, tão logo um determinado limite de idade seja ultrapassado pelas crianças.

Não existem, igualmente, os chamados direitos de parentesco, nos quais principalmente tias, tios, primas, primos e todos os demais que ainda procurem apresentar-se como parentes, se apoiam tantas vezes. Justamente esses direitos de parentesco constituem abusos condenáveis, que sempre produzirão nojo nas pessoas em si já individualizadas.

Infelizmente, a tradição transformou isso num costume, a ponto de, via de regra, ninguém tentar pensar de outra forma,

18. O direito dos filhos em relação aos pais

adaptando-se em silêncio a isso, conquanto com aversão. Quem, contudo, ousar dar o pequeno passo e pensar sobre isso livremente, sentirá no fundo de sua alma tudo tão ridículo e repugnante que, indignado, acabará se distanciando de tais petulâncias estabelecidas.

Urge liquidar de vez com coisas tão anormais! Tão logo despertar um novo e sadio tipo de humanidade, tais aberrações não mais serão suportadas, por serem contrárias a todo e qualquer sentido sadio.

De tais distorções artificiais da vida natural, não poderia surgir nunca algo de realmente grandioso, porque aí os seres humanos permanecem demasiadamente tolhidos. Nessas coisas aparentemente secundárias há um gigantesco manietar.

Aqui tem de ser estabelecida a liberdade, desprendendo-se cada indivíduo de costumes indignos! Verdadeira liberdade só existe no *reconhecimento* certo das obrigações, o qual permanece ligado com o *cumprimento* voluntário dos deveres! Unicamente o cumprimento do dever outorga *direitos!* Isso se refere também aos filhos, aos quais, igualmente, apenas com o cumprimento mais fiel dos deveres, podem advir direitos. —

Existe, no entanto, toda uma série de deveres severíssimos de todos os pais, que não estão relacionados com os direitos dos filhos.

Cada adulto tem de estar consciente daquilo que se relaciona propriamente com o ato da geração. A leviandade e a irreflexão atuais a esse respeito, bem como os conceitos errados, têm se vingado de maneira bem nefasta.

Refleti apenas que no Além mais próximo existe grande número de almas que já se acham à espera duma possibilidade de reencarnação na Terra. Trata-se, na maioria, daquelas almas humanas presas a fios cármicos e que procuram um resgate qualquer numa nova vida terrena.

Logo que se lhes oferece uma possibilidade para tanto, apegam-se a lugares onde sucedeu um ato de geração, a fim de acompanhar, aguardando, o desenvolvimento do novo corpo humano para alojamento. Durante essa espera, tecem-se fios de matéria fina do corpo em formação para a alma que se mantém obstinadamente bem próxima da mãe, e em sentido contrário, a certa altura da maturação, tais fios servem então como ponte que facilita a passagem da alma estranha lá do Além para o novo corpo, do qual se apossa também imediatamente.

Entra, por conseguinte, um hóspede estranho que pode, devido ao seu carma, causar muitas aflições aos educadores! Um hóspede estranho! Que pensamento desconfortável! Isto o ser humano deveria ter sempre diante dos olhos e nunca esquecer que pode *co*participar na escolha da alma que espera, se não deixar passar levianamente o tempo para tanto.

A encarnação se acha, sem dúvida, sujeita à lei de atração da igual espécie. Todavia, não é absolutamente necessário, para tanto, que a espécie igual de um dos geradores sirva de polo, mas, às vezes, de alguma pessoa que se encontre frequentemente nas proximidades da futura mãe.

Quantos infortúnios poderão ser evitados, quando o ser humano conhecer direito todo o processo e com este se ocupar conscientemente. No entanto, passam o tempo frequentando levianamente diversões e danças, dão recepções e não se preocupam muito com o que se está preparando de importante nessa época e que mais tarde virá influir poderosamente em sua vida inteira.

Na oração, a qual sempre encerra o ardente desejo, deveriam conscientemente dirigir muita coisa nisso, enfraquecendo o mal, fortalecendo o que é bom. O hóspede estranho que então entra como filho, em seu lar, apresentar-se-ia de tal modo, que continuaria *bem-vindo* em *todos* os sentidos! Fala-se muito em educação pré-natal, na habitual semicompreensão ou na compreensão errônea de muitos efeitos que se tornam observáveis exteriormente.

Como, porém, frequentemente, assim também aqui as conclusões humanas de tais observações são errôneas. Não existe nenhuma possibilidade de educação pré-natal, mas sim uma possibilidade absoluta de *influir na atração,* se acontecer no tempo oportuno e com a devida seriedade! É uma diferença, que nas consequências alcança mais longe do que a suposta educação pré-natal jamais poderia alcançar.

Quem, portanto, estiver esclarecido a tal respeito e ainda realiza levianamente ligações irrefletidas, só merece que se introduza em sua esfera um espírito humano que apenas lhe cause desassossego e até mesmo desgraças.

O ato da geração deve ser para um ser humano, espiritualmente livre, nada mais do que a prova de sua boa vontade de receber um espírito humano estranho como hóspede permanente em sua família, dando-lhe ensejo de remir na Terra e de amadurecer. Somente quando em ambas as partes existir o desejo íntimo *para essa finalidade* é que deve efetuar-se a oportunidade para uma geração.

Contemplai apenas uma vez os pais e os filhos, partindo dessas realidades, então muita coisa mudará por si. O trato mútuo, a educação, tudo conterá outras bases mais sérias do que até aqui tem sucedido em inúmeras famílias. Haverá mais consideração e mais respeito mútuo. Consciência da independência própria e esforços de responsabilidade far-se-ão sentir, o que trará como consequência natural a elevação social do povo.

Os filhos em breve esquecer-se-ão de querer se arrogar direitos que nunca existiram. —

A ORAÇÃO

SE propriamente se deva falar a respeito da oração, é evidente que as palavras valem apenas para aqueles que se ocupam com a oração.

Quem não sente em si o impulso para uma oração, pode, sim, abster-se dela porque suas palavras ou pensamentos, por fim, têm de se desfazer em nada. Pois se uma oração não for intuída profundamente, então não tem valor e, portanto, nenhum resultado.

O momento em que o sentimento de gratidão transborda em grande alegria, bem como a intuição da mais profunda dor no sofrimento, formam a melhor base para uma oração de que se possa esperar sucesso. Em tais momentos a criatura humana está traspassada por uma determinada intuição que sobrepuja nela tudo o mais. Eis por que é possível que o principal desejo da oração, seja de agradecimento ou pedido, receba força sem turvação.

Aliás, muitas vezes os seres humanos formam uma imagem errada do fenômeno gerador de uma oração e seu ulterior desenvolvimento. Nem todas as orações atingem o Altíssimo Dirigente dos mundos. Pelo contrário, é uma exceção muito rara que uma oração realmente consiga chegar até os degraus do trono. Também aqui a força de atração da igual espécie representa o papel mais importante, como lei básica.

Uma oração sinceramente intencionada e profundamente intuída, atraindo por si mesma e sendo atraída pela igual espécie, entra em contato com um centro de forças daquela espécie da qual o conteúdo principal da oração se acha impregnado. Os centros de forças tanto podem ser denominados seções de esferas ou possuir qualquer outra designação, no fundo resultará sempre no mesmo.

19. A oração

A reciprocidade traz então aquilo que foi o desejo essencial da oração. Seja sossego, força, repouso, planos subitamente surgidos no íntimo, solução de difíceis perguntas ou quaisquer outras coisas. Sempre advirá disso algum bem, mesmo que seja apenas o próprio sossego fortalecido e concentração, que por sua vez conduzem a uma saída, a uma salvação.

Também é possível que essas orações emitidas, aumentadas em sua força pelo efeito recíproco de centros de força de igual espécie, encontrem um caminho de matéria fina para pessoas que devido a isso são estimuladas a trazer de alguma forma auxílio, e com isso a realização da oração.

Todos esses fenômenos são facilmente compreensíveis, observando-se a vida de matéria fina. Igualmente aqui reside a justiça de que o fator decisivo numa oração sempre se constituirá na disposição interior da pessoa, a qual, de acordo com a profundidade de sua intuição, determina a força, portanto, a vitalidade e eficiência da oração.

Na grande trama de matéria fina do Universo, cada espécie de intuição encontra sua determinada igual espécie, uma vez que não somente não poderia ser atraída por outras, mas até seria repelida. Só quando surge uma igual espécie é que se dá ligação e, com isso, fortalecimento.

Uma oração que contém várias intuições, as quais devido ao grande aprofundamento de quem ora ainda possuem certa força, não obstante sua dispersão, atrairá, por conseguinte, efeitos vários, e trará de volta, na reciprocidade, efeitos vários.

Se nisso possa ocorrer uma realização, dependerá inteiramente da espécie das partes individuais, as quais podem ter efeitos que se favorecem ou se estorvam mutuamente. Em todo caso, porém, será melhor emitir numa oração apenas *um* pensamento, como intuição, a fim de que não surja nenhuma confusão.

Assim Cristo não quis, absolutamente, que o "Pai Nosso" fosse orado categoricamente de modo integral, mas ele apenas indicou com isso, de modo concentrado, tudo *aquilo* que o ser humano, com vontade sincera, pode em primeiro lugar pedir com segurança de realização.

Em tais pedidos estão contidas as bases para *tudo* quanto a pessoa necessita para seu bem-estar corporal e sua ascensão espiritual. Concedem ainda mais! Os pedidos indicam ao mesmo tempo as *diretrizes* para os esforços que a pessoa deve seguir em sua vida terrena. A composição dos pedidos é, por si só, uma obra-prima.

O "Pai Nosso", por si só, pode ser *tudo* para a criatura humana que procura, se nele se aprofundar e compreendê-lo direito. Nem precisaria mais do que o "Pai Nosso". Este lhe mostra o Evangelho todo em forma concentradíssima. É a chave das alturas luminosas para aquele que saiba experimentá-lo vivencialmente de modo certo. Pode ser, para qualquer um, simultaneamente, *bastão* e *luminar* para o progresso e a ascensão! Tão imensurável o que contém em si.*

Já essa riqueza indica a verdadeira finalidade do "Pai Nosso". *Jesus deu à humanidade no "Pai Nosso" a chave para o reino de Deus! O núcleo de sua Mensagem.* Mas não quis com isso dizer que devesse ser recitado dessa maneira.

A criatura humana necessita apenas prestar atenção depois de orar, e por si mesma reconhecerá quanto se desviou e quanto enfraqueceu a profundidade de sua intuição, ao seguir a sequência dos pedidos individuais, mesmo que estivesse por demais familiarizada com eles. É-lhe impossível passar sucessivamente de um pedido ao outro com o fervor necessário a uma verdadeira oração!

Jesus, segundo sua maneira, facilitou tudo para a humanidade. A expressão certa é "tão fácil como se fosse para crianças". Indicou expressamente: "Tornai-vos como as crianças!" Portanto, pensando com toda a simplicidade e procurando o mínimo de dificuldades. Jamais teria esperado da humanidade algo tão impossível, como o exige o orar realmente aprofundado do "Pai Nosso".

Isso deve levar também a humanidade à convicção de que Jesus desejava algo diferente, algo *maior*. Ele deu a chave para o reino de Deus, não uma simples oração!

---

* Dissertação: "O Pai Nosso".

19. A oração

A multiplicidade de uma oração enfraquecê-la-á sempre. Um filho também não vem ao pai com sete pedidos ao mesmo tempo, mas sempre apenas com um, aquele que justamente mais lhe pesa no coração, seja sofrimento ou um desejo.

De igual forma uma pessoa deve, em seu pedir, nas aflições, dirigir-se a seu Deus com aquilo que a oprime. E na maioria dos casos, de fato, tratar-se-á apenas *duma* determinada questão e não de muita coisa em conjunto. Não deve pedir pelo que não a oprime no momento. Uma vez que tal pedido não pode também ser intuído com suficiente vivacidade em seu íntimo, ele se torna uma forma vazia e naturalmente enfraquece outro pedido talvez realmente necessário.

Por isso sempre se deve pedir apenas aquilo que for realmente necessário! Nada de formas vazias que têm de dispersar-se e, com o tempo, cultivar a hipocrisia!

A oração exige a mais profunda seriedade. Deve-se orar com calma e pureza, a fim de que, através da calma, a força da intuição se eleve, recebendo pela pureza aquela leveza luminosa capaz de elevar a oração até as alturas de tudo quanto é luminoso, de tudo quanto é puro. Então advirá também aquela realização que será mais proveitosa ao suplicante e que realmente o levará para frente em toda a sua existência!

Não é a *força* da oração que consegue arremessá-la para o alto ou impulsioná-la, mas *somente a pureza* em sua leveza correspondente. Pureza na oração, porém, cada pessoa pode conseguir, mesmo que não em todas as suas orações, tão logo o impulso para pedir se torne vivo nela. Para tanto não é necessário que se encontre de modo puro com toda a sua vida. Isso não consegue impedir que se eleve em oração com a pureza de sua intuição por segundos, pelo menos de tempos em tempos, uma vez que seja, aqui e acolá.

Para a força da oração, porém, contribui não apenas a calma absoluta e a assim possibilitada profunda concentração, mas também cada forte emoção como a angústia, as preocupações, a alegria.

No entanto, não está dito que a realização de uma oração corresponda sempre, categoricamente, às imaginações e aos desejos *terrenalmente* pensados, e de conformidade com estes. A realização atinge beneficamente muito além disso, conduzindo *o todo* para o melhor, não o momento terreno! Muitas vezes, portanto, um aparente não cumprimento deve ser reconhecido, mais tarde, como a única certa e a melhor realização, e a pessoa se sente feliz por não ter ocorrido segundo seus desejos do momento.

Agora a intercessão! O ouvinte muitas vezes se indaga como a ação recíproca numa intercessão, isto é, num pedido de outrem, pode achar o caminho para uma pessoa que propriamente não tenha orado, uma vez que a ação retroativa tem de refluir, pelo caminho preparado, para aquele que pediu.

Mesmo nesse caso não há nenhum desvio das leis vigentes. Um intercessor pensa de modo tão intenso durante sua oração na pessoa pela qual pede, que o seu desejar primeiramente acaba *ancorando-se* ou amarrando-se naquela pessoa e então, de lá, toma seu caminho para cima, podendo, portanto, também voltar para essa pessoa, para a qual o forte desejo do intercessor, de qualquer modo, já se tornou vivo, circulando em volta dela. É pressuposição indispensável, porém, que o solo daquela pessoa, em favor da qual se ora, esteja em condições receptíveis e pela igual espécie apta a uma ancoragem, e não coloque acaso obstáculos à mesma.

Caso o solo não esteja em condições receptíveis, portanto indigno, há no resvalar das intercessões só e novamente a maravilhosa justiça das leis divinas, as quais não podem permitir que num solo totalmente estéril chegue de fora uma ajuda através de outrem. Esse rechaçar ou desviar da intencionada ancoragem de uma intercessão em uma pessoa, referente a esse rogo, a qual é indigna devido a seu estado interior, acarreta a impossibilidade de uma ação de auxílio.

Existe também aqui, novamente, algo tão perfeito nesse atuar autônomo e lógico, que o ser humano se encontra admirado diante da distribuição integral e justa, a isso ligada, dos frutos de tudo quanto foi por ele próprio desejado!

Intercessões praticadas por pessoas sem o próprio impulso íntimo e categórico de verdadeiras intuições, não têm nenhum valor nem resultado. São apenas debulho vazio.

19. A oração

Existe ainda outra espécie de efeitos de legítimas intercessões. Trata-se de indicar o rumo! A oração sobe diretamente e aponta para a pessoa necessitada. Se for enviado um mensageiro espiritual, com referência a esse caminho indicado, para ajudar, existe então a possibilidade dum auxílio, sujeito, porém, às mesmas leis de valores ou desvalores, isto é, da capacidade receptiva ou da repulsa.

Se o necessitado estiver inclinado intimamente para as trevas, o mensageiro com vontade de auxiliar, baseado na intercessão, não poderá entrar em nenhum contato, não conseguirá influir e terá de voltar sem nada haver feito. A intercessão, portanto, não pôde ser realizada, porque as leis, em sua vivacidade, não o permitiram.

Mas se o solo for adequado, então uma legítima intercessão terá incalculável valor! Ou levará auxílio, mesmo que o necessitado ignore, ou unir-se-á aos desejos ou orações do necessitado, dando-lhe assim grande fortalecimento.

O PAI NOSSO

SÃO apenas poucas as pessoas que procuram conscientizar-se do *que* querem na realidade, quando proferem a oração "Pai Nosso". Menos ainda as que sabem realmente qual o *sentido* das frases que aí estão recitando. Recitar decerto é a única expressão adequada para o procedimento que o ser humano, nesse caso, chama de orar.

Quem se examinar rigorosamente a tal respeito *terá* de concordar, ou então testemunhará que passa toda a sua vida de idêntica maneira... superficialmente, não sendo, nem jamais tendo sido capaz dum pensamento profundo. Existem nesta Terra muitos desses que sem dúvida se levam a sério, mas, pelos outros, mesmo com a melhor boa vontade, não podem ser levados a sério.

Exatamente o começo desta oração desde sempre é intuído erroneamente, conquanto de modos diversos. As pessoas que procuram proferir com seriedade esta oração, isto é, que nela se empenham com certa boa vontade, sentirão, logo após ou durante as primeiras palavras, certo sentimento de segurança surgir em si, de tranquilização anímica! E tal sentimento nelas permanece predominante até alguns segundos depois de orar.

Isso explica duas coisas: primeiro, que quem reza só pode manter sua seriedade durante as primeiras palavras, através do que se desencadeia tal sentimento, e, segundo, que justamente o desencadeamento desse sentimento prova quão longe se acha de entender o que com isso profere!

Mostra com isso, nitidamente, sua incapacidade de manter a profundidade do pensar, ou também sua superficialidade;

porque, do contrário, com as palavras que se seguem, imediatamente deveria surgir *outro* sentimento, correspondente ao conteúdo alterado das palavras, tão logo elas se tornem nele realmente vivas.

Portanto, permanece nele apenas o que as primeiras palavras despertam. Entendesse ele, porém, o sentido correto e o significado verdadeiro das palavras, estas teriam de lhe despertar intuições muito diferentes do que um agradável sentimento de segurança.

Pessoas mais presunçosas veem por sua vez na palavra "Pai" a confirmação de descenderem diretamente de Deus, e assim, num desenvolvimento acertado, tornarem-se, por fim, até mesmo divinas, já trazendo, porém, categoricamente, algo divino dentro de si. E ainda existem muitos outros erros entre os seres humanos quanto a esta frase.

A maioria, contudo, considera-a simplesmente como a *invocação* na oração, o apelo! Aí necessitam pensar de modo mínimo. E correspondentemente é recitada sem reflexão, quando exatamente na invocação a Deus deveria residir todo o fervor de que uma alma humana, aliás, possa ser capaz.

Mas tudo isso esta primeira frase não deve dizer nem ser; o Filho de Deus, contudo, inseriu na escolha das palavras simultaneamente a explicação ou a indicação da *maneira pela qual a alma humana* deve encaminhar-se para a oração, *de que modo* pode e deve apresentar-se perante seu Deus, se sua oração deva ser atendida. Diz exatamente qual a disposição que ela deve possuir em tal momento, como tem de ser seu estado de pura intuição, quando quiser depor seu pedido nos degraus do trono de Deus.

Assim, a oração toda se divide em três partes. A primeira parte é o entregar-se totalmente, a rendição da alma perante seu Deus. Falando figuradamente, ela se abre de todo diante Dele, antes de se aproximar com uma súplica, dando testemunho assim de sua própria capacidade de boa vontade pura.

O Filho de Deus quer com isso deixar claro qual deve ser a intuição para formar a base de uma aproximação de Deus! Por isso apresenta-se como um grande e sacrossanto juramento, quando no início se encontram as palavras: *"Pai nosso, que estás no céu!"*

Considerai que oração não tem a mesma significação que pedido! Do contrário, não haveria orações de agradecimento que não contivessem nenhum pedido. Orar não é pedir. Já aí o "Pai Nosso" tem sempre sido incompreendido até agora, por causa do mau hábito do ser humano de nunca se dirigir a Deus a não ser para esperar alguma vantagem ou mesmo exigir, pois no esperar já se encontra o exigir. E aí a criatura humana realmente *sempre* espera algo, isto ela não pode negar! Mesmo falando em traços gerais, que exista nela apenas o sentimento nebuloso de receber remotamente um lugar no céu.

O ser humano desconhece a jubilosa gratidão de usufruir de modo alegre a existência consciente que lhe foi dada, coparticipando na grande Criação para o bem de seu ambiente, assim como é desejado por Deus ou por Deus com razão esperado! Tampouco pressente que é justamente isso, e *somente* isso, que contém seu próprio e verdadeiro bem, seu progresso e sua ascensão.

Em tal base desejada por Deus, porém, encontra-se em verdade a oração "Pai Nosso"! De outra forma o Filho de Deus nem poderia tê-la dado, pois apenas desejava o bem dos seres humanos e isso só se fundamenta na observação e no cumprimento certo da vontade de Deus!

A oração dada por ele é, portanto, tudo, menos um pedido, mas sim um grande juramento do ser humano abrangendo tudo, o qual, nisso, se prostra aos pés de seu Deus! Deu-a Jesus aos seus discípulos, que estavam dispostos naquele tempo a viver em pura adoração a Deus, a servir a Deus com seu viver na Criação e com esse servir honrar Sua sacrossanta vontade!

A criatura humana deveria pensar bem e maduramente se pode atrever-se, apesar de tudo, a se servir dessa oração e a pronunciá-la; deveria averiguar severamente se, enunciando-a, não procura de certa forma enganar a Deus!

As frases introdutórias advertem com clareza suficiente que cada um deve se examinar, se também é realmente assim como nelas se apresenta! Se com isso ousa se aproximar sem falsidade diante do trono de Deus!

20. O Pai Nosso

Se, contudo, vivenciardes em vós *as três primeiras frases* da oração, então elas vos conduzirão aos degraus do trono de Deus. *Elas são o caminho para isso,* quando numa alma chegarem a um vivenciar. Nenhum outro leva até lá. Mas este, seguramente! Não vivenciando essas frases, nenhum dos vossos pedidos poderá chegar até lá.

Deve ser uma invocação dedicada, e, contudo, jubilosa, quando ousais proferir: "Pai nosso que estás no céu!"

Nessa exclamação repousa a vossa sincera afirmação: "A ti, ó Deus, dou todos os direitos de Pai sobre mim, aos quais quero submeter-me com obediência infantil! E reconheço com isso também Tua onisciência, Deus, em tudo o que Tua determinação trouxer, e peço que disponhas de mim como um pai tem de dispor dos seus filhos! Aqui estou, Senhor, para te ouvir e te obedecer infantilmente!"

A segunda frase: *"Santificado seja o Teu nome!"*

Esta é a afirmação da alma em adoração, de quão sincera é em tudo quanto ousa dizer a Deus. Que acompanha com plena intuição cada palavra e pensamento, não abusando com superficialidade do nome de Deus! Pois o nome de Deus lhe é sobremaneira sagrado!

Considerai bem, todos vós que orais, o que com isto prometeis! Se quiserdes ser inteiramente sinceros convosco, tendes de reconhecer que vós, seres humanos, até agora, justamente com isto, tendes mentido diante do semblante de Deus; porque nunca fostes *tão* sinceros na oração conforme o Filho de Deus, pressupondo, estipulou nessas palavras como *condição!*

A terceira frase: *"Venha a nós o Teu reino!"* novamente não é nenhum pedido, mas apenas uma promessa a mais! É um prontificar-se de que através da alma humana tudo deve tornar-se aqui na Terra *tal* como é no reino de Deus!

Por isso a expressão: "Venha a nós o *Teu* reino!" Isto quer dizer: queremos chegar também aqui na Terra a tal ponto que o Teu reino perfeito possa estender-se até aqui! O solo deve ser preparado por nós de modo que tudo viva apenas segundo a Tua santa vontade, isto é, cumprindo plenamente as Tuas leis da Criação, de maneira a tudo se realizar *tal* qual é em Teu reino, o reino espiritual onde se encontram os espíritos amadurecidos e livres de todas as culpas e cargas, que apenas vivem servindo à vontade de Deus, porque somente no cumprimento incondicional desta surge algo de bom, pela perfeição nela latente. É, portanto, a afirmação de querer tornar-se *assim,* para que também a Terra, mediante a alma humana, venha a ser um reino do cumprimento da vontade de Deus!

Tal afirmativa fica ainda reforçada pela frase seguinte: *"Seja feita a Tua vontade, assim na Terra como no céu!"*

Essa não é apenas uma declaração de se prontificar a enquadrar-se inteiramente à vontade divina, mas encontra-se também nela a promessa de interessar-se por essa vontade, de esforçar-se com toda a diligência para reconhecer essa vontade. Tal esforço tem de preceder, sim, a uma adaptação a essa vontade, pois enquanto a criatura humana não a conhecer direito, não estará apta a orientar sua intuição, seu pensar, falar e agir de acordo com ela!

Que tremenda e culposa leviandade não é, pois, a de cada ser humano que nunca cessa de fazer essas afirmativas ao seu Deus, sempre e sempre de novo, quando na realidade nem se interessa de como seja a vontade de Deus, que se acha firmemente ancorada na Criação. O ser humano mente, sim, em cada palavra da oração, quando ousa proferi-la! Com isso, encontra-se como um hipócrita diante de Deus! Junta sempre novas culpas por cima das antigas, sentindo-se por fim digno de lástima, quando ele em matéria fina tiver de sucumbir no Além sob este fardo.

Somente quando essas frases tiverem sido cumpridas realmente por uma alma, como condição preliminar, é que ela poderá continuar a dizer:

"O pão nosso de cada dia nos dá hoje!"

Isso equivale a dizer: "Se eu cumprir aquilo que afirmei ser, deixa então que a Tua bênção paire sobre a minha atuação terrena, a fim de que disponha sempre de tempo para conseguir meu necessário sustento de vida na matéria grosseira, para poder viver segundo a Tua vontade!"

"E perdoa-nos as nossas dívidas, assim como nós perdoamos aos nossos devedores!"

20. O Pai Nosso

Nisso jaz o conhecimento dos efeitos retroativos incorruptos e justos das leis espirituais que transmitem a vontade de Deus. Simultaneamente também a expressão afirmativa de plena confiança nisso, pois o pedido de perdão, isto é, de remição das culpas, baseia-se *estritamente* no cumprimento *anterior,* pela alma humana, do próprio perdoar de todas as injustiças que os semelhantes lhe fizeram.

Quem tiver sido capaz *disso,* quem já houver perdoado tudo ao seu próximo, ficará de *tal forma* purificado, que nunca virá a cometer *intencionalmente* nenhuma injustiça! Com isso também estará livre de todas as culpas perante Deus, uma vez que só é considerado como injustiça o que tiver sido feito *intencionalmente de má fé.* Só assim é que vem a ser uma injustiça. Há nisso uma grande diferença com relação a todas as leis humanas e conceitos terrenos atualmente existentes.

Assim, pois, nessa frase, também como base, encontra-se novamente uma promessa perante seu Deus de cada alma que almeja a Luz. Declaração de sua verdadeira vontade, para cuja realização, aprofundando-se e ficando esclarecida sobre si mesma, espera receber força na oração, que, numa sintonização certa, também receberá, segundo a lei da reciprocidade.

"E não nos deixes cair em tentação!"

É um conceito errado da criatura humana querer ler nessas palavras que seria tentado por Deus. Deus não tenta ninguém! Trata-se nesse caso apenas de uma tradição incerta que escolheu inabilmente o termo tentação. Seu sentido correto deve ser classificado no conceito de errar, perder-se, isto é, andar errado, procurar erradamente no caminho ao encontro da Luz.

Equivale a dizer: "Não nos deixes tomar caminhos errados, procurar erradamente, não nos deixes perder tempo! Desperdiçá-lo, malbaratá-lo! Mas retém-nos *à força,* se necessário for, inclusive se tal necessidade nos tenha de atingir como sofrimento e dor."

Esse sentido o ser humano também tem de entender por intermédio da sentença seguinte, e de acordo com o teor diretamente ligado a ela: *"Mas livra-nos do mal!"*

Esse "mas" mostra bem nitidamente a unidade da frase. O sentido equivale a: Faze-nos reconhecer o mal, seja qual for o preço que isso venha a nos custar, mesmo com o preço da dor. Capacita-nos para tanto por intermédio de Teus efeitos recíprocos em cada uma de nossas faltas. No reconhecer encontra-se também a remição para aqueles que tenham boa vontade para isso!

Com isso termina a segunda parte, o colóquio com Deus. A terceira parte constitui o remate: *"Pois que a ti pertencem o reino, a força e a magnificência por toda a eternidade! Amém!"*

É uma confissão jubilosa do sentimento de ser acolhido na onipotência de Deus através do cumprimento de tudo aquilo que a alma na oração lhe deposita aos pés como juramento! —

Esta oração dada pelo Filho de Deus possui, por conseguinte, duas partes. A introdução, ao aproximar-se, e o colóquio. Por último, adveio por Lutero a confissão jubilosa do conhecimento do auxílio para tudo aquilo que o colóquio encerra, do recebimento da força para o cumprimento daquilo que a alma prometeu ao seu Deus. E o cumprimento *terá* de levar a alma ao reino de Deus, ao país da alegria eterna e da Luz!

Assim, pois, o Pai Nosso, quando realmente vivenciado, torna-se o apoio e o bastão para a escalada ao reino espiritual!

O ser humano não deve esquecer-se de que numa oração ele tem de buscar, na realidade, somente a força, para poder *ele próprio realizar* o que pede! Assim deve orar! E assim também é constituída a oração que o Filho de Deus deu aos discípulos!

ADORAÇÃO A DEUS

PODE-SE dizer sem receio que o ser humano ainda não compreendeu de maneira alguma a evidência, para ele essencial, de uma adoração a Deus, menos ainda a praticou. Observai como vem sendo feita até hoje a adoração a Deus! Conhece-se somente um pedir ou, falando ainda melhor, um esmolar! Apenas aqui e acolá acontece, por fim, que se elevem orações de gratidão provenientes realmente do coração. Isso, no entanto, só se dá, como grande exceção, sempre quando e onde uma pessoa receba *inesperadamente* uma dádiva toda especial ou seja salva *subitamente* de um grande perigo. Para ela se torna necessário que haja aí o inesperado e o súbito, se, aliás, chegar uma vez a se dedicar a uma oração de agradecimento.

Da mesma forma, as coisas mais extraordinárias podem cair-lhe no colo sem merecimento; no entanto, jamais ou apenas mui raramente chegará a pensar em agradecimento, tão logo tudo corra de maneira serena e normal.

Se a ela, bem como a todos que ela ama, for sempre outorgada saúde de modo surpreendente, e se não tiver preocupações terrenas, dificilmente dar-se-á ao trabalho de uma sincera oração de agradecimento.

A fim de provocar em si um sentimento mais forte, o ser humano necessita sempre, infelizmente, de um impulso todo *especial*. Espontaneamente, quando as coisas lhe vão bem, nunca se dá a esse trabalho. Ele a tem talvez na boca, aqui e acolá, ou também vai à igreja a fim de, nessa oportunidade, murmurar uma oração de agradecimento, mas nem lhe acode à mente estar presente com toda a sua alma, mesmo que seja apenas por um único minuto.

Somente quando uma verdadeira aflição se lhe depara é que *então* mui rapidamente se lembra de que existe alguém capaz de *ajudá-lo*. O medo o impele finalmente a balbuciar uma oração! Isso, no entanto, será sempre apenas um pedir, mas nenhuma adoração.

Assim é o ser humano que ainda se considera *bom,* que se tem na conta de religioso. E esses são poucos na Terra! Exceções dignas de louvor!

Imaginai diante de vossos olhos o quadro deplorável! Como ele se apresenta a vós, seres humanos, ao olhardes acertadamente! Quão miserável, no entanto, encontra-se tal pessoa diante de seu Deus! Mas assim, infelizmente, é a realidade! Podeis virar-vos e revirar-vos do modo que quiserdes, os fatos permanecem, tão logo vos esforceis em investigar a fundo, excluindo qualquer dissimulação. Haveis de ficar um tanto apreensivos, pois nem o pedir e nem o agradecimento pertencem à adoração.

Adoração é *veneração!* E essa não encontrareis realmente por toda esta Terra! Contemplai as celebrações ou festividades que devem ser em louvor a Deus, onde, excepcionalmente, se deixa de pedir e mendigar. Aí estão os oratórios![*] Procurai os cantores que cantam em adoração a Deus! Observai-os quando se preparam para tanto num auditório ou igreja. Todos eles querem realizar algo, a fim de agradar aos *seres humanos.* Deus aí lhes é bastante indiferente. Justamente Ele, a quem isso, sim, deveria ser dedicado! Olhai o dirigente! Ele exige aplausos, quer mostrar aos seres humanos do que é capaz.

Prossegui, ainda. Contemplai as majestosas edificações, igrejas, catedrais que em louvor a Deus... deveriam existir. O artista, o arquiteto e o construtor lutam apenas pelo reconhecimento terreno, cada cidade *se vangloria* com essas edificações... para honra de si mesma. Têm até de servir para atrair forasteiros. Mas não acaso para adoração a Deus, ao contrário, para que acorra à localidade dinheiro em decorrência do movimento aumentado! Apenas o impulso pelas exterioridades terrenas, para onde olhardes! E tudo isso sob o pretexto de adoração a Deus!

---

[*] Peças musicais religiosas.

21. Adoração a Deus

Existe, sim, aqui e acolá, todavia, uma pessoa cuja alma costuma abrir-se na floresta ou nas montanhas, lembrando-se aí, passageiramente, também da grandeza do Criador de toda a beleza em seu redor, porém de modo bem distante e em segundo plano. Nisso sua alma se expande, mas não para um voo de júbilo aos páramos, porém... ela se expande literalmente no prazer do bem-estar.

Isso não deve ser confundido com um voo às alturas. Não deve ser tachado diferentemente da satisfação de um glutão perante uma mesa ricamente sortida. Só erroneamente se poderá tomar como adoração semelhante arrebatamento da alma; permanece sem conteúdo, exaltação, sensação de bem-estar *próprio,* que aquele que assim intui considera agradecimento ao Criador. Mero acontecimento terreno. Também muitos desses entusiastas da natureza consideram exatamente essa embriaguez como sendo adoração certa a Deus, e cuidam-se assim muito acima de quantos não têm as possibilidades de desfrutar essas belezas de formações terrenas. É um grosseiro farisaísmo, oriundo unicamente da sensação do próprio bem-estar. Lantejoula sem nenhum valor.

Quando essas pessoas um dia tiverem de procurar seus tesouros de alma, a fim de utilizá-los para sua ascensão, encontrarão o receptáculo dentro de si inteiramente vazio, pois o tesouro imaginado era somente uma embriaguez de beleza, nada mais. Faltava-lhe a verdadeira veneração ao Criador. —

A verdadeira adoração a Deus não se manifesta mediante exaltações nem pelo murmurar de preces, tampouco por súplicas, genuflexões, contorcer de mãos, nem tremores extasiados, mas por alegre *ação!* Por jubilosa afirmação desta existência terrena! Haurir cada momento! Haurir significa aproveitar. Aproveitar, por sua vez... vivenciar! Não, porém, divertindo-se ou dançando, nem prejudicando o corpo e a alma com passatempos nocivos que o raciocínio procura e precisa como equilíbrio e estímulo de sua atividade, mas no olhar voltado para a Luz e para a vontade *dela,* que estimula, eleva e enobrece *tudo* quanto existe na Criação!

Para tanto se faz mister, porém, como condição básica, o conhecimento exato das leis de Deus na Criação. Elas mostram aos seres humanos de que maneira devem viver, se quiserem ser sadios de corpo e alma, mostram de modo certo o caminho que conduz ao reino espiritual, permitindo conhecer, simultaneamente e de modo claro, quais os horrores que necessariamente aguardam todos aqueles que se opõem a essas leis!

Visto como as leis da Criação atuam de modo autônomo, vivo e inabalável, munidas de uma força contra a qual o espírito humano é de todo impotente, claro é que a necessidade mais premente de cada ser humano tem de ser *a condição* de reconhecer irrestritamente essas leis, a cujos efeitos ele, em qualquer caso, realmente permanece exposto sem defesa.

Contudo, essa humanidade é tão restrita, que procura passar descuidadamente por cima dessa necessidade tão simples e nítida, apesar de não haver algo mais evidente! É notório que à humanidade não ocorrem jamais os pensamentos *mais simples*. Nisso qualquer animal é estranhamente mais esperto do que o ser humano. Adapta-se à Criação e nela é favorecido, enquanto o ser humano não procurar impedi-lo nisso.

O ser humano, no entanto, deseja dominar aquilo a cuja atuação autônoma está e sempre estará sujeito. Presume em sua vaidade já *dominar* forças, quando apenas chega a aprender a utilizar-se, para seus fins, de pequenas derivações de irradiações, ou quando se utiliza em mínima escala dos efeitos do ar, da água e do fogo! Aí não pondera que para essas utilizações, conquanto relativamente precárias, precisa *antes de mais nada aprender* e observar, a fim de utilizar-se das capacitações ou forças já existentes, exatamente *de acordo com suas propriedades específicas*. Terá de aí se adaptar, se deva haver resultado! *Ele,* totalmente sozinho!

Não se trata de dominar nem de subjugar, mas de um sujeitar-se, um enquadrar-se nas leis vigentes.

O ser humano, afinal de contas, deveria aí ter reconhecido que apenas aprendendo e adaptando-se pode usufruir benefícios! Nisso deveria prosseguir, gratamente. Mas não! Vangloria-se e comporta-se cada vez mais presunçosamente do que antes. Exatamente ali onde ele se curva, servindo à vontade divina na Criação, obtendo através disso, imediatamente, proveitos visíveis, procura

21. Adoração a Deus

de modo pueril apresentar isso de tal forma, como se fosse um vencedor! Um vencedor da natureza!

Essa mentalidade absurda alcança o auge de toda a tolice, quando ele passa, dessa forma, cegamente por aquilo que realmente é grande, pois com uma mentalidade correta realmente tornar-se-ia um vencedor... de si mesmo e de sua vaidade, visto que, na observação lógica de todas as notáveis conquistas, ele, aprendendo antes, curvou-se ao já existente. Somente assim advir-lhe-á resultado.

Cada inventor, bem como tudo aquilo que é realmente grande, adaptou seu pensar e seu querer às leis vigentes da natureza. O que se opuser ou até agir em sentido contrário será esmagado, triturado, esmigalhado. É impossível que alguma vez possa chegar realmente à vida.

Assim como as experiências em escala pequena, também não ocorre diferentemente com a existência toda do ser humano, nem diferentemente com ele mesmo!

Tendo de transpor não somente o curto tempo terrestre, mas toda a Criação, necessita para tanto, incondicionalmente, do conhecimento das leis a que se acha submetida a *Criação inteira,* e não apenas o ambiente mais próximo visível de cada ser humano terreno! Se as desconhecer ficará retido e impedido, ferido, jogado para trás ou até triturado, porque devido a sua ignorância não pôde seguir *com* as correntes de força das leis, mas sim colocou-se de maneira tão errada, que elas tiveram de empurrá-lo para baixo ao invés de para cima.

Um espírito humano não se apresenta grande, digno de admiração, mas apenas ridículo, sempre que tenta negar cega e obstinadamente fatos que *tem* de reconhecer diariamente em seus efeitos por toda parte, logo que deva utilizá-los não apenas em suas atividades e em toda técnica, mas também fundamentalmente para si mesmo e sua alma! Terá *sempre* oportunidade, durante sua existência terrena e suas atividades, de ver a absoluta firmeza e uniformidade de todos os efeitos básicos, quando não se fechar leviana ou até malevolamente, dormindo.

Nisso não há exceção alguma na Criação inteira, nem para uma alma humana! *Tem* de submeter-se às leis da Criação, se seus efeitos devam ser benéficos para ela! E essa simples evidência até agora a criatura humana deixou totalmente de lado, da maneira a mais leviana.

Considerou-a tão simples, que exatamente por isso teve de tornar-se o mais difícil que havia para ela no reconhecimento. Cumprir essa tarefa difícil, tornou-se-lhe com o tempo totalmente impossível. Encontra-se hoje assim diante da ruína, do descalabro anímico, que deve destruir conjuntamente tudo quanto construiu!

Só uma coisa poderá salvá-la: o conhecimento irrestrito das leis de Deus na Criação. Somente isso poderá impeli-la de novo para diante, fazê-la subir e, com ela, tudo o que procurar edificar futuramente.

Não digais que vós, como espíritos humanos, não podeis reconhecer tão facilmente as leis da Criação, que a verdade dificilmente se deixa diferenciar das conclusões enganadoras. Isso não é verdade! Quem faz tal declaração, tenta apenas esconder novamente a preguiça que traz em si, não quer deixar reconhecível a indiferença de sua alma ou procura desculpar-se perante si mesmo para tranquilização própria.

Nada, porém, lhe adianta, pois cada pessoa indiferente, cada preguiçoso será agora condenado! Só aquele que congrega todas as suas forças para aplicá-las *totalmente* nas necessidades mais indispensáveis da alma, pode ainda ter a perspectiva de salvação. O meio-termo vale tanto como nada. Igualmente cada hesitar, protelar, já é perda total. À humanidade não é deixado mais tempo, porque ela já esperou até o ponto que constitui o último limite.

Evidentemente, desta vez não lhe será tão facilitado e nem será tão fácil, visto que ela mesma, por causa da mais descuidada irresponsabilidade de até agora nessas coisas, privou-se de qualquer capacitação, até em crer na profunda seriedade de uma necessária e *última* resolução! E *este* ponto constitui exatamente a maior fraqueza, tornar-se-á a queda infalível de tantos!

Durante milênios muito foi feito a fim de tornar-vos clara a vontade de Deus ou a uniformidade das leis da Criação, pelo menos na medida necessária, para que pudésseis atingir as

21. Adoração a Deus

alturas luminosas donde saístes, para que achásseis novamente o caminho para lá! Não pelas assim chamadas ciências terrenas, nem pelas igrejas, mas pelos servos de Deus, os profetas dos tempos antigos, bem como depois pela Mensagem do próprio Filho de Deus.

Apesar dela vos ter sido dada de modo tão simples, *fazeis* apenas *referência* a ela, jamais vos tendo esforçado seriamente para compreendê-la direito, menos ainda viver de acordo! Isso era, segundo vossa concepção preguiçosa, exigir demasiadamente, não obstante ser vossa única salvação! Quereis ser salvos, sem vos esforçardes de maneira alguma para tanto! Quando refletirdes sobre isso, havereis de chegar a esse triste reconhecimento.

Fizestes de cada Mensagem de Deus uma religião! Para vossa comodidade! *E isso foi errado!* Pois construístes para a religião um degrau todo especial e elevado, à parte das atividades cotidianas! E aí ocorreu o maior erro que pudestes cometer, pois com isso colocastes também a vontade de Deus à parte da vida cotidiana, ou, o que vem a dar no mesmo, vós *vos* colocastes à parte da vontade de Deus, ao invés de unificar-vos com ela, de inseri-la no centro da vida e da atividade de todos os vossos dias! De tornar-vos *uma só coisa* com ela!

Deveis receber de forma absolutamente *natural* e prática cada Mensagem de Deus, incorporando-a ao vosso trabalho, ao vosso pensar, a toda a vossa vida! Não deveis considerá-la como algo a ser mantido à parte, conforme sucede atualmente, algo que só procurais como visitantes em horas de lazer! Onde por curto espaço de tempo procurais entregar-vos à contrição, ao agradecimento ou ao descanso. Dessa forma, aquilo não se tornou para vós uma coisa natural, que vos seja própria como a fome ou o sono.

Compreendei finalmente com acerto: tendes de *viver* nessa vontade de Deus, a fim de vos orientardes direito em todos os caminhos, os quais trazem o bem para vós! As Mensagens de Deus são indicações preciosas de que *necessitais,* sem cujo conhecimento e observância ficareis perdidos! Portanto, não deveis colocá-las dentro de uma vitrina para contemplá-las com bem-aventurado estremecimento, como algo sagrado, tão só aos domingos, ou para, na aflição e no medo, ali vos refugiar em busca de forças! Desditosos, não deveis venerar a Mensagem, mas *utilizá-la!* Deveis pegá-la corajosamente, não somente com trajes de festa, mas com as mãos calosas da vida laboriosa de todos os dias, que jamais desonram ou humilham, mas *honram* a qualquer um! A joia brilha na mão calosa, suja de suor e de terra, de modo muito mais puro, mais intenso, do que nos dedos bem tratados de um ocioso, que passa seu tempo terreno apenas em contemplações!

Cada Mensagem de Deus devia ser partilhada por vós, isto é, *tornar-se uma parte de vós!* Deveis procurar compreender o sentido corretamente!

Não deveis considerá-la como algo à parte, que fique afastado de vós, e ao que costumais aproximar-vos com tímida reserva. Assimilai a Palavra de Deus em vosso *íntimo,* para que cada um saiba *de que forma* terá de viver e se conduzir, a fim de atingir o reino de Deus!

Portanto, acordai finalmente! Aprendei a conhecer as leis da Criação. Para tanto não vos ajudará em nada qualquer inteligência terrena nem o insignificante saber de observações técnicas; algo tão mínimo é insuficiente para o caminho que vossa alma deve tomar! *Tereis* de elevar o olhar muito *acima* da Terra e reconhecer para onde vos conduz o caminho depois desta existência terrena, a fim de que nisso vos chegue simultaneamente a consciência do porquê e para quê finalidade estais nesta Terra.

E, por sua vez, exatamente *assim* como vos encontrais *nesta* vida, se pobre, se rico, sadio ou doente, em paz ou em luta, alegria ou sofrimento, aprendereis a reconhecer a causa e também a finalidade, e com isso ficareis alegres e leves, agradecidos pelo vivenciar que até agora vos foi dado. Aprendereis a apreciar valiosamente cada segundo e, acima de tudo, a aproveitá-lo! Aproveitá-lo para a escalada rumo à existência cheia de alegria, à felicidade grandiosa e pura!

E por vos terdes emaranhado e desnorteado em demasia, veio-vos outrora, por intermédio do Filho de Deus, a Mensagem de Deus como salvação, uma vez que as advertências transmitidas pelos profetas não tinham encontrado ouvidos. A Mensagem de Deus vos indicava o caminho, o único para a vossa salvação do pântano que já vos ameaçava asfixiar! O Filho de Deus procurou guiar-vos por meio de parábolas! Os que queriam acreditar e os perscrutadores acolheram-nas com os seus *ouvidos;* mais adiante, contudo, elas não iam. Nunca procuraram viver de acordo. Sempre permaneceram duas coisas distintas para vós, a religião e a vida cotidiana. Vós sempre ficastes de lado, ao invés de por dentro! Os efeitos das leis da Criação explicados pelas parábolas permaneceram totalmente incompreendidos por vós, porque nelas não os procurastes!

Agora vem na Mensagem do Graal a interpretação das leis para a época atual, na forma para vós mais compreensível. São na realidade exatamente as mesmas que Cristo já trouxe outrora, na forma adequada *de então.* Ele mostrava como os seres humanos devem pensar, falar e agir, a fim de, amadurecendo espiritualmente, conseguirem ascender na Criação. Aliás, a humanidade não precisava mais. Não há nenhuma lacuna nisso na Mensagem de outrora.

Todo aquele que finalmente se orienta por ela em seus pensamentos, palavras e ações, *pratica com isso a mais pura adoração a Deus, pois esta repousa exclusivamente na ação!*

Quem se submete de bom grado às leis, age sempre com acerto! *Com isso* prova seu respeito pela sabedoria de Deus, curva-se jubiloso à Sua vontade que reside nas leis. Dessa forma vem a ser auxiliado e protegido pelos seus efeitos, libertado de todo sofrimento e soerguido para o reino luminoso espiritual, onde se torna visível a cada um, sem turvação, a onisciência de Deus em jubiloso vivenciar, e onde a adoração a Deus consiste na própria vida! Onde cada respiração, cada intuição, cada ação se apoia na mais alegre gratidão e assim permanece como um constante prazer. Nascido da felicidade, semeando felicidade e, por isso, colhendo felicidade!

A adoração a Deus na vida e no vivenciar reside unicamente na observação das leis divinas. Somente com isso será assegurada a felicidade. Assim deverá ser no reino vindouro, o Milênio, que se denominará o reino de Deus sobre a Terra!

O SER HUMANO E SEU LIVRE-ARBÍTRIO

PARA que se possa dar um quadro completo desse tema, faz-se necessário reunir muitos elementos de fora que exercem influência maior ou menor no fator principal!

O livre-arbítrio! É algo diante do que até mesmo seres humanos eminentes se detêm pensativamente, porque havendo responsabilidade, segundo as leis da justiça, também deve haver incondicionalmente uma possibilidade de livre resolução.

Por onde quer que se ande, de todos os lados se ouve o brado: onde existe uma vontade livre no ser humano, quando há de fato providência, direção, determinações, influências astrais e carma? Pois o ser humano é impelido, ajustado e conformado, quer queira quer não!

Com afinco, os pesquisadores sinceros se lançam sobre tudo aquilo que fala do livre-arbítrio, no reconhecimento mui acertado de que, justamente a esse respeito, necessita-se imprescindivelmente de um esclarecimento. Enquanto este falta, o ser humano não consegue também se enquadrar direito, a fim de impor-se na grande Criação como aquilo que realmente é. Se, porém, não estiver sintonizado de maneira certa com referência à Criação, terá de permanecer nela como um estranho, vagará a esmo, terá de se deixar empurrar, ajustar e moldar, porque lhe falta a consciência da meta.

Seu grande defeito é ignorar onde realmente se encontra seu livre-arbítrio e como atua. Tal contingência mostra, outrossim, que perdeu completamente o caminho para seu livre discernimento, não sabendo mais como encontrá-lo.

A entrada do caminho para a compreensão não é mais reconhecível, devido ao amontoado das areias movediças. Dissiparam-se os

22. O ser humano e seu livre-arbítrio

rastros. A criatura humana, indecisa, corre aí em círculos, fatigando-se, até que por fim um vento refrescante abra novamente os caminhos. É natural e evidente que antes toda essa areia movediça será levantada em rodopios violentos e, desaparecendo, ainda poderá turvar a vista de muitos dos que, ansiosos, continuam a procurar a abertura do caminho.

Por esse motivo, cada um deve exercitar o máximo cuidado para conservar a vista livre, até que o último grãozinho dessa areia movediça tenha desaparecido. Do contrário, pode suceder que veja perfeitamente o caminho, no entanto, com a vista levemente turvada, pise em falso, tropece e caia, para, já com o caminho diante de si, ainda afundar. —

A incompreensão sempre de novo manifestada obstinadamente pelos seres humanos com relação à verdadeira existência de um livre-arbítrio, baseia-se principalmente na não compreensão daquilo que o livre-arbítrio realmente é.

A explicação já se encontra na própria definição, porém, como por toda parte, aqui também não se vê a coisa realmente simples, por causa de sua própria simplicidade, mas sim procura-se em lugares errados, não se chegando dessa maneira a formar uma noção do livre-arbítrio.

Por arbítrio, o maior número dos seres humanos hoje em dia entende aquela forçada construção do cérebro terreno, quando o raciocínio, atado ao espaço e ao tempo, indica e determina, para o pensar e o sentir, alguma determinada direção.

Esse, no entanto, não é o livre-arbítrio, mas o arbítrio *atado* pelo raciocínio terreno!

Tal equívoco feito por tantas pessoas causa grandes erros, soergue as barreiras que impossibilitam um reconhecimento e uma compreensão. Admira-se então o ser humano quando aí encontra lacunas, deparando com contradições e não conseguindo introduzir lógica nenhuma.

O livre-arbítrio, que sozinho atua tão incisivamente na verdadeira vida, de modo que se estende para longe no mundo do Além, que imprime seu cunho à alma, sendo capaz de moldá-la, é de espécie totalmente diferente. Muito maior para ser tão terrenal. Por isso não está em nenhuma ligação com o corpo terreno de matéria grosseira, portanto, nem com o cérebro. Encontra-se exclusivamente no próprio espírito, na alma do ser humano.

Se o ser humano não concedesse ao raciocínio, sempre de novo, predomínio ilimitado, poderia o livre-arbítrio, com a visão mais ampla de seu verdadeiro "eu" espiritual, indicar ao cérebro do raciocínio a direção oriunda da fina intuição. Assim, a vontade atada, absolutamente indispensável à realização de todas as finalidades terrenas, ligadas ao espaço e ao tempo, teria de enveredar muitas vezes por outro caminho, diferente do que acontece agora.

Que com isso o destino também toma outro rumo, é fácil de explicar, porque o carma, devido aos diferentes caminhos tomados, também puxa outros fios, trazendo outro efeito recíproco.

Essa explicação, naturalmente, ainda não pode trazer uma compreensão acertada sobre o livre-arbítrio. Para que seja traçado um quadro completo disso, necessário é que se saiba de que forma o livre-arbítrio já tem atuado. E de que maneira ocorreu a trama tantas vezes intrincada de um carma já vigente, que é capaz de encobrir em seus efeitos tanto o livre-arbítrio, que a sua existência pouco ou de forma alguma pode ser reconhecida.

Tal explicação, porém, somente poderá se dar, por sua vez, voltando-se ao desenvolvimento completo do ser humano espiritual, a fim de partir daquele momento em que a semente espiritual do ser humano mergulha pela primeira vez no invólucro de matéria fina, no limite extremo da matéria. —

Vemos então que o ser humano não é absolutamente o que cuida ser. Nunca tem consigo o direito absoluto à bem-aventurança e à continuação eterna de uma vida pessoal. A expressão: "Somos todos filhos de Deus", no sentido interpretado ou imaginado pelos seres humanos, é errada! Cada ser humano *não* é um filho de Deus, mas só quando para tanto se tenha desenvolvido.

O ser humano é lançado na Criação como um germe espiritual. Esse germe contém em si tudo para poder se desenvolver,

22. O ser humano e seu livre-arbítrio

tornando-se um filho de Deus pessoalmente consciente. Aí se pressupõe que para tanto ele desenvolva as correspondentes faculdades, cultivando-as, sem deixar que se atrofiem.

Grande e poderoso é o processo, e, todavia, inteiramente natural em cada degrau do fenômeno. Nada se encontra aí fora de um processo lógico, porque a lógica está em todo o atuar divino, pois este é perfeito e tudo quanto é perfeito não pode dispensar a lógica.

Cada um desses germes espirituais contém em si as mesmas faculdades, visto promanarem de *um* espírito, e cada uma dessas faculdades encerra uma promessa cujo cumprimento se realiza incondicionalmente, tão logo a faculdade seja desenvolvida. Mas somente então! Essa é a perspectiva de *cada* germe na semeadura. No entanto...!

Saiu um semeador para semear: lá, onde o mais etéreo da matéria fina da Criação atinge a entealidade, é o campo para a semeadura dos germes espirituais humanos. Fagulhas saem do enteal transpondo o limite e caem no solo virgem da parte mais etérea da matéria fina da Criação, tal como nas descargas elétricas de um temporal. É como se a mão criadora do Espírito Santo disseminasse sementes na matéria.

Enquanto a semeadura se desenvolve e vagarosamente amadurece para a safra, muitos grãos se perdem. Não vingam, isto é, não desenvolveram suas faculdades mais elevadas, antes apodreceram ou secaram, devendo perder-se na matéria. Aqueles, porém, que vingaram e saíram do solo, serão examinados rigorosamente por ocasião da colheita, as espigas vazias separadas das espigas cheias. Após a colheita será mais uma vez o joio separado do trigo, cuidadosamente.

Assim é a imagem do processo em geral. E agora, a fim de conhecermos o livre-arbítrio, temos de acompanhar mais detalhadamente o processo evolutivo propriamente dito *do ser humano:*

Quando fagulhas espirituais saltam para o campo da extremidade de matéria fina da Criação material, instantaneamente se congrega, em redor de cada uma dessas fagulhas, um invólucro gasoso de idêntica espécie de matéria dessa mais delicada região da materialidade. Com isso, o germe espiritual do ser humano entrou na Criação, a qual, como tudo o que é matéria, está sujeita a alterações e à decomposição. Ele ainda está livre de carma e espera as coisas que deverão vir.

Até a essas mais extremas ramificações chegam então as vibrações das fortes vivências que se processam incessantemente no meio da Criação em seu evoluir e desaparecer.*

Ainda que se trate dos mais delicados vislumbres que atravessam essa matéria fina como um sopro, são, pois, suficientes para despertar a vontade sensível no germe espiritual e chamar a atenção. Ele deseja "provar" esta ou aquela vibração e segui-la ou, caso se quiser expressar doutra forma, deixar-se arrastar por elas, o que equivale a um deixar-se atrair.

Nisso há a primeira decisão do germe espiritual multiplamente dotado e que doravante será, segundo a sua escolha, atraído para aqui ou acolá. Aí já se vão urdindo também os primeiros fios mais delicados do tecido que mais tarde constituirá o seu tapete de vida.

Então poderá esse germe, que evolui rapidamente, utilizar-se de cada momento para entregar-se às diferentes vibrações que cruzam de modo permanente e múltiplo o seu caminho. Tão logo o realize, isto é, o deseje, modificará assim sua direção, seguindo a espécie recém-escolhida ou, expresso de outra forma, deixando-se arrastar por ela.

Com seu desejo ele pode mudar, como por meio de um leme, o curso nas correntezas, tão logo uma delas não mais lhe agrade. Assim consegue "provar" aqui e acolá.

Nesse provar ele amadurece mais e mais, recebe lentamente a faculdade de discernir e por fim a capacidade de julgar, até finalmente tornar-se cada vez mais consciente e seguro, seguindo numa determinada direção. Sua escolha de vibrações, as quais está disposto a seguir, não fica aí sem um efeito mais profundo sobre ele próprio.

É apenas uma consequência muito natural que essas vibrações, nas quais ele por assim dizer nada, mediante sua livre

---

* Tudo isso é dado provisoriamente em panorama geral; em futuras dissertações será descrito mais detalhadamente.

22. O ser humano e seu livre-arbítrio

vontade, influenciem na reciprocidade o germe espiritual de acordo com sua espécie.

Mas o germe espiritual, em si, *só* possui qualidades *nobres e puras!* Essa é a dádiva com que deve "prosperar" na Criação. Entregando-se a vibrações nobres, estas, na lei da reciprocidade, despertarão, fortalecerão e desenvolverão as propriedades latentes no germe, de modo a produzirem com o tempo juros abundantes e distribuírem grandes bênçãos à Criação. Um ser humano espiritual que dessa forma se desenvolver, tornar-se-á com isso um bom administrador.

Mas se o germe preferir entregar-se a vibrações baixas, estas poderão com o tempo influir tão fortemente nele, que a espécie delas se aderirá a ele, cobrindo e sufocando as próprias faculdades puras do germe espiritual, não deixando que cheguem a um despertar propriamente dito e florescer. Acabarão elas tendo de ser consideradas como de fato "enterradas", pelo que o respectivo ser humano tornar-se-á um mau administrador da dádiva a ele confiada.

Um germe espiritual não consegue, portanto, ser originariamente impuro, porque provém daquilo que é puro, trazendo em si apenas pureza. Pode, contudo, depois de seu mergulho na matéria, ficar com a sua camada envoltória material conspurcada por "provar" vibrações impuras de acordo com a própria vontade, isto é, por meio de tentações; pode até com isso *adquirir* animicamente coisas impuras, externas, devido a fortes sufocações daquilo que é nobre, com o que ele então recebe características impuras, diferentes das capacidades trazidas e herdadas pelo espírito.

Cada culpa e todo carma são *apenas* de ordem *material!* Somente dentro do âmbito da Criação material, não diferentemente! Nem podem transferir-se para o espírito, mas somente a ele aderir. Razão por que é possível um *lavar-se* de toda culpa.

Esse reconhecimento em nada derruba o que a religião e a Igreja dizem figuradamente, antes confirma tudo. Acima de tudo reconhecemos sempre, mais e mais, a grande Verdade que Cristo trouxe à humanidade.

É também evidente que um germe espiritual que se sobrecarregou de coisas impuras na matéria, não poderá mais voltar com essa carga para o espiritual, mas deverá permanecer na matéria até que se tenha libertado desse fardo, soltando-se dele. Terá assim, naturalmente, de permanecer sempre na região para a qual o peso de sua carga o impele, sendo para isso fator determinante o maior ou menor grau de impureza.

Caso não consiga se ver livre desse fardo, jogando-o fora até o dia do Juízo, não conseguirá ascender, apesar da constante permanência de pureza do germe espiritual, que, aliás, pela sobrepujança das coisas impuras, não pôde desenvolver correspondentemente suas reais capacidades. O impuro retém-no pelo seu peso e puxa-o junto para a decomposição de tudo quanto é material.

Quanto mais consciente, pois, se for tornando o germe espiritual em seu desenvolvimento, tanto mais o invólucro exterior irá se amoldando às qualidades específicas internas. Voltar-se-á para o que é nobre ou para o que é vil, isto é, para o belo ou para o feio.

Cada desvio que tomar formará um nó nos fios que vai arrastando atrás de si, que em muitos caminhos errados, em muitas idas e vindas, podem vir a formar numerosas meadas como numa rede, na qual ele se emaranha, pelo que ou nela submerge, porque o retém, ou da qual ele terá de se libertar violentamente.

As vibrações pelas quais ele optou, provando ou gozando durante seu percurso, ficam ligadas a ele e arrastam-se atrás dele como fios, transmitindo-lhe dessa forma, ininterruptamente, sua própria espécie de vibrações.

Se ele prosseguir por longo tempo na mesma direção, poderão os fios anteriores que se encontram mais longe, bem como os que estão mais perto, atuar com intensidade não diminuída. Caso, porém, mude de rumo, as vibrações anteriores pouco a pouco irão se enfraquecendo em sua influência, por causa desse cruzamento, pois terão de passar primeiro por um nó que atua sobre elas de modo embaraçador, porque o enlaçamento em si já constitui uma ligação e fusão com a nova e diferente direção.

E assim sucessivamente. Os fios vão se tornando mais espessos e mais fortes com o crescimento do germe espiritual, formando o carma, cujos efeitos por fim podem adquirir tanto poder, que anexam ao espírito este ou aquele "pendor", que finalmente é capaz de prejudicar suas livres decisões, dando-lhes uma já antes presumível direção. Com isso o livre-arbítrio está então obscurecido, não pode mais atuar como tal.

Desde o início, portanto, existe o livre-arbítrio, só que tanto arbítrio mais tarde está de tal forma sobrecarregado, que é fortemente influenciado pela maneira já mencionada, não podendo mais ser, portanto, nenhum livre-arbítrio.

O germe espiritual que dessa forma vai cada vez mais se desenvolvendo, deve, pois, ir se aproximando cada vez mais da Terra, visto que dela partem as vibrações de modo mais forte e ele, prosseguindo cada vez mais consciente, segue-as, ou melhor dito, deixa-se "atrair" por elas, a fim de poder provar cada vez mais intensamente as espécies escolhidas segundo as suas inclinações. Ele quer passar do petiscar para o real "provar" e, daí, para o "desfrutar".

As vibrações emanadas da Terra são por isso tão fortes, porque aqui sobrevém algo de novo que muito revigora: a força sexual corporal da matéria grosseira!*

Essa tem a finalidade e a capacidade de *"incandescer"* toda intuição espiritual. O espírito somente assim obtém correta ligação com a Criação material e pode por isso, só então, nela tornar-se ativo com pleno vigor. Abrange então tudo quanto é necessário para se fazer valer plenamente na matéria, a fim de firmar-se nela em todos os sentidos, podendo atuar de maneira penetrante e dominadora, estando armado contra tudo e protegido de tudo.

Daí as colossais ondas de energias que emanam do vivenciar que se processa através dos seres humanos na Terra. Alcançam, no entanto, sempre apenas tão longe quanto a Criação material, contudo nela vibrando até as ramificações mais delicadas.

Uma pessoa que na Terra fosse espiritualmente elevada e nobre, e que por isso viesse com elevado amor espiritual a seus

---

* Dissertação: "A força sexual em sua significação para a ascensão espiritual".

contemporâneos, permanecer-lhes-ia estranha, não podendo aproximar-se-lhes interiormente, tão logo fosse excluída sua força sexual. Faltaria, assim, para a compreensão e para a intuição anímica uma ponte, existindo consequentemente um abismo.

No momento, porém, em que tal amor espiritual entre em pura ligação com a força sexual, tornando-se incandescido por esta, o fluxo para toda a matéria recebe uma vida muito diferente, tornando-se nisso terrenalmente mais legítimo e consegue assim atuar nos seres humanos terrenos e em toda a matéria, plenamente e de modo compreensível. Só então ele será assimilado por esta e em seguida intuído, podendo trazer aquela bênção à Criação que o espírito do ser humano deve trazer.

Há algo gigantesco nessa ligação. *Esse* é também o objetivo propriamente dito, pelo menos a *finalidade principal,* desse imensurável instinto, para tantos enigmático, a fim de deixar desenvolver o espiritual na matéria à plena força de atuação! Sem isso ele permaneceria demasiado estranho à matéria, para poder manifestar-se direito. A finalidade procriadora só vem em *segundo* lugar. O fato principal é o impulso para cima que resulta dessa ligação no ser humano. Com isso o espírito humano recebe sua força plena, seu calor e sua vitalidade; fica, por assim dizer, completo com esse processo. *Por isso também só aqui principia sua plena responsabilidade!*

A sábia justiça de Deus outorga ao ser humano, porém, nesse importante ponto de transição, simultaneamente, não somente a possibilidade, mas sim até o impulso natural para desembaraçar-se facilmente de todo o carma com que até então sobrecarregou seu livre-arbítrio. Dessa forma consegue o ser humano libertar completamente o arbítrio, outra vez, a fim de então se tornar um filho de Deus, consciente e de modo poderoso na Criação, atuando no Seu sentido e escalando em puras e elevadas intuições as alturas, para onde ele, mais tarde, quando tiver deixado seu corpo de matéria grosseira, será atraído.

Se o ser humano não fizer isso, a culpa é dele, pois com a entrada da força sexual manifesta-se de modo preponderante nele um impulso poderoso para cima, para o que é ideal, belo e puro. Isso sempre pode ser observado nitidamente na juventude incorrupta de ambos os sexos. Daí o entusiasmo dos anos da mocidade, infelizmente muitas vezes ridicularizado pelos adultos, e que não devem ser confundidos com os anos da infância.

Por isso também nesses anos as intuições inexplicáveis, levemente melancólicas e com um ar de seriedade. Não são infundadas as horas em que parece que um moço ou uma jovem têm de carregar toda a dor do mundo, quando lhes surgem pressentimentos duma profunda seriedade.

Também o não se sentir compreendido, que tão frequentemente ocorre, contém em si, na realidade, muito de verdadeiro. É o reconhecimento temporário da conformação errada do mundo em redor, o qual não quer nem pode compreender o sagrado início de um voo puro às alturas, e só está satisfeito quando essa tão forte intuição exortadora nas almas em amadurecimento é arrastada para baixo, para o "mais real" e sensato, que lhe é mais compreensível e que considera mais adequado à humanidade, julgando, em seu sentido intelectual unilateral, como o único normal.

Não obstante isso, há inúmeros materialistas inveterados que, em idêntica época de sua vida, igualmente intuíram uma severa advertência e que, aqui e acolá, falam prazerosamente do tempo áureo do primeiro amor, e mesmo com certas manifestações de sentimentalismo, até com melancolia, expressando inconscientemente certa dor sobre algo perdido, impossível de ser descrito nitidamente.

E nisso todos eles têm razão! O mais precioso lhes foi tomado, ou eles próprios o jogaram fora levianamente, quando no trabalho cotidiano, ou sob o sarcasmo dos assim chamados "amigos" e "amigas", ou por meio de maus livros e exemplos, enterraram timidamente a joia, cujo brilho, não obstante, irrompe durante sua vida posterior, uma vez aqui e acolá, novamente, deixando aí num instante bater mais alto o coração insatisfeito, num inexplicável tremor de enigmática tristeza e saudade.

Mesmo que tais intuições sejam sempre de novo recalcadas e ridicularizadas em amargo autoescarnecimento, comprovam ainda assim a existência desse tesouro, e felizmente poucos são aqueles capazes de asseverar que jamais tiveram tais intuições. E esses apenas seriam dignos de lástima, pois nunca viveram.

Mas mesmo tais corrompidos ou, digamos, dignos de lástima, sentem uma saudade quando se lhes dá o ensejo de encontrar uma pessoa que utiliza com disposição correta essa força propulsora, e que, portanto, assim se tornou pura e já se encontra na Terra interiormente elevada.

O efeito de semelhante saudade em tais pessoas não passa, no mais das vezes, do reconhecimento involuntário da própria baixeza e negligência, que acabam se transformando depois em ódio, podendo chegar até mesmo a uma cólera cega. Não é raro acontecer que uma pessoa animicamente elevada já de modo visível atraia sobre si o ódio de massas inteiras, sem que ela própria realmente tivesse dado motivo reconhecível externamente para tanto. Tais massas então outra coisa não sabem senão bradar "crucificai-o, crucificai-o!" Daí a grande fileira de mártires que a história da humanidade registra.

A causa é a dor bárbara de verem em outros algo precioso que eles próprios já perderam. Uma dor que só reconhecem como ódio. Em pessoas com maior calor interior, que foram retidas ou arrastadas para a imundície, apenas devido a maus exemplos, ao encontrarem uma pessoa interiormente elevada, a saudade daquilo que propriamente não foi conseguido, muitas vezes transforma-se em ilimitado amor e veneração. Para onde quer que se dirija tal pessoa, há sempre apenas um pró ou um contra em torno dela. Indiferença não pode perseverar.

A graça que irradia misteriosamente duma jovem incorrupta ou dum moço incorrupto, outra coisa não é senão o impulso *puro* da força sexual que desperta junto com a força espiritual, visando coisas mais elevadas e mais nobres, e intuído conjuntamente pelo seu ambiente, devido às fortes vibrações!

Zelosamente, cuidou o Criador de que isso só sucedesse ao ser humano numa idade em que pudesse tornar-se plenamente consciente de sua vontade e de seus atos. Aí é chegado o tempo exato no qual ele pode e deve desembaraçar-se de tudo quanto pertence ao passado, como que brincando, devido à ligação com a força plena nele agora existente. Cairia até por si, caso o ser humano persistisse em sua vontade pelo bem, ao que se sente impulsionado sem cessar, nessa época. Poderia, então, como as intuições mui acertadamente apontam, escalar sem esforço aquele degrau ao qual ele, como ser humano, pertence!

Vede a atitude sonhadora da mocidade incorrupta! Nada mais é senão a intuição do impulso para cima, a vontade de se libertar de toda a imundície, o anseio ardente pelo que é ideal. A inquietação impulsionadora, porém, é o sinal para não perder mais tempo, mas desembaraçar-se energicamente do carma e iniciar a escalada do espírito.

Por isso a Terra é o grande ponto de transição para as criaturas humanas!

É algo de esplêndido estar nessa força concentrada, atuar nela e com ela! Isso, enquanto a direção que o ser humano escolheu for boa. Mas também não existe nada mais miserável do que malbaratar essas energias unilateralmente, em cega embriaguez dos instintos, e assim vir a paralisar seu espírito, privando-o de uma grande parte do impulso de que tanto necessita para chegar às alturas.

Todavia, os seres humanos, na maioria dos casos, perdem essa preciosa época transitória, deixando-se guiar pelo ambiente "entendido" para caminhos errados, os quais os retêm e, infelizmente, com demasiada frequência os conduzem para baixo. Devido a isso não conseguem libertar-se das turvas vibrações que neles estão aderidas, as quais, pelo contrário, recebem apenas novo suprimento de forças e, assim, cada vez mais envolverão seu livre-arbítrio, a ponto de não poderem mais reconhecê-lo.

Assim acontece na *primeira* encarnação na Terra. Nas seguintes encarnações, que se farão necessárias, o ser humano trará consigo um carma muito mais pesado. A possibilidade de desvencilhamento, apesar de tudo, apresenta-se sempre, outra vez, e carma nenhum poderia ser mais forte do que o espírito do ser humano ao chegar na plenitude do seu vigor, tão logo receba através da força sexual a ligação sem falhas com a matéria, à qual, sim, o carma pertence.

Se, porém, o ser humano desperdiçou essas épocas para desvencilhar-se do seu carma e para a recuperação a isso ligada de seu livre-arbítrio, tendo se emaranhado mais ainda, tendo talvez até caído profundamente, apesar disso, ainda se oferece a ele um poderoso aliado para o combate do carma e para a ascensão. O maior vencedor que há, capaz de tudo sobrepujar.

A sabedoria do Criador dispôs as coisas na matéria de tal maneira, que os períodos mencionados não são os únicos em que o ser humano pode encontrar a possibilidade dum auxílio rápido, nos quais ele consegue encontrar a si mesmo, bem como a seu real valor, recebendo até para tanto um impulso extraordinariamente forte, a fim de que atente a isso.

Esse poder mágico de que cada ser humano dispõe durante toda sua existência terrena, em prontidão constante de auxílio, que se origina da mesma união da força sexual com a força espiritual, podendo provocar a eliminação do carma, é *o amor!* Não o amor cobiçoso da matéria grosseira, mas o elevado e puro amor que outra coisa não conhece nem deseja, senão o bem da pessoa amada, nunca pensando em si próprio. Pertence também ele à Criação material, e não exige renúncia nem ascetismo, querendo sempre apenas o melhor para outrem, preocupando-se com ele, sofrendo com ele, mas participando também com ele das alegrias.

Como base, tem ele as intuições semelhantes de anseio e de ideal da juventude incorrupta ao irromper da força sexual, mas também estimula o ser humano responsável, isto é, maduro, para a força plena de toda a sua capacidade, até ao heroísmo, de modo que a força criadora e combativa será concentrada à máxima intensidade. Aqui, em relação à idade, não existem limites! Tão logo uma pessoa dê guarida ao amor puro, seja o de um homem por uma mulher ou vice-versa, ou por um amigo, ou por uma amiga, ou pelos pais, pelos filhos, não importa, sendo puro, trará como primeira dádiva a oportunidade para libertar-se de todo o carma, que então se redime apenas "simbolicamente",* para o desabrochar do livre e consciente arbítrio, que *só* pode ser

---
* Dissertação: "Simbolismo no destino humano".

dirigido para cima. Como consequência natural, inicia-se então a escalada, a libertação das cadeias indignas que a retêm.

A primeira intuição que se manifesta quando desperta o amor puro é o julgar-se indigno diante do ser querido. Com outras palavras, pode-se descrever esse fenômeno como o princípio da modéstia e da humildade, portanto, o recebimento de duas grandes virtudes. A seguir, junta-se a isso o impulso de querer manter a mão sobre o outro, protetoramente, a fim de que não lhe aconteça nenhum mal de qualquer lado, mas sim que seu caminho o conduza por atalhos floridos e ensolarados. O "querer trazer nas palmas das mãos" não é um ditado oco, mas sim caracteriza mui acertadamente a intuição que brota.

Nisso, porém, se encontra uma abdicação da própria personalidade, uma grande vontade de servir, o que, por si só, poderia bastar para eliminar em pouco tempo todo o carma, tão logo essa vontade perdure e não dê lugar a instintos puramente sensuais. Por último, manifesta-se ainda, no amor puro, o desejo ardente de poder fazer algo bem grande para o outro ser querido, no sentido nobre, de não o ofender ou o ferir com nenhum gesto, nenhum pensamento, nenhuma palavra, muito menos ainda com uma ação feia. Torna-se viva a mais delicada consideração.

Trata-se, então, de segurar essas puras intuições e colocá-las acima de tudo o mais. Nunca alguém, então, quererá ou fará algo de mal. Simplesmente não consegue, mas sim, pelo contrário, tem nisso a melhor proteção, a maior força, o mais bem-intencionado conselheiro e auxiliador.

Por esse motivo Cristo, sempre de novo, aponta para a onipotência do amor! Somente ele sobrepuja tudo e tudo consegue. Todavia, sempre na pressuposição de que não se trate apenas do amor terreno e cobiçoso, que contém em si o ciúme e seus vícios análogos.

O Criador, em Sua sabedoria, lançou com isso uma boia de salvação na Criação, que não somente uma vez na vida terrena toca em *cada* criatura humana, a fim de que nela se segure e por ela se alce!

Esse auxílio está à disposição de todos. Não faz nenhuma distinção, nem à idade nem ao sexo, nem ao pobre nem ao rico, tampouco ao nobre ou ao humilde. Por essa razão o amor é também a maior dádiva de Deus! Quem compreende isso está certo da salvação de todas as vicissitudes e de todas as profundezas! Liberta-se, recupera assim de modo mais fácil e mais rápido um límpido livre-arbítrio, que o conduz para cima.

E mesmo que se encontre numa profundidade que devia levá-lo ao desespero, o amor é capaz de arrancá-lo com o ímpeto de um furacão para cima, ao encontro da Luz, de Deus, que é o próprio amor. Tão logo numa pessoa desperte um amor puro mediante qualquer impulso, tem ela também a mais direta ligação com Deus, a fonte primordial de todo o amor, e com isso também o mais forte auxílio. Mas se um ser humano possuísse tudo e *não* tivesse o amor, não passaria dum metal soante ou dum chocalho tilintante, isto é, sem calor, sem vida... nada!

Se vier a sentir, no entanto, amor verdadeiro por qualquer de seus semelhantes, aquele amor que só se esforça para dar à pessoa amada luz e alegria, não a degradando mediante cobiças insensatas, mas sim soerguendo-a protetoramente, então ele *serve* a essa pessoa, sem se tornar consciente do servir, propriamente, visto que assim se torna um desinteressado doador e presenteador. E esse servir liberta-o!

Muitos dirão para si mesmos: Eis exatamente o que faço, ou pelo menos o que me esforço por conseguir! Procuro por todos os meios tornar fácil a vida terrena de minha mulher ou família, proporcionar-lhes prazeres, empenhando-me em conseguir tantos meios para que possam ter uma vida cômoda, agradável e livre de preocupações.

Milhares baterão no peito, sentindo-se extasiados e julgando-se por demais bons e nobres. Enganam-se! *Esse não* é o amor vivo! Ele não é tão unilateralmente terreno, mas impulsiona ao mesmo tempo muito mais fortemente para o que é mais elevado, mais nobre e ideal. Claro é que ninguém deve impunemente, isto é, sem consequências prejudiciais, descuidar-se das necessidades terrenas, não deve negligenciá-las, mas estas não devem constituir a finalidade principal do pensar e do atuar. Acima disso paira, de modo imenso e forte, o desejar, tão misterioso para muitos, de poder *ser,* realmente, diante de si mesmos, *aquilo* que valem diante daqueles pelos quais são amados.

E esse desejar é o caminho certo! Conduz sempre somente para o alto.

O amor verdadeiro e puro não necessita ser esclarecido ainda mais detalhadamente. Cada pessoa sente perfeitamente de que maneira é ele constituído. Procura apenas se enganar com frequência a tal respeito, quando vê aí os seus erros, intuindo de modo claro quão longe se encontra ainda realmente de amar de modo verdadeiro e puro. Mas aí deve reagir, não pode parar hesitantemente e chegar por fim a falhar, pois para ele não existe mais um livre-arbítrio sem o verdadeiro amor!

Quantos ensejos são, portanto, proporcionados aos seres humanos, a fim de reagirem e iniciarem a escalada, sem que eles os aproveitem. Por isso, na maioria, suas lamúrias e buscas não são legítimas! Nem querem, tão logo eles próprios tenham de contribuir com algo, seja apenas uma pequena modificação de hábitos e opiniões. Na maior parte são mentiras e ilusões! Deus é que deve vir até eles e soerguê-los para si, sem que precisem desistir da tão querida comodidade e autoadoração. Então, talvez, consentiriam em acompanhar, mas não sem esperar ainda para tanto um agradecimento todo especial de Deus.

Deixai que tais parasitas sigam seu caminho para a ruína! Não merecem que alguém se ocupe com eles. Deixarão passar sempre de novo as oportunidades que se oferecem, queixando-se e rezando. Se tal pessoa, no entanto, se aproveitasse delas uma vez, então certamente iria privá-las da sua mais distinta joia de pureza e de altruísmo, para arrastar tão preciosíssimo bem à lama das paixões.

Pesquisadores e sábios devem finalmente reagir e desviar-se dessas pessoas! Não devem pensar que estão fazendo obra agradável a Deus, quando oferecem continuamente a Sua Palavra e a Sua vontade sagrada como mercadoria barata, por meio de tentativas de ensinamentos, dando assim a aparência de que o Criador precisa mendigar por intermédio de Seus fiéis para ampliar o círculo de Seus adeptos. É uma conspurcação, se for oferecida a esses que com as mãos imundas agarram-na. Não se deve esquecer a sentença que proíbe "atirar pérolas aos porcos".

E nem outra coisa é o que se dá em tais casos. Desnecessário desperdício de tempo, que em tal medida não deve ser mais esbanjado, sem que, finalmente, na ação retroativa, se torne prejudicial. Só devem ser ajudados aqueles que procuram.

A inquietação que por toda parte surge em muitas pessoas, o pesquisar e o procurar pela existência do livre-arbítrio são perfeitamente justificados e constituem um sinal de que não há tempo a perder. Reforça-se este fato com o pressentimento inconsciente de um possível tarde demais para tal. Isso mantém agora o pesquisar constantemente vivo. Mas é em grande parte inútil. *Os seres humanos de hoje, em sua maior parte, não conseguem mais pôr em prática o livre-arbítrio, porque se embaraçaram demasiadamente!*

Venderam-no e mercadejaram-no... por nada!

Quanto a isso não poderão responsabilizar Deus, como se tenta fazer tantas e repetidas vezes, mediante toda sorte de interpretações, para se eximirem do pensamento duma responsabilidade que lhes espera, mas terão de acusar a si próprios. E mesmo que tal autoacusação fosse perpassada da mais amarga e mais profunda dor, ainda assim não seria suficientemente forte para dar uma relativa compensação pelo valor do bem perdido, que foi insensatamente calcado ou desperdiçado.

Não obstante tudo isso, pode ainda o ser humano vir a encontrar o caminho, para conquistá-lo novamente, tão logo se esforce seriamente nesse sentido. No entanto, sempre apenas quando ele o deseje do mais fundo do seu íntimo. Se esse desejo realmente *vive* nele e jamais enfraquece. Deve trazer em si o mais ardente anseio para tanto. E mesmo que devesse empenhar nisso toda a sua existência terrena, só poderia advir-lhe vantagem, pois é assaz importante e necessária para o ser humano a recuperação do livre-arbítrio! Poderemos em lugar de recuperação dizer desenterramento, ou purificação libertadora. Vem a dar no mesmo, exatamente.

Enquanto, porém, o ser humano só *pensar* e *cismar* a tal respeito, não conseguirá arranjar nada. O maior esforço e pertinácia

22. O ser humano e seu livre-arbítrio

falharão aí, visto que através de pensamentos e cismas não conseguirá nunca ultrapassar os limites do tempo e do espaço, isto é, jamais chegará onde se encontra a solução. E como atualmente pensar e cismar tem sido considerado como o principal caminho para todo pesquisar, não existe, portanto, nenhuma perspectiva de que se possa esperar um progresso além das coisas puramente terrenas. A não ser que os seres humanos se modifiquem nisso fundamentalmente.

Aproveitai o tempo da existência terrena! Pensai no grande ponto de transição que sempre traz consigo a plena responsabilidade.

Por esse motivo, uma criança ainda não se encontra espiritualmente capacitada, porque a união entre o espiritual e o material ainda não se efetuou nela através da força sexual. Só no momento da entrada de tal força é que suas intuições adquirirão aquele vigor capaz de perpassar de modo incisivo a Criação material, transformando-a e remodelando-a, com o que assumirá, de modo automático, inteira responsabilidade. Antes, os efeitos retroativos também não são tão fortes, porque a capacidade de intuição atua de modo muito mais fraco.

Um carma não pode por isso já na primeira encarnação na Terra ser tão pesado; quando muito poderá influir na ocasião do nascimento, determinando o ambiente em que o nascimento se dê, a fim de que ajude o espírito, durante a vida terrena, a libertar-se do carma mediante o reconhecimento de suas propriedades específicas. Os pontos de atração das espécies iguais representariam aí um papel predominante. Tudo apenas em sentido *fraco,* porém. O carma propriamente dito, potente e incisivo, só se inicia quando no ser humano a força sexual se liga à sua força espiritual, pelo que ele se torna na matéria não apenas de pleno valor, mas pode, em todos os sentidos, sobrepujá-la amplamente, caso se sintonizar correspondentemente.

Até aí as trevas, o mal, não conseguem chegar diretamente ao ser humano. Disso uma criança se acha protegida por causa da falta de ligação com o material. Como que isolada. Falta a ponte.

Por isso a muitos leitores tornar-se-á mais compreensível por que as crianças gozam de uma proteção muito maior contra o mal, o que já é proverbial. Mas pelo mesmo caminho que forma a ponte para a força sexual entrante, e sobre a qual o ser humano lutando consegue andar em seu vigor pleno, pode lhe chegar naturalmente também tudo o mais, se não estiver suficientemente vigilante. Mas em caso algum isso pode acontecer antes que possua a necessária força defensiva. Não existe em momento algum uma desigualdade, que permitisse surgir uma desculpa.

Por essa razão a responsabilidade dos pais assume proporções gigantescas! Ai daqueles que privam os próprios filhos da oportunidade de se desembaraçarem de seu carma e de efetuarem sua escalada, quer por zombarias inoportunas, quer por educação errônea, se não até por maus exemplos, aos quais pertencem também as ambições exageradas nos mais variados setores. As tentações da vida terrena, já por si, só atraem neste ou naquele sentido. E por não ser explicada aos adolescentes a sua real posição de poder, ou nem aplicam eles a sua força, ou aplicam-na de modo insuficiente, ou desperdiçam-na da maneira mais irresponsável, quando não fazem dela uso errado e até mau.

Assim, na ignorância, inicia-se, pois, o inevitável carma com ímpeto cada vez maior; influenciando, lança adiante as suas irradiações através de algum pendor para isto ou aquilo e restringe com isso o livre-arbítrio propriamente dito nas decisões, de modo a torná-lo preso. Decorre disso o fato de a *maioria* da humanidade, hoje em dia, não mais poder manobrar livre-arbítrio algum. Ela se atou, acorrentou, escravizou-se por própria culpa.

Quão pueris e indignos se mostram os seres humanos, quando procuram repelir o pensamento duma responsabilidade incondicional, preferindo nisso lançar ao Criador uma censura de injustiça! Quão ridículo soa o pretexto de que até nem teriam nenhum livre-arbítrio próprio, mas seriam conduzidos, empurrados, aplainados e modelados, sem poderem fazer algo contra isso.

Se ao menos momentaneamente quisessem tornar-se cientes do mísero papel que representam realmente com tal comportamento. Se, antes de tudo o mais, finalmente quisessem se examinar de forma verdadeiramente crítica em relação à posição de poder que lhes foi outorgada, a fim de reconhecer como a desperdiçam, irrefletidamente, em ninharias e futilidades transitórias, como, em troca, elevam bagatelas a uma posição de importância desprezível, sentindo-se grandes em coisas nas quais, no entanto, têm de parecer tão pequenos em relação à sua finalidade real como ser humano na Criação.

O ser humano de hoje é como um homem ao qual foi dado um reino, e que prefere perder seu tempo com os mais simples brinquedos infantis!

É evidente, e não é de se esperar diferentemente, que as forças poderosas outorgadas ao ser humano devam esmagá-lo, se não souber guiá-las.

É chegado o último momento para o despertar, finalmente! O ser humano deveria aproveitar plenamente o tempo e a graça que lhe são conferidos em cada vida terrena. Ainda não pressente quão indispensável isso já é. Desde o momento em que vier a libertar novamente o arbítrio, que atualmente se acha preso, tudo o que agora parece muitas vezes estar contra ele, auxiliá-lo-á. Mesmo as irradiações dos astros, temidas por tantos, só existem para auxiliá-lo. Pouco importa de que natureza sejam.

E cada qual o consegue, mesmo que o carma ainda lhe pese tanto! Mesmo que as irradiações dos astros pareçam ser predominantemente desfavoráveis. Tudo isso se efetua de modo pernicioso somente no caso de arbítrio atado. Mas também aí apenas aparentemente; porque, na realidade, ainda assim será para o seu bem, se não souber mais ajudar a si mesmo de outra maneira. Desse modo será forçado a defender-se, a acordar e estar alerta.

O medo das irradiações dos astros não é, contudo, oportuno, porque os fenômenos que aí se efetivam representam sempre apenas os fios do carma que correm para a respectiva pessoa. As irradiações dos astros constituem meros canais para os quais é conduzido todo o carma existente em volta de uma pessoa na ocasião, até o ponto em que este, em sua espécie, corresponda às respectivas irradiações de igual espécie. Se, portanto, as irradiações dos astros são desfavoráveis, então se juntará nesses canais apenas carma pendente desfavorável para o ser humano, aquilo que corresponde exatamente à espécie das irradiações, nada diferente. Igualmente nos casos de irradiações favoráveis. Guiado assim mais concentradamente, pode também se efetivar sobre o ser humano sempre de modo mais sensível. Onde, porém, não haja carma nocivo, as irradiações desfavoráveis dos astros também não poderão atuar de modo nocivo. Uma coisa não é separável da outra.

Também nisso se reconhece mais uma vez o grande amor do Criador. Os astros controlam ou guiam os efeitos do carma. Consequentemente, um carma nocivo não pode ter efeito ininterruptamente, mas também de permeio tem de deixar ao ser humano intervalos para tomar alento, porque os astros irradiam alternadamente e, assim, no período de irradiações benignas, o mau carma está impossibilitado de agir! Tem, pois, que se interromper e aguardar até que recomecem as irradiações desfavoráveis, não podendo, por conseguinte, oprimir inteiramente uma pessoa, de modo tão fácil. Não havendo ao lado do carma nocivo da criatura humana também algum carma benigno que se efetue através das irradiações favoráveis dos astros, então pelas irradiações favoráveis se consegue, pelo menos, que o sofrimento venha a ter interrupções durante as épocas de irradiações benignas.

Assim se engrenam também aqui, uma na outra, as rodas dos acontecimentos. Uma coisa atrai a outra para si, dentro da mais estrita lógica, controlando-a simultaneamente, a fim de que não possa ocorrer a mínima irregularidade. E assim prossegue, como num gigantesco conjunto de engrenagens. De todos os lados os dentes das rodas articulam-se com a máxima precisão, movimentando e impulsionando tudo para o desenvolvimento.

No centro disso, porém, se encontra o ser humano com o incalculável poder que lhe é confiado e que o capacita a dar, por meio de sua vontade, a direção a esse gigantesco conjunto de rodas. *No entanto, sempre apenas para si próprio!* Poderá levá-lo para cima ou para baixo. A direção dada é a única determinante para o fim.

Todavia, tal conjunto de engrenagens da Criação não é constituído de material rígido, mas de formas e seres, todos vivos,

22. O ser humano e seu livre-arbítrio 151

que, em cooperação, causam uma impressão ainda mais gigantesca. Todo esse maravilhoso tecer, no entanto, serve apenas para ajudar o ser humano, enquanto ele não interferir com o poder que lhe foi dado, de modo a embaraçar pelo esbanjamento pueril e aplicação errada. Urge, por fim, que se enquadre diferentemente para tornar-se aquilo que deve ser. Obedecer não significa outra coisa, na realidade, senão compreender! Servir é auxiliar. E auxiliar, por sua vez, significa dominar. Em pouco tempo cada um conseguirá libertar seu arbítrio conforme deve ser. E dessa forma tudo se altera para ele, pois ele próprio primeiro mudou o seu íntimo.

Mas para milhares, centenas de milhares, sim, para milhões de seres humanos tornar-se-á demasiadamente tarde, por não terem desejado diferentemente. É natural que a força erradamente dirigida destrua a máquina, força que, de outra forma, teria servido para a máquina realizar um trabalho abençoado.

Quando sobrevierem os acontecimentos, lembrar-se-ão todos os hesitantes repentinamente de rezar, porém não poderão encontrar mais a maneira adequada, a qual, unicamente, poderia proporcionar auxílio. Reconhecendo então o falhar, passarão logo, em seu desespero, a blasfemar e a afirmar acusadoramente que não poderia existir um Deus, se Ele permite tais coisas. Não querem acreditar na justiça férrea, tampouco que lhes tenha sido dado o poder de modificar tudo ainda em tempo. E que isso lhes fora dito com suficiente frequência.

Numa obstinação pueril exigem para si, segundo o seu modo, um Deus amoroso que tudo perdoa. Só assim querem reconhecer a Sua grandeza! Como deveria esse Deus, segundo as suas ideias, proceder então com aqueles que sempre o procuraram sinceramente, mas que justamente por causa desse procurar foram pisados, escarnecidos e perseguidos por aqueles que esperam o perdão?

Tolos esses que em sua cegueira e surdez, sempre de novo desejadas, correm ao encontro da ruína, esses que por si próprios criam sua destruição com fervor. Que fiquem entregues às trevas, ao encontro das quais se dirigem teimosamente, devido ao saber tudo melhor. Só mesmo mediante o próprio vivenciar é que ainda poderão chegar à reflexão. Por isso também as trevas serão a sua melhor escola. Mas virá o dia, a hora, em que será tarde demais até para esse caminho, porque não dará mais tempo para ainda se libertarem das trevas e ascenderem, após um tardio reconhecimento através do vivenciar. Por esse motivo já é tempo, finalmente, de se ocuparem seriamente com a Verdade.

SERES HUMANOS IDEAIS

QUEREMOS, no entanto, dizer melhor: seres humanos que querem ser ideais! Mas também aqui devem ser excluídos, antes de mais nada e bem cautelosamente, todos aqueles que assim se denominam ou que gostam de ser designados dessa maneira, mas que não pertencem aos que querem ser ideais.

Trata-se da grande classe de pessoas de ambos os sexos, fracas e facilmente entusiasmáveis, às quais ainda se juntam as pessoas fantasiosas que nunca puderam aprender a dominar e utilizar seus dons de maneira útil. Deverão ser excluídas igualmente aquelas que nunca estão contentes face às contingências do momento, motivando esse descontentamento o fato de serem mais ideais do que as demais, portanto, não ajustadas à sua época.

Encontramos aí ainda a massa dos assim chamados "incompreendidos" de ambos os sexos, constituídos na maior parte por moças e senhoras. Essa espécie de seres humanos se têm sempre na conta de incompreendidos. Isto é, falando bem claro, vivem na permanente ilusão de trazerem em si um tesouro de valores que a outra parte, com a qual no momento estão em ligação, não é capaz de reconhecer. Na realidade, todavia, em tais almas nem se acham ocultos tesouros, mas em lugar destes apenas uma fonte inesgotável de anseios desmedidos, jamais possíveis de serem satisfeitos.

Pode-se tranquilamente denominar todos os seres humanos assim chamados incompreendidos como pessoas "imprestáveis", por se mostrarem imprestáveis para a autêntica vida do presente, tendendo apenas para o irreal e em parte até para a leviandade. Sempre, porém, para aquilo que não se adapta a uma vida terrena sadia. O caminho de tais moças e senhoras eternamente incompreendidas, no entanto, leva, lamentavelmente, muitas vezes a uma vida que comumente se denomina "leviana", imoral, porque somente querem deixar-se "consolar" com muito bom grado, muita facilidade e demasiada frequência, o que certa espécie de homens naturalmente conhece e se aproveita inescrupulosamente.

Justamente essas incompreendidas serão e permanecerão em todos os sentidos indignas de confiança. Julgam-se ideais, no entanto são totalmente sem valor, de modo que para uma pessoa sincera, que não nutre intenções baixas, seria melhor que saísse do caminho delas. Seria inútil prestar-lhes auxílio. Aproximam-se-lhes também quase sempre só "consoladores" com *más* intenções, desencadeando-se aí mui rapidamente o efeito recíproco, pois no coração ou nos braços de um assim chamado consolador uma jovem incompreendida, ou tal senhora, após poucos dias ou semanas, já se sentirá novamente "incompreendida" e estará desejosa por um novo estado de ser compreendida, porque nem sabe o que realmente quer.

A todos esses grupos imprestáveis se agrega, ainda por fim, o grupo dos sonhadores inocentes! Inocentes, aparentemente, como as crianças. A inocência de semelhante sonhador só existe em relação ao efeito contra ele próprio, contra a sua personalidade, não, porém, contra seu ambiente e todas as pessoas com as quais entra em contato. Para *muitos,* um assim inocente sonhador já atua diretamente pela conversa, como um veneno de ação lenta, corroendo, destruindo, pois ele é capaz de desviá-los da vida terrena normal, e com isso sadia, com suas explanações de ideias, para conduzi-los ao reino daquilo que é impróprio, irreal para a existência terrena.

Note-se bem: eu não digo que tal sonhador seja impuro ou mesmo ruim, ao contrário. Pode ele querer o *melhor,* mas sempre o desejará de modo irreal para a Terra, de praticabilidade impossível, e dessa forma não atua para a existência terrena de modo benéfico, mas sim dificultando, destruindo.

Contudo, também para os restantes seres humanos "que aspiram por ideais" devemos fazer mais uma divisão, observando muito bem. Encontramos então ainda mais duas categorias: pessoas que "procuram seguir" ideais e pessoas que aspiram por ideais.

As pessoas que procuram seguir ideais são na maior parte fracalhonas, que vivem permanentemente ansiando por qualquer coisa que, aliás, nunca será atingível. Pelo menos não na Terra; e as quais, por isso, jamais poderão ser realmente felizes e alegres. Situam-se bem perto do grupo dos "incompreendidos" e acabam, com o tempo, caindo num sentimentalismo mórbido que não conduz a nenhum bem.

Se tivermos separado assim de tal forma rigorosa, devemos então, falando figuradamente, procurar de fato com lanterna durante o dia os que ainda restam por fim, tão poucos eles são. Esses poucos, no entanto, ainda não podem ser chamados "seres humanos ideais", mas sim, conforme já disse, pessoas que "aspiram por ideais". Considerando aspirar por ideais como uma faculdade pessoal exercida na Terra.

Esses são então os seres humanos que podem ser plenamente valorizados, que têm em mira, sim, um alvo grande, muitas vezes grandioso, nunca chegando aí, porém, a fantasias, antes se firmam solidamente na vida terrena com ambos os pés, a fim de não se perderem naquilo que é irreal na Terra. Esforçam-se, degrau por degrau, por atingir o alvo amplamente planejado com visão sadia e mãos habilidosas, sem, entrementes, prejudicar outras pessoas que não merecem.

O proveito que tal espécie de seres humanos proporciona, raramente se estende a apenas algumas pessoas. Uma exploração de qualquer espécie jamais entrará aí em cogitação, visto que então a denominação "aspirar por ideais" não se justificaria. Cada pessoa pode e deve aspirar por ideais, seja qual for a atividade que desenvolve aqui na Terra. Pode com isso enobrecer qualquer espécie de trabalho, dando-lhe finalidades amplas. Mas jamais deve esquecer aí de manter tudo na órbita da *vida terrena.* Se a ultrapassar, tornar-se-á irreal para a Terra e assim doentio. A consequência é que com isso jamais se conseguirá um *desenvolvimento,* o que é condição básica e característica de tudo quanto aspira por ideais.

Na Terra, o ser humano tem o dever de colocar como alvo o que para ele seja o mais alto alcançável e de esforçar-se com todas as forças para atingir esse alvo. Como *ser humano!* Isso exclui, de antemão, que se esforce tão só pela comida e bebida como os animais, conforme infelizmente fazem tantas pessoas, ou que se deixe chicotear pelo raciocínio, a fim de adquirir grandeza ou celebridade puramente terrenas, sem visar aí, como finalidade principal, ao bem geral e à elevação da humanidade. Todos esses valem para a Terra menos do que os animais, porque um animal, sempre e sem artifícios, é *integralmente aquilo* que deve ser, mesmo que sua finalidade sirva apenas para conservar alertas as criaturas, a fim de que não se estabeleça uma frouxidão perturbadora, podendo dela resultar, como consequência, a decadência e a decomposição, visto que o *movimento* na Criação permanece condição vital.

Estar alerta! O ser humano que realmente aspira por ideais é reconhecido, portanto, pelo seu afã de *elevar* as condições existentes na Terra, não acaso no sentido intelectivo de aumento e de poder, mas sim no de *enobrecimento!*

Todas as suas ideias terão, contudo, a possibilidade de serem efetivadas na Terra, acarretando proveito, tanto para a pessoa individual como também para a comunidade, ao passo que as pessoas que apenas querem ser ideais se comprazem nas ideias, as quais são impossíveis de serem aproveitadas de modo prático numa vida terrena sadia, antes apenas se desviam dela, conduzindo para o mundo de sonhos, que acarreta o prejuízo de deixar sem aproveitamento o presente para o amadurecimento do seu espírito, que cada ser humano em seu vivenciar do presente deve formar e desenvolver.

Assim também as pessoas com pensamentos ideais comunistas, no fundo das coisas, são nocivas à humanidade, porque a concretização deles só acarretaria algo de insano, apesar de, em seu modo de ver, quererem o bem. Assemelham-se a construtores que montam cuidadosamente *na oficina* uma casa para outro local. Ela parece vistosa e bonita... na oficina. Mas transportada para o terreno verdadeiro, é pouco firme e torta, de modo que não pode ser habitada por ninguém, porque o chão é desigual e não foi possível nivelá-lo, apesar dos maiores trabalhos e esforços. Os construtores esqueceram-se de levar isso em conta. Não consideraram a avaliação certa do existente, essencial e inalterável para essa construção! Isso alguém que realmente aspira por ideais não faz!

As ideias ideais comunistas não podem, em sua execução, crescer do solo, tampouco nele serem ancoradas ou, aliás, a ele ligadas, visto que esse solo, isto é, os seres humanos, a ele nem se ajustam! É demasiadamente desigual e assim permanecerá sempre, porque não é possível se conseguir um amadurecimento uniforme de todos os seres humanos na Terra.

Haverá sempre e sempre uma grande diferença nos respectivos amadurecimentos, porque espiritualmente os seres humanos, de modo individual, são e continuarão sendo personalidades totalmente *distintas,* que só poderão se desenvolver de maneira diferente, visto que dessas pessoas espirituais jamais deverá ser tirado o livre-arbítrio *sobre si próprias!*

Procurai agora reconhecer na Terra os seres humanos que verdadeiramente aspiram por ideais, a fim de os auxiliardes em suas atuações, pois, construindo, somente propiciarão benefícios. —

LANÇAI SOBRE ELE TODA CULPA

ESTA frase, tão frequentemente empregada, é um dos principais calmantes de todos quantos se denominam fiéis cristãos. Todavia, o calmante é um tóxico que produz embriaguez. Como muitos tóxicos que são utilizados em doenças apenas para entorpecer, por ocasião de dores físicas, acarretando assim tranquilidade aparente, semelhantemente ocorre em relação espiritual com as palavras: "Lançai sobre ele toda culpa, pois ele nos libertou e através de suas feridas estamos curados!"

Já que isso é considerado pelos fiéis como uma das colunas básicas das doutrinas eclesiásticas cristãs, atua entre eles tanto mais nocivamente. Edificam sobre isso toda a sua disposição interior.

Com isso, porém, entram num enleio mortal de uma crença cega, no qual conseguem ver tudo o mais apenas ainda fortemente turvado, até que por fim toda a imagem se altera, descendo sobre a Verdade um véu cinzento, de modo que só podem encontrar ainda um apoio numa construção artificial de teorias desfiguradoras, que terão de ruir junto com eles, no dia do reconhecimento.

"Lançai sobre ele toda culpa!..."

Tola ilusão! A Verdade luminosa passará como fogo pelas legiões dos doutrinadores falsos e dos fiéis indolentes, incendiando e queimando todo o inverídico! Comodamente, as massas ainda hoje se comprazem na crença de que tudo quanto o Salvador fez e sofreu foi em proveito delas. Na indolência de seu pensar ousado, denominam de coisa injuriosa, quando uma pessoa presume que também tem de contribuir pessoalmente com algo para poder entrar no céu. A tal respeito muitos

24. Lançai sobre ele toda culpa

apresentam admirável modéstia e humildade, que em outros aspectos neles se procura em vão.

Segundo sua opinião, equivaleria a uma blasfêmia pensar, mesmo muito por alto e superficialmente, que a descida do Salvador à Terra e os sofrimentos, mais a morte, que assim tomou a si, ainda não pudessem bastar para apagar os pecados de todos aqueles seres humanos que não mais duvidam da sua existência terrena de outrora.

"Lançai sobre ele toda culpa..." pensam eles com fervorosa devoção, sem saber o que realmente fazem. Dormem, mas seu despertar um dia será horrível! Sua crença aparentemente humilde nada mais é senão vaidade e ilimitada arrogância, ao suporem que um Filho de Deus desça a fim de lhes preparar servilmente o caminho, no qual então poderão trotar como broncos, diretamente para o reino do céu.

Na realidade, qualquer um deveria reconhecer imediatamente e sem mais delongas tal vacuidade. Só pode ter surgido do mais indescritível comodismo e leviandade, a não ser que a astúcia a tenha criado como engodo para finalidades de vantagens terrenas!

A humanidade perdeu-se em milhares de labirintos, iludindo-se com sua crença tola. Que aviltamento de Deus há nisso! O que é o ser humano para ousar esperar que um Deus mandasse Seu Filho Unigênito, isto é, uma parte de Sua própria vida inenteal, para que os seres humanos lhe pudessem atirar o lastro de seus pecados, somente para que eles próprios não precisassem se esforçar em lavar suas vestes sujas e remir o fardo escuro com que se sobrecarregaram.

Ai dos que tiverem de prestar contas um dia por tais pensamentos! É a mais atrevida conspurcação à sublime divindade! A missão de Cristo não foi assim banal, mas sim elevada, apontando de modo exigente para o Pai.

Já uma vez me referi à grande obra de salvação do Filho de Deus.* Sua grande obra de amor se difundiu no Aquém e no Além, tendo trazido frutos de toda espécie. Nesse ínterim,

---

* Dissertação: "O Salvador".

porém, pessoas apenas com investidura humana procuravam muitas vezes passar por convocadas de Deus, pegando com mãos profanas as doutrinas puras e, obscurecendo, arrastavam-nas em sua direção, para baixo.

A humanidade que nelas confiava, sem examinar seriamente a palavra que ensinavam, tombou junto. O núcleo sublime da Verdade divina foi envolvido pelas estreitezas terrenas, de modo que a forma realmente se conservou, porém todo o fulgor sucumbiu na ânsia pelo poder e vantagens terrenas. Apenas um pálido crepúsculo reina ali onde podia existir o mais claro resplendor de vida espiritual. Da humanidade suplicante fora roubada a joia que Cristo Jesus trouxe para *todos quantos almejam por isso*. Desfigurado pelos envoltórios de desejos egoísticos, aos que procuram é apontado um caminho errado, o qual não apenas faz com que eles percam tempo precioso, mas os impele muitas vezes até para as garras das trevas.

Rapidamente, doutrinas erradas cresceram. Vicejaram por cima da singeleza e da Verdade, cobrindo-as com um manto cintilante de cuja pujança de cores, porém, emanam perigos como nas plantas venenosas, entorpecendo tudo o que se lhes aproxime, pelo que a vigilância dos fiéis sobre si próprios enfraquece, acabando por apagar-se. Com isso morre, outrossim, toda possibilidade de ascensão para a verdadeira Luz!

Uma vez mais o grande brado da Verdade ressoará por todos os países. Então virá o ajuste de contas para cada um, pelo destino que teceu para si próprio. Os seres humanos, finalmente, receberão aquilo que até aí defenderam com persistência. Terão de vivenciar todos os erros que estabeleceram em seus desejos ou pensamentos atrevidos, ou aos quais procuraram seguir. Para muitos, a consequência será um uivar selvagem e um bater de dentes causado pelo medo, pela raiva e pelo desespero.

Os atingidos pesadamente pelo mal e os condenados intuirão então, de chofre, como sendo injustiça e dureza, tão logo sejam empurrados para *aquela* realidade, a qual eles, em sua vida terrena, até agora queriam reconhecer como sendo a única verdadeira, com que também continuamente presenteavam seus semelhantes. Aí Deus, a quem eles enfrentavam com tão ilimitada arrogância, ainda deve ajudar! Implorar-lhe-ão, clamarão por Ele, esperando que Ele, em Sua divindade, perdoe facilmente também as piores coisas aos homúnculos "ignorantes". Ele, de repente, será demasiadamente "grande", segundo sua suposição, para poder ter rancor de tal coisa. Ele, a quem até agora tanto aviltaram!

Contudo, Ele *não* lhes dará ouvidos, *não* mais os ajudará, porque antes não quiseram ouvir a Sua Palavra, que Ele lhes enviara! E nisso há justiça, que nunca pode ser separada de Seu grande amor.

Ressoar-lhes-á retumbantemente: "Não quisestes! Por isso sereis exterminados e riscados do Livro da Vida!"

O CRIME DA HIPNOSE

ESQUISITO! Outrora se combatia a afirmação de que a hipnose pudesse realmente existir, encontrando-se muitos médicos à frente de todos. Chegavam a ponto de chamar a hipnose de trapaça e fraude, conforme pouco antes já haviam feito com o magnetismo terapêutico, que hoje se tornou uma fonte de bênçãos para muitos. Os que o praticavam eram atacados violentamente, sendo chamados de charlatães e trapaceiros.

Hoje, por sua vez, são justamente os médicos que em grande parte se apropriaram da hipnose. Aquilo que outrora acusavam com as mais violentas expressões, hoje em dia defendem.

Isso pode ser julgado por dois lados. Quem examinar de modo bem objetivo a luta encarniçada daquele tempo, não poderá deixar hoje de reprimir naturalmente um sorriso, quando novamente tem de observar como os fervorosos adversários de outrora procuram, agora, com maior fervor ainda, aplicar a hipnose por eles tão desdenhada. De outro lado, tem de ser reconhecido, por sua vez, que tal reviravolta, grotesca, ainda assim merece apreço. Necessária é certa coragem para se expor ao perigo do ridículo, que justamente neste caso está bem próximo.

Deve-se reconhecer nisso a sinceridade, que realmente deseja ser útil à humanidade e, por esse motivo, não recua assustada, mesmo se expondo a tal perigo.

Lamentável é apenas que não se aproveitasse a lição para o futuro, tornando-se todos mais precavidos no critério e — digamos tranquilamente — nas hostilizações, quando se trata de coisas que pertencem ao mesmo campo em que a hipnose se encontra. Infelizmente se procede novamente hoje, em muitos

25. O crime da hipnose

outros setores desse mesmo domínio, de modo idêntico, apesar de todas as experiências, e quase ainda pior.

Não obstante, o mesmo espetáculo terá por fim de se repetir, que sem transição e com fervor, repentinamente, se lute por algo que até então se procurava negar tão tenazmente. Mais ainda, que se procure ter somente nas próprias mãos, para execução, tantas coisas e por todos os meios, inescrupulosamente, cujas pesquisas e descobertas foram, inicialmente, de modo cauteloso e sob contínuo combate, deixadas para os outros, na maioria aos assim chamados "leigos".

Se isso, então, ainda pode ser designado como um mérito ou uma ação corajosa, resta saber. É muito mais provável, pelo contrário, que essas eternas repetições também possam colocar sob outro aspecto as ações já mencionadas como mérito. Até aí, o resultado de uma análise *superficial*.

Muito mais crítico, contudo, torna-se quando se conhecem direito os *efeitos das aplicações* da hipnose. Que a *existência* da hipnose, finalmente, tenha encontrado reconhecimento e confirmação, cessando assim os ataques cheios de loquacidade da ciência que, segundo a experiência atual, revelam apenas ignorância, é bom. Mas que, com isso, sob a proteção favorecedora dos adversários de até então, que se tornaram repentinamente cientes, também as *aplicações* tenham encontrado tão ampla propagação, prova que os tais entendidos se acham muito mais longe do legítimo reconhecimento, do que os tão difamados leigos, que inicialmente pesquisavam.

É abalador saber que desgraça assim se origina do fato de milhares se entregarem hoje, confiantes, às mãos chamadas convocadas, a fim de se submeterem voluntariamente a uma hipnose, de serem persuadidos a isso ou, o que é o mais condenável, sem o seu conhecimento serem forçados a tanto. Mesmo que tudo ocorra com as melhores intenções de com isso querer fazer algo de bom, não altera em nada os incomensuráveis danos que tais práticas provocam *em qualquer caso!* Mãos convocadas *não* são as que utilizam a hipnose. Convocado somente pode ser aquele que for totalmente versado no campo a que pertence tudo aquilo que utiliza. No caso da hipnose seria o campo de matéria fina! E quem conhece realmente esse campo, sem que presunçosamente apenas o imagine, *jamais utilizará a hipnose,* enquanto quiser o melhor para o seu próximo. A não ser que tencione prejudicá-lo pesadamente com pleno conhecimento.

Consequentemente, peca-se por toda parte onde a hipnose chega a ser praticada, não importando tratar-se de leigos ou não! Quanto a isso, não existe uma única exceção!

Mesmo que se procure, com a maior singeleza, pensar somente dentro da lógica, chegar-se-á à conclusão de que, na realidade, se trata de ilimitada leviandade agir com algo cujo alcance só pode ser abrangido nos mais restritos degraus, sendo desconhecidos ainda os seus derradeiros efeitos.

Se tal leviandade, nos assuntos de bem e de mal do próximo, não só acarrete danos à respectiva pessoa da experiência, mas recaia também a responsabilidade duplamente pesada sobre o praticante, isso não proporciona tranquilização. Seria melhor que as pessoas não se entregassem tão confiantemente ao que elas mesmas não conhecem a fundo. Se isso se processa sem a vontade ou o conhecimento delas, semelhante procedimento vem a equivaler a um legítimo crime, mesmo que executado por mãos chamadas convocadas.

Uma vez que não é de se supor que todos os que trabalham com a hipnose tenham o intento de prejudicar o próximo, resta apenas constatar o fato de que eles ignoram totalmente a natureza da hipnose, achando-se completamente sem compreensão com relação às consequências de sua própria atividade. Quanto a isso não existe a menor dúvida, pois apenas uma coisa ou outra entra em cogitação. Portanto, resta somente a incompreensão.

Se uma pessoa utiliza a hipnose em seu próximo, *prende com isso seu espírito!* Esse atamento em si é um delito espiritual ou um crime. Não elimina a culpa, se a hipnose for utilizada com a finalidade de cura de uma doença do corpo ou como meio para uma melhora psíquica. Tampouco pode ser apresentado como defesa o fato de que, com as alterações psíquicas conseguidas para o bem, igualmente o querer do submetido tenha melhorado, de modo que a pessoa tratada pela hipnose tenha auferido proveitos com isso.

25. O crime da hipnose

Viver e agir em tal crença é uma auto-ilusão, porque somente aquilo que um espírito empreende por vontade inteiramente *livre* e ininfluenciada, pode trazer-lhe os proveitos de que necessita para uma real ascensão. Tudo o mais são exterioridades que apenas passageiramente lhe podem ministrar aparente proveito ou dano.

Cada atamento do espírito, seja qual for a finalidade de sua realização, constitui um embargo absoluto na possibilidade do progresso indispensável. Sem levar em consideração que tal atamento acarreta muito mais perigos do que vantagens. Um espírito assim atado se acha não só acessível à influência do hipnotizador, mas sim, até certo ponto, não obstante uma eventual proibição por parte do hipnotizador, fica também exposto indefeso a outras influências da matéria fina, visto faltar-lhe, devido ao atamento, a proteção tão necessária, a qual, unicamente, pode oferecer a liberdade absoluta de ação.

O fato de os seres humanos nada notarem dessas lutas contínuas, dos ataques e da própria defesa, eficientes ou vãs, não exclui a vitalidade do mundo de matéria fina e a cooperação deles mesmos.

Cada um que seja submetido a uma hipnose eficiente ficou, portanto, impedido mais ou menos fortemente no progresso real de seu núcleo mais profundo. As circunstâncias exteriores, tenham elas se apresentado mais desfavoráveis ainda, ou aparente e passageiramente benéficas, só representam um papel secundário, portanto, não devem também ser determinantes para um julgamento. *Em todo caso o espírito tem de permanecer livre,* porque afinal de contas se trata única e exclusivamente dele!

Supondo-se que tenha ocorrido uma visível melhora exterior, no que se apóiam sobremaneira quantos praticam a hipnose, nem com isso a pessoa em questão lucrou algo realmente. Seu espírito atado não consegue agir com a mesma vitalidade criadora no mundo de matéria fina, como um espírito inteiramente livre. As criações de matéria fina, originadas de sua vontade tolhida ou forçada, são fracas, por serem formadas de segunda mão e logo murcham no mundo de matéria fina. Por essa razão sua vontade tornada melhor não lhe pode trazer aquele proveito na reciprocidade, que infalivelmente é de se esperar nos atos criadores do espírito livre.

De modo idêntico, naturalmente, também ocorre quando um espírito atado deseja e executa males a mando de seu hipnotizador. Estes, pela fragilidade das ações criadoras de matéria fina, desaparecerão logo, apesar das más ações de matéria grosseira, ou serão absorvidos por outras espécies iguais, de maneira que uma reciprocidade de matéria fina nem se pode dar, do que resulta, de fato, para a pessoa assim forçada, uma responsabilidade terrena, não, porém, uma responsabilidade espiritual. *Identicamente é o processo, tratando-se de loucos.*

Através disso vemos, mais uma vez, a justiça sem lacunas do Criador, que se efetua no mundo de matéria fina através das leis vivas, inatingíveis em sua perfeição. Uma pessoa assim forçada, apesar das más práticas devido à vontade alheia, não poderá ser atingida por nenhuma culpa, tampouco por nenhuma bênção, porque seus melhores feitos foram executados mercê da vontade de outrem, nos quais ela não participa como "eu" autônomo.

Acontece, porém, algo diferente: o atamento forçado do espírito por meio da hipnose prende, concomitantemente, o hipnotizador à sua vítima como que com cadeias fortíssimas. E não o libertam, enquanto não tiver auxiliado a pessoa, violentamente embargada em seu próprio livre desenvolvimento, a progredir ao ponto que deveria ter alcançado, se ele não tivesse realizado aquele atamento. Terá de ir, depois de sua morte terrena, até lá onde for o espírito por ele atado, mesmo que seja até as profundezas mais baixas.

O que, portanto, espera tais seres humanos, que muito se ocupam com a prática da hipnose, é fácil de se imaginar. Quando, despertando após a morte terrena, chegam à lucidez, verificarão aterrorizados quantos atamentos os prendem a pessoas já falecidas anteriormente, bem como a outras que ainda peregrinam na Terra. Nenhum deles lhes poderá ser perdoado. Elo por elo, o ser humano terá de desfazer, mesmo que com isso perca até milênios.

É provável, porém, que com isso não mais possa chegar completamente até o fim, mas sim seja arrastado à decomposição, que destrói a sua personalidade, o próprio "eu", pois *pecou gravemente contra o espírito!*

ASTROLOGIA

ARTE régia é ela chamada, e não sem acerto. Não, porém, por ser a soberana de todas as artes, tampouco por ser reservada aos reis terrenos, mas quem conseguisse praticá-la realmente, estaria apto a assumir espiritualmente uma situação régia, tornando-se assim dirigente de muitas coisas que acontecem e que deixam de acontecer.

Mas não existe um único ser humano terreno a quem sejam confiadas essas faculdades. Por isso todos os trabalhos nesse sentido permanecerão meras tentativas sem valia, duvidosas quando levadas a sério pelos que as praticam, criminosas quando a presunção e a fantasia doentia cooperam, substituindo a profunda seriedade.

O mero cálculo astrológico pouco pode, aliás, adiantar, porque às irradiações dos astros pertencem também as respectivas irradiações do solo da Terra, assim como também incondicionalmente a matéria fina viva, com todas as suas atividades, como, por exemplo, o mundo das formas de pensamentos, do carma, as correntes das trevas e da Luz na matéria, bem como outras coisas mais. Qual o ser humano que pode vangloriar-se de haver abrangido de modo nítido e claro tudo isso, desde os abismos mais profundos até as alturas mais elevadas da matéria?

As irradiações dos astros formam somente os caminhos e os canais através dos quais tudo o que é vivo na matéria fina pode chegar mais concentradamente a uma alma humana, a fim de ali se efetivar. Falando figuradamente, pode-se dizer: os astros assinalam as épocas em que os efeitos retroativos e outras influências através da condução das irradiações podem fluir sobre o ser humano mais concentrada e cerradamente. Às irradiações dos astros desfavoráveis ou hostis congregam-se na matéria fina as correntezas más pendentes destinadas ao respectivo ser humano; às irradiações favoráveis, por sua vez, apenas as boas, de acordo com a igual espécie.

Eis por que os cálculos em si não são de todo destituídos de valor. Mas é condição indispensável que para um determinado ser humano haja, na ocasião das irradiações desfavoráveis, também efeitos retroativos desfavoráveis ou, por ocasião das irradiações benéficas, efeitos retroativos também benéficos. Do contrário, impossível será qualquer efeito. Por outro lado, também, as irradiações dos astros não são por acaso fantasmagóricas, por si só ineficazes, sem ligação com outras forças, mas possuem também efeitos automáticos, dentro de certas *restrições*.

Se para determinada pessoa só houver no mundo de matéria fina ações de retorno maléficas, prontas para atuar, tais atividades, todavia, ficarão bloqueadas, reprimidas ou pelo menos bastante represadas nos dias ou horas de irradiações astrais benéficas, segundo a espécie das irradiações. De idêntico modo, evidentemente, também ocorre com o inverso, de maneira que, por ocasião dos efeitos retroativos benéficos em atividade, o favorável será paralisado pela irradiação desfavorável, durante a época correspondente a essa irradiação.

Mesmo que, por conseguinte, os *canais* das irradiações siderais *corram vazios* pela falta de efeitos de igual espécie, funcionam ao menos como *bloqueio* temporário contra os eventuais efeitos recíprocos de espécie diferente em atividade, de modo que nunca permanecem de todo sem influência. Apenas não podem, justamente as irradiações de todo benéficas, conduzir sempre algo de bom ou as irradiações más sempre algo de mau, se para a respectiva pessoa tal coisa não existir.

A esse respeito os astrólogos não podem dizer: "Então, portanto, temos razão". Pois esse ter razão é apenas condicional e *muito* restrito. Não justifica as afirmações muitas vezes arrogantes e os apregoamentos comerciais. Os canais vazios das irradiações dos astros podem muito bem acarretar interrupções, porém nada mais, nem de bem nem de mal.

26. Astrologia

Deve-se admitir, por sua vez, que em certo sentido a interrupção temporária de maus efeitos retroativos já é em si algo de bom. Pois proporciona, a quem se encontra fortemente acuado pelo mal, um tempo para tomar alento e com isso forças para prosseguir suportando.

Além disso, devem justamente as irradiações frenadoras ocasionar ao espírito humano motivo para maior esforço, o que por sua vez acorda o espírito, fortalece-o e deixa-o inflamar-se cada vez mais nos esforços para vencer esses obstáculos.

Os cálculos dos astrólogos, apesar de tudo, poderiam ser bem recebidos, se não se desse atenção às inúmeras fanfarronices e à propaganda de tantos. Contribui, porém, uma série de outros fatores importantes que tornam tais cálculos muito duvidosos, de modo que na realidade geralmente eles produzem mais danos do que proveitos.

Não entram em cogitação apenas os poucos astros que hoje estão à disposição dos astrólogos para os cálculos. Inúmeros outros astros, nem sequer conhecidos pelos astrólogos, diminuindo os efeitos, fortalecendo, cruzando ou deslocando-os, têm um papel tão grande, que o resultado final do cálculo muitas vezes pode ser totalmente oposto àquilo que ao melhor astrólogo é possível dizer hoje em dia.

Finalmente, existe mais um ponto decisivo, o maior e o mais difícil: é a *alma* de cada ser humano! Apenas aquele que, além de todas as outras exigências, é capaz de pesar com exatidão cada uma dessas almas, até o último grau, com todas as suas capacidades, características, complicações cármicas e em todos os seus esforços, isto é, em sua verdadeira maturidade ou imaturidade no Além, poderia talvez ousar fazer cálculos!

Por mais que as irradiações astrais possam ser benéficas para um ser humano, nada poderá atingi-lo de luminoso, isto é, de bom, se ele tiver em volta de si muito de trevas, devido ao estado de sua alma. No caso oposto, porém, a pessoa cujo estado anímico só permite em volta de si a limpidez e o que é luminoso, a mais desfavorável de todas as correntezas astrais não poderá oprimir tanto que ela sofra sérios danos; por fim, tudo terá de se voltar sempre para o bem.

26. Astrologia

A onipotência e a sabedoria de Deus não são tão unilaterais como cuidam em seus cálculos os adeptos da astrologia. Ele não sincroniza o destino dos seres humanos, isto é, o seu bem e o seu mal somente com as irradiações astrais. Estas, sim, cooperam vigorosamente não apenas em relação a cada ser humano isoladamente, mas em relação a todos os fenômenos mundiais. Contudo, também nisso elas são meros instrumentos, cuja atuação não só está em conexão com muitas outras, mas também com isso permanecem, em suas possibilidades, dependentes de todos os efeitos. Mesmo quando tantos astrólogos supõem trabalhar intuitivamente, sob inspiração, então isso não pode contribuir tanto para um aprofundamento, que se permita depositar muito maior confiança na aproximação de uma realidade dos cálculos.

Os cálculos permanecem fragmentos unilaterais, insuficientes, lacunosos, em suma: imperfeitos. Trazem inquietação entre os seres humanos. A inquietação, no entanto, é a inimiga mais perigosa da alma, pois abala a muralha de proteção natural, deixando entrar muitas vezes, justamente assim, o que é do mal, que do contrário não teria encontrado qualquer entrada.

Inquietos se tornam muitos seres humanos ao dizer para si que estão expostos a irradiações maléficas, mas muitas vezes demasiadamente confiantes e com isso imprudentes, quando estão convictos de estarem justamente sujeitos a irradiações benéficas. Pela insuficiência de todos os cálculos, sobrecarregam-se eles com preocupações desnecessárias, ao invés de manter sempre o espírito livre e alegre, que reúne mais forças para a defesa, do que conseguem as mais fortes correntezas más para oprimir.

Os astrólogos deveriam, se não conseguem proceder diferentemente, continuar calmamente seus trabalhos, procurando se aperfeiçoar nisso, mas somente em silêncio e para si próprios, *conforme fazem os que entre eles realmente devem ser tomados a sério!* Deveriam poupar aos demais seres humanos tais imperfeições, visto que estas apenas atuam maleficamente, trazendo como fruto abalo da autoconfiança, atamento nocivo dos espíritos livres que, incondicionalmente, tem de ser evitado.

SIMBOLISMO NO DESTINO HUMANO

SE os seres humanos não se deixassem empolgar de maneira tão absorvente pelas necessidades e pelas muitas ninharias cotidianas, mas quisessem prestar também alguma atenção aos pequenos e grandes acontecimentos que se passam à sua volta, deveria em breve chegar-lhes um novo reconhecimento. Surpreender-se-iam consigo mesmos e mal acreditariam que até então pudessem ter passado impensadamente por coisas tão marcantes.

Existem, de fato, razões de sobra para que, cheios de compaixão de si mesmos, meneiem as cabeças. Com um pouco de observação apenas, descortinar-se-lhes-á de súbito todo um mundo de acontecimentos vivos, severamente coordenados, deixando perceber nitidamente uma direção firme de mão superior: o mundo do simbolismo!

Este se acha profundamente enraizado na parte de matéria fina da Criação, e apenas suas derradeiras extremidades, quais ramificações, entram na parte terrena visível. É como num mar, que aparenta estar absolutamente calmo e cujo movimento contínuo não se percebe, só podendo isso ser notado nas beiradas, em seus últimos efeitos.

O ser humano não pressente que, mediante reduzido esforço através de um pouco de atenção, é capaz de observar claramente a atividade do carma para ele tão incisivo e por ele tão temido. Possível lhe é tornar-se mais familiarizado com isso, com o que, pouco a pouco, o medo, muitas vezes brotado dos seres humanos que pensam, se desfaz com o tempo, perdendo o carma seu terror.

Para muitos isso poderá tornar-se um caminho pelo qual conseguirão seguir para a escalada, se aprenderem a sentir, através dos fenômenos terrenalmente visíveis, as ondulações mais profundas da vida de matéria fina, com o que surge com o tempo a convicção da existência de efeitos recíprocos absolutamente lógicos.

Tão logo atinja tal ponto, o ser humano se adaptará lentamente, passo a passo, até que por fim reconheça a força propulsora, lógica e sem falhas da consciente vontade divina em toda a Criação, portanto no mundo de matéria grosseira e de matéria fina. Contará de então por diante com ela e se submeterá a ela deliberadamente. Isto significa para ele um flutuar na força, cujos efeitos somente lhe podem ser proveitosos. Ela lhe serve, porque sabe utilizá-la, ao mesmo tempo em que ele próprio se adapta corretamente.

Dessa forma, o efeito recíproco apenas pode desencadear-se como portador de felicidade para ele. Sorrindo, verá concretizar-se literalmente cada palavra bíblica que, em sua simplicidade infantil, às vezes queria se tornar para ele uma pedra de tropeço, que, por essa razão, para o seu cumprimento, muitas vezes lhe parecia difícil, porque, segundo a sua opinião de até então, exigia mentalidade de escravo. A exigência de obedecer, por ele intuída de modo desagradável, transforma-se pouco a pouco, ante seus olhos tornados lúcidos, na distinção mais alta que possa acontecer a uma criatura; numa verdadeira dádiva divina, que encerra a possibilidade dum desenvolvimento enorme de força espiritual, consentindo numa cooperação pessoal e consciente na maravilhosa Criação.

As expressões: "Somente aquele que se rebaixa a si próprio será elevado", o ser humano deve "humildemente curvar-se diante de seu Deus", a fim de poder ingressar no Seu reino, ele deve "obedecer", "servir" e o que ainda mais existe de conselhos bíblicos, chocam de início um pouco a pessoa moderna, devido a essa maneira de expressão singela, infantil e, no entanto, tão acertada, porque ofendem seu orgulho inerente à consciência do saber intelectual. Não quer mais ser conduzida tão às cegas, mas ela própria, reconhecendo, quer cooperar em tudo conscientemente, a fim de adquirir, *por convicção,* entusiasmo interior, indispensável para tudo quanto é grande. E isto *não é nenhum erro!*

27. Simbolismo no destino humano

O ser humano *deve,* em seu desenvolvimento progressivo, estar de modo mais consciente na Criação do que até agora. E quando com alegria acabar reconhecendo que as singelas expressões bíblicas, em sua maneira tão estranha à época de hoje, aconselham exatamente tudo aquilo a que ele também se decide de modo voluntário e com plena convicção, conhecendo as poderosas leis da natureza, então lhe cai como que uma venda dos olhos. Encontra-se abalado diante do fato de que até então apenas condenara as antigas doutrinas por havê-las interpretado de modo errado, jamais procurando seriamente penetrar nelas de modo certo, harmonizando-as com a atual capacidade de concepção.

Quer se diga: "Curvar-se com humildade à vontade de Deus", ou "servir-se da maneira e do atuar das poderosas leis da natureza, após conhecê-las acertadamente", *é o mesmo.*

O ser humano só pode aproveitar-se das forças portadoras da vontade de Deus se as estudar direito, isto é, se as reconhecer e orientar-se por elas. O contar com elas ou orientar-se por elas é, porém, na realidade, nada mais do que um adaptar-se, portanto, um curvar-se! Não se colocar *contra* essas forças, mas seguir *com elas.* Só quando o ser humano adapta o seu querer às características das forças, isto é, segue a mesma direção, consegue ele utilizar-se do poder dessas forças.

Isso não significa subjugar as forças, e sim curvar-se humildemente à vontade divina! Quando o ser humano atribui tanta coisa à sua própria perspicácia ou às conquistas do saber, em nada altera o fato de que tudo apenas significa um assim chamado "descobrir" de efeitos das leis naturais vigentes, isto é, da vontade divina, que a pessoa com isso "reconheceu" e, concomitantemente com o aproveitamento e aplicação, "sujeita-se" a essa vontade. Isso *é* incondicionalmente um curvar humilde diante da vontade de Deus, um "obedecer"!

Contudo, agora ao simbolismo! Todos os acontecimentos na Criação, isto é, na matéria, têm de atingir no seu curso circular um termo certo ou, como se pode dizer também: devem fechar-se num círculo. Por isso, de acordo com as leis da Criação, tudo só poderá encontrar sua conclusão voltando incondicionalmente ao ponto de partida, isto é, dissolvendo-se, remindo-se ou extinguindo-se como algo atuante. Assim se dá com a Criação global, como com qualquer fenômeno individual. Disso se origina o efeito recíproco incondicional, que por sua vez acarreta o simbolismo.

Já que todas as ações devem terminar lá onde tiveram origem, depreende-se, outrossim, que toda ação deve terminar também na mesma espécie de matéria em que se originou. Portanto, aquilo que começou na matéria fina tem de terminar na matéria fina, e aquilo que teve origem na matéria grosseira tem de terminar na matéria grosseira. As criaturas humanas não conseguem ver a matéria fina; é-lhes visível, sim, o final de cada acontecimento de matéria grosseira, mas para muitos falta a chave apropriada para tanto, isto é, o começo, que na maioria dos casos se encontra numa existência anterior de matéria grosseira.

Mesmo que também nisto a maior parte de todo o desenrolar do efeito recíproco se dê apenas no mundo de matéria fina, o carma que desse modo funciona jamais poderia encontrar uma remição total, se o fim não se inserir de alguma forma no mundo de matéria grosseira, tornando-se ali visível. Um círculo em curso somente pode ser fechado com um procedimento visível, correspondente ao sentido da reciprocidade, resultando então a completa remição, pouco importando se de acordo com o começo, outrora, ela seja boa ou má, traga felicidade ou infelicidade, bênçãos ou perdão pelo remate. Esse último efeito visível *tem* de se realizar no mesmo lugar onde se deu a origem, isto é, *no* ser humano, que por qualquer ação deu começo a isso. Em caso algum poderá isso ser evitado.

Se nesse ínterim a respectiva criatura humana tiver se modificado interiormente, de tal modo que nela se tornou vivo algo melhor do que fora o ato de outrora, então o efeito retroativo em sua espécie não pode ancorar-se nela. Não encontra mais terreno de igual espécie na alma que se esforça em ascender, a qual se tornou mais luminosa e com isso mais leve, segundo a lei da gravidade espiritual.*

---

* Dissertação: "Destino".

27. Simbolismo no destino humano

A consequência natural é que um efeito mais turvo, ao aproximar-se, é impregnado pelo ambiente mais luminoso da respectiva pessoa e com isso substancialmente enfraquecido. Ainda assim, contudo, a lei da circulação e da reciprocidade tem de se cumprir plenamente, com sua força de atuação automática. Uma revogação de qualquer das leis naturais é impossível.

Eis por que uma reciprocidade assim enfraquecida em seus efeitos de retorno terá, de acordo com as leis imutáveis, de se manifestar *visivelmente* também na matéria grosseira, a fim de realmente ser remida, isto é, extinta. O fim tem de refluir ao começo. Mas o carma obscuro não poderá causar males à respectiva pessoa por causa do âmbito clareado, acontecendo assim que esse efeito recíproco enfraquecido somente passe a atuar de tal modo no *ambiente* mais próximo, que o atingido se vê na contingência de fazer voluntariamente algo, cuja natureza apenas corresponda *ao sentido* da reciprocidade em retorno.

A diferença com relação à intensidade propriamente integral, do efeito a ele destinado, da correnteza obscura de retorno, é que não lhe causa nenhuma dor ou dano, mas talvez até proporcione alegria.

Isto é então um remate *puramente simbólico* de algum carma *pesado,* mas correspondendo de modo perfeito às leis da Criação, devido à mudança do estado de alma, atuando dessa forma automaticamente. Por essa razão muitas vezes também para a maioria dos seres humanos isso permanece totalmente inconsciente. Com isso o carma se remiu e a justiça inquebrantável foi satisfeita em suas mais delicadas correntezas. Nesses processos naturais, segundo as leis da Criação, encontram-se tamanhas ações de graça como somente a onisciência do Criador poderia realizar em Sua obra perfeita.

Verificam-se muitos desses remates, puramente simbólicos, de efeitos recíprocos, que do contrário atingiriam pesadamente!

Tomemos um exemplo: uma pessoa de caráter outrora duro e despótico, oprimindo com o exercício dessas características os seus semelhantes, acumulou sobre si um carma pesado que, vivo em seu modo específico, seguindo o seu curso circular, tem de recair sobre ela muitas vezes aumentado, de idêntica maneira.

Ao aproximar-se, essa correnteza de matéria fina de implacável despotismo, muitas vezes enormemente aumentada, impregnará, devido à lei de atração de igual espécie, todo o ambiente de matéria fina da respectiva pessoa, de tal modo, que atua de maneira incisiva sobre o ambiente de matéria grosseira ligado estreitamente a ela, criando assim circunstâncias que obrigam o causador de outrora a sofrer de modo muito maior, sob idêntico despotismo, do que seus semelhantes, por ele atormentados em tempos passados.

Mas se nesse ínterim, tal ser humano tiver chegado a melhor reconhecimento, obtendo, mercê de esforços sinceros para a escalada, um âmbito luminoso e mais leve, com isso é lógico que se altera também a espécie dos últimos efeitos. As trevas mais densas que voltam serão perpassadas com maior ou menor intensidade pela Luz, de acordo com a luminosidade do novo ambiente da respectiva pessoa; por conseguinte, serão eliminadas de modo mais ou menos eficiente. Se a antiga pessoa despótica tiver se elevado bastante, isto é, na hipótese duma regeneração extraordinária do culpado, pode até suceder que o efeito propriamente dito seja como que anulado e que ele apenas passageiramente faça algo, que, de acordo com a aparência externa, se assemelhe a uma expiação.

Suponhamos que se trate duma mulher. Bastaria que uma vez tomasse a escova das mãos da criada para mostrar-lhe, com toda a amabilidade, de que modo deveria o assoalho ser esfregado. Mesmo que sejam apenas poucos os movimentos nesse sentido, bastarão como símbolo de servir. Essa pequena ação resulta num remate que precisava processar-se *de modo visível* e que, não obstante sua leveza, é capaz de pôr termo a um pesado carma.

De idêntico modo pode a modificação dum único quarto tornar-se o símbolo do remate e do levantamento duma culpa cuja penitência ou retorno, propriamente, teria requerido uma transformação maior, dolorosamente incisiva. Tais fatos resultam, de qualquer forma, das influências enfraquecidas de um efeito retroativo; ou ações ocasionais são também habilmente utilizadas pelos guias espirituais para conduzir a uma absolvição.

Fica pressuposto em tudo isso que já se tenha realizado uma extraordinária melhora, bem como a transformação do estado anímico a isso ligado. Circunstâncias que um astrólogo naturalmente não consegue levar em conta, razão pela qual muitas vezes vai produzir preocupações desnecessárias com os seus cálculos, às vezes tamanho medo até, que somente o seu volume já é capaz de causar e formar algo desagradável, com o que, aliás, apenas aparentemente um cálculo então se realiza, o qual, não fora esse medo, pelo contrário, ter-se-ia patenteado como errado. Mas em tais casos a respectiva pessoa, propriamente, foi quem abriu uma porta no círculo luminoso que a rodeia, devido a seu medo.

Onde ela própria estender voluntariamente a mão além do envoltório protetor, não lhe poderá advir auxílio de nenhum lado. Sua própria vontade é que rompe de dentro para fora *cada* proteção, ao passo que de fora, sem a sua própria vontade, nada poderá atingi-la, através da Luz.

Assim, pois, o mínimo favor prestado aos seus semelhantes, um sentimento sincero de compaixão pelo próximo, uma única palavra amistosa, podem formar remições simbólicas para um carma, desde que interiormente seja formada como base a vontade sincera para o bem.

Isso tem de preceder, evidentemente, pois do contrário não se poderia falar duma remição simbólica, porque tudo o que estivesse em refluxo então se efetuaria de modo total em todos os sentidos.

Mas, tão logo se inicie na criatura humana realmente a vontade sincera para a escalada, muito em breve poderá observar como, pouco a pouco, se manifesta mais e mais vida em seu ambiente, como se lhe fossem colocadas no caminho toda sorte de coisas, as quais, no entanto, terminarão sempre bem. Dá-lhe na vista até. Advirá, do mesmo modo, por fim, um período visível de mais calma ou quando todos os acontecimentos, nitidamente reconhecíveis, servem também para progresso terreno. Então passou a época das remições.

Com alegre agradecimento pode entregar-se à ideia de que muita culpa se lhe desprendeu, que doutro modo deveria ter penitenciado pesadamente. Deve então estar vigilante, a fim de que todos os fios do destino, que pela sua vontade e pelo seu desejar de novo ata, sejam apenas bons, para que também lhe possa atingir apenas o que é bom!

CRENÇA

A CRENÇA não é conforme a maioria dos assim chamados fiéis a demonstra. A verdadeira crença somente surge quando a pessoa se inteirou totalmente do conteúdo das Mensagens de Deus, e com isso as transformou em convicção viva e voluntária.

Mensagens de Deus provêm através da Palavra de Deus, bem como através de Sua Criação. Tudo dá testemunho Dele e de Sua vontade. Tão logo uma pessoa possa *vivenciar,* conscientemente, todo o evoluir e todo o existir, seu intuir, pensar e atuar serão uma única e alegre confirmação de Deus.

Silenciará então, não falará muito sobre isso, tornou-se, porém, uma personalidade que com essa adoração silenciosa a Deus, a qual pode ser denominada como confiança em Deus, estará de modo firme e seguro na Criação inteira. Não se entregará a devaneios fantasiosos, não cairá em êxtases, tampouco viverá na Terra apenas no espiritual, mas cumprirá com bom senso e salutar coragem sua obra terrena, aplicando também aí habilmente o raciocínio frio como arma afiada na necessária defesa, em casos de agressão, sem naturalmente se tornar injusta.

Não deve absolutamente tolerar, calada, quando lhe façam injustiças. Do contrário sustentaria e fortaleceria o mal com isso.

Existem, contudo, muitas criaturas humanas que apenas se *imaginam* fiéis! Apesar de toda a concordância interior sobre a existência de Deus e de Sua atuação, temem o sorriso dos céticos. É-lhes desagradável e penoso, passam nas conversações por cima disso silenciosamente com expressão diplomática na fisionomia, fazendo constantemente concessões aos céticos, mediante seu comportamento, por causa do embaraço. Isso não é crença, mas um mero *assentimento* interior! Renegam dessa forma, na realidade, a seu Deus, a quem oram às escondidas, esperando Dele, por isso, tudo o que é bom.

A falsa consideração em relação aos céticos não pode ser desculpada com as palavras de que para os "fiéis" o assunto é "demasiadamente sagrado e sério", para que eles possam querer expô-lo a eventual escárnio. A isso, igualmente, não se pode denominar modéstia, mas somente baixa covardia! Falai finalmente com toda a franqueza, mostrai quem sois! Sem medo diante de *cada* pessoa, com aquele orgulho que corresponde à filiação de Deus! Só então os céticos, por fim, se verão obrigados a reter seu sarcasmo, que apenas denuncia insegurança. Agora, no entanto, este só está sendo cultivado e nutrido pelo medroso comportamento de tantos "fiéis".

Essas pessoas enganam-se a si mesmas, porque dão à palavra "crença" um sentido muito diferente do que essa palavra requer. A crença precisa ser *viva,* isto é, deve tornar-se mais do que convicção, tornar-se ação! Tornar-se-á ação logo que tenha traspassado tudo, todo o intuir, o pensar e o atuar. Ela deve, partindo de dentro, de maneira discreta, tornar-se palpável e visível, isto é, evidente, em tudo o que faz parte do ser humano. Não se deve usá-la nem como ornamento, nem como escudo; ao contrário, tudo o que se torna exteriormente sensível deve resultar exclusivamente da irradiação natural do núcleo interior espiritual.

Popularmente falando, a verdadeira crença deve ser, portanto, uma força que, irradiando do espírito do ser humano, penetre em sua carne e em seu sangue, tornando-se assim uma única evidência natural. Nada de artificial, nada de forçado, nada de aprendido, mas apenas vida!

Olhai para muitos fiéis: afirmam eles que creem firmemente na continuação da vida após a morte, aparentemente sintonizam também seus pensamentos nisso. Mas se lhes for dado ensejo de obter uma prova dessa vida do Além, fora da observação cotidiana mais simples, aterrorizam-se ou ficam profundamente abalados! Com isso mostram justamente que no fundo não estavam

28. Crença

assim tão convencidos da vida do Além, pois do contrário tal prova ocasional deveria parecer-lhes absolutamente natural. Não deveriam, por conseguinte, nem se assustar, nem se abalar com isso em especial.

Ao lado disso existem ainda inúmeros fenômenos que mostram nitidamente quão pouco crentes são, pois, os assim chamados fiéis. A crença não está viva neles.

BENS TERRENOS

COM muita frequência se levanta a questão de saber se o ser humano deve se separar dos bens terrenos ou desprezá-los, no seu esforço para proveitos *espirituais*.

Seria tolice estabelecer tal princípio! Quando se diz que as criaturas humanas não devem se prender a bens terrenos logo que se esforçam na direção do reino celeste, não se diz com isso que devam dar de presente ou jogar fora bens terrenos, para viver na pobreza. O ser humano pode e deve usufruir alegremente aquilo que Deus lhe torna acessível através de Sua Criação.

O "não dever se prender" a bens terrenos significa apenas que um ser humano não deve deixar-se arrebatar a tal ponto, de considerar o amontoamento de bens terrenos como finalidade máxima de sua vida terrena, de se "prender", portanto, através disso predominantemente a esse pensamento.

Acabaria semelhante atitude por desviá-lo de modo totalmente natural de alvos mais elevados. Não teria mais tempo disponível para tal e penderia realmente com todas as fibras de seu ser apenas nessa única finalidade de aglomerar posses terrenas. Seja, pois, por causa dos próprios bens, ou por causa de prazeres que a posse possibilita ou, também, por causa de outras finalidades, não importa, no fundo permaneceria sempre o mesmo resultado. Com isso, o ser humano pende e ata-se ao puramente terrenal, pelo que perde a visão para o alto e não pode mais subir.

Essa concepção falsa de que os bens terrenos são inconvenientes para o progresso espiritual provocou, na maioria dos seres humanos, o conceito absurdo de que todos os empreendi-

29. Bens terrenos

mentos espirituais nada podem ter em comum com bens terrenos, se é que eles devam ser tomados a sério. É esquisito que a humanidade nunca ficasse ciente do dano que desse modo atraiu sobre si.

Com isso, desvalorizam em si próprios os dons espirituais, isto é, os mais elevados que lhes podem ser outorgados, pois em virtude de todas as aspirações espirituais de até agora, devido a esta estranha conceituação, terem de depender de sacrifícios e doações, semelhante aos *mendigos,* assim se imiscuiu com isso, de modo imperceptível, em relação às aspirações espirituais, a mesma atitude que se manifesta em relação aos mendigos. Razão por que essas nunca puderam obter aquele apreço que, aliás, em primeiro lugar merecem.

Essas aspirações tiveram, porém, pela mesma razão, de trazer em si de antemão o germe da morte, porque nunca puderam firmar-se nos próprios pés, mas sempre permanecer dependentes da boa vontade das criaturas humanas. Justamente para proteger e defender perante a humanidade aquilo que de mais sagrado possui, isto é, *o espiritual,* aquele que se esforça sinceramente não deve desprezar bens terrenos! Devem servir-lhe agora predominantemente como escudo no mundo de matéria grosseira, a fim de poder rechaçar de igual para igual.

Viria a ser uma situação insana, se na época de materialistas os que se esforçam por progredir espiritualmente quisessem desdenhar a arma mais forte dos adversários inescrupulosos! Isso seria uma leviandade, que poderia vingar-se pesadamente.

Por isso, vós, fiéis legítimos, não menosprezeis bens terrenos, que também só puderam ser criados pela vontade de Deus, a quem procurais honrar! Contudo, não vos deixeis adormecer pelo conforto que a posse de bens terrenos pode originar, mas usai-os de modo sadio.

O mesmo se dá com os dons especiais de tais forças que servem para curar diversas doenças ou com capacitações semelhantes, ricas em bênçãos. Da maneira mais ingênua ou, digamos mais acertadamente, da maneira mais inescrupulosa, pressupõem as criaturas humanas que essas capacitações lhes são postas gratuitamente à disposição, já que por sua vez foram outorgadas

das esferas espirituais, como dádivas extraordinárias, para serem postas em prática. Chega a tal ponto, que certas pessoas esperam uma especial manifestação de alegria quando "condescendem" em aceitar auxílios desse teor por ocasião de grandes aflições. Tais pessoas têm de ser excluídas de todo auxílio, mesmo se fosse o único que ainda lhes pudesse auxiliar!

As pessoas assim dotadas, porém, deveriam elas próprias, antes de tudo, aprender a dar apreço mais alto a essa sua dádiva de Deus, para que as pérolas não sejam sempre de novo atiradas aos porcos. Para uma assistência eficiente necessitam de *muito mais* forças físicas e de matéria fina, bem como de tempo, do que um advogado para sua melhor oração de defesa, ou um médico por ocasião de muitas visitas aos doentes, ou um pintor para a composição de um quadro. A pessoa alguma jamais ocorreria a ideia de pretender de um advogado, de um médico ou de um pintor, um trabalho gratuito, embora uma boa capacitação seja também apenas uma "dádiva de Deus", como qualquer outro dom, nada mais. Jogai fora, finalmente, essas roupas de mendigos e apresentai-vos com os trajes que mereceis.

A MORTE

ALGO em que todas as pessoas creem, sem exceção, é a morte! Cada uma está convencida da sua chegada. Esse é um dos poucos fatos sobre o qual não reina qualquer controvérsia nem ignorância.

Muito embora todos os seres humanos contem com isso desde a infância, de terem de morrer um dia, a maioria, no entanto, sempre procura afastar tal pensamento. Muitos até se enfurecem, quando se fala disso em sua presença. Outros, por sua vez, evitam cuidadosamente visitar cemitérios, desviam-se de enterros e procuram o mais depressa possível desfazer qualquer impressão, se porventura uma vez encontrem um féretro na rua.

Com isso, sempre os oprime um medo secreto de que um dia poderiam ser repentinamente surpreendidos pela morte. Medo indefinido os impede de se aproximarem com pensamentos sérios desse fato inamovível.

Certamente não existe nenhum acontecimento que, apesar de sua inevitabilidade, seja sempre de novo posto tão de lado nos pensamentos, como a morte. Mas também certamente nenhum acontecimento existe tão importante na vida terrena, a não ser o do nascimento. Contudo, é bem notório que o ser humano queira se ocupar tão pouco exatamente com o começo e o fim de sua existência terrena, ao passo que a todos os outros acontecimentos, mesmo os de importância totalmente secundária, queira emprestar significação profunda.

Investiga e perscruta todos os episódios intermediários com mais afinco do que aquilo que lhe possa dar esclarecimentos de tudo: o começo e o fim de sua peregrinação terrena. Morte e nascimento são tão estreitamente ligados, porque um é consequência do outro.

Quão pouca seriedade, porém, dedicam já à geração! Certamente em mui raros casos se encontra a tal respeito algo digno do ser humano. Justamente nesse ato é que os seres humanos preferem se identificar com os animais, e não conseguem, contudo, manter a ingenuidade destes. Isso resulta numa tomada de posição *inferior* à do animal. Pois este atua de conformidade com o degrau que ocupa na Criação.

O ser humano, porém, não consegue ou não quer ocupar o degrau que lhe compete. Desce mais profundamente e depois ainda se admira quando a humanidade inteira em vários sentidos vai decaindo cada vez mais.

Já os hábitos nos casamentos, são todos eles orientados para considerar a união conjugal como um fato puramente terreno. Em muitos casos chega até tal ponto, que pessoas de índole séria se afastam com asco diante de pormenores inequívocos que visam apenas relações terrenas. Os festejos de núpcias são em muitos casos apenas orgias de verdadeira alcovitagem, a cuja frequência todos os pais conscientes de suas altas responsabilidades deveriam proibir com a maior severidade os filhos.

Moços e moças, porém, que durante tal festa não sintam surgir em si próprios o asco ante tais costumes e alusões, e por esse motivo, face à sua própria responsabilidade de comportamento, não permanecem afastados, já podem de qualquer modo ser tidos na conta de pertencerem ao mesmo baixo nível, portanto, não podendo mais ser levados em consideração por ocasião de uma análise. É como se também nessa contingência as criaturas humanas procurassem numa envenenada embriaguez enganar-se a si mesmas sobre algo em que não querem pensar.

Se, então, a vida terrena é construída em bases tão levianas, conforme já se tornou hábito e costume, pode-se compreender que os seres humanos também procurem iludir-se em relação à morte, esforçando-se espasmodicamente para não pensar nela. Esse afastar de todos os pensamentos sérios para longe se acha em íntima ligação com a própria posição decadente no ato da

30. A morte

procriação. O medo indefinido, que como uma sombra acompanha o ser humano durante toda a sua vida terrena, decorre em grande parte da noção plena de todos os males dos atos levianos que degradam as criaturas humanas.

E quando elas não podem de modo algum adquirir tranquilidade de outra forma, agarram-se por fim de maneira obstinada e artificial à auto-ilusão de que tudo se acaba com a morte, testemunhando plenamente a consciência de sua desvalia e covardia ante uma eventual responsabilidade, ou agarram-se à esperança de que também não são muito piores do que outras pessoas.

Mas todas essas imaginações não alteram um mínimo grão sequer da realidade, que a morte terrena se lhes aproxima. A cada dia, a cada hora chega mais perto!

É lastimoso ver, muitas vezes, quando, nas derradeiras horas da maioria daqueles que procuravam com teimosia negar uma responsabilidade na continuação da vida, começa o grande e angustioso perguntar, provando de como chegam a duvidar repentinamente da própria convicção. Mas isso não lhes valerá muito, pois ainda no fim é a covardia que pouco antes do grande passo para fora da existência terrena os faz ver diante de si, de chofre, a possibilidade da continuação da vida e, concomitantemente, uma responsabilidade.

Contudo, o medo, a angústia e a covardia proporcionam tão pouca redução ou resgate da incondicional reciprocidade de todas as ações, quanto a teimosia. Um compreender, isto é, chegar ao reconhecimento, igualmente não se processa dessa maneira. Ainda nas últimas horas, devido ao medo, a astúcia de seu raciocínio, tantas vezes provada na vida terrena, aplica um golpe danoso no moribundo, procurando, em sua costumeira precaução, deixar a criatura humana tornar-se ainda, repentina e rapidamente, beata no sentido intelectual, assim que a separação do ser humano de matéria fina que continua a viver, do corpo de matéria grosseira, já tenha alcançado um grau tão adiantado, que a vida de intuições se iguala, nesse desenlace, ao vigor do raciocínio, ao qual até aí esteve subordinado à força.

Dessa forma nada lucram! Colherão o que durante a sua vida terrena semearam por pensamentos e ações. Coisíssima alguma é com isso melhorada ou sequer modificada! Irresistivelmente serão arrastados às engrenagens das leis da reciprocidade, em atuação severa, a fim de nelas vivenciar no mundo de matéria fina tudo aquilo que erraram, isto é, pensaram e fizeram por convicção errônea.

Têm toda a razão para temer a hora do desenlace do corpo de matéria grosseira, que por algum tempo lhes serviu de anteparo protetor contra muitos acontecimentos de matéria fina. Essa parede protetora lhes foi dada como escudo e abrigo, para que atrás dela pudessem modificar, em imperturbável tranquilidade, muita coisa para melhor, e até remir totalmente aquilo que, sem essa proteção, pesadamente deveria tê-los atingido.

Duplamente triste, sim, dez vezes triste é para aquele que malbarata essa época de graças da existência terrena, em leviana autoilusão, como que em estado de embriaguez. A angústia e o pavor são, portanto, justificados em muitos deles.

Bem diverso com os que não desperdiçaram a sua existência terrena, que ainda em tempo certo, mesmo que em hora tardia, mas não por medo e pavor, tomaram o caminho da ascensão espiritual. Levam consigo sua procura sincera como bastão e apoio para o mundo de matéria fina. Podem sem receio e apreensão empreender o passo da matéria grosseira para a matéria fina, o que é inevitável para cada um, visto que tudo o que é perecível, como o corpo de matéria grosseira, também uma vez tem de perecer. Podem saudar a hora do desligamento, pois constitui para eles um progresso absoluto, não importando o que terão de vivenciar na vida de matéria fina. Então o bem os tornará felizes, o pesado lhes será surpreendentemente facilitado, pois aí a boa vontade auxilia mais vigorosamente do que jamais supunham.

O processo da morte, propriamente, nada mais é do que o nascimento para o mundo de matéria fina. Semelhante ao processo do nascimento para o mundo de matéria grosseira. Durante algum tempo depois do desenlace, o corpo de matéria fina permanece ligado ao corpo de matéria grosseira, como por um cordão umbilical, e que é tanto mais frouxo, quanto mais elevado o assim nascido para o mundo de matéria fina já tiver

30. A morte

desenvolvido sua alma na existência terrena em direção ao mundo de matéria fina.

Quanto mais, por sua vontade, ele se acorrentou à Terra, portanto à matéria grosseira, e assim nada quis saber da continuação da vida no mundo de matéria fina, tanto mais firme, por conseguinte, devido à sua própria vontade, será agora esse cordão que o liga ao corpo de matéria grosseira e com isso também ao seu corpo de matéria fina, do qual ele necessita como vestuário do espírito no mundo de matéria fina.

Mas quanto mais espesso for seu corpo de matéria fina, tanto mais pesado será ele segundo as leis vigentes, e tanto mais escuro terá de parecer também. Em virtude dessa grande semelhança e achegado parentesco com tudo o que é de matéria grosseira, muito difícil ser-lhe-á também se separar do corpo de matéria grosseira, acontecendo, pois, que tal pessoa terá também de sentir ainda as últimas dores corpóreas da matéria grosseira, bem como toda a desintegração durante a decomposição. Durante a cremação, tampouco fica insensível.

Por fim, depois da separação desse cordão de ligação, desce no mundo de matéria fina até o ponto em que o seu ambiente tem idêntica densidade e peso. Lá encontra então, na mesma gravidade, de igual modo, somente os de índole idêntica. É explicável que ali seja pior do que no corpo de matéria grosseira na Terra, porque no mundo de matéria fina todas as intuições são vividas de modo *total* e sem entraves.

Diferente é com os seres humanos que já em sua vida terrena haviam iniciado a ascensão para tudo quanto é mais nobre. A separação também é muito mais fácil, porque esses trazem vivamente em si a convicção do passo para o mundo de matéria fina. Tanto o corpo de matéria fina como o cordão de ligação não são densos, e essa diferença, em suas mútuas estranhezas com o corpo de matéria grosseira, deixa efetuar-se mui rapidamente também o desenlace, de modo que o corpo de matéria fina, durante toda a chamada agonia ou últimas contrações musculares do corpo de matéria grosseira, já há muito se encontra *ao lado* deste, se, aliás, se possa falar de agonia num passamento normal de tais pessoas. O estado frouxo, pouco denso, do cordão de ligação, não permite que o ser humano de matéria fina, que se encontra ao lado, sofra a mínima dor, porque esse cordão tênue não pode, em seu estado pouco denso, constituir qualquer transmissor de dor da matéria grosseira à matéria fina.

Esse cordão, em consequência de sua maior delgadeza, rompe também a ligação de modo mais rápido, de maneira que o corpo de matéria fina se liberta totalmente num prazo muito mais curto, ascendendo então para aquela região constituída da idêntica espécie, mais fina e mais leve. Lá, ele também somente poderá encontrar os de índole idêntica, recebendo paz e felicidade na melhor e mais elevada vida intuitiva. Tal corpo de matéria fina, leve e menos denso, mostrar-se-á naturalmente também mais luminoso e mais claro, até atingir por fim tal sutilidade, que o espiritual nele existente comece a irromper de modo fulgurante, antes de entrar no espiritual de modo totalmente irradiante.

Sejam, porém, advertidas as pessoas que rodeiam um moribundo, para que não irrompam em altas lamentações. Pela dor da separação exageradamente manifestada pode a criatura humana de matéria fina, que se acha em vias de desligamento ou talvez já se encontre de lado, ser atingida, isto é, ouvir ou sentir aquilo. Despertando nela desse modo a compaixão ou o desejo de dizer ainda palavras de consolo, esse ensejo ligá-la-á de novo, mais fortemente, com a finalidade de se manifestar de modo *compreensível* aos que se lamentam cheios de dor.

Apenas se utilizando do cérebro poderia fazer-se entender terrenamente. O anseio, porém, acarreta, isto é, condiciona a ligação íntima com o corpo de matéria grosseira, resultando por isso, como consequência, que não somente um corpo de matéria fina que ainda se acha em vias de desligamento se una de novo, mais estreitamente, ao corpo de matéria grosseira, mas que também uma criatura humana de matéria fina que já se encontra desligada e ao lado, seja mais uma vez atraída de volta ao corpo de matéria grosseira. O resultado final é o retorno a todas as dores, das quais já estava liberta.

O novo desenlace se torna então bem mais difícil, podendo mesmo durar alguns dias. Ocorre então a assim chamada agonia prolongada, que se torna realmente dolorosa e difícil para quem queira se desligar. Culpados são, portanto, todos quantos, com suas lamentações egoísticas, fizeram-na retroceder do seu desenvolvimento natural.

Devido a essa interrupção do curso normal, deu-se uma nova ligação forçada, mesmo que seja apenas através da fraca tentativa de uma concentração para se fazer entender. E não é tão fácil dissolver novamente essa ligação antinatural, para aquele que nisso seja ainda totalmente inexperiente. Auxílios aí não lhe podem ser dados, visto que ele próprio quis a nova ligação.

Essa ligação pode se estabelecer facilmente enquanto o corpo de matéria grosseira ainda não esfriou de todo e o cordão de ligação exista, o qual muitas vezes somente se rompe após muitas semanas. Portanto, um martírio desnecessário para quem se translada, uma falta de consideração e crueldade dos que se encontram em redor.

Por isso, num recinto de morte, deve imperar absoluta calma, uma serenidade condigna, correspondente à hora importante! Pessoas incapazes de se dominarem deveriam ser afastadas à força, mesmo que sejam os parentes mais próximos.

FALECIDO

SOLITÁRIA e sem compreender nada se encontra uma alma no recinto de morte. Sem compreender nada, porque o ser humano que jaz no leito se recusou, durante a sua vida terrena, a acreditar na continuação da vida após deixar o corpo de matéria grosseira, jamais pensando nisso com afinco, e zombando de quantos falavam a tal respeito.

Confuso, olha ao seu redor. Vê a si próprio no leito de morte, vê em volta pessoas conhecidas que choram, ouve as palavras que elas dizem, e sente também, decerto, a dor que elas intuem nas lamentações por ele haver morrido. Tem vontade de rir e clamar que ainda vive! Chama! E nota, admirado, que não o ouvem. Repetidamente chama alto e cada vez mais alto. As pessoas não escutam, continuam a lamentar. Medo começa a brotar nele. Pois ele ouve bem alto a sua própria voz e sente também distintamente o seu corpo.

Mais uma vez grita angustiadamente. Ninguém lhe dá atenção. Olham, chorando, para o corpo inerte que ele reconhece como sendo o seu, e o qual, no entanto, considera de repente como sendo algo estranho, que não lhe pertence mais, pois encontra-se com seu corpo ao lado, livre de toda a dor que até então sentia.

Com amor chama então o nome de sua mulher, ajoelhada ali rente ao que até agora era seu leito. Mas o choro não cessa, nenhuma palavra, nenhum movimento denota que ela o ouviu. Desesperado, aproxima-se dela, sacudindo-a rudemente pelo ombro. Ela não percebe. Ele não sabe, pois, que tocou apenas no corpo de matéria fina da esposa, sacudindo-o, e não no de matéria grosseira, e que sua esposa, que igualmente a ele nunca

31. Falecido

pensou existir algo mais do que o corpo terreno, também não podia sentir o toque em seu corpo de matéria fina.

Um indizível sentimento de medo deixa-o estremecer. A fraqueza do desamparo oprime-o até o chão, sua consciência desaparece.

Uma voz que ele conhece o faz voltar a si lentamente. Vê então aquele corpo que ele usava na Terra, rodeado de flores. Tem vontade de sair dali, mas lhe é impossível desvencilhar-se daquele corpo frio e imóvel. Percebe nitidamente que ainda se acha ligado a ele. E eis que torna a ouvir a voz que o despertara do dormitar. Trata-se de seu amigo que conversa com outra pessoa. Ambos trouxeram uma grinalda mortuária e, enquanto a depositam, falam. Ninguém mais está junto dele.

O amigo! Quer se fazer notar por ele e pelo outro, que com o amigo muitas vezes fora seu querido hóspede! Tem de dizer-lhes que nele a vida, esquisitamente, ainda continua, que ainda pode ouvir o que as pessoas falam. Chama! Todavia, calmamente o seu amigo se volta para o acompanhante e continua a falar. Mas *o que* ele fala lhe perpassa como um susto através de seus membros. É *esse* o seu amigo? Assim ele fala dele agora.

Escuta, estarrecido, as palavras daquelas pessoas com as quais tantas vezes bebeu e riu, que só elogiavam enquanto comiam à sua mesa e frequentavam sua casa hospitaleira.

Foram-se; chegam outros de novo. *Como* podia agora reconhecer as pessoas! Tantas, a quem tinha em alta consideração, agora, só lhe despertavam asco e ira, enquanto que outras, a quem nunca dera atenção, de bom grado teria apertado a mão com gratidão. Mas não o ouviam, não o sentiam, apesar de ele se exaltar, gritar, a fim de provar que estava vivo! —

Com enorme acompanhamento conduziram então o corpo à sepultura. Estava sentado no próprio ataúde. Amargurado e desesperado, agora somente ainda podia rir, rir! O riso, porém, logo deu lugar ao mais profundo desalento, e imensa solidão lhe sobreveio. Cansou-se, dormiu. — — — —

Ao acordar, escuro estava à sua volta. Não sabia quanto tempo havia dormido. Percebeu, todavia, que já não podia mais estar ligado como até então ao seu corpo terreno, pois estava livre. Livre na escuridão que lhe pesava de modo estranhamente opressor.

Chamava. Nenhum som. Não ouvia sua própria voz. Gemendo, caiu para trás. Contudo, bateu aí fortemente com a cabeça numa pedra pontiaguda. Quando, após longo tempo, tornou a acordar, havia ainda o mesmo negror, o mesmo silêncio lúgubre. Queria saltar, mas os membros estavam pesados e recusavam-se a servi-lo. Com toda a força, proveniente do mais angustiado desespero, levantou-se e cambaleou, tateando para lá e para cá. Muitas vezes caía no chão, feria-se, batia-se pela direita e pela esquerda, em pontas e cantos, mas algo não o deixava parar, pois um forte impulso o forçava continuamente a avançar às apalpadelas e procurar. Procurar! Mas o quê? Seu pensar estava confuso, cansado e sem esperanças. Procurava algo que não podia compreender. Procurava!

Algo o impulsionava para diante, sempre para diante! Até novamente cair, para de novo se levantar e continuar a andar. Passaram-se assim vários anos, decênios, até que finalmente lhe sobrevieram lágrimas, soluços, deixando estremecer-lhe o peito e... um pensamento se desprendeu, uma súplica, qual grito de uma alma exausta, desejando um fim para o sombrio desespero.

O grito do mais desmedido desespero e da dor sem esperança trouxe, no entanto, o nascimento do primeiro pensar no desejo de sair daquele estado. Procurou reconhecer o que o conduziu a esse estado pavoroso, o que o obrigou tão cruelmente a perambular pela escuridão. Apalpou em redor: rochas ásperas! Seria a Terra ou talvez, sim, o outro mundo no qual jamais pôde acreditar?

O outro mundo! Então estava morto terrenamente e, no entanto, vivia, se é que queria chamar de viver a esse estado. O pensar tornou-se imensamente difícil. Assim cambaleava adiante, procurando. Anos decorreram novamente. Para fora, fora dessa escuridão! Esse desejo tornou-se um impulso impetuoso, do qual se formou saudade. Saudade, no entanto, é a intuição mais pura que se destaca do impulso grosseiro, e da saudade brotou timidamente uma oração.

Essa oração de saudade eclodiu por fim dele, semelhante a uma fonte, e silenciosa e benéfica paz, humildade e sujeição entraram assim em sua alma. E quando ele se levantou para continuar sua caminhada, eis que uma correnteza de intenso vivenciar percorreu seu corpo, pois crepúsculo agora o rodeava, de súbito podia ver!

Longe, bem longe distinguiu ele uma luz, igual a um archote que o saudava. Jubilosamente estendeu os braços naquela direção; tomado de profunda felicidade prostrou-se novamente e agradeceu, agradeceu, com o coração a transbordar, Àquele que lhe concedeu luz! Com nova força caminhava então em direção a essa luz, que não se aproximava dele, mas que ainda assim esperava alcançá-la, após tudo o que experimentara, mesmo que levasse séculos. O que agora lhe sucedeu podia repetir-se e conduzi-lo finalmente para fora do amontoado de pedras, para um país mais cálido e raiado de luz, se humildemente implorasse por isso.

"Meu Deus, ajuda-me nisso!" brotou aflitamente do coração cheio de esperanças. E que prazer, novamente ouviu sua voz! Mesmo que inicialmente apenas fraca, contudo ouvia! A felicidade disso deu-lhe novas forças e, esperançoso, tornou a seguir adiante. — —

Assim o início da história duma alma no mundo de matéria fina. A alma não poderia ser denominada ruim. Na Terra até era considerada muito boa. Um grande industrial, muito atarefado, esforçado em cumprir fielmente todas as leis terrenas. —

A respeito desse processo, um esclarecimento ainda: o ser humano que durante sua existência terrena nada quer saber de que depois da morte ainda há vida e que será obrigado a responsabilizar-se por todas as suas ações, cego e surdo será na matéria fina, quando tiver de se trasladar. Somente enquanto permanecer ligado, por dias ou semanas, ao seu corpo de matéria grosseira que deixou, consegue temporariamente também perceber o que acontece à sua volta.

Tão logo, porém, fique livre do corpo de matéria grosseira em decomposição, perde tal possibilidade. Não ouve nem vê mais nada. Não se trata dum castigo, mas de algo absolutamente natural, porque não *quis* ver nem ouvir nada do mundo de matéria fina. Sua própria vontade, capaz de dar forma própria e imediata à matéria fina, é que impede que seu corpo de matéria fina possa ver e também ouvir. Até que se manifeste, lentamente, uma alteração nessa alma. Se isso, agora, demorar anos, decênios, talvez séculos, é assunto de cada pessoa. À sua vontade, lhe é deixado integralmente. Também auxílio só lhe advém, quando ela própria o almejar. Não antes. Nunca será forçada a isso.

A luz que essa alma, que adquiriu visão, saudou com tamanha alegria, sempre esteve lá. Só que antes ainda não podia vê-la. É mesmo mais clara e mais forte do que a alma, até então cega, inicialmente a vê. O *modo* pelo qual a vê, se forte, se fraca, depende apenas dela exclusivamente. Ela não vem absolutamente ao seu encontro, mas está lá! Poderá usufruí-la a qualquer momento, bastando desejá-la de maneira humilde e sincera.

Mas isso que aqui esclareço só se refere a *essa espécie* de almas humanas. Não, porém, a outras. Nas próprias trevas e em suas planícies não se encontra luz. Lá não é válido que aquele, que progride em si, possa de repente ver a luz, mas sim, para isso, primeiramente tem de ser conduzido para fora do ambiente que o retém.

Certamente a situação dessa alma, aqui apreciada, já é de ser qualificada de angustiosa, principalmente porque está tomada de grande pavor e não tem em si nenhuma esperança, contudo ela mesma não havia desejado de outra forma. Recebe apenas aquilo que forçou para si. Não quis saber nada da vida consciente após o falecimento terreno. Com isso a alma não pode eliminar para si a continuação da vida, pois a esse respeito ela não pode dispor, porém constrói para si mesma uma esfera estéril de matéria fina, paralisa os órgãos sensoriais do corpo de matéria fina, de modo a, na matéria fina, não poder ver nem ouvir, até que... *ela* finalmente se modifique.

São essas as almas que hoje são vistas aos milhões sobre a Terra, ainda classificáveis de *corretas,* não obstante nada quererem saber da eternidade ou de Deus. As de má vontade, naturalmente, passam pior; no entanto, delas aqui não se falará, mas apenas das assim chamadas criaturas humanas *corretas*. —

Quando, pois, se diz que Deus estende Sua mão em *auxílio*, isso se dá *na Palavra* que Ele envia às criaturas humanas, na qual lhes mostra de que modo podem libertar-se da culpa em que se emaranharam. E Sua graça se acha de antemão em todas as grandes possibilidades outorgadas aos espíritos humanos na Criação para utilização. Isso é tão imenso, como não pode o ser humano de hoje imaginar, porque jamais se ocupou com isso suficientemente a sério, pois onde tal se deu, foi apenas de modo pueril ou para fins de vaidosa autoelevação!

MILAGRES

A EXPLICAÇÃO para isso reside na própria palavra. Milagre é um acontecimento sobre o qual o ser humano fica perplexo. É algo que julga impossível. No entanto, apenas *julga*, pois que é possível, a própria efetivação do milagre já provou.

Milagres, segundo a acepção de muitos que creem em Deus, *não* existem! Estes consideram um milagre como algo que se realiza fora das leis da natureza, até mesmo como algo que é contrário a todas as leis da natureza. Nisso, exatamente, veem o divinal! Para eles o milagre é um ato possível de ser praticado apenas por seu Deus, que com isso mostra Sua graça especial, empregando para tal Sua onipotência.

As pobres criaturas humanas consideram erroneamente a onipotência como abrangendo a possibilidade de atos arbitrários, e os milagres como sendo atos arbitrários. Não se dão conta de quanto diminuem assim a Deus, pois essa espécie de milagres seria tudo menos divina.

Antes de mais nada, reside no atuar divino uma perfeição incondicional, sem falhas, sem lacunas. E perfeição condiciona a mais severa lógica, a consequência absoluta em todos os sentidos. Por conseguinte, um milagre só há de se efetivar, em seu processo sem lacunas, na mais irrestrita consequência lógica. A diferença está apenas em que num milagre o caminho de desenvolvimento, que segundo o conceito terreno levaria mais tempo, se desenrola de maneira normal, porém com tamanha rapidez, quer mediante o poder especialmente concedido a uma pessoa, quer por outros caminhos, de modo a poder ser denominado de milagroso pelos seres humanos, devido ao desenrolar extraordinariamente rápido, em suma, como milagre.

32. Milagres

Pode, igualmente, tratar-se de algo acima do desenvolvimento atual, que se realiza mediante força concentrada. Mas nunca, em tempo algum, colocar-se-á fora das leis naturais existentes, ou em oposição às mesmas. Em tal momento, que em si é de todo impossível, ele perderia todo o divino e se tornaria um ato de arbitrariedade. Portanto, exatamente o contrário daquilo que supõem muitos dos que creem em Deus.

Tudo que não possui uma consequência lógica severa, não é divino. Cada milagre é um processo absolutamente natural, mas com extraordinária rapidez e força concentrada; jamais poderá suceder algo antinatural. Isso fica totalmente excluído.

Quando se realizam curas de doenças até então consideradas incuráveis, não há nisso nenhuma alteração das leis da natureza; mostram, no entanto, apenas as grandes falhas do saber humano. Tanto mais isso deve ser reconhecido como uma graça do Criador, que dota alguns seres humanos, aqui e acolá, com força especial, que podem utilizar em benefício da humanidade sofredora. Serão sempre, contudo, pessoas que se conservam afastadas de todas as presunções da ciência, visto que o conhecimento preso à Terra abafa naturalmente as possibilidades de receber dádivas mais altas.

A ciência acorrentada à Terra quer conquistar; nunca, porém, consegue receber de modo puro, isto é, infantilmente. No entanto, as forças vindas de fora do espaço e do tempo só podem ser recebidas de modo simples, nunca conquistadas! Somente essa circunstância mostra o que é o mais valioso, o mais forte e, por conseguinte, também o mais acertado!

O BATISMO

SE o batismo de uma criança for ministrado por um sacerdote que o considera como mero dever de ofício, ficará absolutamente sem valor, não produzindo benefícios nem danos. No batismo duma pessoa adulta, pelo contrário, sua receptividade interna contribui para que de fato seja recebido ou não algo espiritual, de acordo com sua força e pureza.

Numa criança, só a fé do batizante pode ser levada em consideração, como meio para um fim. Conforme a força e a pureza deste, a criança recebe através do ato certo fortalecimento espiritual, bem como um mural protetor contra correntezas más.

O batismo não é um ato que cada pessoa, investida pelos dirigentes eclesiásticos terrenos, possa realizar de modo eficiente. Para isso se faz necessário uma pessoa que esteja em ligação com a Luz. Somente tal pessoa consegue transmitir Luz. Essa capacidade, porém, não se consegue mediante estudos terrenos nem pela consagração eclesiástica ou investidura no cargo. Ademais, não está em conexão com costumes terrenos, mas é exclusivamente uma dádiva do próprio Altíssimo.

Quem assim for agraciado, torna-se um convocado! Esses não existem em grande número, porque tal dádiva condiciona, de antemão, um terreno adequado na própria pessoa. Não existindo tal condição preliminar, não pode ser feita a ligação proveniente da Luz. A Luz não pode descer em solo não preparado ou que dela se afaste, visto que também esse processo está submetido severamente, como tudo o mais, às leis primordiais que tudo perfluem.

Tal convocado pode, porém, pelo ato do batismo, transmitir realmente espírito e força, de modo que o batismo receba *aquele* valor que simbolicamente exprime. Apesar disso, ainda será sempre preferível proporcionar o batismo somente a pessoas que estejam plenamente conscientes dos efeitos desse ato e que intuam o saudoso desejo para tanto. O batismo exige, por conseguinte, certa maturidade e o desejo voluntário do batizando, bem como que o batizante seja um convocado, para que de fato possa vir a ter valor completo.

João, o Batista, que ainda hoje é considerado por todas as igrejas cristãs como verdadeiro convocado, teve seus maiores adversários justamente entre os letrados e fariseus, que naquele tempo se tinham na conta dos mais credenciados para julgar a respeito.

O povo de Israel de outrora *era* o povo convocado. Quanto a isso não há a menor dúvida. Em seu meio devia o Filho de Deus levar a efeito a sua obra terrena. Consequentemente, também os sacerdotes desse povo, naquele tempo, deveriam ter sido os mais credenciados para o batismo. Todavia, teve de vir João, o Batista, como único convocado, para batizar o Filho de Deus em seu invólucro terrestre, no início de suas atividades terrenas propriamente ditas.

Esse acontecimento mostra igualmente que investiduras terrenas num cargo nada têm a ver com as convocações divinas. Mas executar atos em nome de Deus, isto é, por ordem Dele, como deve ser num batismo, somente convocados poderão por sua vez realizar de modo eficiente. O convocado João, o Batista, não reconhecido pelo então sumo-sacerdote do povo convocado, chamava esses seus adversários de "corja de víboras". Negou-lhes o direito de virem a ele.

Esses mesmos sacerdotes, do povo outrora convocado, também não reconheceram o próprio Filho de Deus, perseguiram-no continuamente e trabalharam por sua destruição terrena, por ser-lhes superior e por isso incômodo.

Se Cristo, hoje em dia, aparecesse sob nova forma entre os seres humanos, viria sem dúvida a se defrontar com a mesma recusa e hostilidade como se deu outrora. Identicamente ocorreria com um seu emissário. Tanto mais por a humanidade considerar-se hoje "mais progressista".

Não somente desse caso isolado de João, o Batista, mas de inúmeros casos análogos se depreende claramente que as consagrações eclesiástico-terrenas e investiduras nos cargos que, aliás, pertencem sempre apenas às "organizações das igrejas", jamais poderão proporcionar uma capacitação mais ampla para atos espirituais, se a própria pessoa já não for convocada para isso.

Observado corretamente, o batismo dos representantes eclesiásticos também nada mais é, portanto, do que um processo de admissão provisória na organização de uma congregação religiosa. Não uma admissão junto a Deus, mas uma admissão na correspondente associação *eclesiástico-terrena*. A confirmação e a comunhão que mais tarde se seguem podem ser consideradas apenas como uma ratificação e uma mais ampla admissão na participação dos rituais dessas associações. O sacerdote age como "servo instituído pela Igreja", isto é, puramente terreno, já que Deus e Igreja não são uma só coisa.

O SANTO GRAAL

INÚMERAS são as interpretações das composições poéticas que existem sobre o Santo Graal. Os mais sinceros eruditos e pesquisadores se ocuparam com esse mistério. Muito disso tem elevado valor ético, porém tudo traz em si o grande erro de apenas mostrar uma construção que parte do plano terreno para cima, ao passo que falta o principal, o facho de luz de cima para baixo, único capaz de vivificar e iluminar.

Tudo quanto se esforça de baixo para cima tem de se deter no limiar da matéria, mesmo que lhe haja sido outorgado o que de mais elevado possa obter. Na maioria dos casos, porém, mesmo com as mais favoráveis condições preliminares, mal pode ser feita a metade desse caminho. Quão longo, no entanto, ainda fica o caminho para o verdadeiro reconhecimento do Santo Graal!

Essa intuição da inacessibilidade se manifesta, por fim, nos pesquisadores. O resultado disso é que procuram conceber o Graal como sendo uma designação puramente simbólica de um conceito, a fim de lhe dar assim aquela altitude, cuja necessidade para tal designação intuem com acerto. Com isso, porém, na realidade, vão para trás, não para frente. Para baixo, ao invés de para cima. Desviam-se do caminho certo já contido em parte nas composições poéticas.

Somente estas deixam pressentir a verdade. Mas apenas pressentir, porque as elevadas inspirações e as imagens visionárias dos poetas foram demasiado materializadas, na transmissão, pela ativa participação do raciocínio. Deram, à retransmissão daquilo que foi recebido espiritualmente, uma imagem do ambiente terrenal contemporâneo, a fim de tornar o sentido de suas obras poéticas mais compreensível às criaturas humanas, o que apesar disso não conseguiram, porque eles próprios não puderam se aproximar do núcleo propriamente dito da verdade.

Assim foi dada, de antemão, uma base incerta para as ulteriores pesquisas e buscas; colocada com isso uma restrita limitação a cada êxito. Não é, portanto, de pasmar, que por fim somente se podia pensar em mero simbolismo, transferindo a libertação pelo Graal para o íntimo de cada ser humano.

As interpretações existentes não são destituídas de grande valor ético, mas não podem ter nenhuma pretensão de constituírem um esclarecimento das obras poéticas, e muito menos se aproximarem da verdade do Santo Graal.

Também não se entende por Santo Graal o cálice de que o Filho de Deus se serviu no fim de sua missão terrena, quando da última ceia junto com os discípulos, e no qual foi recolhido seu sangue na cruz. Esse cálice é uma recordação sagrada da sublime obra salvadora do Filho de Deus, mas não é o Santo Graal, para cujo louvor os poetas das lendas foram agraciados. Essas obras poéticas foram erradamente interpretadas pela humanidade.

Deviam ser promessas provenientes de elevadíssimas alturas, cujas realizações as criaturas humanas têm de esperar! Tivessem sido interpretadas como tais, então certamente, já há muito, outro caminho teria sido também encontrado, que poderia conduzir as pesquisas ainda um pouco mais adiante do que até agora. Mas assim teve de se apresentar finalmente um ponto morto em todas as interpretações, porque jamais se poderia alcançar uma solução total, sem lacunas, uma vez que o ponto de partida de cada investigação se encontrava de antemão em base errada, devido à concepção errônea de até então. — —

Jamais conseguirá, um espírito humano, mesmo que tenha alcançado a sua maior perfeição e imortalidade, ver-se na presença do Santo Graal! Por tal motivo, também jamais pode descer de lá à matéria, à Terra, uma notícia satisfatória sobre isso, a não ser através de um mensageiro que tenha sido mandado *de lá*. Para o espírito humano, portanto, o Santo Graal terá de permanecer sempre e eternamente um mistério.

O ser humano que continue naquilo que possa compreender espiritualmente e procure, antes de mais nada, realizar tudo

34. O Santo Graal

aquilo que estiver em suas forças, até à mais nobre florescência. Lamentavelmente, porém, em seus anseios sempre estende de bom grado a mão para muito além, sem que desenvolva sua real capacidade, com o que comete assim uma negligência, que não o deixa alcançar nem sequer aquilo de que seria capaz, enquanto que o desejado de qualquer forma jamais poderá alcançar. Priva-se com isso do que há de mais belo e mais elevado na sua verdadeira existência, ocasionando apenas uma completa falha no cumprimento de sua finalidade de existir. — — —

Parsival é uma grande promessa. As falhas e erros que foram introduzidos pelos poetas das lendas, devido a seu pensar demasiadamente terreno, alteram a verdadeira essência dessa figura. Parsival é um só com o Filho do Homem, cuja vinda o próprio Filho de Deus anunciou.

Enviado de Deus, terá ele de passar pelas mais difíceis penúrias terrenas com uma venda diante dos olhos espirituais, externamente como ser humano entre seres humanos. Após determinado tempo, libertado então dessa venda, reconhecerá então o ponto donde partira e, consequentemente, a si próprio, vendo diante de si nitidamente também sua missão. Essa missão igualmente trará uma libertação, ligada a um rigoroso Juízo, à humanidade que busca sinceramente.

Para tanto, não pode ser suposta uma pessoa qualquer, muito menos ainda se deve reconhecer nisso a possível experiência vivencial de muitos ou mesmo de todos os seres humanos, mas será um bem determinado enviado especial.

Nas leis inamovíveis de toda a vontade divina é impossível acontecer diferentemente, senão que cada coisa, após o percurso de desenvolvimento em sua mais alta perfeição, pode retornar novamente ao ponto de partida de seu ser original, nunca, porém, além deste. Assim também o espírito humano. Como semente espiritual, tem ele sua origem no espírito-enteal, para onde poderá regressar, como espírito consciente em forma enteal, após o seu percurso através da matéria, tendo alcançado a mais alta perfeição e adquirido pureza viva.

Nenhum espírito-enteal, por mais elevado, puro e radiante que seja, consegue ultrapassar o limite do divino. O limite e a impossibilidade de ultrapassá-lo reside aqui também, como nas esferas ou planos da Criação material, simplesmente na natureza da coisa, na diferenciação da espécie.

Como supremo e mais elevado está o próprio Deus em Sua inentealidade divina. A seguir, como o mais próximo, um pouco mais abaixo, vem o divino-enteal. Ambos são eternos. A este se segue, então, cada vez mais para baixo, a obra da Criação em planos ou esferas descendentes cada vez mais densas, até finalmente a matéria grosseira visível aos seres humanos.

A matéria fina da Criação material é o que os seres humanos chamam de Além. Portanto, aquilo que se acha além de sua capacidade de visão terreno-material grosseira. Ambas, contudo, fazem parte da obra da Criação, não sendo eternas em sua forma, mas sujeitas a alterações que visam à renovação e à reanimação.

No ponto de partida mais alto do eterno espírito-enteal encontra-se o Supremo Templo do Graal, espiritualmente visível e palpável, porque ainda é da mesma espécie espírito-enteal. Esse Supremo Templo do Graal contém um recinto amplo que, por sua vez, se acha no limite mais extremo em direção ao divino, sendo, portanto, mais etéreo ainda do que tudo o mais do espírito-enteal. Nesse recinto encontra-se, como penhor da bondade eterna de Deus-Pai e como símbolo do Seu mais puro amor divino, e igualmente como ponto de partida da força divina: *o Santo Graal!*

É uma taça onde algo como sangue rubro borbulha e ondula ininterruptamente, sem jamais transbordar. Irradiada pela mais clara Luz, é concedido somente aos mais puros de todos os espírito-enteais poderem olhar para essa Luz. E *estes* são os guardiões do Santo Graal! Quando se diz nas obras poéticas que os mais puros dos seres humanos são destinados a se tornarem guardiões do Graal, esse é um ponto que então o poeta agraciado transportou demasiadamente para o plano terreno, porque não conseguiu se expressar de outra maneira.

Nenhum espírito humano pode entrar nesse recinto sagrado. Mesmo em sua maior perfeição de entealidade espiritual, depois de seu regresso do percurso através da matéria, ainda não está

34. O Santo Graal

suficientemente eterizado para poder transpor o umbral, isto é, o limite. Mesmo no seu aperfeiçoamento máximo, ainda é demasiadamente denso para tanto.

Uma eterização maior para ele equivaleria a uma completa decomposição ou combustão, uma vez que sua espécie, já de origem, não se presta para se tornar ainda mais radiante e luminosa, isto é, ainda mais etérea. Não suportaria.

Os guardiões do Graal são eternos, espíritos primordiais, que nunca foram seres humanos, os ápices de todo o espírito-enteal. Necessitam, contudo, da força divino-inenteal, dependem dela, como tudo o mais depende do divino-inenteal, a origem de toda a força, Deus-Pai.

De tempos em tempos, então, no dia da Pomba Sagrada, aparece a Pomba sobre o cálice, como sinal renovado do imutável amor divino do Pai. É a hora da união, que traz a renovação da força. Os guardiões do Graal recebem-na com humilde devoção, estando aptos depois a retransmitir essa força milagrosa recebida.

Disso depende a existência da Criação inteira!

É o momento em que no Templo do Santo Graal o amor do Criador se derrama radiantemente para um novo existir, para novo impulso criador que, descendo, se distribui pelo Universo inteiro em forma de pulsações. Um estremecer traspassa nisso todas as esferas, um tremor sagrado de alegria pressentida, de imensa felicidade. Apenas os espíritos das criaturas humanas terrenas permanecem ainda de lado, sem intuir o que está acontecendo justamente para eles, quão imensa dádiva broncamente recebem, porque sua autorrestrição no raciocínio não permite mais a compreensão de tal grandeza.

É o momento de aprovisionamento de vida para a Criação inteira!

É a contínua e indispensável repetição de uma confirmação do pacto que o Criador mantém em relação à Sua obra. Se um dia tal afluxo fosse interrompido, suspenso, tudo quanto existe teria de secar aos poucos, envelhecer e se decompor. Adviria então o fim de todos os dias e só restaria o próprio Deus, conforme era no começo! Porque unicamente Ele é a vida.

Esse fenômeno está transmitido na lenda. É até mencionado no envelhecimento dos cavaleiros do Graal, durante o tempo em que Amfortas não desvela mais o Graal, até a hora em que Parsival aparece como Rei do Graal, e como tudo tem de envelhecer e perecer, se o dia da Pomba Sagrada, isto é, o "desvelar" do Graal não voltar.

O ser humano deveria afastar-se da ideia de considerar o Santo Graal apenas como algo inconcebível, pois existe realmente! No entanto, é negado ao espírito humano, por sua condição, poder contemplá-lo sequer uma vez. Mas as bênçãos que dele fluem e que podem ser retransmitidas pelos guardiões do Graal e que também são retransmitidas, essas os espíritos humanos podem receber e usufruir, caso se abram para elas.

Nesse sentido algumas interpretações não podem ser tidas em conta de totalmente erradas, contanto que não tentem incluir em suas explicações o próprio Santo Graal. São certas e, no entanto, também não o são.

O aparecimento da Pomba no dia determinado da Pomba Sagrada indica a missão periódica do Espírito Santo, pois essa Pomba se acha em íntima relação com ele.

Mas é algo que o espírito humano só é capaz de compreender por imagens, porque conforme a natureza da coisa, mesmo tendo o mais alto desenvolvimento, na realidade só pode pensar, saber e intuir até lá de onde ele próprio veio, isto é, até aquela espécie que é *una* com a sua mais pura condição de origem. É o eterno espírito-enteal.

Esse limite ele jamais poderá ultrapassar, nem mesmo em pensamentos. Algo diferente também nunca poderá compreender. Isso é tão evidente, lógico e simples, que cada pessoa pode acompanhar esse pensamento.

O que para além disso existir será e deverá ser, por essa razão, sempre um mistério para a humanidade!

Cada ser humano vive por isso numa ilusão errônea ao imaginar ter Deus em si, ou ele próprio ser divino, ou poder tornar-se divino. Tem em si *espiritual,* mas *não* divinal. E há nisso uma diferença intransponível. Ele é uma criatura, e não uma parte do Criador, conforme tantos procuram se persuadir.

O ser humano é e continua uma *obra,* jamais podendo se tornar mestre.

Por conseguinte, também é errôneo quando se declara que o espírito humano promana do próprio Deus-Pai e a Ele regressa. A origem do ser humano é o *espírito-enteal,* não o divino-inenteal. Apenas poderá, portanto, no caso de atingir a perfeição, voltar ao espírito-enteal. Corretamente falando, o espírito humano se origina do *reino de Deus* e por isso também, quando tiver se tornado perfeito, poderá voltar para o *reino* de Deus, não, porém, a Ele próprio.

Seguirão ainda mais tarde dissertações detalhadas sobre os planos isolados da Criação, que em suas espécies essenciais são totalmente diferentes.

No ápice supremo de cada um desses planos da Criação se encontra um Templo do Graal, como indispensável ponto de transição e transmissão de força.

Esse é sempre uma cópia, formada na espécie essencial do respectivo plano da Criação, do verdadeiro e Supremo Templo do Graal, que se encontra no ápice de toda a Criação, e que é o ponto de partida de toda a Criação, devido às irradiações de Parsival.

Amfortas foi o sacerdote e o rei na *mais baixa* dessas cópias do Supremo Templo do Graal, que se encontra no ponto mais alto do plano de todos os espíritos humanos que se desenvolveram de germes espirituais, portanto, mais próximo da humanidade terrena.

O MISTÉRIO LÚCIFER

UM véu cinzento paira sobre tudo o que se relaciona com Lúcifer. É como se tudo recuasse assustadamente ao soerguer a ponta desse véu.

O recuar assustado é na realidade apenas a incapacidade de penetrar no reino das trevas. A incapacidade jaz, por sua vez, na natureza da coisa, porque também nesse caso o espírito humano não consegue penetrar tão longe, por lhe ser posta uma limitação, devido à sua constituição. Assim como não consegue ir até as alturas máximas, da mesma forma tampouco pode penetrar até as mais baixas profundezas, aliás, jamais o conseguirá.

Assim, a fantasia criou substitutivos para o que faltava, isto é, seres de várias formas. Fala-se do diabo sob as formas mais extravagantes, do arcanjo decaído e expulso, da corporificação do princípio do mal, e o que existe mais ainda. Da verdadeira natureza de Lúcifer nada se compreende, não obstante o espírito humano ser atingido por ele e, por isso, muitas vezes lançado no meio de um conflito enorme, que pode ser denominado de luta.

Aqueles que falam de um arcanjo decaído e também os que se referem à corporificação do princípio do mal, são os que mais se aproximam do fato. Mas também aqui há uma concepção errônea que empresta a tudo uma imagem errada. Uma corporificação do princípio do mal faz pensar no ponto culminante, a meta final, a corporificação viva de todo o mal, portanto, a coroação, o final absoluto.

Lúcifer, porém, ao contrário, constitui a *origem* do princípio errado, o *ponto de partida* e a força propulsora. Não se deveria também denominar o que ele efetua de princípio do *mal,* mas sim princípio *errado*. O âmbito de ação desse princípio errôneo é a Criação material.

Somente na matéria é que se encontram os efeitos do que é luminoso e os efeitos do que é das trevas, isto é, os dois princípios opostos, e aí atuam constantemente sobre a alma humana, enquanto esta percorre a matéria para seu desenvolvimento. Ao princípio que agora a alma humana, segundo seu próprio desejo, mais se entrega, é decisivo quanto à sua ascensão para a Luz ou descida para as trevas.

Enorme é o abismo que existe entre a Luz e as trevas. Está preenchido pela obra da Criação da matéria, que se acha sujeita à transitoriedade das formas, isto é, à decomposição das respectivas formas existentes e renovação.

Visto que um circuito, de acordo com as leis que a vontade de Deus-Pai coloca na Criação, só pode ser considerado concluído e cumprido quando no seu final volta à origem, assim também o curso de um espírito humano só pode ser tido na conta de cumprido quando regressa ao espiritual, já que sua semente saiu dali.

Deixando-se desviar em direção às trevas, incorrerá no perigo de ser arrastado para além do círculo mais externo de seu curso normal, às profundezas, donde então não poderá mais reencontrar a escalada. Mas tampouco conseguirá ultrapassar o limite extremo ainda mais fundo das trevas mais densas e mais profundas da matéria fina, saindo da matéria, assim como poderia fazer para cima, em direção ao reino espírito-enteal, por ser este o seu ponto de partida e, por esse motivo, será arrastado no poderoso circular da Criação material continuamente, até que por fim à decomposição, porque o retém a sua escura vestimenta de matéria fina, portanto densa e pesada, denominada também corpo do Além.

A decomposição desfaz sua personalidade espiritual, adquirida como tal durante o trânsito pela Criação, de modo que sofre a morte espiritual, sendo pulverizado à semente espiritual original.

O próprio Lúcifer se encontra *fora* da Criação material, portanto *não* é arrastado à decomposição, como se dá com as vítimas de seu princípio, pois Lúcifer é eterno. Origina-se duma parte do divino-enteal. A discórdia iniciou-se depois do começo da formação de tudo que é matéria. Enviado para amparar o espírito-enteal na matéria e favorecer no desenvolvimento, não cumpriu essa sua incumbência no sentido da vontade criadora de Deus-Pai, ao contrário, escolheu outros caminhos do que os que lhe foram indicados por essa vontade criadora, devido a um querer que lhe veio durante sua atuação na matéria.

Abusando da força que lhe foi outorgada, introduziu entre outras coisas o princípio das tentações, em lugar do princípio do auxílio amparador, que equivale ao amor prestimoso. Amor prestimoso na acepção divina, que nada tem em comum com o servir do escravo, mas tão somente visa à ascensão espiritual e com isso à felicidade eterna do próximo, atuando correspondentemente.

O princípio da tentação, porém, equivale à colocação de armadilhas nas quais as criaturas humanas não suficientemente firmes tropeçam logo, caem e se extraviam, ao passo que outras, pelo contrário, se fortificam com isso em vigilância e vigor, para então florescer poderosamente em direção às alturas espirituais. Mas tudo o que é fraco é de antemão entregue inexoravelmente à destruição. O princípio não conhece nem bondade, nem misericórdia; falta-lhe o amor de Deus-Pai e com isso, portanto, também a mais poderosa força propulsora e o mais forte apoio que existe.

A tentação no Paraíso, narrada na Bíblia, mostra o efeito da introdução do princípio de Lúcifer, ao descrever figuradamente como este, mediante tentação, procura verificar a força e a perseverança do casal humano, a fim de logo lançá-lo impiedosamente no caminho da destruição, ante a menor vacilação.

A perseverança teria sido equivalente ao alinhar-se jubilosamente à vontade divina, que está nas leis singelas da natureza ou da Criação. E essa vontade, o mandamento divino, era de pleno conhecimento do casal humano. Não vacilar seria ao mesmo tempo uma obediência a essas leis, com o que o ser humano somente pode beneficiar-se, de modo certo e irrestrito, tornando-se assim o "senhor da Criação" de fato, porque "segue com elas". Então todas as forças tornar-se-lhe-ão serviçais, se não se opuser a elas, e funcionarão automaticamente a seu favor.

Nisso consiste, pois, o cumprimento dos mandamentos de Deus, que nada mais visam do que a conservação pura e desimpedida e o cultivo de todas as possibilidades de evolução existentes em Sua obra maravilhosa. Essa simples observância é, por sua vez, alcançando mais longe, um coatuar consciente no desenvolvimento ulterior e sadio da Criação ou do mundo material.

Quem isso não faz é um estorvo que, ou tem de deixar-se lapidar no feitio certo, ou será esmagado pelas engrenagens do mecanismo universal, isto é, pelas leis da Criação. Quem não quer curvar-se, terá de quebrar, porque não pode haver parada.

Lúcifer não quer aguardar com bondade o amadurecimento e o fortalecimento graduais, não quer ser como deveria, um jardineiro amoroso que ampara, protege e trata as plantas a ele confiadas, ao contrário, com ele, literalmente, "o bode tornou-se jardineiro". Visa a destruição de tudo quanto é fraco, trabalhando nesse sentido impiedosamente.

Com isso, despreza as vítimas que se rendem às suas tentações e armadilhas, e quer que pereçam em sua fraqueza.

Tem asco também da baixeza e da vileza que essas vítimas decaídas põem nos efeitos de seu princípio, pois somente os seres humanos os transformam na depravação repugnante em que se apresentam, açulando com isso ainda mais Lúcifer a ver neles criaturas que unicamente merecem destruição, não amor e amparo.

E para a realização dessa destruição contribui, não pouco, o princípio do viver até exaurir-se, que se associa ao princípio da tentação, como consequência natural. O viver até exaurir-se processa-se nas regiões inferiores das trevas e já foi captado terrenamente na chamada psicanálise por diversos praticantes, na suposição de que também na Terra o viver até exaurir-se amadurece e liberta.

Todavia, que miséria inaudita não acarretará a prática desse princípio na Terra! Que desgraça deverá causar, uma vez que na Terra ainda vivem em promiscuidade o que é das trevas e o que é mais luminoso, não como nas regiões das trevas, onde somente está junto aquilo que é de igual espécie. Basta que se pense apenas na vida sexual e coisas análogas. Se tal princípio em sua prática for solto sobre a humanidade, haverá por fim Sodoma e Gomorra, donde não haverá um esquivamento, mas onde apenas o pavor da pior espécie pode trazer um fim.

Mas sem referir-se a isso, já são vistas hoje inúmeras vítimas de terapias análogas, vagando por aí sem rumo, cuja diminuta consciência individual, aliás, todo o pensar pessoal, acabou sendo desfolhado totalmente e aniquilado, lá onde elas, cheias de confiança, esperavam ajuda. Quedam-se por aí como pessoas de cujos corpos foram arrancadas todas as roupas sistematicamente, a fim de que sejam obrigadas então a se vestirem com novas roupas a elas oferecidas. Aquelas assim despidas, no entanto, na maioria dos casos, lamentavelmente, não podem mais compreender por que ainda devem vestir-se com novos trajes.

Pela sistemática intromissão em seus assuntos e direitos, os mais pessoais, perderam com o tempo também a intuição do pudor, conservador da autoconsciência pessoal, sem o qual não pode existir nada de pessoal e o qual constitui propriamente uma parte da personalidade.

Em terreno assim arruinado, pois, não se pode erigir nenhuma nova e firme construção. Essas pessoas, com raras exceções, permanecem dependentes, chegando até ao desamparo temporário, visto que o pouco apoio que antes ainda tinham, também lhes é tirado.

Ambos os princípios, o de viver até exaurir-se e o da tentação, estão tão estreitamente unidos, que se deve pressupor incondicionalmente que a tentação deve preceder o viver até exaurir-se. É, portanto, o efetivo cumprimento e a disseminação do princípio de Lúcifer.

Para o verdadeiro médico de alma não há necessidade de destruir. Este reconhece as faculdades boas, latentes, acorda-as e, então, continua edificando. O verdadeiro princípio modifica os desejos errados através do reconhecimento espiritual.

A prática desse princípio destituído de amor, porém, tinha de evidentemente separar Lúcifer, como consequência lógica, cada

35. O mistério Lúcifer 215

vez mais da vontade cheia de amor do Criador onipotente, acarretando sua própria separação ou expulsão da Luz e, com isso, a queda cada vez mais profunda de Lúcifer. O próprio Lúcifer é que se separou da Luz, o que equivale a uma expulsão.

O afastamento tinha de processar-se, também, de acordo com as leis primordiais vigentes, a inamovível sagrada vontade de Deus-Pai, pois outro fenômeno é impossível.

Como somente a vontade de Deus-Pai, o Criador de todas as coisas, é onipotente, a qual também está firmemente arraigada na Criação material e em seu desenvolvimento, Lúcifer consegue, sim, introduzir seu princípio na matéria, mas seus efeitos poderão sempre mover-se apenas dentro das leis primordiais instituídas por Deus-Pai e terão de formar-se na direção delas.

Pode assim Lúcifer, com o prosseguimento de seu princípio errôneo, dar um impulso aos caminhos perigosos para a humanidade; não consegue, porém, forçar os seres humanos para qualquer coisa, enquanto estes voluntariamente não se decidirem a isso.

De fato, Lúcifer só pode tentar. A criatura humana, como tal, se encontra até mais firme do que ele na Criação material e, por conseguinte, muito mais segura e mais vigorosa, para que a influência de Lúcifer jamais possa atingi-la. Assim, cada pessoa se acha de tal modo protegida, que é para ela uma vergonha dez vezes maior deixar-se engodar por uma força comparativamente mais fraca do que a dela. Deve considerar que o próprio Lúcifer se encontra *fora* da matéria, ao passo que ela se acha com os pés firmes num terreno que lhe é sobejamente familiar.

Lúcifer se vê obrigado, para aplicar seus princípios, a servir-se de suas hordas auxiliares, compostas de espíritos humanos decaídos pelas tentações.

A esses, porém, por sua vez, cada espírito humano que se esforça para o alto, não somente está plenamente igualado, mas sim ultrapassa amplamente em força. Um único e sincero ato de vontade é suficiente para fazer desaparecer um exército deles, sem deixar vestígio. Pressuposto que estes, com suas tentações, não encontrem nenhum eco ou acolhida onde possam se agarrar.

De mais a mais, Lúcifer se tornaria impotente se a humanidade se esforçasse por conhecer e seguir as leis primordiais dadas pelo Criador. Infelizmente, porém, as criaturas humanas cada vez mais apoiam o princípio errado pela sua atual maneira de ser e por isso também terão de sucumbir na maior parte.

Impossível é que um espírito humano possa travar uma luta com o próprio Lúcifer, pela simples razão de não poder chegar até ele, devido à diferente constituição. O espírito humano só pode entrar em contato com os que sucumbiram ao princípio errado, que no fundo tenham a mesma espécie.

A origem de Lúcifer condiciona que só pode aproximar-se dele e enfrentá-lo pessoalmente, quem tiver origem idêntica ou mais alta, pois somente este é capaz de chegar até ele. Terá de ser, portanto, um emissário de Deus, munido da sacrossanta seriedade de sua missão e confiante na origem de todas as forças, no próprio Deus-Pai.

Essa missão está entregue ao anunciado Filho do Homem.

A luta é pessoal, frente a frente, e não apenas simbólica de modo geral, conforme muitos pesquisadores pretendem depreender de profecias. É a realização da promessa de Parsival. Lúcifer aplicou mal a "lança sagrada", o poder, tendo aberto com seu princípio um dolorido ferimento no espírito-enteal, e com isso na humanidade. Mas nessa luta ela lhe será tomada. Depois, já na "mão certa", isto é, na realização do legítimo princípio do Graal, no puro e severo amor, ela curará a ferida que abriu antes pela mão imprópria, isto é, pela aplicação errada.

Por causa do princípio de Lúcifer, isto é, por causa da utilização errada do poder divino, equivalente à "lança sagrada" na mão imprópria, foi feito um ferimento no espírito-enteal, *que não pode sarar!* Com esse pensamento, isso é reproduzido figuradamente na lenda de modo acertado, pois esse fenômeno se assemelha realmente a uma ferida aberta que não se fecha.

Considere-se que os espíritos humanos, como sementes espirituais inconscientes ou centelhas, fluem ou saltam da extremidade mais baixa do espírito-enteal para a Criação de matéria, na esperança de que essas partículas efluentes, após seu percurso

35. O mistério Lúcifer

através da matéria, voltem despertadas e desenvolvidas na consciência pessoal para o espírito-enteal novamente, na conclusão do ciclo. Semelhante à circulação do sangue no corpo de matéria grosseira!

- Contudo, o princípio de Lúcifer desvia uma grande parte dessa corrente circulatória espiritual. Por esse motivo o necessário ciclo não pode ser fechado e efetiva-se como *derrame* constante e enfraquecedor duma ferida aberta.

Passa, porém, a "lança sagrada", isto é, o poder divino para a mão *certa,* que se encontra dentro da vontade do Criador, apontando o caminho certo ao espírito-enteal que percorre a matéria como um fator vivificante, caminho esse que o conduz para cima, ao ponto de partida, ao luminoso reino de Deus-Pai, assim ele não se perderá mais, fluindo de retorno à sua origem, como o sangue ao coração, com o que será *fechada* a ferida que até agora vertia enfraquecedoramente no espírito-enteal. A cura, pois, só pode dar-se por intermédio da mesma lança que ocasionou a ferida.

Para tanto, porém, tem de ser arrancada antes a lança de Lúcifer, passando para a mão certa, o que se realiza na luta *pessoal* de Parsival com Lúcifer!

As lutas seguintes, que se travam ainda na matéria fina e na matéria grosseira, são apenas repercussões dessa grande luta, que deverá trazer o prometido manietamento de Lúcifer, anunciando o começo do reino do Milênio. Significam a extirpação das consequências do princípio de Lúcifer.

Este se opõe ao atuar do amor divino, de cujas bênçãos compartilham as criaturas humanas em seu percurso pela matéria. Se, portanto, a humanidade se esforçasse simplesmente no sentido desse amor divino, estaria logo protegida completamente contra qualquer tentação de Lúcifer, e este seria despojado de todos os horrores que o espírito humano tece em seu redor.

Também essas formas feias e medonhas que erroneamente se procura atribuir a Lúcifer, promanam da fantasia variegada do cérebro humano. Na realidade, também, olho de criatura humana alguma conseguiu ainda vê-lo, pelo simples motivo da diferente natureza de espécie; nem mesmo aquele olho que, muitas vezes durante a vida terrena, é capaz de reconhecer a matéria fina do Além.

Ao contrário de todas as concepções, pode-se chamar Lúcifer de altivo e belo, duma beleza sobrenatural, de majestade sombria, com olhos claros, grandes, azuis, mas que refletem a gélida expressão da falta de amor. Ele não é apenas um conceito como geralmente se tenta apresentá-lo após outras frustradas interpretações, mas existe em pessoa.

A humanidade deve aprender a compreender que são traçados limites também para ela, devido à sua própria espécie, os quais jamais poderá evidentemente transpor nem mesmo em pensamentos e que, além desses limites, mensagens somente poderão advir pelo caminho da graça. Todavia, não através de médiuns, que também não podem alterar sua espécie através de condições extraterrenas, tampouco pela ciência. Justamente esta tem, sim, através da química, a oportunidade de verificar que a diferenciação das espécies pode estabelecer barreiras intransponíveis. Essas leis, no entanto, partem da origem e não são encontráveis somente na obra da Criação.

AS REGIÕES DAS TREVAS E A CONDENAÇÃO

QUANDO se veem quadros que devam reproduzir a vida no assim chamado inferno, passa-se adiante encolhendo os ombros com um sorriso meio irônico, meio de compaixão, e com o pensamento de que só mesmo uma fantasia doentia ou uma crença cegamente fanática poderiam conceber cenas de tal teor. Raramente haverá alguém que procure nisso algum grão mínimo de verdade. Contudo, nem mesmo a fantasia mais lúgubre conseguiria esboçar um quadro que sequer se aproxime da expressão dos tormentos da vida nas regiões trevosas.

Pobres cegos que supõem poder passar por cima de tudo isso levianamente, com um encolher de ombros escarnecedor! O momento virá em que a leviandade se vingará amargamente com a apresentação abaladora da verdade. Aí não adiantará qualquer oposição, nenhum afastamento; serão arrastados para o redemoinho que os aguarda, se não se desfizerem a tempo dessa convicção de ignorância, que sempre marca apenas o vazio e a estreiteza mental de semelhantes criaturas humanas.

Mal ocorre o desprendimento do corpo de matéria fina do corpo de matéria grosseira,* já deparam com a primeira grande surpresa no vivenciar de que com isso a existência consciente e a vida ainda não estão terminadas. A primeira consequência é a perplexidade, à qual se segue um temor inconcebível, que se transforma muitas vezes em resignação bronca ou em angustiosíssimo desespero! É inútil opor-se então, inútil todo lamentar, inútil, porém, também o pedir, pois terão de colher o que semearam na vida terrena.

---

* Dissertação: "A morte".

Tendo zombado da Palavra que lhes fora trazida de Deus, apontando para a vida após a morte terrena e a responsabilidade a isso ligada de cada pensar intensivo e atuar, então o mínimo que os aguarda é aquilo que queriam: *profunda escuridão!* Seus olhos, ouvidos e bocas de matéria fina se acham fechados pela própria vontade. Estão surdos, cegos e mudos em seu novo ambiente.

Isso é o que de mais vantajoso lhes pode suceder. Um guia ou auxiliador do Além não se lhes pode tornar compreensível, porque eles próprios se mantêm fechados a isso. Uma triste situação, à qual apenas o lento amadurecer interior da respectiva pessoa, o que se dá pelo desespero crescente, pode trazer uma sucessiva modificação. Com o crescente anseio pela Luz, que sobe qual grito ininterrupto por socorro de tais almas oprimidas e martirizadas, finalmente, pouco a pouco, se tornará mais claro à volta dela, até aprender a ver também outras que, igualmente a ela, necessitam de auxílio.

Tem então a intenção de socorrer aqueles que ainda aguardam nas trevas mais profundas, para que também se possa tornar mais claro o ambiente deles; assim ela se robustece cada vez mais no desempenho dessa tentativa de auxiliar, através do indispensável esforço para isso, até que outro, já mais adiantado, possa chegar até ela a fim de também ajudá-la no rumo de regiões mais luminosas.

Assim encontram-se acocorados tristonhamente, uma vez que seus corpos de matéria fina também estão demasiadamente enfraquecidos para andar, devido à falta de vontade. Continua, pois, um penoso e inseguro rastejar no chão, se é que chega a algum movimento.

Outros, por sua vez, andam a esmo, às apalpadelas nessas trevas, tropeçam, caem, levantam-se sempre de novo, para logo bater aqui e acolá, com o que não tardam ferimentos doloridos, pois visto que sempre uma alma humana somente devido à espécie de sua própria escuridão, que anda de mãos dadas com a maior ou menor densidade, a qual por sua vez acarreta um peso correspondente, afunda para aquela região que corresponde exatamente ao seu peso fino-material, portanto de idêntica espécie

36. As regiões das trevas e a condenação

de matéria fina; assim seu novo ambiente se torna para ela do mesmo modo palpável, sensível e impenetrável, como acontece a um corpo grosso-material em ambiente de matéria grosseira. Por isso cada batida, cada queda e cada ferimento ser-lhe-á tão doloroso, como aquele sentido pelo seu corpo de matéria grosseira durante a existência terrena, na Terra de matéria grosseira.

Assim é em cada região, seja qual for a profundidade ou a altura a que pertença. Idêntica materialidade, idêntico sentir, idêntica impenetrabilidade recíproca. Contudo, cada região superior ou cada espécie diferente de matéria pode atravessar sem impedimento as espécies de matérias mais baixas e mais densas, assim como tudo que é de matéria fina atravessa a matéria grosseira, que é de outra espécie.

Diferentemente, no entanto, é com aquelas almas que, além de tudo o mais, têm de remir algum erro cometido. O fato em si é uma coisa à parte. Pode ser remido no momento em que o autor consegue pleno e sincero perdão da parte atingida.

Mas aquilo que mais *pesadamente* amarra uma alma humana é o *impulso* ou o *pendor,* que forma a força motora para uma ou mais ações. Esse pendor perdura na alma humana mesmo depois do trespasse, depois do seu desligamento do corpo de matéria grosseira. Chegará até a evidenciar-se ainda mais forte no corpo de matéria fina, tão logo caia a restrição de tudo quanto seja de matéria grosseira, visto que, então, as intuições atuam muito mais vivas e mais livres.

Tal pendor por sua vez se torna também decisivo para a densidade, isto é, o peso do corpo de matéria fina. Consequência disso é que o corpo de matéria fina, depois de liberto do corpo de matéria grosseira, afunda logo para aquela região que corresponde exatamente ao seu peso e, por conseguinte, à idêntica densidade. Por essa razão encontrará ali também todos aqueles que se entregam ao mesmo pendor. E pelas irradiações desses o seu será ainda nutrido, aumentado, e então ele se entregará desenfreadamente à prática desse pendor. Da mesma forma, evidentemente, também os outros que ali se encontram junto com ele.

Não é difícil compreender que semelhantes excessos desenfreados devam constituir um suplício para os que estão em contato com ele. Como isso, porém, em tais regiões é sempre coisa recíproca, cada qual terá de sofrer amargamente com os outros tudo aquilo que, por sua vez, procura causar constantemente aos outros. Assim a vida ali se torna um inferno, até que tal alma humana, pouco a pouco, chegue a fatigar-se, sentindo asco disso. Então finalmente, após longa duração, despertará gradualmente o anseio de sair de semelhante espécie.

O anseio e o asco constituem o começo de uma melhoria. Tornar-se-ão em grito de socorro, reforçando-se por fim até numa prece. Somente depois é que lhe poderá ser estendida a mão para a escalada, o que muitas vezes leva decênios e séculos, às vezes também mais tempo ainda. O pendor numa alma humana é, portanto, o que amarra de modo mais forte.

Disso se depreende *que um ato irrefletido muito mais facilmente e muito mais depressa pode ser remido, do que um pendor que se encontra numa pessoa, não importando se este se haja ou não transformado em ação!*

Uma pessoa que traz em si um pendor pouco limpo, sem, contudo, deixar que se torne ação, porque as condições terrenas lhe são favoráveis, terá por isso de expiar mais pesadamente do que uma pessoa que cometer uma ou mais faltas irrefletidamente, sem ter tido aí uma má intenção. O ato irrefletido pode ser perdoado imediatamente a essa última sem desenvolver um carma ruim; o pendor, porém, apenas quando for radicalmente extinto na criatura humana. E desses existem muitas espécies. Seja, pois, a cobiça e a avareza a ela aparentada, seja o sensualismo imundo, o impulso para o roubo ou o assassínio, para atear fogo ou também apenas para o logro e para desleixos levianos, não importa, tal pendor sempre fará com que a respectiva pessoa afunde ou seja atraída para lá onde se encontram seus iguais.

Não adianta reproduzir quadros vivos disso. São frequentemente de tamanho horror, que um espírito humano ainda aqui na Terra custará a crer em tais realidades, sem vê-las. E mesmo assim ainda julgaria tratar-se apenas de configurações de fantasias provocadas por uma febre altíssima. Bastará, por conseguinte, que sinta receio moral de tudo isso, receio que o liberta dos liames de tudo quanto é baixo, para que mais nenhum impedimento se encontre no caminho de ascensão em direção à Luz.

Assim são as regiões sombrias, efeitos do princípio que Lúcifer procura introduzir. O eterno circular da Criação prossegue e chega ao ponto em que começa a decomposição, em que toda a matéria perde a forma, a fim de desintegrar-se em semente primordial e, com isso, no desenrolar progressivo, trazer novas misturas, novas formas com energia renovada e solo virgem. O que até então não pôde se desligar das matérias grosseira e fina para ultrapassar os limites mais elevados, mais finos e mais leves, deixando atrás tudo quanto é material, de modo a penetrar no espírito-enteal, será inexoravelmente arrastado à decomposição, com o que também sua forma e o que é pessoal nele será destruído. Esta é então a condenação eterna, o extinguir de tudo quanto é pessoal consciente!

AS REGIÕES DA LUZ E O PARAÍSO

L UZ irradiante! Limpidez ofuscante! Bem-aventurada leveza! Tudo isso diz tanto por si só, que é quase desnecessário ainda mencionar detalhes. Quanto menos o corpo de matéria fina, isto é, o manto do espírito humano no Além se encontrar onerado com qualquer pendor para as coisas inferiores, com qualquer cobiça para as coisas de matéria grosseira e prazeres, tanto menos se sentirá atraído a isso, tanto menos denso e assim também tanto menos pesado se tornará seu corpo de matéria fina, o qual se forma de acordo com sua vontade, e tanto mais depressa será elevado, devido à sua leveza, para as regiões mais luminosas, correspondentes à menor densidade de seu corpo de matéria fina.

Quanto menos denso e, portanto, menos concentrado e mais fino ficar esse corpo de matéria fina, devido ao seu estado interior purificado diante dos desejos inferiores, tanto mais claro e mais luminoso parecerá, porque então o núcleo do espírito-enteal na alma humana, por sua natureza já irradiante, transluzirá cada vez mais de dentro para fora do corpo de matéria fina que se torna menos denso, ao passo que nas regiões inferiores esse núcleo irradiante acaba ficando encoberto e obscurecido pela maior densidade e peso do corpo de matéria fina.

Também nas regiões da Luz cada alma humana encontrará a espécie igual, isto é, de ideias análogas, de acordo com a estruturação do próprio corpo de matéria fina. Uma vez que apenas o realmente nobre, o que tiver boa vontade, é capaz de se esforçar para cima, livre de cobiças inferiores, assim a alma humana encontrará como sua espécie igual também apenas o que é nobre. É, outrossim, fácil de compreender que quem se encontra em

37. As regiões da Luz e o Paraíso

tais regiões não tem de sofrer nenhum tormento, mas usufruir tão só a bênção, consentânea com a nobreza que irradia, sentindo-se, portanto, bem-aventurado com isso e, por sua vez, ele próprio também desperta alegria nos outros, covivenciando-a intuitivamente em face da sua própria atuação. Pode dizer que caminha nos páramos dos bem-aventurados, isto é, dos que bem-aventurados se sentem.

Estimulado com isso, sua alegria pelas coisas puras e elevadas tornar-se-á cada vez mais intensa e o elevará cada vez mais alto. Seu corpo de matéria fina será perpassado por essa intuição, tornar-se-á cada vez mais fino e menos denso, de modo que o fulgor do núcleo espírito-enteal irrompe cada vez mais irradiante e, por fim, as últimas partículas desse corpo de matéria fina também se desfazem como que consumidas pelas chamas, com o que então o espírito humano perfeito, consciente e personalizado, está apto a transpor, em sua espécie totalmente espírito-enteal, os limites do espírito-enteal. *E só com isso é que entrará no reino eterno de Deus-Pai, no Paraíso imperecível.*

Como num quadro um pintor não pode reproduzir os tormentos da vida real nas regiões das trevas, tampouco consegue descrever o encantamento reinante na vida das regiões da Luz, mesmo que essas regiões pertençam ainda à perecível matéria fina e os limites para o reino eterno de Deus-Pai ainda não tenham sido transpostos.

Cada descrição e cada tentativa de reproduzir a vida em imagens significaria infalivelmente uma diminuição, que teria de trazer à alma humana, por isso, somente danos em vez de proveitos.

FENÔMENO UNIVERSAL

NÃO há perigo maior para uma coisa do que deixar uma lacuna, cuja necessidade de preenchimento é intuída muitas vezes. Nada adianta, então, querer passar por cima disso, porque tal lacuna impede cada progresso, e um dia deixará ruir uma construção que sobre isso for erigida, mesmo que seja executada com a maior habilidade e com material realmente bom.

Assim se apresentam hoje as diversas comunidades religiosas cristãs. Com tenaz energia fecham os olhos e ouvidos ante muitos trechos de suas doutrinas que deixam perceber uma falta de lógica. Com palavras ocas procuram passar por cima disso, em lugar de realmente se ocuparem com isso de modo sério.

Intuem, sim, o perigo de que as pontes, provisoriamente estendidas sobre tais abismos, mediante uma doutrina de fé cega, poderão um dia não mais ser suficientes, temendo o momento em que essa construção frágil se tornará reconhecível pela elucidação. Sabem igualmente que então ninguém mais será induzido a tomar caminho tão falso, com o que, evidentemente, a sólida construção progressiva, que então novamente continua, e o caminho deverão igualmente ficar vazios. E sabem, do mesmo modo, que uma única rajada de verdade refrescante afastará tais configurações artificiais.

Contudo, na falta de algo melhor, procuram, não obstante todos os perigos, segurar-se no pranchão oscilante. Estão até mesmo decididos, antes de mais nada, a defendê-lo por todos os meios e a eliminar quem quer que ouse oferecer uma passagem mais sólida pela própria Verdade. Tentariam repetir sem

38. Fenômeno universal

hesitar o mesmo processo que se desenrolou há quase dois mil anos nesta Terra, que ainda lança sua sombra até os dias de hoje, e o qual, no entanto, eles mesmos transformaram no foco principal de suas doutrinas e de suas crenças, como grande acusação contra a cegueira e a teimosia prejudicial das criaturas humanas.

Foram os *representantes de religiões* e os eruditos daqueles tempos, os quais, devido a sua estreiteza dogmática e sua presunção que demonstra fraqueza, não puderam reconhecer a Verdade nem o Filho de Deus, mantendo-se também fechados diante disso e ainda odiando-o e perseguindo-o, bem como a seus adeptos, levados pelo medo e pela inveja, ao passo que outras pessoas se abriam com mais facilidade ao reconhecimento e intuíam mais depressa a Verdade da Palavra.

Apesar dos atuais representantes das comunidades religiosas cristãs fazerem alarde sobre a vida de sofrimentos do Filho de Deus, não chegaram a aprender nada nesse fato, nem proveito algum tiraram disso. Justamente os atuais dirigentes dessas comunidades, fundamentadas nos ensinamentos de Cristo, bem como os dos movimentos mais recentes, também hoje tentariam novamente eliminar cada um que através da própria Verdade pusesse em perigo as passagens inseguras estendidas sobre lacunas ou abismos periclitantes de seus ensinamentos e interpretações. Persegui-los-iam com seu ódio nascido do medo e bem mais ainda oriundo da vaidade, tal qual uma vez já ocorreu.

Faltar-lhes-ia a grandeza de suportar que seu saber não seria suficiente para reconhecer a própria Verdade e preencher as lacunas, a fim de, com isso, aplainar o caminho aos seres humanos, para mais fácil compreensão e perfeito entendimento.

E, não obstante, para a humanidade só é possível uma ascensão através do pleno reconhecimento, jamais pela crença cega e ignorante!

Tal lacuna transmitida por falsas tradições vem a ser o conceito relativo ao "Filho do Homem". Agarram-se doentiamente a isso, semelhante aos fariseus que não quiseram se abrir à Verdade através do Filho de Deus, colocada à frente de suas tradicionais e rígidas doutrinas. Cristo se referiu a si *apenas* como o Filho de Deus. Longe estava de possuir a falta de lógica de cognominar-se ao mesmo tempo como Filho do Homem. Se, devido às próprias dúvidas, se tiver tentado esclarecer com a maior capacidade e habilidade em todas as direções essa contradição patente entre o Filho de Deus e o Filho do Homem, intuída por toda pessoa que reflita sensatamente, então não pode ser afirmado, apesar de todos os esforços, que tenha sido encontrada uma *unificação*.

A melhor de todas as interpretações sempre tem de mostrar de novo uma natureza dupla, permanecendo *uma ao lado da outra,* jamais, porém, podiam se apresentar como *uma coisa só.*

Isso também se encontra inteiramente na natureza da questão. O Filho de Deus não pode se tornar o Filho do Homem apenas porque teve de nascer dum corpo humano para poder caminhar pela Terra.

De cada cristão é sabido que o Filho de Deus veio explicitamente em missão *espiritual* e que todas as suas palavras se referiam ao *reino espiritual,* isto é, diziam respeito ao *espiritual.* Por conseguinte, também não se deve, de antemão, entender de modo diferente a sua repetida indicação ao Filho do Homem! Por que deve haver aqui uma exceção? Espiritualmente, porém, Cristo foi e sempre permaneceu somente o *Filho de Deus!*

Quando falava do Filho do Homem, por conseguinte, não podia se referir a si mesmo. Há em tudo isso algo muito mais grandioso do que transmitem as atuais interpretações das religiões cristãs. A contradição declarada já deveria, desde muito, ter estimulado meditações mais sérias, se as restrições dogmáticas não obscurecessem tudo. Ao invés disso, agarraram-se com toda a força às palavras transmitidas, sem a mais séria análise, absolutamente indispensável em assuntos tão incisivos e colocaram desse modo antolhos, impedindo a visão livre.

A consequência natural é que tais intérpretes e mestres, conquanto se encontrem na Criação de seu Deus, nem são capazes de reconhecê-la direito, através do que, unicamente, existe a possibilidade de chegarem também mais perto do próprio Criador, o ponto de partida da obra.

38. Fenômeno universal

Cristo ensinou, em primeiro lugar, a completa naturalidade, isto é, adaptar-se às leis da natureza, por conseguinte, da Criação. Contudo, adaptar-se só pode aquele que conhece as leis da natureza. As leis da natureza, por sua vez, contêm a vontade do Criador e podem, assim, abrir o caminho para o reconhecimento do próprio Criador.

Quem conhece as leis da natureza chega também a saber de que modo inamovível elas se engrenam atuando; sabe por isso que esse atuar é imutável em sua lógica constante e progressiva, assim como também a vontade do Criador, Deus-Pai.

Qualquer desvio significaria uma alteração da vontade divina. Uma alteração, porém, denotaria imperfeição. Mas uma vez que a fonte primordial de todo o existir, Deus-Pai, só é uniforme e perfeita, assim há de ser do mesmo modo simplesmente impossível e de antemão excluído o mínimo desvio dentro das leis da natureza, isto é, das leis do desenvolvimento. Esse fato condiciona que a ciência da religião e a ciência da natureza têm de ser uma coisa só sob todos os aspectos, numa lógica sem lacunas, se é que devam transmitir a *Verdade*.

Não se nega que a ciência da natureza ainda hoje tem um limite de conhecimento muito baixo em relação à Criação toda, pois se restringiu apenas à matéria grosseira, devido ao fato de o raciocínio, na acepção atual, só ser capaz de ocupar-se com aquilo que está ligado ao espaço e ao tempo. O único erro aí, e, aliás, imperdoável, é que os adeptos dessa ciência tentam negar ironicamente, como sendo inexistente, tudo que se eleva acima disso, com exceção de poucos eruditos que se soergueram acima da mediocridade e adquiriram visão mais ampla, desprezando encobrir a ignorância com presunção.

A ciência da religião, porém, vai muito mais além, não obstante depender, igualmente, das leis daquilo que está ligado ao espaço e ao tempo, as quais, provenientes da fonte primordial, entram para o terrenal-visível sem interrupção e sem alteração de sua espécie.

Por esse motivo, as doutrinas religiosas não devem possuir falhas nem contradições, se quiserem corresponder realmente à Verdade, isto é, às leis da natureza ou da vontade divina, se, portanto, devam encerrar a *Verdade*. Doutrinas de responsabilidade e que servem como guias não podem permitir a liberdade de fé cega!

Pesa, por conseguinte, em demasia sobre os adeptos das verdadeiras doutrinas de Cristo, o conceito errado do Filho do Homem, porque calmamente aceitam e propagam tradições errôneas, não obstante de vez em quando surgirem em muitas pessoas intuições contrárias, admoestando levemente.

É exatamente a imutabilidade da vontade divina, em sua perfeição, que exclui uma intervenção arbitrária de Deus na Criação. Mas é também ela que após a queda de Lúcifer, por causa de seu procedimento falso,* não pode excluí-lo simplesmente, e do mesmo modo tem de permitir um abuso das leis naturais, da vontade divina, por parte dos seres humanos, visto que ao espírito humano fica reservada a livre decisão devido à sua origem, proveniente do eterno espírito-enteal**.

Nos fenômenos da Criação de matéria fina e grosseira deve justamente patentear-se a inamovível perfeição da vontade do Criador, como uma espécie de atamento! No entanto, somente medíocres e ínfimos espíritos humanos podem ver nesse reconhecimento uma restrição do poder e da grandeza. Tal concepção seria unicamente o produto de sua própria estreiteza.

A imensurabilidade do todo os perturba, porque de fato apenas lhes é possível imaginar um quadro disso, apresentando este uma limitação bem restrita, correspondente ao seu raciocínio.

Quem, todavia, se esforçar realmente por reconhecer o Criador em Sua atuação, encontrará no rumo certo das leis naturais uma noção convincente dos acontecimentos que têm um alcance amplo e cujas origens advêm da fonte primordial, isto é, do ponto de partida de todos os fenômenos, para de lá perpassar a Criação, como que inamovíveis linhas de estrada de ferro, nas quais toda a vida ulterior deverá então se desenrolar, segundo a direção dada pela chave de desvio.

---

* Dissertação: "O mistério Lúcifer".
**Dissertação: "Responsabilidade".

38. Fenômeno universal

A manobra da chave, porém, é feita *automaticamente* pelo *espírito humano* em sua peregrinação através da matéria*.

E, infelizmente, por causa do princípio de Lúcifer, a maioria provoca a manobra errada da chave, e assim então se desenrola a sua vida segundo as imutáveis leis de evolução, as quais, semelhante às vias férreas, perpassam a matéria, descendo cada vez mais, segundo a manobra realizada na direção de bem determinada meta final.

A manobra da chave pela livre resolução pode ser exatamente observada ou intuída desde o início, com o que o percurso ulterior fica claramente reconhecível, visto que, após uma resolução tomada, terá de percorrer, na evolução progressiva, somente pelas correspondentes vias férreas das leis ancoradas na Criação.

Essa circunstância possibilita a previsão de vários acontecimentos, porque as leis da natureza ou da Criação jamais se desviam em seu impulso de desenvolvimento. Milênios aí não representam nenhum papel. Desses previstos pontos finais absolutos originam-se então as grandes revelações, mostradas espiritualmente aos agraciados em imagens, chegando por retransmissão ao conhecimento da humanidade.

Só uma coisa, porém, *não* pode ser predita com certeza: *o tempo terrestre* em que tais revelações e promessas se cumprirão!

Isso se dará na hora em que tal curso de vivência, rodando pela via férrea escolhida, chegar a uma estação intermediária predeterminada ou na meta final. O destino do ser humano, assim como o do povo e, finalmente, de toda a humanidade, é comparável a um trem que se acha parado, esperando, numa linha férrea de uma só via, diante de um entroncamento de ferrovias para todas as direções. O ser humano manobra uma das chaves de desvio, segundo a própria vontade, sobe e solta o vapor, isto é, vivifica-o.

Ao entrar no desvio da ferrovia por ele escolhido, só é possível citar-se as estações intermediárias e a estação final, não,

---
* Dissertação: "O ser humano e seu livre-arbítrio".

porém, a hora exata das respectivas chegadas, pois isso depende da velocidade da marcha, que pode variar segundo a espécie da pessoa, pois o *ser humano dá vida* à máquina que será impelida de acordo com sua disposição, isto é, em marcha uniforme e serena, ou com impetuosidade desenfreada, ou com ambas, alternadamente. Quanto mais tal trem, seja de uma só pessoa, de povos ou da humanidade, se aproxima de uma estação de sua ferrovia — ou da direção de seu destino —, com tanto maior segurança poderá ser então vista e apontada a próxima chegada.

A rede ferroviária, no entanto, possui também algumas linhas de interligação, as quais podem ser utilizadas *durante a viagem,* mediante correspondentes manobras na posição da chave de mudança de via, a fim de obter outra direção e desse modo chegar, também, a outro ponto final do que aquele inicialmente visado. Isso exige, evidentemente, a diminuição da marcha ao se aproximar dum desses desvios, uma parada e uma mudança da chave de desvio. O diminuir da marcha é o raciocinar; o parar, a resolução do ser humano, a qual sempre lhe será possível até um derradeiro ponto de decisão, e a mudança de direção, a ação que se segue a essa resolução.

A vontade divina que perpassa a matéria através das leis fixas da natureza, como que vias férreas, pode ser chamada também de nervos da obra da Criação, que fazem sentir e anunciam ao ponto de partida, à fonte primordial criadora, qualquer desigualdade no poderoso corpo da obra.

Essa visão segura, abrangendo todos os pontos finais com base nas leis inamovíveis, faz com que o Criador acrescente às Suas revelações *também promessas,* que os auxiliadores vindos Dele anunciam a tempo, a respeito da aproximação de curvas perigosíssimas e de estações intermediárias ou pontos finais!

Esses auxiliadores estão aparelhados por Ele a fim de, pouco antes que se deem as catástrofes inevitáveis ou que cheguem às curvas perigosas, abrirem os olhos dos espíritos humanos que enveredaram por esses trilhos errados, anunciando-lhes a Verdade, para que lhes seja possível ainda a tempo manobrar outra chave de desvio, com a finalidade de evitarem

38. Fenômeno universal

os lugares que se tornam cada vez mais perigosos e, seguindo outra direção, escaparem também do nefasto ponto final.

Como o Criador nada pode alterar na perfeição de Sua vontade, assim também observará rigorosamente as leis existentes nesses auxílios. Com outras palavras: Sua vontade é perfeita desde os primórdios. Cada novo ato de Sua vontade evidentemente também será perfeito. Isso condiciona que cada novo ato de vontade proveniente Dele também tem de trazer em si, exatamente, as mesmas leis como as já precedentes. A consequência disso é novamente a inserção exata no fenômeno de desenvolvimento do mundo de matéria fina e grosseira.

Outra possibilidade fica excluída de uma vez para sempre, exatamente por causa dessa perfeição de Deus. Decorreu dessas previsões já esclarecidas a promessa da encarnação do Filho de Deus, a fim de que com a anunciação da Verdade induzisse a humanidade à mudança da chave de desvio.

O ato dessa mudança fica reservado ao próprio espírito humano, de acordo com as leis. Assim, está fora de uma previsão saber a espécie da resolução, pois só podem ser previstas com exatidão, em todas as suas estações e curvas até o ponto final, aquelas linhas *já escolhidas* pelos espíritos humanos, para as quais eles haviam manobrado a chave de desvio, segundo sua livre resolução.

Disso estão excluídos, por evidência lógica, os pontos de desvios onde é decisiva uma livre resolução da humanidade, pois também esse direito é identicamente inamovível como tudo o mais, devido à natural regularidade das leis de origem e de desenvolvimento provenientes da perfeição de Deus, e como o Criador outorgou esse direito aos espíritos humanos, por sua origem do espírito-enteal, Ele também não exige saber de antemão como será sua decisão.

Pode conhecer com exatidão, até o seu final, apenas as *consequências* de tal decisão, porque essas se processarão então dentro dessa vontade que se encontra nas leis da Criação de matéria fina e grosseira. Se fosse diferente, então a causa disso, por esse motivo, só poderia significar uma falta de perfeição, o que fica absolutamente excluído.

O ser humano, portanto, deve ter sempre plena consciência dessa sua enorme responsabilidade, de que é realmente independente em suas decisões básicas. Infelizmente, porém, ele se imagina ou um servo totalmente dependente ou se superestima como sendo uma parte do divinal.

Provavelmente, a causa disso se encontra no fato de que, em ambos os casos, se julga dispensado da responsabilidade. Em um caso, como criatura demasiadamente inferior e dependente, no outro caso, como sendo muito superior. Ambos, porém, são errados! Pode considerar-se como administrador ao qual compete, em certas coisas, uma livre resolução, contudo também a plena responsabilidade, gozando, por conseguinte, de grande confiança da qual não deve abusar com uma administração má. — —

Justamente essa perfeição torna necessário que o Criador, na realização de auxílios imediatos para a humanidade que anda por rumo errado, também tem de contar com um falhar da humanidade na sua tomada de decisão. Em Sua sabedoria e amor que lhe pertencem igualmente e, por sua vez, de acordo com as leis e de modo natural, reserva para tais casos novos caminhos de auxílio, que então se ligam em continuação ao primeiro caminho eventualmente cortado pelo falhar da humanidade.

Assim, já antes do tempo da encarnação do Filho de Deus, fora preparada no reino eterno do Pai mais uma anunciação da Verdade, para o caso de a humanidade vir a falhar, apesar do grande sacrifício de amor do Pai. Se o Filho de Deus, com sua sintonização puramente divina, não fosse ouvido, de tal modo que a humanidade, à sua advertência, manobrasse a chave de desvio na direção por ele apontada, mas permanecesse cegamente nos seus trilhos de até então rumo à ruína, deveria sair então mais um emissário, que pudesse estar mais próximo do âmago da humanidade do que o Filho de Deus, a fim de na última hora servir mais uma vez como advertidor e guia se — — — — ela quisesse ouvir sua conclamação para a Verdade. *Esse é o Filho do Homem.*

Cristo, como Filho de Deus, estava a par disso. Quando se deu conta do solo sufocado e ressecado das almas da humanidade, tornou-se-lhe claro, durante sua atuação, que sua peregrinação na Terra não traria aqueles frutos que, com boa vontade da humanidade, teriam de amadurecer. Isso o entristeceu sumamente, pois em virtude das leis da Criação, a ele tão bem conhecidas, as quais portam a vontade de seu Pai, abrangia com a visão o incondicional prosseguimento para o fim inevitável, que a conduta e vontade dos seres humanos tinham de acarretar.

E aí começou a falar do Filho do Homem, de sua vinda que estava se tornando necessária devido aos fatos que iam se formando. Quanto mais ia dando cumprimento à sua grande missão, que conforme a decisão da humanidade deixou abertos dois caminhos, ou a obediência aos seus ensinamentos com a consequente ascensão, evitando tudo o que traz a ruína, ou um malogro e desabalada corrida na estrada em declive que teria de levar à destruição, tanto mais claramente via que a decisão da maioria da humanidade se inclinava para o falhar e a consequente destruição.

Devido a isso transformou suas alusões ao Filho do Homem em promessas e anunciações diretas, ao falar: "Mas quando vier o Filho do Homem..." etc.

Com isso ele designava a época pouco antes do perigo da destruição, que, segundo as leis divinas, devia cumprir-se no mundo material, devido ao falhar da humanidade em face de sua missão, como meta final do rumo obstinadamente seguido. Profundamente sofreu ele outrora com esse reconhecimento, pois ele era o amor.

Errada é cada tradição que afirma haver Jesus, o Filho de Deus, se designado como sendo simultaneamente também o Filho do Homem. Tal falta de lógica não se encontra nas leis divinas, nem pode ser atribuída ao Filho de Deus, como conhecedor e portador dessas leis.

Os *discípulos* não tinham conhecimento disso, conforme se depreende de suas próprias perguntas. É só deles que surgiu o erro, que até hoje tem perdurado. Supunham que o Filho de Deus se designava a si mesmo com a expressão Filho do Homem, e nessa suposição propagaram o erro também à posteridade, a qual, da mesma forma que os discípulos, não se ocupou mais seriamente com a falta de lógica aí inerente, mas simplesmente passou por cima disso, em parte por temor, em parte por comodidade, apesar de que na retificação o amor universal do Criador ainda sobressai mais nítido e mais poderoso.

Seguindo as pegadas do Filho de Deus, isto é, tomando e prosseguindo sua missão, o Filho do Homem, como enviado de Deus-Pai, irá ao encontro da humanidade, a fim de arrancá-la de volta, pela anunciação da Verdade, do trajeto de até então e, de voluntária decisão, levá-la a outra sintonização, que desvie dos focos de destruição que agora a aguardam.

Filho de Deus — Filho do Homem! Que nisso deva haver uma diferença, evidentemente não é tão difícil de concluir. Cada uma dessas palavras tem seu sentido nitidamente delimitado e estritamente expresso, que uma mistura e fusão em uma só coisa tem de ser tachada diretamente de preguiça do pensar. Ouvintes e leitores das dissertações terão consciência do desenvolvimento natural que, partindo da Luz primordial, Deus-Pai, se estende para baixo, até os corpos siderais de matéria grosseira. O Filho de Deus veio do divino-inenteal, atravessando depressa todos os planos, para se encarnar no mundo de matéria grosseira. Um fenômeno de irradiação. Por isso deve com todo o direito ser chamado o Filho de Deus feito carne. A rapidez com que atravessou o espírito-enteal, donde se origina o espírito humano, não deixou que ele se detivesse lá o suficiente, bem como na subsequente parte de matéria fina da Criação, para que seu núcleo divino-inenteal pudesse levar consigo fortes invólucros protetores dessas diversas espécies, mas sim estes invólucros, normalmente servindo de couraça, permaneceram tênues.

Isso trouxe a vantagem de que a essência divina irradiasse mais fácil e mais fortemente, portanto irrompesse, mas também a desvantagem de que nos planos inferiores da Terra, hostis à Luz, pudesse ser tanto mais rapidamente combatida e furiosamente agredida devido ao seu destaque. O poderoso divinal, apenas tenuemente coberto no invólucro de matéria grosso-terrenal, teve de ficar estranho entre as criaturas humanas por estar demasiadamente distante.

38. Fenômeno universal

Expresso figuradamente, poder-se-ia dizer, portanto, que seu núcleo divino não se achava suficientemente preparado e armado para o terrenal inferior de matéria grosseira, devido à carência de agregação proveniente do espírito-enteal e da matéria fina. O abismo entre o divinal e o terrenal ficou apenas fracamente transposto.

Uma vez que os seres humanos não deram apreço nem preservaram essa dádiva do amor divino, mas sim, devido ao impulso natural de tudo quanto é das trevas, enfrentaram o luminoso Filho de Deus com hostilidades e ódio, assim tinha de vir um segundo emissário no Filho do Homem, mais fortemente armado para o mundo de matéria grosseira.

Também o Filho do Homem é um enviado de Deus, proveniente do divino-inenteal. Igualmente um processo de irradiação. Contudo, antes de seu envio ao mundo de matéria grosseira, ele foi inserido no eterno espírito-primordial-enteal, isto é, estreitamente ligado com a essência espiritual, donde promana a semente do espírito humano! Com isso o núcleo divino-inenteal desse segundo enviado se aproxima bem mais do espírito humano em sua origem, pelo que ganha ele também maior proteção e imediata força contra este.

Somente daí se deu então o seu envio ao mundo de matéria grosseira, numa época em que ele, em hora determinada, possa entrar no campo de luta, a fim de poder apontar, aos que buscam Deus com sinceridade, pedindo por condução espiritual, o caminho certo ao reino do Pai e, ao mesmo tempo, conceder proteção contra os ataques dos que propendem para baixo e lhes são hostis.

Velai, portanto, a fim de o reconhecerdes, assim que tenha chegado a hora dele, pois ele também vos fará chegar a hora!

A DIFERENÇA DE ORIGEM ENTRE O SER HUMANO E O ANIMAL

PARA bem se esclarecer a diferença de origem entre o ser humano e o animal, faz-se mister uma divisão mais pormenorizada da Criação do que até agora.

As expressões usuais como "alma coletiva" do animal, em contraposição ao "eu" individual do ser humano, não obstante ser coisa bem acertadamente pensada, não são suficientes. Mas delineia-se aí, mui largamente, apenas o geral e o que se acha mais próximo ao terrenal, porém não se menciona a diferença *propriamente*.

Necessário se faz aqui conhecer o desenvolvimento da Criação que está explicado na dissertação "Desenvolvimento da Criação".

Para uma visão geral mais fácil sejam reproduzidos os principais degraus de cima para baixo:

1. Divino: { Divino-inenteal = Deus
             Divino-enteal

2. *Espírito*-enteal: { Espírito-enteal consciente
                       Espírito-enteal inconsciente

3. Enteal: { Enteal consciente
            Enteal inconsciente

4. Matéria: { Matéria fina
             Matéria grosseira

O ser humano tem sua origem espiritual no espírito-enteal inconsciente. O animal, por sua vez, tem sua origem enteal no enteal inconsciente. Entre esses dois planos há uma diferença gigantesca. O núcleo vivificador do ser humano é *espírito*. O núcleo vivificador do animal, porém, é *enteal*.

Um espírito se encontra nesse caso acima do enteal; a origem interior do ser humano, por consequência, também é mais elevada do que a do animal, ao passo que ambos têm em comum apenas a origem do corpo de matéria grosseira. No entanto, o espírito do ser humano, com o tempo, foi aperfeiçoando mais o seu corpo, de origem meramente animal, do que era possível à essência do animal.

A doutrina do desenvolvimento natural dos corpos de matéria grosseira, começando dos menores corpos animais até o corpo do ser humano, é, por essa razão, certa. Mostra sob todos os aspectos o trabalho progressivo e sem lacunas da vontade criadora na natureza. Um sinal da perfeição.

Nessa doutrina foi cometido apenas um erro, aliás, grave, de não se ter ido além da matéria grosseira.

Quando se diz que o corpo humano, isto é, o manto de matéria grosseira do ser humano, descende do corpo do animal, que já existia antes do corpo humano, está certo. Esses corpos, contudo, não constituem nem o ser humano nem o animal, mas somente fazem parte por serem necessários na matéria grosseira. Querer se concluir disso, porém, que também a vida interior do ser humano descende do animal é um erro desencaminhador e imperdoável, que tem de despertar discrepância.

Devido a essa discrepância surge também, em tantas pessoas, a salutar intuição *contra* semelhante acepção errônea. Por um lado, sentem-se atraídas pela veracidade da acepção na parte referente aos corpos, por outro lado, porém, repelidas por causa da grosseira negligência que quer, sem mais nem menos, entretecer conjuntamente a origem interior.

A ciência, de fato, até agora mal era capaz de outra coisa senão afirmar que o ser humano, no desenvolvimento natural, por fim teve de descender do animal e, primeiramente, de um animal semelhante ao macaco, que em sua forma mais se aproximou do corpo humano, porque ela até agora somente conseguiu ocupar-se com aquilo que é matéria. Preponderantemente até apenas com a matéria grosseira, que constitui uma parte bem pequena da Criação. E mesmo dessa, só conhece ela as exterioridades mais grosseiras. Na realidade, portanto, pouquíssimo, a bem dizer nada.

Hoje consegue ela utilizar, afinal, elementos de mais valia, mas ignora-lhe as especificidades, tendo de obrigatoriamente se contentar com algumas palavras estrangeiras que coloca no lugar do saber. Essas palavras designam exclusivamente a classificação provisória de algo existente e já utilizável, mas cuja natureza essencial não se conhece, e muito menos ainda a origem.

O enteal, porém, e muito mais ainda o espiritual acham-se *acima* de tudo quanto é material; são, partindo da Terra para cima, a continuação para a origem de tudo quanto existe ou, o que é mais natural, de cima para baixo, o que precedeu o material no desenvolvimento.

Deve-se levar em consideração que todo o espiritual, assim como todo o enteal, necessitam evidentemente e condicionado de modo natural, devido ao desenvolvimento, do manto de um corpo de matéria grosseira, tão logo, em obediência às leis de evolução, penetrem, como fator formador e núcleo vivo, até a matéria grosseira. Cada discórdia desfar-se-á logo, quando finalmente ou se progride mais para cima em todo pesquisar, isto é, para cima de tudo o que é material, ou se prossegue no caminho natural de desenvolvimento de cima para baixo.

É chegado o tempo em que se deve dar o passo para tanto. Contudo, a maior cautela é requerida aí, a fim de que o saber espiritual, que traz de modo evidente a lógica em si, não seja despercebidamente rebaixado em ignorante fantasia. Deve-se atentar que ao enteal e ao espiritual também somente se pode enfrentar com espírito *claro, livre,* não como no material, com balanças, bisturis e tubos de ensaio.

Tampouco com espírito *acanhado* ou com preconceitos, conforme tantas vezes se intenciona. Isso se proíbe por si mesmo intransponivelmente, segundo as leis vigentes da Criação. Nisso a pequena criatura humana, mesmo com a maior arrogância, nada poderá torcer da férrea vontade de seu Criador em Sua perfeição.

39. A diferença de origem entre o ser humano e o animal

A diferença essencial entre o ser humano e o animal se encontra, portanto, exclusivamente em seu íntimo. O animal, depois de despir o corpo de matéria grosseira, só pode regressar ao enteal, ao passo que o ser humano volta ao espiritual, que se acha bem mais acima.

O ser humano consegue, em certo sentido, descer muitas vezes ao nível do animal; no entanto, sempre terá de permanecer ser humano, já que lhe é impossível esquivar-se à responsabilidade, que tem o germe em sua origem espiritual. Todavia, o animal, com sua origem enteal, nunca pode se elevar à condição de ser humano. A diferença entre os corpos existe, pois, apenas na forma e no desenvolvimento mais nobre da criatura humana, levado a efeito pelo *espírito,* depois que penetrou no corpo de matéria grosseira.*

---

* Dissertação: "A criação do ser humano".

A SEPARAÇÃO ENTRE A HUMANIDADE E A CIÊNCIA

ESSA separação não precisava existir, porque a humanidade inteira tem pleno direito à ciência. Pois esta procura apenas tornar mais compreensível a dádiva de Deus, a Criação. A atividade propriamente de cada ramo da ciência se encontra na tentativa de perscrutar mais de perto as leis do Criador, a fim de que essas, pelo seu conhecimento mais apurado, possam ser utilizadas mais proveitosamente para o bem da humanidade.

Tudo isso não é nada mais do que um submeter-se à vontade divina.

Visto que a Criação e as leis da natureza ou de Deus, as quais a mantêm, são tão nítidas e simples em sua perfeição, deveria resultar como consequência lógica uma explicação singela e simples por parte de quem realmente as tenha reconhecido.

Estabelece-se aqui, porém, uma diferença sensível que por sua natureza malsã abre um abismo cada vez mais amplo entre a humanidade e os que se cognominam discípulos da ciência, isto é, discípulos do saber ou da Verdade.

Estes não se expressam de modo tão simples e natural como corresponderia à Verdade, portanto ao verdadeiro saber, sim, como a Verdade, acima de tudo, requer como consequência natural.

Tem isso duas causas ou, mais precisamente, três. Pelos esforços, especiais segundo sua opinião, dedicados aos estudos, esperam uma posição de destaque. Não querem se convencer de que tais estudos constituem também apenas um empréstimo tomado à Criação formada, conforme semelhantemente faz um simples camponês pela serena observação da natureza, para

40. A separação entre a humanidade e a ciência 243

ele necessária, ou outras pessoas em seus trabalhos práticos o devam fazer.

Além disso, um discípulo da ciência sempre terá de se expressar sem clareza, pela natureza da coisa, enquanto não se aproximar direito da Verdade em seu saber. Só quando tiver compreendido realmente a própria Verdade, tornar-se-á, também por causa da natureza da coisa, necessariamente simples e natural em suas descrições.

Não é, pois, segredo algum que exatamente os que nada sabem, em suas fases transitórias para o saber, gostam de falar mais do que os próprios entendidos e terão aí de se servir sempre da falta de clareza, porque de outra maneira não são capazes, se ainda não tiverem diante de si a Verdade, isto é, o real saber.

Em terceiro lugar, existe realmente o perigo da maioria das criaturas humanas dar pouco apreço à ciência, se esta quiser mostrar-se com o manto natural da Verdade. Os seres humanos a achariam "natural demais" para poder dar-lhe muito valor.

Não raciocinam que exatamente *isso* é o único certo, proporcionando inclusive o padrão para tudo quanto é legítimo e verdadeiro. A garantia da Verdade reside, tão só, na sua evidência natural.

Mas para tanto os seres humanos não serão tão facilmente convertidos, pois também não quiseram reconhecer em Jesus o Filho de Deus, porque ele lhes veio "demasiadamente simples".

Os discípulos da ciência sempre estiveram muito bem a par desse perigo. Por isso fecharam-se cada vez mais, por sagacidade, à simplicidade natural da Verdade. A fim de fazer valer a si mesmos e a sua ciência, criaram, em suas reflexões cismadoras, obstáculos cada vez mais difíceis.

O cientista, destacando-se da massa, desprezava finalmente expressar-se de modo simples e compreensível a todos. Muitas vezes apenas pelo motivo, por ele próprio mal conhecido, de que certamente não lhe restaria muito de destaque, se não formasse um modo de expressão que, necessariamente, só em longos anos de estudos poderia ser aprendido de modo especial.

O fato de não se tornar compreensível a todos, criou-lhe, com o tempo, uma primazia artificial, que foi conservada a qualquer preço pelos alunos e sucessores, visto que do contrário, para muitos, os estudos de anos e os sacrifícios monetários a isso ligados, realmente, teriam sido em vão.

Chegou-se assim hoje a tal ponto que nem é mais possível a muitos cientistas se expressarem perante pessoas simples de modo claro e compreensível, isto é, de maneira simples. Tal empenho, agora, exigiria decerto o *estudo mais difícil* e tomaria mais tempo do que uma geração inteira. Antes de tudo, para muitos resultaria desagradavelmente, pois então apenas sobressairiam ainda aquelas pessoas que tivessem algo a dar à humanidade com real *capacidade,* estando com isso dispostas a servi-la.

Atualmente, para a generalidade, é característica marcante do mundo dos cientistas a mistificação por incompreensibilidade como semelhantemente já foi hábito em assuntos eclesiásticos, onde os servidores de Deus terrenalmente escolhidos como guias e condutores só falavam em latim a todos quantos buscavam devoção e elevação, o que estes não entendiam e, portanto, também não podiam abranger nem assimilar, somente com o que conseguiriam obter algum lucro. Os servidores de Deus poderiam ter falado igualmente em siamês na ocasião, com o mesmo insucesso.

O verdadeiro saber não deve precisar tornar-se incompreensível, pois encerra em si ao mesmo tempo a faculdade, a necessidade, sim, de se expressar com palavras singelas.

A Verdade é, sem exceção, para *todas* as criaturas humanas, pois estas se originam dela, porque a Verdade é viva no espírito-enteal, o ponto de partida do espírito humano. Daí se infere que a Verdade pode ser compreendida também em sua singeleza natural por todas as criaturas humanas. Tão logo, porém, ao ser transmitida se torne complicada e incompreensível, não permanece mais pura e verdadeira, ou então as descrições se perdem em coisas secundárias que não têm aquele sentido como o núcleo.

Esse núcleo, o autêntico saber, tem de ser compreensível a todos. Algo artificialmente arquitetado, por sua distância da naturalidade, pode conter em si apenas pouca sabedoria. Quem não é capaz de transmitir o verdadeiro saber de modo simples e natural, *não* o compreendeu, ou então procura encobrir algo involuntariamente, ou se apresenta como um boneco enfeitado e sem vida.

Quem na lógica ainda deixar lacunas e exigir crença cega, reduz a um ídolo defeituoso o Deus perfeito e prova que não se acha no caminho certo, não podendo, portanto, guiar com segurança. Seja isso uma advertência a cada perscrutador sincero!

ESPÍRITO

USA-SE com tanta frequência a expressão "espírito" sem que aquele que sobre isso fale esteja consciente do que realmente seja espírito. Um denomina espírito, sem mais nem menos, a vida interior do ser humano, outro confunde alma e espírito; muitas vezes se fala também em seres humanos dotados de espírito, pensando aí em nada mais do que em simples trabalho cerebral. Fala-se de relâmpagos do espírito e de muita coisa mais. Mas ninguém se põe uma vez a esclarecer direito o que é espírito.

O mais elevado que até agora se compreende jaz na expressão: "Deus é espírito"! Disso, pois, tudo se deduz. Tentou-se, através dessa afirmação, poder compreender também o próprio Deus, e nisso encontrar um esclarecimento sobre Ele.

Justamente isso, porém, teve de desviar novamente a realidade, acarretando assim também erros, pois é *errado* dizer simplesmente: Deus é espírito.

Deus é *divino* e não espiritual! Nisso já consiste a explicação. Não se deve nunca designar espírito o que é divino. Somente o espiritual é espírito. Esse erro, até agora existente em tal concepção, é explicável pelo fato de o ser humano provir do espiritual, não conseguindo por isso raciocinar além do espiritual, sendo consequentemente todo o espiritual o mais elevado para ele.

É, pois, admissível que ele queira ver o mais límpido e o mais perfeito disso como origem de toda a Criação, portanto, como Deus. Assim, pode-se supor que essa conceituação errada não se originou apenas da necessidade de imaginar seu Deus segundo a própria espécie, conquanto perfeito em todos os sentidos, a fim de se sentir mais intimamente ligado a Ele, mas a razão se encontra principalmente na incapacidade de compreender a verdadeira excelsitude de Deus.

Deus é divino, Sua vontade é espírito. E dessa vontade viva originou-se o ambiente espiritual que lhe está mais próximo, o Paraíso com seus habitantes. Desse Paraíso, porém, adveio a criatura humana como semente espiritual, a fim de prosseguir seu percurso pela Criação ulterior. O ser humano é, portanto, portador do *espírito* no conjunto da Criação material. Por esse motivo, também se encontra atado, em suas ações, à pura vontade primordial de Deus, tendo de assumir toda a responsabilidade, se deixar que ela, devido a influências externas da matéria, fique coberta de impurezas e, sob certas circunstâncias, soterrada temporariamente de modo total.

É o tesouro ou o talento que em sua mão devia dar juros e mais juros. Da falsa acepção de que o próprio Deus seja espírito, portanto, de idêntica espécie como a da origem do próprio ser humano, decorre nitidamente que o ser humano jamais pôde fazer uma ideia exata da divindade. Ele deve não apenas imaginar nisso o mais perfeito de si próprio, mas terá de ir muito além, até aquela espécie que sempre lhe permanecerá incompreensível, porque para a compreensão dela jamais estará apto por sua própria espécie espiritual.

O espírito é, por conseguinte, a *vontade* de Deus, o elixir de vida de toda a Criação, que dele precisa estar impregnada a fim de se manter. O ser humano é o portador parcial desse espírito, que deve cooperar, ao tornar-se autoconsciente, para o *soerguimento* e o desenvolvimento progressivo de toda a Criação. Para isso é necessário, contudo, que aprenda a se servir direito das energias da natureza e as utilize para o progresso conjunto.

O que aqui é dito deve constituir apenas uma indicação provisória, à qual mais tarde se seguirão ainda dissertações exatas, onde as diferentes espécies de espírito serão descritas com nítidas delimitações.

DESENVOLVIMENTO DA CRIAÇÃO

Já indiquei uma vez que as histórias escritas da Criação não devem ser tomadas em sentido terreno. Inclusive a história da Criação na Bíblia não se refere à Terra. A criação da Terra foi exclusivamente uma consequência natural que adveio da *primeira* Criação em seu desenvolvimento progressivo.

É quase incompreensível que os pesquisadores das escrituras pudessem ter dado um salto tão grande, tão ilógico e lacunoso, com a suposição de que Deus, em Sua perfeição, tivesse criado imediatamente a Terra de matéria grosseira, sem transição.

Nem é preciso alterar-se a "palavra" das escrituras para nos abeirarmos da verdade dos fenômenos. Pelo contrário, a palavra da história da Criação reproduz com muito maior clareza essa verdade do que todas as demais suposições lacunosas e erradas. Apenas as interpretações errôneas é que provocaram a incapacidade de compreensão de tantas criaturas humanas.

Estas intuem mui acertadamente o erro que se comete, querendo colocar, incondicionalmente, na Terra de matéria grosseira, tão afastada do divinal, o Paraíso mencionado na Bíblia. Não é afinal tão desconhecido assim que a Bíblia é antes de tudo um livro *espiritual*. Dá esclarecimentos sobre fenômenos *espirituais,* onde seres humanos somente são mencionados quando em conexão imediata para a elucidação dessas coisas espirituais e para ilustrá-las.

Finalmente, também se torna compreensível ao raciocínio humano, por ser natural, se a descrição da Criação feita na Bíblia *não* se referir à Terra tão afastada do Criador.

É improvável que alguém tenha a ousadia de negar o fato de que essa Criação direta de Deus, designada como *primeira,* também só possa ser procurada em Sua proximidade imediata, já que saiu como *primeira* do próprio Criador e por isso *tem* de estar em conexão mais íntima com Ele. Ninguém, pensando serena e claramente, esperará que essa primeira e *verdadeira* Criação se tenha processado exatamente aqui na Terra, que mais se acha afastada do divinal, e que só se formou no curso progressivo da evolução.

Não podia tratar-se, portanto, de um paraíso *na Terra.* O que Deus criou, conforme está categoricamente expresso na história da Criação, permaneceu explícita e *diretamente* ligado a Ele, devendo achar-se somente em Seu ambiente mais próximo. Da mesma forma facilmente explicável e natural é a conclusão de que tudo quanto foi criado ou emanado nessa contiguidade tão chegada ao Criador, conserve também a maior semelhança com a Sua perfeição.

Mas imaginar isso na Terra de matéria grosseira, há de criar céticos. A ideia duma "expulsão" do paraíso *terrestre,* devendo, porém, tais expulsos permanecerem sobre essa mesma Terra, demonstra tanto de doentio, é tão visível e grosseiramente trasladada para o terrenal, que quase pode ser chamada de grotesca. Uma imagem morta que traz o cunho dum dogma forçadamente introduzido, com o que nenhum ser humano sensato sabe o que fazer.

Quanto menos perfeito, tanto mais longinquamente afastado da perfeição. Também os seres espirituais criados da perfeição não podem ser os seres humanos da Terra, mas devem se encontrar na maior proximidade dessa perfeição e constituir, por isso, os modelos mais ideais para os seres humanos. São os espíritos eternos, que nunca vêm à materialidade, e que, portanto, não se tornam seres humanos terrenos. Figuras ideais irradiantes que atraem qual ímãs, atuando também de maneira a fortalecer todas as faculdades dos germes espirituais humanos, que mais tarde se tornarão espíritos conscientes.

O Paraíso, que na Bíblia é chamado como tal, *não* deve, por conseguinte, ser confundido com a Terra.

Para esclarecimento mais detalhado, torna-se necessário mais uma vez apresentar um quadro completo de tudo o que existe, a fim de tornar mais fácil à pessoa perscrutadora achar o caminho para o reino eterno de Deus, o Paraíso, de onde desce em suas origens espirituais.

O ser humano imagina o divinal como o que há de superior e altíssimo. O próprio Deus, como ponto de partida de todo o existente, como fonte primordial de toda a vida, é *inenteal* em Sua perfeição absoluta. Após o próprio Deus, em Sua inentealidade intrínseca, segue-se o círculo do divino-*enteal*. Deste originam-se os primeiros seres que tomaram forma. A esses pertencem em primeiro lugar a Rainha Primordial e os arcanjos, e por último pequeno número de anciãos. Estes últimos são de grande importância para o desenvolvimento progressivo do espírito-enteal, assim como mais adiante os seres do enteal consciente têm grande importância para o desenvolvimento da matéria. Lúcifer foi enviado do divino-enteal, a fim de ser um apoio direto à Criação em seu desenvolvimento autônomo progressivo.

O Filho de Deus veio, porém, do divino-inenteal, como uma parte que depois de sua missão de auxílio tem de retornar ao divino-inenteal, a fim de reunificar-se com o Pai. O Filho do Homem descende igualmente do divino-inenteal. Devido à ligação com o espírito-enteal consciente, sua apartação cumpriu-se como necessidade de permanecer separado e também ao mesmo tempo estar imediatamente ligado com o divino-inenteal, a fim de que possa ficar eternamente como mediador entre Deus e Sua obra.

Depois que Lúcifer, procedente do divino-*enteal,* falhou em sua atuação, teve de ser enviado em seu lugar um mais forte, que o algemasse e auxiliasse a Criação. Por isso descende o Filho do Homem, a isso destinado, do divino-*inenteal.*

Ao divino-enteal se liga, pois, a Criação primordial, o eterno reino de Deus. Está em primeiro lugar, como o mais próximo, o *espírito-enteal consciente,* que consiste de seres espirituais criados, eternos, também chamados espíritos. Estes são as figuras ideais perfeitas para tudo aquilo a que os espíritos humanos podem e devem almejar em seu mais alto desenvolvimento. Eles atraem magneticamente para cima os que se esforçam por ascender. Essa ligação automática se faz sentir, aos que procuram e se esforçam em ascender, como uma saudade

42. Desenvolvimento da Criação

muitas vezes inexplicável, que lhes outorga o impulso para procurar e se esforçar em ascender.

São os espíritos que jamais nasceram na matéria e que o próprio Deus, fonte primordial de todo o ser e de toda a vida, criou como os primeiros espíritos primordiais, que, portanto, também se aproximam mais de Sua própria perfeição. São *eles,* igualmente, os que são *segundo à Sua imagem!*

Não se deve omitir que na história da Criação está expressamente dito: segundo Sua *imagem.* Essa indicação também não está aqui sem significação, pois só segundo Sua *imagem* podem eles ser, não segundo Ele *próprio;* por conseguinte, apenas como Ele se *mostra,* porque o próprio puro divinal é, como único, *in*enteal.

Para se mostrar, conforme já foi mencionado, Deus tem de se cobrir antes com o divino-enteal. Mas mesmo assim não poderá ser visto pelos espírito-enteais, mas apenas pelos divino-enteais, e isso também apenas por uma pequena parte, pois todo o puro divinal tem de ofuscar, em sua pureza e claridade perfeitas, o que não é divino. Mesmo os divino-enteais não conseguem contemplar o semblante de Deus! A diferença entre o divino-inenteal e o divino-enteal ainda é demasiadamente grande para isso.

Nesse Paraíso dos espírito-enteais conscientes vive simultaneamente o *espírito-enteal inconsciente.* Encerra as mesmas bases de que se compõe o espírito-enteal consciente, isto é, os germes para isso. Nesses germes, porém, reside vida, e em toda a Criação a vida impulsiona para o desenvolvimento, segundo a vontade divina. Para o desenvolvimento a fim de tornar-se consciente. Esse é um processo totalmente natural e sadio.

Tornar-se consciente, porém, só pode emergir da condição inconsciente através de experiências, e esse impulso para o desenvolvimento progressivo através da experiência acaba expelindo automaticamente tais germes em amadurecimento ou em fase de impulsão, do espírito-enteal inconsciente, ou, como se queira dizer, para fora dos limites do espírito-enteal. Uma vez que esse expelir ou impelir dum germe não pode se dar para cima, tem ele de tomar o caminho para baixo, que lhe é livre.

42. Desenvolvimento da Criação

E essa é a expulsão natural do Paraíso, do espírito-enteal, necessária ao germe espiritual que se esforça por tornar-se consciente!

De modo figurado é isso mui acertadamente transmitido, quando é dito: "Com o suor de teu rosto deverás comer teu pão". Quer dizer, na aglomeração das experiências com a necessidade que aí surge de defender-se e de lutar contra as influências oriundas do ambiente inferior, no qual penetra como estranho.

Esse expelimento, impelimento ou expulsão do Paraíso não é castigo algum, mas é uma necessidade absoluta, natural e automática, ao manifestar-se uma determinada maturação em cada germe espiritual pelo impulso para o desenvolvimento da conscientização. É o nascimento proveniente do espírito-enteal inconsciente para a entealidade, e depois para o material, com a finalidade de desenvolvimento. Por conseguinte, um *progresso,* não acaso um retrocesso!

A respeito do pecado original que se deu somente mais tarde, que foi um acontecimento por si, do qual se desenvolveu o pecado hereditário, ainda darei esclarecimentos precisos. Com o processo aqui descrito e permanentemente repetido, não tem ele nada que ver.

Uma descrição bem certa, na história da Criação, é aquela também onde se declara que o ser humano sentiu necessidade de "cobrir sua nudez", depois que acordou nele a noção do bem e do mal, o lento iniciar da conscientização.

Com o impulso cada vez mais forte para tornar-se consciente, ocorre automaticamente a expulsão ou expelimento do Paraíso, a fim de entrar na matéria, através da entealidade. Assim que o germe espiritual transpõe os limites do espírito-enteal, estaria como tal "nu" no ambiente mais inferior, de outra espécie e mais denso. Dito por outra forma, estaria "descoberto". Com isso achega-se ao espírito humano não somente a necessidade, mas a absoluta exigência de cobrir-se de modo protetor com a espécie enteal e material de seu ambiente, vestir uma espécie de manto, tomando o invólucro enteal, o corpo de matéria fina e por fim também o corpo de matéria grosseira.

42. Desenvolvimento da Criação

Somente com o acolhimento do manto de matéria grosseira ou corpo é que desperta então o instinto sexual absoluto e com isso também o pudor físico.

Quanto maior, portanto, esse pudor, tanto *mais nobre* é o instinto e tanto mais elevado também se encontra o ser humano espiritual. A manifestação maior ou menor do pudor físico do ser humano terreno é a *medida direta de seu valor espiritual interior!*

Essa medida é infalível e facilmente reconhecível a cada pessoa. Com o estrangulamento ou o afastamento do sentimento do pudor exterior, sempre é sufocado ao mesmo tempo também o sentimento do pudor anímico, muito mais sutil e de espécie totalmente diversa, e com isso desvalorizado o ser humano interior.

Um sinal infalível de queda profunda e de decadência certa é quando a humanidade começa, sob a mentira do progresso, a querer "erguer-se" acima da joia do sentimento de pudor, tão favorecedora sob todos os aspectos! Seja isso, pois, sob o manto do esporte, da higiene, da moda, da educação infantil ou sob muitos outros pretextos para isso bem-vindos. Não se pode então impedir a decadência e a queda, e apenas um horror da pior espécie poderá levar ainda alguns à reflexão, entre todos aqueles que se deixaram arrastar irrefletidamente para esse caminho.

Desde o instante do expelimento natural sucedem-se, com o peregrinar de tal germe espiritual através da entealidade e das materialidades da Criação posterior, não somente uma, mas sempre mais e mais necessidades urgentes de sua estada nesses planos inferiores da Criação para o seu desenvolvimento progressivo e elevação, que, por sua vez, atuam retroativamente, de modo a fortalecer e firmar esse germe, contribuindo não somente para o desenvolvimento dele próprio, com vistas à conscientização, mas, antes de tudo, possibilitando isso.

É um colossal atuar e tecer, milhares de vezes entrelaçado, mas apesar de toda a sua automaticidade viva, engrena-se de modo tão categórico com seus efeitos recíprocos, que um único percurso dum desses germes espirituais até a sua conclusão se apresenta como parte de um tapete multicolorido, feito por hábil mão de artista, seja ascendente com a conscientização, seja descendente com a decomposição que se segue para a proteção dos outros.

Na obra admirável da Criação encontram-se tantas leis atuando serena e seguramente, que seria possível escrever um tratado sobre cada um dos milhares de fenômenos na existência dos seres humanos, o qual, porém, sempre de novo retornaria para a única grande característica fundamental: para a *perfeição do Criador como ponto de partida,* cuja *vontade* é *espírito* vivo e criador. O Espírito Santo! *Todo o espiritual,* porém, é *obra* dele!

Como o ser humano descende dessa obra espírito-enteal, traz consigo uma partícula da vontade desse espírito, que de fato contém em si a força da decisão livre, e com isso a responsabilidade; no entanto, não se identifica com o próprio divinal, conforme muitas vezes é erroneamente suposto e explicado.

Vistos por contempladores cônscios, todos os efeitos da vontade divina que atuam na Criação como leis naturais, auxiliando e beneficiando, têm de unir-se num cântico de júbilo maravilhosamente harmônico. Num único sentimento de alegria e gratidão, convergindo por milhões de canais para esse ponto de partida.

O processo que se repete eternamente na Criação, o qual acarreta a expulsão do germe espiritual para fora do Paraíso, quando em certo estado de maturação, apresenta-se também visível aos olhos terrenos em todas as coisas dos acontecimentos da Terra, visto que por toda parte se encontra a cópia do mesmo fenômeno.

Pode-se denominar, outrossim, essa expulsão que se desenvolve naturalmente, de fenômeno de desligamento automático. Exatamente como uma maçã madura ou qualquer fruta madura cai da árvore para, ao se decompor, segundo a vontade criadora, libertar a semente, *que só então,* devido às influências externas que assim atuam diretamente sobre ela, *rompe* o invólucro, a fim de tornar-se germe e delicada planta. Esta, por sua vez, só se torna resistente sob chuvas, tempestades e sol, podendo também somente assim transformar-se em uma árvore forte.

Com isso a expulsão dos germes espirituais maduros do Paraíso é uma consequência necessária da evolução, assim como

42. Desenvolvimento da Criação

a Criação enteal, material, e por fim terrena, em suas características básicas, é apenas uma sequência da Criação espírito-enteal, com o que se repetem, sim, constantemente, as características básicas da Criação propriamente, mas sempre com a necessária diferença, de modo que os efeitos se apresentam diferentemente, de acordo com a espécie enteal e material.

Também na matéria grosseira terrenal ocorre, novamente, a expulsão da alma, tão logo chegue o tempo de maturidade para isso. É a morte terrena, que significa a expulsão automática ou o expelimento para fora da matéria grosseira e, com isso, o nascimento na matéria fina. Aqui também caem os frutos, como duma árvore. Em tempo calmo, apenas os maduros, durante as ventanias e os temporais, também os imaturos. Frutos maduros são aqueles cujo trespasse para o Além de matéria fina ocorre em hora certa, com semente interior madura. Esses estão espiritualmente "prontos" para o Além, enraízam-se, portanto, de modo rápido e conseguem crescer com segurança.

Frutos imaturos, porém, são aqueles cuja queda ou morte, com a consequente decomposição do corpo de matéria grosseira até então protetor, põe a descoberto a semente *ainda imatura* no Além, expondo-a assim prematuramente a todas as influências, pelo que terá de fenecer ou será obrigada a um amadurecimento ainda posterior, antes de enraizar (familiarizar-se) no solo do Além (contingências) e com isso poder crescer ascensionalmente.

Assim prossegue sempre. De degrau em degrau de desenvolvimento, quando não interfere a podridão que destrói a semente ainda insuficientemente amadurecida, a qual assim se perde como tal, e com ela naturalmente também o latente e vivo crescimento para uma árvore autônoma, produtora de frutos, que, cooperando, pode continuar o desenvolvimento.

A pessoa que olhar com atenção ao seu redor, poderá muitas vezes observar exatamente a imagem básica de todos os fenômenos da Criação em seu ambiente mais próximo, já que nas coisas mínimas sempre também se refletem as máximas. — — —

Seguindo agora para baixo, encontra-se, como o mais próximo desse Paraíso espírito-enteal, o reino de toda a *entealidade*. A própria entealidade divide-se, por sua vez, em duas partes.

Em primeiro lugar está a *entealidade consciente*. Esta se compõe dos seres elementares e da natureza, aos quais, como derradeiros, também pertencem os elfos, gnomos, ondinas, etc. Esses seres elementares e da natureza foram o preparo indispensável para o desenvolvimento progressivo no caminho para a formação da matéria, pois somente da ligação com a entealidade pôde provir a materialidade.

Os seres elementares e da natureza tiveram de cooperar na criação da matéria em formação, conforme ainda hoje acontece.

Em segundo lugar, no reino da entealidade, está o *enteal inconsciente*. Dessa entealidade inconsciente advém a vida da alma animal.* Aqui se deve prestar muita atenção na diferença entre o reino do espírito-enteal e o reino da entealidade. Somente tudo quanto é *espiritual* traz em si desde os primórdios a força da deliberação livre que, como consequência, acarreta também a responsabilidade. Isso não acontece com a entealidade.

Outra sequência da evolução foi o surgimento da matéria. Esta se subdivide em *matéria fina,* que compreende muitas seções, e em *matéria grosseira,* que, começando com a mais tênue névoa, torna-se visível aos olhos terrenos! Mas num paraíso na Terra, ramificação extrema da matéria grosseira, não se pode pensar. *Deve* um dia vir à Terra um *reflexo* do verdadeiro paraíso, sob a mão do Filho do Homem, no princípio do reino do Milênio, como também surgirá com isso, ao mesmo tempo, uma cópia terrena do Supremo Templo do Graal, cujo modelo se encontra na parte mais excelsa da Criação, como o único verdadeiro Templo de Deus existente até aqui.

---

* Dissertação: "A diferença de origem entre o ser humano e o animal".

EU SOU O SENHOR, TEU DEUS!

ONDE estão os seres humanos que realmente põem em prática este mais alto de todos os mandamentos? Onde está o sacerdote que o ensina de modo puro e verdadeiro?

"Eu sou o Senhor, teu Deus, não terás outros deuses a Meu lado!" Essas palavras são dadas de modo tão claro, tão *peremptório,* que não deveria ser possível absolutamente um desvio! Cristo também apontou isso reiteradamente, com grande nitidez e severidade.

Tanto mais lastimável é, pois, que milhões de pessoas passem por isso desatentamente, devotando-se a cultos que se acham em direta oposição a esse mais alto de todos os mandamentos. O pior de tudo é que desprezam esse mandamento de seu Deus e Senhor com crédulo fervor, na ilusão de honrar a Deus e de lhe ser agradável nessa manifesta violação de Seu mandamento!

Esse grande erro só pode persistir dentro de uma crença *cega,* onde são excluídos quaisquer exames, pois crença cega nada mais é do que falta de reflexão e preguiça espiritual dessas pessoas, que, tal como preguiçosos e dorminhocos, procuram evitar o mais possível acordar e levantar, pois acarreta obrigações cujo cumprimento temem. Cada esforço lhes parece um horror. É, pois, muito mais cômodo deixar que outros trabalhem e pensem por eles.

Todavia, quem deixa que os outros pensem em seu lugar, dá-lhes poderes sobre si, rebaixa-se a criado, tornando-se assim preso. Deus, no entanto, deu ao ser humano uma força de livre resolução, deu-lhe a faculdade de raciocinar, de intuir e, para tanto, terá de receber, evidentemente, uma prestação de contas de tudo aquilo que essa faculdade de livre resolução condiciona! Com isso Ele queria criaturas humanas *livres,* não, criados!

É triste quando um ser humano, por preguiça, se torna *terrenalmente* escravo, mas terríveis são as consequências quando ele se desvaloriza de tal maneira *espiritualmente,* que se torna um adepto bronco de doutrinas que contrariam os mandamentos explícitos de seu Deus. Nada adianta aos seres humanos procurarem abafar os escrúpulos que aqui e acolá despertam, com a desculpa de que por fim aquelas pessoas que introduziram desvios nas doutrinas terão de arcar com a maior responsabilidade. Isso em si já está certo, mas, além disso, cada um por si ainda é especialmente responsável por tudo aquilo que pensa e faz. Integralmente, nada disso lhe pode ser perdoado.

Aquele que não põe em prática, em toda a extensão possível, as faculdades da intuição e do raciocinar a ele outorgadas, torna-se culpado!

Não é pecado, mas dever, que cada um, ao despertar da maturidade, também comece a refletir sobre aquilo que até aí lhe foi ensinado, mediante o que assume plena responsabilidade de si mesmo. Não podendo colocar suas intuições de acordo com alguma coisa disso, então também não deve aceitá-lo cegamente como certo. Apenas se prejudica a si próprio, como em uma compra malfeita. O que não lhe é possível manter por convicção, deve deixar, pois do contrário seu pensar e seu atuar tornam-se hipocrisia.

Aquele que omite isto ou aquilo de realmente bom, porque não pode compreendê-lo, de longe ainda não é tão abjeto como aqueles que, sem convicção, se agregam a um culto que não compreendem de modo total. Todas as ações e pensamentos provenientes de tal incompreensão são vazios, e de tal vacuidade não pode resultar, automaticamente, qualquer efeito recíproco bom, porque na vacuidade não se encontra nenhuma base *viva* para algo de bom. Assim tornar-se-á uma hipocrisia, que equivale à blasfêmia, porque com isso se procura enganar Deus com algo que não existe. Faltam intuições vivas! Isso torna aquele que age dessa maneira um desprezível, um expulso!

Os milhões de seres humanos, pois, que impensadamente veneram coisas que contrariam manifestamente os mandamentos divinos, encontram-se, não obstante qualquer eventual fervor, incondicionalmente manietados e totalmente excluídos de uma escalada espiritual.

Somente a convicção livre é viva, e só ela pode, por conseguinte, criar algo vivo! Tal convicção, porém, só pode despertar mediante análises rigorosas e profundas intuições. Onde ainda houver a menor incompreensão, sem se falar em dúvidas, nunca pode surgir convicção.

Somente o compreender pleno e sem lacunas equivale à convicção, a qual unicamente possui valor espiritual!

É francamente doloroso presenciar nas igrejas a multidão que se persigna, se curva e se ajoelha irrefletidamente. Tais robôs não devem ser contados entre pessoas que raciocinam. O sinal da cruz é o signo da Verdade, e com isso um signo de Deus! Torna-se, pois, culpado aquele que se utiliza desse signo da Verdade, se seu íntimo, no momento da prática, não for ao mesmo tempo verdadeiro em todos os sentidos, se suas intuições não estiverem total e incondicionalmente sintonizadas com a Verdade. Para tais pessoas seria cem vezes melhor que deixassem tais persignações, reservando-as para momentos em que tenham sintonizada toda sua alma com a Verdade, portanto assim também com o próprio Deus e Sua vontade, pois Deus, seu Senhor, é a Verdade.

Idolatria, porém, e *transgressão aberta do mais sagrado de todos os mandamentos de seu Deus* é quando prestam honras a um *símbolo,* as quais cabem somente a Deus!

"Eu sou o Senhor, teu Deus, não terás outros deuses a Meu lado!", está dito expressamente. Conciso, nítido e claro, sem permitir sequer o mínimo desvio. Também Cristo apontou especialmente para essa observância necessária. Propositalmente e de maneira significativa denominou-a, justamente perante os fariseus, de lei *suprema,* isto é, aquela lei que em circunstância alguma pode ser quebrada ou alterada. Essa designação diz, ao mesmo tempo, que todas as outras coisas boas e todas as outras crenças não podem ganhar valor total, se essa lei *suprema* não for cumprida de modo integral! Que *tudo* até depende disso!

A esse respeito, por exemplo, contemplemos, totalmente livres de preconceitos, a veneração da custódia! Muitas pessoas encontram nisso uma contradição ao claro mandamento supremo.

Espera o ser humano que seu Deus desça para essa hóstia transmutável, como explicação de que presta a ela honraria divina? Ou que Deus, com a consagração de tal hóstia, seja forçado a descer? Uma coisa é tão irracional quanto a outra. Tampouco pode ser criada uma ligação direta com Deus mediante semelhante consagração, pois o caminho para lá não é tão simples nem tão fácil. Não podem os seres humanos e nem os espíritos humanos, de modo algum, percorrê-lo até o final.

Se, pois, uma pessoa se prostra diante duma figura esculpida em madeira, outra diante do Sol e uma terceira diante da custódia, cada uma assim está pecando contra a suprema lei de Deus, *desde que considere nisso* o próprio Deus vivo e, portanto, espere disso imediatas graças e bênçãos divinas! Em tal errada pressuposição, esperança e intuição encontrar-se-ia a transgressão *verdadeira,* idolatria aberta!

E tal idolatria é praticada muitas vezes com fervor pelos adeptos de muitas religiões, conquanto de maneira diversa.

Cada pessoa que cumpre seu dever, oriundo de suas faculdades de raciocinar sincero, *terá* de aí ficar em dúvida, que só conseguirá abafar temporariamente e de modo forçado, mediante o erro de uma crença cega, assim como um vadio negligencia seus deveres cotidianos pelo sono da indolência.

A pessoa sincera, porém, intuirá, de modo categórico, que terá de procurar em primeiro lugar *clareza* em tudo quanto se lhe deva tornar sagrado!

Quantas vezes Cristo explicou que os seres humanos deveriam *viver conforme* suas doutrinas, a fim de auferir lucro disso, quer dizer, portanto, a fim de poder chegar à escalada espiritual e à vida eterna. Na expressão "vida eterna" já se patenteia a *vivacidade* espiritual, mas não a indolência espiritual. Com a indicação para o *viver conforme* suas doutrinas, ele advertiu, expressa e nitidamente, a respeito da aceitação bronca de suas doutrinas, por ser errado e inútil.

Um vivenciar, evidentemente, só pode se dar sempre através da convicção, jamais de modo diferente. Convicção, no entanto, condiciona plena compreensão. Compreensão, por sua vez, um raciocinar intenso e um examinar individual. Devem-se avaliar as doutrinas com a própria intuição. Disso se depreende, automaticamente, que uma crença cega é totalmente errada. Tudo quanto é errado, porém, facilmente pode levar à ruína, ao descalabro, jamais, contudo, à escalada.

Escalada equivale à libertação de toda pressão. Enquanto existir ainda algures uma pressão, não se pode falar de uma libertação ou salvação. O incompreendido, porém, *é* uma pressão que não se desfará antes que o lugar da pressão ou lacuna seja afastado pela compreensão plena.

Crença cega equivale sempre à incompreensão, portanto, jamais poderá ser convicção e, consequentemente, não trará nenhuma libertação, nenhuma salvação! Pessoas que se restringiram à crença cega não podem ser vivas espiritualmente. Igualam-se aos mortos e não têm nenhum valor.

Se uma pessoa começa a raciocinar direito, acompanhando serena e atentamente todos os acontecimentos, ligando-os com lógica, então chegará por si mesma à convicção de que Deus, em Sua pureza perfeita e de acordo com Sua própria vontade criadora, *não pode chegar à Terra!*

A pureza absoluta e a perfeição, portanto justamente o divinal, excluem uma descida à matéria. A diferença é grande demais para que seja possível qualquer ligação direta, sem que se leve exatamente em conta as necessárias transições, condicionadas pelas espécies enteais e materiais, que se encontram de permeio. O levar em conta dessas transições, no entanto, apenas pode se efetivar pela encarnação, como se deu com o Filho de Deus!

Mas como este "reintegrou-se ao Pai", portanto à sua origem, assim também se encontra outra vez no divinal, estando por isso de idêntico modo separado do terrenal.

Uma exceção nisso significaria uma torção da vontade divina criadora e, por sua vez, manifestaria uma falha em sua perfeição.

Como, porém, a perfeição é inseparável da divindade, não resta nenhuma outra possibilidade de que também sua vontade criadora seja perfeita, o que tem de ser considerado equivalente a imutável. Se os seres humanos também fossem perfeitos, cada

um deveria e poderia, logicamente, andar sempre e exatamente no mesmo caminho do outro.
Somente a imperfeição pode permitir diversidades!
Exatamente em cumprimento às perfeitas leis divinas é que é tirada ao Filho de Deus, depois de sua "reintegração ao Pai", bem como a Este mesmo, a possibilidade de estar pessoalmente na matéria, portanto, de descer à Terra. Não sem encarnação, de acordo com as leis da Criação!

Por essas razões, toda adoração divina de qualquer objeto *material* na Terra tem de equivaler à transgressão da lei suprema de Deus, porque unicamente ao Deus vivo podem ser prestadas honras divinas, e Este não pode estar presente na Terra justamente devido à Sua divindade.

Por sua vez, devido também à perfeição de Deus em Sua vontade criadora, o corpo de matéria grosseira do Filho de Deus tinha de ser da mesma forma *puramente terreno,* não devendo, portanto, ser denominado ou considerado como divino.*

Tudo o que está em contradição a isso demonstra logicamente dúvidas na absoluta *perfeição de Deus,* e deve, por conseguinte, ser também errado! Isso é incontestavelmente uma medida infalível da verdadeira fé em Deus.

Com puro simbolismo é algo diferente. Cada símbolo preenche de modo estimulante sua finalidade boa, enquanto for seriamente considerado como *tal,* pois sua contemplação ajuda muitos a uma meditação maior e mais concentrada. Para muitos será mais fácil, ao contemplar os símbolos de sua religião, dirigir seus pensamentos para o Criador de modo menos turvo, não importando com qual nome Ele lhes é compreensível. Seria, portanto, errado duvidar do elevado valor das práticas religiosas e simbólicas; é indispensável, tão só, que aí nada chegue ao ponto de adoração direta e veneração de *objetos.*

Uma vez que o próprio Deus não pode chegar à Terra, à matéria grosseira, é obrigação unicamente do espírito humano subir o caminho até o espírito-enteal do qual se origina. E a fim de *mostrar esse caminho,* desceu algo do divino mediante

---

* Dissertação: "Ressurreição do corpo terreno de Cristo".

encarnação, porque somente no divinal encontra-se força primordial, da qual pode fluir a Palavra viva. Mas o ser humano não pode supor que algo de divino permaneceu na Terra, a fim de que cada pessoa, tão logo lhe surja o desejo, possa imediatamente ser absolvida de modo especial. Para a obtenção da absolvição *encontram-se as leis férreas de Deus* na Criação, *e somente o incondicional cumprimento delas pode trazer absolvição!* Oriente-se segundo elas, quem quiser atingir as alturas luminosas!

Ninguém deve comparar Deus perfeito com um soberano terrestre, que em seu critério imperfeito e humano pode efetuar atos arbitrários de anistia, quanto a sentenças proferidas pelos seus juízes de igual espécie. *Algo assim não é possível na perfeição do Criador e de Sua vontade, una com Ele!*

O espírito humano precisa finalmente se acostumar ao pensamento de que *ele mesmo* tem de se mover bem energicamente, a fim de obter absolvição e perdão, e nisso finalmente cumprir seu dever que indolentemente deixou de lado. Ele deve animar-se e trabalhar em si próprio, se não quiser cair nas trevas dos condenados!

Dever confiar no seu Salvador significa confiar nas palavras dele. Tornar vivo pela ação o que ele disse! *Nada de diferente consegue ajudar!* De nada lhe adianta a crença vazia. Crer nele não significa outra coisa senão dar-lhe crédito. Irremediavelmente perdido está todo aquele que não trabalha diligentemente para alçar-se por aquela corda que lhe foi colocada na mão pela Palavra do Filho de Deus.

Se a criatura humana quiser realmente ter seu Salvador, tem de se animar finalmente para a vivacidade e atividade espiritual, as quais não visam exclusivamente vantagens e prazeres terrenos, e tem de se esforçar para cima, ao encontro dele. Não pode arrogantemente esperar que este baixe até ela. A Palavra indica-lhe o caminho para lá.

Deus não corre atrás da humanidade, mendigando, quando ela forma uma imagem errada Dele, afastando-se por isso e seguindo caminhos errados. Tão cômodo não é. Mas como tão absurda concepção se alojou em muitas pessoas, devido à compreensão errônea, a humanidade antes de mais nada terá de aprender novamente a *temer* seu Deus, reconhecendo, na reciprocidade inevitável de uma crença cômoda ou morta, que a vontade Dele se encontra firme na perfeição e não se deixa torcer.

Quem não se adaptar às leis divinas, será ferido ou mesmo triturado, conforme virá a suceder por fim aos que se entregam a tais idolatrias, prestando honras divinas ao que não é divino! O ser humano terá de chegar ao reconhecimento: *o Salvador o aguarda, mas não o busca!*

A crença, ou mais acertadamente dito a ilusão, que a maior parte da humanidade traz hoje em si, *tinha de falhar,* conduzindo até mesmo à miséria e à ruína, *por ser morta,* e não conter em si verdadeira vida!

Assim como Cristo, outrora, limpou o templo, expulsando os vendilhões, *do mesmo modo,* antes de tudo, os seres humanos devem ser fustigados, a fim de saírem de toda a indolência de seu pensar e intuir em relação ao seu Deus! Continue, pois, dormindo sossegadamente, quem outra coisa não quiser, e refestele-se comodamente no almofadão macio da autoilusão de que seja acertado pensar bem pouco e de que finalmente cismar seja pecado. Horroroso será o seu despertar que se encontra mais próximo dele do que presume. De acordo com a sua preguiça ser-lhe-á então medido o quinhão!

Como pode uma pessoa que crê em Deus, que tem refletido sobre Sua essência e Sua grandeza, que sabe, acima de tudo, como a vontade perfeita de Deus se encontra na Criação em forma de leis atuantes da natureza, esperar que lhe possam ser perdoados os seus pecados mediante qualquer penitência, imposta de modo absolutamente contrário a essas leis divinas de categórica reciprocidade. Mesmo ao Criador isso não seria possível, porque as leis da Criação e da evolução emanadas de Sua *perfeição* contêm, por si só, em seus efeitos, e atuando de modo perfeitamente automático, com inamovível justiça, recompensa ou castigo, pelo amadurecer e colher de boa ou má semeadura do espírito humano.

Tudo o que Deus quer, cada um de Seus novos atos de vontade, tem de conter em si, sempre de novo, a perfeição; não pode, portanto, apresentar o mínimo desvio com relação aos atos de vontade anteriores; pelo contrário, deve estar de conformidade com estes em todos os sentidos. Tudo, mas tudo mesmo, tem de seguir, sempre de novo, os mesmos caminhos, devido à perfeição de Deus. Um perdão diferente daquele obtido pelo cumprimento das leis divinas, que se encontram na Criação e pelas quais cada espírito humano terá de passar categoricamente no seu percurso, se quiser chegar ao reino de Deus, é, pois, coisa impossível; portanto, também qualquer perdão imediato.

Como pode uma pessoa, raciocinando um pouco, esperar quaisquer desvios? Seria, sim, uma diminuição expressa de seu Deus perfeito! Quando Cristo, em sua existência terrena, disse a este ou àquele: "Teus pecados estão perdoados", isso estava absolutamente certo, pois no rogar sincero e na fé firme encontra-se a garantia de que a respectiva pessoa passaria a viver no futuro de acordo com a doutrina de Cristo, e dessa forma *teria* de encontrar o perdão dos pecados, pois se colocaria de acordo com as leis da Criação, não procedendo mais contra elas.

Quando, pois, uma pessoa impõe penitência a outrem, segundo critério próprio, a fim de declarar então seus pecados como saldados, está iludindo dessa forma a si e aos que dela solicitam auxílio, não importando se consciente ou inconscientemente; coloca-se, sem escrúpulos, muito acima da própria divindade!

Se os seres humanos, pois, finalmente quisessem considerar seu Deus *de modo mais natural!* Ele, cujos atos de vontade criaram inicialmente a natureza viva. Dessa maneira, porém, em sua crença cega e ilusória, fazem Dele somente um fantasma; no entanto, Ele é tudo menos isso. Justamente na perfeição natural ou naturalidade perfeita, como fonte primordial de todo o existir, como ponto de partida de tudo quanto é vivo, a magnitude de Deus é tão colossal e inconcebível para o espírito humano. Mas nos ensinamentos de muitas doutrinas encontram-se frequentemente torções e complicações forçadas, pelo que qualquer fé pura é desnecessariamente dificultada ao ser humano e às vezes se torna de todo impossível, porque ficará nisso privada de qualquer naturalidade. E quantas contradições incríveis estão contidas em várias doutrinas!

Trazem, por exemplo, frequentemente, como pensamento fundamental, a onisciência e perfeição da vontade e da resultante Palavra de Deus! Nisso, porém, naturalmente, há de se encontrar também uma *imutabilidade* indesviável, nem sequer por um fio de cabelo, porque perfeição não é de se imaginar diferentemente.

No entanto, as atuações de muitos representantes de religiões demonstram *dúvidas* a respeito da própria doutrina, visto encontrarem-se em imediata contradição com ela, negando visivelmente suas bases fundamentais pelos atos! As confissões auriculares com decorrentes penitências, por exemplo, o comércio de indulgências por dinheiro ou orações que devam resultar em imediato perdão de pecados, e outros costumes similares a estes, analisando-se serenamente, constituem uma negação da vontade de Deus que se encontra nas leis da Criação. Quem não dirige os pensamentos, de modo saltitante, para coisas flutuantes, sem base, outra coisa não encontrará nisso senão uma absoluta diminuição da perfeição de Deus.

É absolutamente natural que a errônea pressuposição humana de poder dar perdão aos pecados, e outras investidas semelhantes contra a perfeição da vontade divina, tinham de levar a grosseiros excessos. Quanto tempo perdurará ainda a tolice de supor que se possa manter um comércio assim imundo com o Deus justo e Sua imutável vontade!

Se Jesus, como Filho de Deus, disse outrora aos seus discípulos: *"Os pecados serão perdoados àqueles a quem perdoardes",* então isso não se referia a um direito de atuação geral e arbitrária.

Isso, pois, teria sido equivalente a um desmantelamento da vontade divina na inamovível força dos efeitos recíprocos, que encerram em si, atuando vivamente, recompensa e castigo com justiça incorruptível, isto é, divina e, portanto, perfeita. Uma interrupção consentida.

Isso Jesus jamais poderia e nem teria feito, ele que veio para "cumprir" as leis, não para derrubar!

43. Eu sou o Senhor, teu Deus!

Com essas palavras referia-se ele ao fato, inerente à vontade do Criador e de acordo com as leis, de que uma pessoa pode perdoar a outra pessoa *aquilo* que *de mal lhe* foi feito *por aquela pessoalmente!* O atingido tem o direito e o poder de perdoar aquilo, porque com esse perdão sincero quebra-se o efeito inicial do carma, tirando-lhe desde logo a força que, do contrário, infalivelmente se teria formado para a outra na reciprocidade, sendo que nesse processo vivo se encontra também, simultaneamente, real perdão.

Isso, contudo, *somente* pode partir da própria pessoa atingida em relação ao causador ou atuante, não de outra forma. Por isso reside tanta bênção e libertação no perdão pessoal, quando este for intencionado e intuído de modo sincero.

Uma pessoa que não tenha participação direta fica excluída dos fios da reciprocidade, devido à natureza da coisa, não podendo, pois, interferir de modo vivo, isto é, eficiente, por não estar ligada. Em tais casos apenas *intercessão* lhe é possível; no entanto, o efeito depende do estado anímico das pessoas diretamente envolvidas nos respectivos casos. Terá de permanecer de fora, não podendo assim proporcionar perdão. *Isso repousa exclusivamente na vontade de Deus,* que se manifesta nas leis da justa reciprocidade, contra as quais Ele próprio jamais agiria, porque, provenientes de Sua vontade, são perfeitas desde o início.

É da justiça de Deus que, seja o que for que aconteça ou tenha acontecido, *só o prejudicado pode perdoar,* na Terra ou mais tarde no mundo de matéria fina; do contrário, o impacto da reciprocidade terá de atingir o causador, e através dessa efetivação a culpa então será de fato liquidada. Mas essa efetivação proporcionará, concomitantemente, o perdão do atingido de alguma maneira que está entrelaçada na efetivação, ou o atingido com esta. Uma vez que os fios de ligação permanecem insolúveis até aí, não é possível de outra forma. Isso não é vantagem apenas para o causador, mas também para o atingido, visto que este, sem a concessão do perdão, tampouco poderia chegar-se de todo à Luz. Inflexibilidade teria de impedi-lo disso.

Assim, ser humano algum consegue perdoar pecados alheios, pelos quais não seja ele, pessoalmente, o atingido. A lei da reciprocidade ficaria sem ser influenciada por isso, em relação a tudo que não esteja entrelaçado por um fio vivo, que somente o estado de ser atingido diretamente pode gerar. Tornar-se melhor, unicamente, é o caminho vivo para o perdão!*

"Eu sou o Senhor, teu Deus, não terás outros deuses a Meu lado!" deveria permanecer marcado como que com letras de fogo no espírito de cada ser humano, qual a mais natural proteção contra toda e qualquer idolatria!

Quem realmente reconhece Deus em Sua magnitude, deve intuir como blasfêmia todas as atuações divergentes.

Uma pessoa pode e deve visitar um sacerdote a fim de buscar *ensinamentos,* contanto que este esteja realmente apto a dar-lhos. Se, porém, alguém exigir diminuir a perfeição de Deus, por meio de qualquer ação ou modo errôneo de pensar, então deve afastar-se dele, pois um *servo* de Deus não é simultaneamente um *plenipotenciário* de Deus, que pudesse ter o direito de, em Seu nome, exigir e conceder.

Também nisso existe um esclarecimento bem natural e simples que, sem circunlóquios, indica o caminho certo.

Um plenipotenciário de Deus, pela natureza da coisa, nem pode ser um ser humano, a menos que provenha diretamente do divinal, portanto, que traga em si próprio algo divino! Unicamente nisso pode haver pleno poder.

Como, porém, o ser humano não é divino, então é impossível que possa ser um plenipotenciário ou representante de Deus. O poder de Deus não pode ser transferido a ser humano nenhum, *porque o poder divino se encontra exclusivamente no próprio divinal!*

Esse fato lógico exclui de todo, em sua simplicidade absoluta e de modo automático, qualquer *escolha humana* dum substituto terrestre de Deus, ou a *proclamação dum Cristo.* Qualquer tentativa nesse sentido terá de receber impresso o cunho da impossibilidade.

---

* Dissertação: "Destino".

43. Eu sou o Senhor, teu Deus!

Por conseguinte, uma escolha ou aclamação por criaturas humanas, em tais assuntos, nem pode entrar em consideração, mas apenas uma *emissão direta* do próprio Deus!

As opiniões humanas a esse respeito não são decisivas. Estas, pelo contrário, conforme *todo* o acontecido até agora, *sempre* estiveram *longe da realidade,* não se harmonizando com a vontade de Deus. Para os que pensam, é inconcebível a crescente obstinação doentia com que os seres humanos procuram sempre de novo ultrapassar seu real valor. Eles, que em sua mais elevada perfeição espiritual mal conseguem alcançar o degrau *mais baixo* do consciente no eterno espírito-enteal! No entanto, justamente hoje, um grande número de seres humanos terrenos, em suas intuições, pensamentos e esforços, nem sequer diferem muito dos animais desenvolvidos ao máximo, a não ser por um grande raciocínio.

Tal qual insetos, esvoaçam e formigam em confusão, como se valesse, para alcançar o alvo máximo, fervorosa lufa-lufa e correria. Tão logo, porém, seus alvos forem examinados mais de perto e com maior atenção, mostrar-se-á logo o vazio e a nulidade desse febril esforço, que realmente não é digno de tal fervor. E do caos dessa balbúrdia se eleva a presunção desvairada de poderem eleger, reconhecer ou recusar um enviado de Deus. Nisso haveria um julgamento daquilo que jamais seriam capazes de compreender, se Aquele, que se acha acima, não se inclinar para eles, tornando-se compreensível. Faz-se alarde agora por toda parte da ciência, do raciocínio e da lógica, aceitando-se com isso os mais grosseiros paradoxos, que se encontram em tantas correntes contemporâneas.

Para milhares não adianta desperdiçar palavras a esse respeito. Acham-se de tal maneira imbuídos de seu saber, que acabaram perdendo toda a capacitação para raciocinar com singeleza e de modo simples sobre algo. Destinam-se somente àqueles que ainda conseguiram conservar suficiente naturalidade para desenvolver uma sadia capacitação própria de julgar, tão logo lhes seja dada a linha direcional para tanto. Àqueles que não se juntam cegamente, uma vez a esta, outra vez àquela corrente da moda, para em seguida e de idêntica maneira abandoná-la imediatamente ante a primeira dúvida manifestada por ignorantes.

Não é preciso muito, numa reflexão serena, para chegar ao reconhecimento que de uma espécie de ser não pode se originar outra, com a qual nada tenha em comum. Bastam os conhecimentos mais elementares das ciências naturais para se verificar isso. Uma vez que as ramificações das leis da natureza no mundo de matéria grosseira promanam da fonte primordial viva de Deus, claro se torna que elas devam ser encontradas na idêntica e inabalável lógica e rigidez também no caminho ulterior em direção a Ele, até mais puras e mais claras ainda, quanto mais próximas se encontrarem do ponto de partida.

Assim como o espírito humano não pode ser transplantado para um animal na Terra, a fim de que um animal vivo deva assim tornar-se um ser humano, do mesmo modo não pode algo divino ser implantado em um ser humano. Jamais poderá desenvolver-se algo diferente do que aquilo que a *origem* trouxe consigo. A origem consente no desenvolvimento, sim, de diversas espécies e formas de composição, como se pode conseguir por meio de enxertos de árvores ou por cruzamentos nas procriações, mas mesmo aí os resultados mais extraordinários terão de permanecer dentro das matérias básicas constituídas pela origem.

É impossível introduzir ou conseguir algo que esteja *acima* da própria origem, o que nela, pois, não estava contido, como ocorre com a diferença entre a origem *espiritual* do ser humano e o divinal.

Cristo veio do divino-inenteal, como Filho de Deus; trazia da sua origem o divinal em si. Ser-lhe-ia impossível, porém, transferir esse vivo divinal a outra pessoa que só pode promanar do espírito-enteal. Consequentemente, não podia *dar plenos poderes* a ninguém para ações que competem unicamente ao divinal, como, por exemplo, perdão dos pecados. Isso *apenas* pode ocorrer na efetivação dos fundamentos da vontade *divina* inerentes à Criação, os quais se equilibram exatamente na lei da reciprocidade, onde a justiça imutável do Criador vive de modo autônomo, na perfeição inapreensível ao espírito humano.

43. Eu sou o Senhor, teu Deus!

Uma autorização do Filho de Deus ante os seres humanos, portanto, podia apenas se referir àquelas coisas que, de acordo com a origem do espírito humano, fossem humanas, jamais ao divinal!

Evidentemente, também a origem do ser humano pode finalmente de modo lógico ser reconduzida até Deus, mas *não* está *no próprio Deus,* pelo contrário, *fora* do divinal; por isso o ser humano descende apenas *indiretamente* de Deus. *Nisso está a grande diferença.*

Plenos poderes, como, por exemplo, os que competem ao cargo dum administrador, poderiam existir *apenas, automaticamente,* na mesma e *imediata* origem. Isso pode ser facilmente compreensível a cada um, porque um plenipotenciário deve possuir todas as capacitações do outorgante desses poderes, a fim de poder atuar no lugar dele em alguma atividade ou em algum cargo. Um plenipotenciário, portanto, deveria vir diretamente do divino-inenteal, como o foi Cristo.

Se, contudo, uma pessoa empreender isso, mesmo que de boa-fé, resulta, novamente, pela natureza da coisa, que suas determinações não poderiam ter nenhum valor de grande alcance e nenhuma vida, a não ser *puramente terrenais.* Mas os que veem nela mais do que isso, incorrerão em erro que só depois do falecimento tornar-se-lhes-á claro e que os fez perder todo o tempo terreno para uma ascensão. Ovelhas perdidas, que seguem um falso pastor.

Assim como esta lei suprema: "Eu sou o Senhor, teu Deus, não terás outros deuses a Meu lado", igualmente as outras leis são mui frequentemente violadas e não observadas devido à incompreensão.

E, contudo, os mandamentos na realidade outra coisa não são do que a explicação da vontade divina, que se acha na Criação desde os primórdios, e da qual não se pode desviar nem pela espessura dum fio de cabelo.

Como se torna tolo, sob essa consideração, o princípio de tantos seres humanos, contrário a cada pensamento divino e a cada perfeição, de que *"um fim justifica os meios"!* Que confusão absurda não causaria isso nas leis da vontade divina, se pudessem ser assim alteradas.

Quem puder formar pelo menos uma pequena noção de perfeição, a esse não restará outra coisa do que rejeitar de antemão tais impossibilidades. Tão logo uma pessoa procure formar uma imagem *certa* da *perfeição* de Deus, isso poderá tornar-se para ela um guia indicador e poderá servir-lhe para melhor compreensão de todas as coisas na Criação! O saber da *perfeição* de Deus e o fato de tê-la sempre em mente são a chave para a compreensão da *obra* de Deus, à qual pertence igualmente o próprio ser humano.

Então reconhecerá a força dominadora e a severa advertência da sentença: "Deus não se deixa escarnecer!" Por outras palavras: Suas leis se cumprem ou se efetuam imutavelmente. Ele deixa funcionar as engrenagens da Criação, conforme as ajustou. Um homúnculo nada alterará nisso. Se tentar, o máximo que poderá conseguir será que todos aqueles que o seguirem cegamente sejam dilacerados juntamente com ele. De nada lhe adianta, se *acredita* de modo diferente.

Bênçãos só poderá auferir quem se colocar por completo dentro da vontade de Deus, que mantém a Criação em Suas leis da natureza. Mas isso só consegue quem as conhece realmente.

Devem ser condenadas como mortas e, portanto, prejudiciais, as doutrinas que exigem crença *cega;* somente aquelas que, como através de Cristo, conclamam *para o tornar-se vivo,* isto é, para o raciocinar e analisar, a fim de que possa surgir convicção resultante de verdadeira compreensão, proporcionam libertação e salvação!

Somente a mais condenável irreflexão pode supor que a finalidade da existência do ser humano consista, principalmente, na correria com vistas à obtenção das necessidades e dos prazeres corpóreos, para, finalmente, mediante algum gesto externo e bonitas palavras, deixar se libertar calmamente de toda a culpa e das consequências de suas negligências indolentes na vida terrena. O percurso pela vida terrena e o passo para o Além, por ocasião da morte, não são como uma viagem cotidiana, para a qual se compra a passagem apenas no último momento.

Com tal crença o ser humano *duplica* sua culpa! Pois qualquer dúvida na justiça incorruptível de Deus perfeito *é blasfêmia!*

A crença no arbitrário e fácil perdão dos pecados, no entanto, *é* um testemunho cabal da *dúvida* na justiça incorruptível de Deus e de Suas leis; mais ainda, confirma diretamente a crença na arbitrariedade de Deus, o que equivale à imperfeição e insuficiência.

Pobres crédulos dignos de lástima!

Ser-lhes-ia melhor permanecer ainda incrédulos, então poderiam encontrar sem impedimentos e mais facilmente o caminho que presumem já ter.

Salvação reside apenas em não reprimir medrosamente os pensamentos que nascem e a dúvida que com isso desperta em tantas coisas, pois aí se manifesta o sadio impulso pela Verdade!

Lutar com a dúvida, porém, é o analisar, ao qual terá de se seguir, indiscutivelmente, a condenação do lastro dogmático. Só mesmo um espírito inteiramente liberto de toda a incompreensão consegue se elevar, radiosamente convicto, às alturas resplandecentes, ao Paraíso!

A IMACULADA CONCEPÇÃO
E O NASCIMENTO DO FILHO DE DEUS

A IMACULADA concepção não deve ser tomada apenas em sentido corpóreo, mas acima de tudo, como tanta coisa na Bíblia, em sentido puramente espiritual. Somente quem reconhece e intui o mundo espiritual, como existindo realmente e atuando de modo vivo, consegue encontrar a chave para a compreensão da Bíblia, o que, unicamente, é capaz de tornar viva a Palavra. Para todos os outros ela permanecerá sempre um livro fechado a sete selos.

Imaculada concepção, em sentido corpóreo, é toda concepção oriunda dum amor *puro,* em profundo erguer dos olhos para o Criador, onde os instintos sensuais não constituem a base, mas sim permanecem apenas como forças coparticipantes.

Esse fenômeno é na realidade tão raro, que foi justificado o seu destaque especial. A garantia da postergação de instintos sensuais foi dada mediante a anunciação, que por esse motivo é mencionada especialmente, pois do contrário faltaria um elo na cadeia dos fenômenos naturais e da firme colaboração com o mundo espiritual.

A virgem Maria, já de antemão provida de todos os dotes necessários para poder cumprir sua alta missão, entrou em tempo certo, através da condução espiritual, em contato com pessoas profundamente compenetradas das revelações e profecias referentes ao Messias em vias de chegar. Foi esse o primeiro preparativo na Terra que impulsionou Maria no rumo de sua verdadeira finalidade, deixando-a a par de tudo aquilo em que ela então deveria representar um papel tão importante, sem que naquela época já soubesse disso.

44. A imaculada concepção e o nascimento do Filho de Deus

A venda dos escolhidos afrouxa-se sempre de modo cauteloso e pouco a pouco, para não precipitar o desenvolvimento indispensável, pois todos os estágios intermediários devem ser vivenciados seriamente, de modo a possibilitar finalmente uma realização. Conhecimento demasiado prematuro da própria missão deixaria lacunas no desenvolvimento, dificultando mais tarde uma realização.

Olhando constantemente para a meta final, surge o perigo de um avançar demasiadamente rápido, pelo que muita coisa passa despercebida ou é aprendida apenas superficialmente, o que, para o preenchimento da própria destinação, tem de ser vivenciado seriamente de modo absoluto. Mas o ser humano só pode vivenciar seriamente aquilo que de cada vez considerar como a verdadeira missão de sua vida. Assim também com Maria.

Quando então chegou o dia em que se encontrava interna e externamente preparada, ela tornou-se, num momento de completo repouso e equilíbrio anímico, clarividente e clariaudiente, isto é, seu íntimo se abriu ao mundo de outra matéria, experimentando vivencialmente a anunciação descrita na Bíblia. Caiu-lhe assim a venda, e ela entrou conscientemente na sua missão.

A anunciação foi para Maria uma vivência espiritual tão poderosa e abaladora, que preencheu por completo, dessa hora em diante, toda sua vida anímica. Daí por diante ficou sintonizada unicamente numa direção, a de poder esperar uma elevada graça divina. Esse estado de alma era *desejado* pela Luz através da anunciação, a fim de assim postergar, de antemão e para longe, manifestações de instintos inferiores e preparar o solo onde um puro receptáculo terreno (o corpo infantil) pudesse surgir para a imaculada concepção espiritual. Com essa extraordinariamente forte sintonização anímica de Maria, tornou-se "imaculada" a concepção corpórea, correspondente às leis naturais.

Que Maria já trouxera todos os dotes para a sua missão, portanto que era pré-natalmente destinada para tornar-se a mãe terrena do vindouro portador da Verdade, Jesus, não é difícil de ser compreendido por quem disponha de certa noção do mundo espiritual e de sua respectiva atividade amplamente ramificada que, preparando todos os grandes acontecimentos, passa como que brincando por cima de milênios.

Com esse corpo de criança em formação, que sob tais contingências se desenvolveu de maneira a se tornar um receptáculo puríssimo, foram dadas as condições terrenas para uma "imaculada concepção *espiritual*", a encarnação que se realiza no meio da gravidez.

Aí não se trata de uma das almas ou centelhas espirituais, inúmeras vezes aguardando encarnação, as quais querem ou têm de percorrer uma vida terrena para o desenvolvimento, cujo corpo de matéria fina (ou invólucro) é mais ou menos turvo, isto é, maculado, com o que a ligação direta com a Luz fica obscurecida e, por momentos, completamente cortada.

Veio a ser um processo de irradiação proveniente de Deus, outorgado por amor à humanidade perdida nas trevas, suficientemente forte para não deixar que se interrompesse jamais a ligação direta com a Luz primordial.

Resultou aí, nesse fato, uma íntima ligação entre a divindade e a humanidade, assemelhando-se a uma coluna luminosa de força e pureza jamais esgotável, da qual tudo quanto é inferior tinha de resvalar. Assim surgiu também a possibilidade para a transmissão sem turvação da Verdade, haurida da Luz, bem como da força para as ações que pareciam milagres.

A narrativa das tentações no deserto mostra como caíram os esforços das correntezas escuras para manchar a pureza da intuição, sem poder causar danos.

Após a imaculada concepção corpórea de Maria, pôde advir com tal vigor a encarnação proveniente da Luz, o que se dá no meio da gestação, que não permitiu qualquer turvação nos estágios intermediários entre a Luz e o corpo materno, resultando assim também "uma imaculada concepção *espiritual*".

Portanto, é perfeitamente certo falar-se em imaculada concepção, a qual se deu corporal e espiritualmente, sem que tivesse sido qualquer lei da Criação contornada, alterada ou necessariamente criada para esse caso especial.

44. A imaculada concepção e o nascimento do Filho de Deus

O ser humano não deve pensar que haja nisso uma contradição, porque fora prometido que o Salvador haveria de ser gerado por uma virgem.

A contradição advém apenas da interpretação errônea da palavra "virgem" na profecia. Se essa fala de uma virgem, não se refere a um conceito mais restrito, muito menos ainda à opinião de um Estado, mas pode tratar-se tão só de um amplo conceito da humanidade.

Uma opinião mais restrita teria de verificar que uma gravidez e o parto em si, sem falar na geração, já excluem a virgindade em sentido comum. A profecia, porém, não se refere a tais coisas. Diz-se com isso que Cristo viria a nascer imprescindivelmente como o *primeiro* filho duma virgem, isto é, duma mulher que ainda não tivesse sido mãe. Nela todos os órgãos necessários ao desenvolvimento do corpo humano *estão* virgens, isto é, ainda não funcionaram nesse sentido; desse corpo ainda não saiu nenhum filho. Com relação a *cada* primeiro filho, os órgãos no corpo materno têm, pois, de ser ainda virgens. Somente isso podia entrar em consideração em profecia tão ampla, porque cada promessa só se cumpre na absoluta lógica das atuantes leis da Criação, sendo também concedida com essa previsão inabalável!

A promessa refere-se, portanto, "ao *primeiro* filho", por isso é que foi feita a distinção entre *virgem* e *mãe*. Outra diferença não entra em consideração, visto que os conceitos de virgem e de mulher originaram-se apenas das instituições puramente estatais ou sociais do matrimônio, que de modo algum foram consideradas em tal promessa.

Devido à perfeição da Criação, como obra de Deus, o ato da geração é absolutamente necessário, pois a onisciência do Criador desde os primórdios ordenou tudo de tal maneira, que nada é demais ou supérfluo. Quem nutre tal pensamento está dizendo concomitantemente que a obra do Criador não é perfeita. O mesmo vale quanto aos que afirmam que o nascimento de Cristo ocorreu *sem* a geração normal prescrita pelo Criador à humanidade. *Tinha* de haver ocorrido uma geração normal, mediante uma pessoa de carne e sangue! Inclusive nesse caso.

Cada criatura humana consciente disso de modo certo, louva assim ainda mais o Criador e Senhor, do que aquelas que queiram admitir outras possibilidades. As primeiras dão prova de confiança inabalável na perfeição de seu Deus, porque, segundo sua convicção, uma exceção ou alteração é de todo impossível nas leis por Ele condicionadas. E essa é a *maior* fé! Ademais, todos os outros acontecimentos falam categoricamente a favor disso. Cristo tornou-se *ser humano terreno*. Com essa decisão teve de se sujeitar também às leis determinadas por Deus, referentes à reprodução de matéria grosseira, uma vez que a perfeição de Deus condiciona isso.

Se a esse respeito se deva dizer que "junto a Deus coisa alguma é impossível", tal declaração assim velada não satisfaz, pois nessa expressão reside um sentido muito diferente do que muitas pessoas imaginam, devido ao seu comodismo. Bastará que se diga ser impossível haver em Deus imperfeição, falta de lógica, injustiça, arbitrariedade e outras tantas, para contradizer o *teor das palavras* dessa frase, segundo o conceito comum.

Poder-se-ia afirmar também que, se *nesse* sentido junto a Deus coisa alguma é impossível, Ele igualmente poderia por um único ato de vontade tornar fiéis todos os seres humanos da Terra! Assim não precisaria expor Seu Filho às vicissitudes terrenas e à morte na cruz pela encarnação. Teria sido evitado esse imenso sacrifício.

Mas o fato de que *assim* ocorreu, constituiu um testemunho da inflexibilidade das leis divinas atuantes desde os primórdios na Criação, nas quais uma violação forçada para qualquer alteração é impossível devido à sua perfeição.

Em relação a isso, por sua vez, poderia ser replicado por aqueles que disputam tenaz e cegamente, que assim como aconteceu era da vontade de Deus. Isso é dito de modo certo, mas não é absolutamente uma contraprova, ao contrário, na realidade um *concordar* da afirmativa anterior, em se abandonando a concepção mais ingênua e seguindo os esclarecimentos mais profundos, o que todos os ditos de natureza espiritual *exigem* categoricamente.

44. A imaculada concepção e o nascimento do Filho de Deus

Era da vontade de Deus! Isso, contudo, nada tem a ver com uma arbitrariedade, mas, pelo contrário, nada mais significa do que a confirmação das leis estatuídas por Deus na Criação, portadoras da Sua vontade, e o incondicional enquadramento nelas a isso ligado, as quais não admitem uma exceção ou contorno. *Exatamente na necessidade de cumprir comprova-se e efetua-se, sim, a vontade de Deus.* Do contrário Jesus nem precisaria ter nascido de uma mulher terrena, mas simplesmente poderia ter surgido de repente.

Por isso Cristo, para o desempenho de sua missão, teve de se sujeitar, inevitavelmente, também a todas as leis da natureza, isto é, à vontade do seu Pai. Que Cristo tenha feito tudo isso, comprova-o toda a sua vida. O nascimento normal, o crescimento, a fome que nele também se manifestava e o cansaço, os sofrimentos e por fim a morte na cruz. Também ele estava sujeito a tudo quanto um corpo humano está sujeito. Por que, então, única e exclusivamente a geração deveria ser de outra maneira, sem que houvesse absoluta necessidade para isso. Justamente na naturalidade torna-se a missão do Salvador maior ainda, de modo algum diminuída! Igualmente Maria, por esse motivo, não foi menos agraciada em sua alta missão.

A MORTE DO FILHO DE DEUS NA CRUZ E A CEIA

QUANDO ocorreu a morte de Cristo, rasgou-se no Templo a cortina que separava o Santíssimo da humanidade. Tal acontecimento é tido em conta como símbolo de que, com o sacrifício do Salvador, cessava imediatamente a separação existente entre a humanidade e a divindade, isto é, ficava criada uma ligação imediata.

Tal interpretação, porém, é *errada*. Pela crucificação rejeitaram as criaturas humanas o Filho de Deus como o Messias esperado, com o que a separação se tornou *maior!* Rasgou-se a cortina porque, consequentemente, não havia mais necessidade do Santíssimo. Ficou exposto à vista e às correntes impuras, uma vez que, simbolicamente expresso, o divino depois desse fato não pôs mais o seu pé sobre a Terra, tornando-se assim supérfluo o Santíssimo.

Portanto, exatamente o contrário das interpretações de até agora, nas quais novamente, como tantas vezes, apenas se evidencia a grande presunção do espírito humano.

A morte na cruz não foi também um sacrifício *indispensável,* mas um assassínio, um verdadeiro crime. Qualquer outra explicação constitui uma evasiva que deve valer ou como desculpa ou como produto da ignorância. Cristo não desceu à Terra absolutamente com a intenção de se deixar crucificar. *Nisso também não reside libertação!* Cristo foi crucificado, no entanto, como um incômodo portador da Verdade, devido à sua doutrina.

Não foi a sua morte na cruz que podia e devia trazer a libertação, mas a *Verdade* que outorgou à humanidade *em suas palavras!*

45. A morte do Filho de Deus na cruz e a Ceia

A Verdade, porém, era incômoda aos então dirigentes de religiões e de templos, um aborrecimento, visto lhes abalar fortemente a influência. *Exatamente conforme ainda hoje, novamente, sucederia em tantos lugares.* Quanto a isso, a humanidade não mudou. Os dirigentes de outrora se apoiavam, assim como os de hoje, em antigas e boas tradições, mas estas tinham se tornado, por causa dos praticantes e esclarecedores, meras formas rígidas e vazias, sem serem mais vivas em si. Idêntico quadro ao que hoje novamente se apresenta de modo frequente.

Mas aquele que queria trazer essa vida indispensável à Palavra existente, trouxe com isso naturalmente uma *revolução* nas práticas e explicações, não na própria Palavra. Libertou o povo da rigidez e vacuidade opressoras, salvou-o disso, e, para aqueles, isso foi, mui naturalmente, um grande aborrecimento, ao reconhecerem logo quão energicamente fora interferido assim nas rédeas de sua errada direção.

Por isso o portador da Verdade e libertador do fardo das interpretações errôneas teve de sofrer suspeita e perseguição. Quando não se conseguiu, apesar de todos os esforços, torná-lo ridículo, tratou-se de apresentá-lo como inverossímil. Para tanto devia servir o "passado terrestre", como filho dum carpinteiro, para tachá-lo de "inculto e por isso incapaz para a elucidação!" De um "leigo". Tal como acontece também hoje em relação a cada um que enfrente dogmas rígidos, os quais abafam já no germe todo o esforço ascendente, livre e vivo.

Nenhum dos adversários, por precaução, aprofundou-se em seus esclarecimentos, pois mui acertadamente sentiam que diante de uma réplica pura e *objetiva* deveriam ser derrotados. Ativeram-se, pois, em difamações vis, mediante seus instrumentos venais, a ponto de não temerem, por fim, em momento para eles propício, acusá-lo falsamente em público e levá-lo à cruz, a fim de afastar junto com ele a ameaça ao seu poderio e prestígio.

Essa morte violenta, outrora comumente praticada pelos romanos, não constituiu em si a salvação e nem a trouxe. *Não remiu nenhuma culpa da humanidade,* não a libertou de coisa alguma, antes *sobrecarregou* mais ainda *a humanidade* por se *tratar de um assassínio da mais baixa espécie!*

Se, pois, até os dias atuais, disso se desenvolveu um culto, aqui e acolá, vendo nesse assassínio um fato fundamental, necessário à obra de salvação do Filho de Deus, então o ser humano fica assim afastado justamente do mais precioso, daquilo que única e exclusivamente pode trazer a salvação. Desvia-o da missão *essencial* do Salvador, daquilo que constituiu a necessidade de sua vinda à Terra, proveniente do divinal.

No entanto, isso não se deu para sofrer a morte na cruz, *pelo contrário, foi para anunciar a Verdade no amontoado da rigidez dogmática e da vacuidade,* que arrastam o espírito humano para baixo! Foi para descrever as coisas entre Deus, a Criação e o ser humano, conforme são realmente.

Dessa forma, tinha de cair automaticamente sem efeito tudo quanto o limitado espírito humano havia engendrado a tal respeito, e que encobria a realidade. Só então o ser humano pôde ver claramente diante de si o caminho que o conduz para cima.

Somente no trazer essa Verdade e na concomitante libertação de erros, *reside a salvação, única e exclusivamente.*

É a salvação da visão turva, da crença cega. A palavra "cega" já caracteriza suficientemente a situação errada.

A Ceia antes de sua morte foi uma Ceia de despedida. Quando Cristo disse: "Tomai, comei, este é meu corpo. Bebei todos disto, este é meu sangue do novo testamento, que será derramado para muitos, para o perdão dos pecados", declarava com isso que estava disposto até mesmo a aceitar a morte na cruz, de modo a ter ensejo de transmitir com seus esclarecimentos a Verdade à humanidade perdida, que indica, única e exclusivamente, o caminho para o perdão dos pecados.

Diz também, textualmente: "para o perdão de *muitos*", e não acaso "para o perdão de *todos*"! Por conseguinte, apenas para aqueles que aceitassem suas explicações e delas tirassem aplicações vivas.

Seu corpo destruído pela morte na cruz e seu sangue derramado devem assim contribuir para que se reconheça a necessidade e a seriedade dos esclarecimentos trazidos por ele. Essa urgência deve ser exclusivamente sublinhada *pela repetição* da Ceia e na Ceia!

45. A morte do Filho de Deus na cruz e a Ceia

Que o Filho de Deus não tenha recuado nem mesmo diante de tal hostilidade da humanidade, cuja *probabilidade* já tinha sido reconhecida de antemão, antes de sua vinda,* devia indicar especialmente a situação desesperada do espírito humano, que só poderia ser arrancado da ruína, agarrando-se à corda de salvação da Verdade sem disfarce.

A referência do Filho de Deus, durante a Ceia, à sua morte na cruz, é apenas uma última e expressa indicação sobre a necessidade categórica de seus ensinamentos, os quais veio trazer!

Ao tomar a Ceia deve, pois, cada pessoa se dar conta sempre de novo de que o próprio Filho de Deus não temeu a pressuposição de uma morte na cruz causada pela humanidade, e que deu corpo e sangue a fim de possibilitar à humanidade o recebimento da descrição do real fenômeno no Universo, que mostra nitidamente os efeitos das leis imutáveis que trazem em si a vontade divina!

Com esse reconhecimento da severidade amarga, que realça a necessidade urgente da Mensagem para a salvação, deve renascer constantemente nas criaturas humanas nova força, novo impulso para *realmente viverem* segundo os claros ensinamentos de Cristo, a fim de não só compreendê-los direito, mas também agirem em tudo de acordo com eles. *Com isso* obterão então também perdão de seus pecados e salvação! Não diferentemente. Nem imediatamente. Mas encontrá-los-ão impreterivelmente, no caminho que Cristo mostra em sua Mensagem.

Por essa razão deve a Ceia sempre de novo vivificar o acontecimento, a fim de que não se enfraqueça o zelo salvador em seguir os ensinamentos trazidos com tamanho sacrifício, pois pela indiferença que se inicia ou pelas formas meramente externas, as criaturas humanas perdem essa corda de salvação, tornando a cair nos tentáculos dos erros e da destruição.

É um grande erro as criaturas humanas acreditarem que pela morte na cruz esteja garantido o perdão de seus pecados. Esse pensamento acarreta o terrível dano de que todos aqueles que nisso creem serão por isso *retidos* do verdadeiro caminho para a

---
* Dissertação: "Fenômeno universal".

salvação, que reside, *única e exclusivamente*, no fato *de viver de acordo com as palavras* do Salvador, de acordo com as explicações que deu, por ser conhecedor e por abranger tudo com a visão. E essas explicações mostram, em quadros práticos, a necessidade de observar e dar apreço à vontade divina, que se encontra nas leis da Criação, bem como aos seus efeitos, na obediência e na desobediência.

Sua obra libertadora consistiu em trazer essa explicação, que devia mostrar as falhas e os danos das práticas religiosas, pois ela trouxe em si a Verdade, a fim de iluminar a escuridão crescente do espírito humano. Não consistiu na morte na cruz, tampouco no fato de a Ceia ou a hóstia consagrada poderem oferecer perdão direto dos pecados. Esse pensamento é contra toda a lei divina! Com isso cai também o poder dos seres humanos de perdoar pecados. Uma pessoa só tem o direito e também o poder de perdoar o que lhe foi feito por outrem pessoalmente, e mesmo assim só quando seu coração, sem ser influenciado, a isso impele.

Quem refletir seriamente reconhecerá a Verdade e, assim, o caminho verdadeiro! Os que têm preguiça de pensar e os indolentes que não conservarem continuamente preparada, com cuidado e atenção, a lamparina a eles confiada pelo Criador, isto é, a faculdade de examinar e elucidar, facilmente podem perder a hora, como as tolas virgens da parábola, quando a "Palavra da Verdade" chegar a eles. Uma vez que se deixaram adormecer em cansado comodismo e crença cega, não serão capazes de reconhecer, por sua indolência, o portador da Verdade ou noivo. Têm de ficar então para trás, quando os vigilantes entrarem no reino da alegria.

DESCE DA CRUZ!

"SE és Filho de Deus, então desce da cruz! Ajuda a ti mesmo e a nós!" De modo escarnecedor, ressoaram essas frases em direção ao Filho de Deus, quando sofria na cruz sob os raios abrasadores do Sol.

As criaturas humanas que assim bradavam, tinham-se em conta de extraordinariamente sagazes. Escarneciam, triunfavam, riam cheias de ódio, sem terem sequer um motivo próprio para tanto, pois o sofrimento de Cristo não era evidentemente razão para sarcasmo e zombaria, e muito menos para risos. Desvanecer-se-lhes-ia isso, se apenas por um instante tivessem podido "ver" os fenômenos concomitantes nos reinos de matéria fina e espiritual, pois suas almas foram aí atadas pesadamente por milênios. Mesmo que o castigo não tenha podido se tornar logo visível na matéria grosseira, veio, no entanto, em *todas* as vidas terrenas posteriores, para as quais as almas pecaminosas foram obrigadas.

Os escarnecedores de então tinham-se em conta de espertos. Todavia, não puderam dar uma expressão mais acertada, como prova de sua estreiteza, do que com aquelas palavras, pois aí reside a concepção mais pueril que se possa imaginar. Os que assim falam, longe se encontram de qualquer compreensão da Criação e da vontade de Deus na Criação. Como é deprimente, portanto, o triste saber de que ainda hoje uma grande parte daqueles, que, aliás, ainda creem em Deus e na missão de outrora de Seu Filho, pensam firmemente que Jesus de Nazaré poderia ter descido da cruz se apenas tivesse desejado.

Após dois mil anos, ainda a mesma sonolenta estreiteza, sem modificação para o progresso! Segundo a opinião ingênua de muitos que creem em Deus, Cristo, por ter vindo de Deus, devia ser ilimitado em suas atuações nesta Terra.

É uma expectativa oriunda da ingenuidade mais mórbida, uma crença resultante da preguiça de raciocinar.

Com a encarnação, o Filho de Deus também foi "posto sob a lei", isto é, ele se submeteu com isso às leis da Criação, à vontade inamovível de Deus na Criação. Aí não há quaisquer alterações no que se refere ao corpo terrenal atado à Terra. Obedecendo à vontade de Deus, Cristo sujeitou-se voluntariamente a essa lei, pois não veio para derrubá-la, mas sim para cumpri-la com a encarnação nesta Terra.

Por isso ele também estava ligado a tudo aquilo a que o ser humano terreno se acha ligado, e não podia, como Filho de Deus, descer da cruz, apesar de seu poder e de sua força de Deus, enquanto se encontrasse em carne e sangue de matéria grosseira. Isso equivaleria ao desmoronamento da vontade divina na Criação!

Essa vontade, porém, é perfeita desde os primórdios. E em tudo, não apenas na matéria grosseiro-terrenal, mas também na matéria fina, assim como no enteal e no espiritual, com todas as suas gradações e transições. Não diferente no divinal e também no próprio Deus.

A atuação divina, a força e o poder divinos apresentam-se de modo bem diferente do que nas exibições de espetáculos. Justamente o divinal vive apenas no cumprimento absoluto da vontade divina, jamais querendo algo diferente. De modo idêntico, a criatura humana que tem elevada maturidade espiritual. Quanto mais desenvolvida estiver, tanto mais incondicionalmente se curvará às leis divinas na Criação, de modo voluntário, alegre. Jamais esperará atos arbitrários que se encontrem fora das leis correntes da Criação, porque acredita na perfeição da vontade divina.

Se um corpo de matéria grosseira se encontra pregado na cruz, não conseguirá libertar-se sem ajuda alheia e sem auxílio de matéria grosseira. Isso, segundo a divina vontade criadora, é lei que não se deixa transpor. Quem pensa de modo diferente e espera outra coisa, não crê na perfeição de Deus e na imutabilidade de Sua vontade.

46. Desce da cruz!

Que os seres humanos, não obstante seu suposto progresso no saber e na capacidade, ainda não se tornaram diferentes, que ainda se encontram lá onde estiveram outrora, testemunham ao bradarem novamente hoje:

"Sendo ele o Filho do Homem, então pode, assim que quiser, desencadear as catástrofes que estão profetizadas." Pressupõem isso como algo evidente. Isso significa, porém, com outras palavras: "Não conseguindo tal, então não é o Filho do Homem."

No entanto, os seres humanos sabem muito bem que Cristo, como Filho de Deus, já indicara, a tal propósito, que ninguém, a não ser Deus-Pai exclusivamente, conhece a hora em que se iniciará o Juízo. É, portanto, dupla dúvida, quando as criaturas humanas falam dessa .maneira. Dúvida quanto ao Filho do Homem e dúvida quanto à Palavra do Filho de Deus. Além disso, tal asserção por sua vez somente testemunha a falta de compreensão referente a toda a Criação. A total ignorância exatamente em tudo aquilo que é mais necessário para cada ser humano saber.

Se o Filho de Deus teve de se submeter à vontade de Deus na Criação, ao se encarnar, não pode evidentemente o Filho do Homem encontrar-se acima dessas leis. Um estar acima das leis é inteiramente impossível na Criação. Quem ingressa na Criação está com isso também sob a lei da vontade divina, que jamais se altera. Assim também o Filho de Deus e o Filho do Homem.

Uma grande lacuna na possibilidade de compreensão de tudo isso advém apenas da circunstância de os seres humanos ainda não haverem procurado essas leis de Deus na Criação, não as conhecendo, por conseguinte, até hoje, tendo apenas encontrado aqui e acolá pequenos fragmentos disso, onde justamente tropeçaram.

Se Cristo realizou milagres que jazem muito além das possibilidades dos seres humanos terrenos, isso não justifica o pensamento de que não precisasse preocupar-se com as leis da vontade de Deus que residem na Criação, passando por cima delas. Isso é impossível. Mesmo nos milagres, agia de plena concordância com as leis de Deus, e não arbitrariamente. Com isso apenas provou que trabalhava com força *divina,* e não, espiritual, sendo evidente, por conseguinte, que nos efeitos ultrapassasse de longe as capacitações humanas. Os milagres, no entanto, não estavam fora das leis da Criação; pelo contrário, enquadravam-se completamente às mesmas.

Tão atrasado ficou o ser humano em seu desenvolvimento espiritual, que nem sequer conseguiu pleno desabrochamento das forças espirituais a ele disponíveis, do contrário também realizaria feitos que chegariam ao milagroso, nos conceitos de hoje.

Com força divina, porém, naturalmente podem ser criadas obras ainda bem diferentes, que jamais poderiam ser alcançadas com força espiritual, e que, já por sua natureza, se diferenciam das mais elevadas atuações espirituais. Contudo, todos os acontecimentos permanecem dentro dos limites da regularidade das leis divinas. Nada vai além disso.

Os únicos que cometem atos arbitrários, dentro dos prescritos limites de sua livre vontade, são os seres humanos, pois estes jamais se enquadraram realmente na vontade de Deus, lá onde como seres humanos têm certa liberdade de agir segundo o próprio querer. Sempre antepuseram nisso sua própria vontade. E com isso tolheram-se a si mesmos, não podendo jamais se elevar mais alto do que a sua própria vontade intelectual, presa à Terra, o permitiu.

Portanto, os seres humanos não conhecem sequer as leis da Criação, as quais desencadeiam ou libertam seu poder espiritual, e dentro das quais conseguem desenvolver seu poder espiritual.

Tanto mais admirados se encontram então diante do desenrolar da força divina. Mas também pela mesma razão não conseguem reconhecer a força divina como tal, ou dela aguardam coisas que se acham fora das leis divinas dentro da Criação. A isso, contudo, faria parte o descer de um corpo de matéria grosseira da cruz de matéria grosseira.

O ressuscitar mediante a força divina *não* está fora das leis divinas, contanto que isso se dê dentro de certo tempo que para cada pessoa é diferente. Quanto mais espiritualmente amadurecida for uma alma, ao se desprender do corpo de matéria grosseira, tanto maior será a rapidez com que se libertará dele, e tanto menor o tempo da possibilidade, de acordo com as leis, de ser chamada de volta, uma vez que isso só pode suceder enquanto ainda houver ligações da alma com o corpo.

A alma vivificada pelo espírito tem de obedecer à vontade divina, isto é, à força divina e, ante seu chamado, voltar pela ponte de matéria fina ao corpo de matéria grosseira já abandonado, enquanto a ponte ainda não estiver rompida.

Quando aqui se fala em força divina e em força espiritual, isso não contesta o fato de que na verdade haja somente *uma* força promanada de Deus e que penetra na Criação inteira. Mas existe uma diferença entre a força divina e a espiritual. A força espiritual é dominada pela divina, da qual se originou. Não é acaso uma força divina enfraquecida, mas uma força *modificada,* que pela sua modificação se tornou de espécie diversa, ficando assim com limitações mais restritas em sua capacidade de ação. São, portanto, duas espécies atuando diferentemente, e, contudo, apenas uma força na realidade.

Junta-se a isso ainda a força enteal. Portanto, três forças fundamentais, das quais a espiritual e a enteal são alimentadas e regidas pela divina. Todas as três devem ser denominadas como uma só.

Outras forças não existem, mas apenas muitas variações que se originaram da espécie fundamental espiritual e enteal, e que então também têm diferenças em seus efeitos. Cada variação traz, por sua vez, pela modificação, leis correspondentemente modificadas, as quais, no entanto, se agregam sempre logicamente à espécie fundamental, conquanto exteriormente pareçam bem diferentes, correspondendo à modificação da força.

Mas todas as espécies, inclusive as fundamentais, estão unidas à lei suprema da força divina, podendo ser diferentes, em suas próprias leis modificadas, somente nas formas externas. Por causa disso parecem diferentes, visto cada espécie e variação fora da vontade divina só constituírem espécies parciais, que por isso são fragmentos, os quais, por sua vez, só podem ter leis parciais. Esforçam-se em direção ao todo, ao que é perfeito, donde derivaram, da pura força divina, que equivale à vontade divina, a qual se efetiva como lei imutável e férrea.

Cada força, pois, com suas variações, atua nas matérias fina e grosseira existentes de acordo com a respectiva espécie, formando então, devido a sua diferença específica, mundos ou planos *diferentes,* que, considerados isoladamente, constituem para toda a Criação, cada vez, apenas um fragmento dela, porque a força que a formou constitui também, respectivamente, apenas uma parcela modificada da força divina perfeita, não com leis plenas, mas apenas fragmentárias.

Somente todas as leis dos planos universais isolados, *reunidas,* resultam então outra vez em leis plenas, que foram colocadas pela vontade divina na Criação primordial, no reino espírito-primordial.

Por isso um germe do espírito humano tem de percorrer todos os planos do Universo, de maneira a vivenciar suas leis peculiares e vivificá-las dentro de si. Tendo colhido daí todos os bons frutos, terá então realmente adquirido consciência dessas leis e poderá, consequentemente, se as tiver utilizado direito e de acordo com a vontade de Deus, entrar no Paraíso; será levado pelas leis em suas efetivações para lá, a fim de, partindo de lá, interferir conscientemente então, auxiliando e beneficiando nos planos parciais que se encontram abaixo dele, como missão suprema de cada espírito humano desenvolvido.

Aglomeração excessiva jamais poderá ocorrer, visto que os planos universais existentes podem ser estendidos ilimitadamente, pois pairam no infinito.

Assim vai se tornando cada vez maior o reino de Deus, edificado e ampliado gradualmente pela força dos espíritos humanos puros, cujo campo de atuação terá de ser a Criação posterior, que poderão dirigir do Paraíso, visto eles mesmos já haverem percorrido antes todas as partes e assim chegado a pleno conhecimento delas.

Estas explicações estão aqui apenas para que não surjam equívocos devido às referências à força divina e à força espiritual, já que de fato só existe uma força única proveniente de Deus, da qual se formaram as variações.

Quem conhece todos esses fenômenos, jamais manifestará esperança pueril de coisas que nunca poderão ocorrer, por se acharem fora de cada uma das leis da Criação. Assim também o Filho do Homem não desencadeará catástrofes com o estender de sua mão, as quais devam realizar-se *imediatamente*. Isso seria contrário às existentes e inalteráveis leis da natureza.

O espiritual é mais móvel e mais leve, portanto também mais rápido do que o enteal. Por isso o enteal necessita de mais tempo do que o espiritual na efetivação. Por essa razão, naturalmente, o enteal, isto é, o acontecimento elementar, terá de concretizar-se também mais tarde do que o espiritual. Da mesma forma, através dessas forças, a matéria fina se move mais depressa do que a matéria grosseira. Todas as leis que devem ser cumpridas não podem ser contornadas nem rompidas.

Todas essas leis são conhecidas na Luz, e o envio dos emissários realizadores ou de ordens especiais é disposto de *tal modo,* que os efeitos finais acontecem como por Deus é desejado.

Um dispêndio de grandeza, incompreensível aos seres humanos, tornou-se necessário para o atual Juízo. Funciona tudo tão certo, no entanto, que na verdade não ocorrem retardamentos... até chegar aos pontos onde a vontade humana deve colaborar. Somente os seres humanos insistem, sempre, com tola obstinação, em se manter fora de cada realização ou até mesmo em se colocar no caminho, impedindo perturbadora e hostilmente... com presunção que prende à Terra.

Após a grande falha das criaturas humanas durante a existência terrena do Filho de Deus, isso agora foi felizmente levado em conta. Os seres humanos com seu falhar somente podem dificultar o caminho terrestre do Filho do Homem até certo tempo, de modo que ele terá de andar por atalhos, volteando, mas não conseguem deter os acontecimentos desejados por Deus, ou até mesmo alterar de algum modo o desfecho predeterminado, pois já lhes foi tirado o apoio das trevas na retaguarda, supridor de forças para suas tolices, enquanto as muralhas de seu atuar intelectivo, por trás das quais, acobertados, ainda atiram flechas venenosas, desmoronarão rapidamente sob a pressão da Luz em avanço. Precipita-se então o descalabro sobre eles, e nenhuma graça lhes deverá ser concedida, depois do mal que seu tramar sempre de novo criou funestamente. Assim, o dia ardentemente almejado por aqueles que se esforçam para a Luz, não chegará nem uma hora mais tarde do que deve ser.

ESTA É A MINHA CARNE!
ESTE É O MEU SANGUE!

"QUEM aceita minha Palavra, aceita a mim", disse o Filho de Deus a seus discípulos, "em verdade come da minha carne e bebe do meu sangue!"

Esse é o sentido das palavras que o Filho de Deus pronunciou, quando instituiu a Ceia, e as quais, juntamente com a Ceia, ele simbolizou em memória de sua peregrinação pela Terra. Como podia ocorrer que a tal respeito eclodissem violentas disputas entre os eruditos e as igrejas! O sentido é tão simples e tão claro, se a criatura humana colocar como base que Jesus Cristo, o Filho de Deus, era a Palavra de Deus *encarnada*.

Como poderia ele falar a esse respeito mais nitidamente do que com as simples palavras: "Quem aceita a minha Palavra, come do meu corpo e bebe do meu sangue!" Também quando disse: "A Palavra é verdadeiramente meu corpo e meu sangue!" Tinha, pois, de falar assim, porque ele próprio era a Palavra viva em carne e sangue. Em todas as transmissões apenas o principal foi sempre de novo omitido: a indicação *à Palavra* que *peregrinou* pela Terra! Por esta não ter sido entendida, julgavam-na de pouca importância. Com isso, porém, toda a missão de Cristo foi incompreendida, mutilada, desfigurada.

Nem aos discípulos do Filho de Deus naquele tempo, apesar de sua fé, foi dada a possibilidade de compreenderem acertadamente essas palavras de seu Mestre, assim como tantas coisas ditas por ele nunca compreenderam direito. A esse respeito o próprio Cristo manifestou sua tristeza com bastante frequência. Formaram simplesmente o sentido da Ceia *àquela* maneira como haviam compreendido em sua simplicidade infantil. É evidente

47. *Esta é a minha carne! Este é o meu sangue!*

que aí reproduzissem também as palavras, pouco claras para eles, de maneira correspondente à sua própria compreensão, não, porém, assim como o Filho de Deus as tinha em mente. — Jesus era a Palavra de Deus encarnada! Portanto, quem acolhesse direito a sua Palavra dentro de si, com isso acolhia também a ele próprio.

E se uma pessoa deixa tornar-se viva dentro de si a Palavra de Deus a ela oferecida, de tal forma, que se lhe torne uma evidência no pensar e no atuar, então ela também torna vivo o espírito de Cristo dentro de si com a Palavra, porque o Filho de Deus foi a Palavra viva de Deus encarnada!

A criatura humana terá apenas de se esforçar para penetrar finalmente nesse pensamento *de modo certo*. Não deve apenas ler e tagarelar a respeito, mas procurar vivificar com imagens também esse pensamento, isto é, vivenciar serenamente o sentido com imagens vivas. Então vivenciará *realmente* a Ceia, pressupondo-se que reconheça nisso o recebimento da Palavra viva de Deus, devendo naturalmente conhecer de antemão e a fundo seu sentido e querer.

Não é tão cômodo assim, conforme pensam tantos fiéis. Aceitação bronca da Ceia não lhes pode trazer nenhum proveito, pois aquilo que é vivo, como a Palavra de Deus, quer e também deve ser *considerado* de modo vivo. A Igreja não consegue infundir vida à Ceia para outrem, enquanto esse coparticipante da Ceia não houver antes preparado em si próprio o lugar para recebê-la *direito*.

Veem-se igualmente quadros que visam reproduzir a bela expressão: "Eu bato à porta!" Os quadros são certos. O Filho de Deus está parado diante da porta da cabana e bate, querendo entrar. Ora, o ser humano aí já adicionou novamente do seu próprio pensar, deixando ver pela porta entreaberta a mesa posta na cabana. Surge assim o pensamento de que não deve ser repelido ninguém que peça de comer e de beber. O pensamento é belo e também corresponde à Palavra de Cristo, mas interpretado de modo demasiado restrito nisso. O "Eu bato à porta" significa mais! A caridade é apenas uma pequena parte do conteúdo da Palavra de Deus.

Quando Cristo diz: "Eu bato à porta", quer ele dizer com isso que a Palavra de Deus, por ele corporificada, está batendo à porta da alma humana, não para *pedir* ingresso, mas sim *exigindo* entrada! A *Palavra* deve ser aceita com toda a amplitude com que é oferecida às criaturas humanas. A *alma* deve abrir sua porta para a entrada da Palavra, e deve ter preparada em si a mesa para isso. A expressão "mesa" equivale aqui a altar. Obedecendo a essa exigência, os atos de matéria grosseira da criatura humana terrena serão então de uma naturalidade tal, como requer a "Palavra".

A criatura humana sempre procura apenas uma compreensão intelectiva, o que significa dissecação e com isso diminuição, um estabelecimento de limites mais restritos. Por isso, incorre sempre de novo no perigo de reconhecer só fragmentos de tudo o que é grande, conforme novamente também sucedeu aqui.

A encarnação da Palavra viva de Deus deverá permanecer aos seres humanos terrenos sempre um mistério, porque o início desse fenômeno se desenrolou no divinal. Até no divinal, porém, a capacidade de compreensão do espírito humano não consegue penetrar, ficando assim vedada à compreensão da criatura humana a primeira fase para a futura encarnação.

Portanto, não é surpreendente que exatamente *essa* ação simbólica do Filho de Deus, que consistiu na distribuição do pão e do vinho, ainda não pudesse ser compreendida até hoje pela humanidade. Mas quem depois desse esclarecimento, que lhe permite imaginar um quadro, ainda quiser bradar contra tal propósito, prova apenas que os limites de sua compreensão terminam no espiritual. Sua defesa em favor da explicação, literalmente antinatural de até então, daquelas palavras de Cristo, testemunharia apenas uma obstinação inescrupulosa.

RESSURREIÇÃO DO CORPO TERRENO DE CRISTO

PERFEITO é Deus, o Senhor! Perfeita a Sua vontade, que está Nele e Dele emana para gerar e conservar a obra da Criação. Perfeitas são, por isso, também as leis que em Sua vontade perpassam a Criação.

Perfeição, no entanto, exclui de antemão qualquer desvio. É esta a base que *justifica* incondicionalmente a dúvida a propósito de tantas afirmações! Várias doutrinas se contradizem, porque, ao mesmo tempo em que ensinam acertadamente a perfeição de Deus, estabelecem asserções absolutamente opostas, exigindo que se creia em coisas que excluem a perfeição de Deus e de Sua vontade, que se encontra nas leis da Criação.

Com isso disseminou-se em muitas doutrinas o germe da doença. Verme corroedor que um dia deverá fazer desmoronar toda a estrutura. Tal desmoronamento será tanto mais inevitável, onde tais contradições se tornaram as *colunas mestras,* não apenas pondo em dúvida a perfeição de Deus, mas até mesmo negando-a diretamente! Essa negação da perfeição de Deus faz até parte das exigências de credos dogmáticos, as quais só então possibilitam a entrada nas comunidades.

Temos aí a questão sobre a *ressurreição da carne* com referência à ressurreição do corpo terreno do Filho de Deus, que a maioria das pessoas aceita impensadamente, sem deixar entrever a mínima compreensão. Outros, por sua vez, apropriam-se de tal asserção com uma ignorância totalmente consciente, por não disporem do preceptor que pudesse dar uma explanação correta sobre isso.

Que quadro triste se oferece aí ao observador sereno e sincero. Quão lastimáveis se apresentam diante dele tais pessoas, as quais muitas vezes ainda se consideram orgulhosamente como partidárias fervorosas de sua religião, como fiéis ortodoxos, quando demonstram o fervor ao olhar precipitadamente com ignorante desdém para quantos pensam de modo diverso, sem pensar que exatamente isso tem de ser considerado como sinal infalível de absoluta incompreensão.

Quem, *sem questionar,* aceita e confessa como convicção própria assuntos importantes, mostra com isso ilimitada indiferença, mas nenhuma verdadeira fé.

Nessa situação se encontra tal ser humano diante Daquele que ele costuma chamar de Altíssimo e de Santíssimo, o que deveria significar para ele o conteúdo e o apoio para toda a existência.

Com isso ele não é um elo vivo de sua religião, a quem possa advir ascensão e libertação, mas um metal ressoante, apenas um chocalho vazio e tininte, alguém que não compreende as leis de seu Criador e nem se empenha em reconhecê-las.

Para todos que assim agem, isso significa uma parada e um retrocesso no caminho que deve conduzi-los para fins de evolução e benefício através da matéria, rumo à Luz da Verdade.

Também a concepção errada da ressurreição da carne é, como qualquer outra conceituação errônea, um estorvo gerado artificialmente, que eles levam consigo para o Além, diante do qual têm de ficar parados, não podendo prosseguir, porque não podem libertar-se disso sozinhos, pois a crença errada pende firmemente neles, atando-os de tal modo, que qualquer livre visão para a Verdade luminosa lhes é cortada.

Não ousam pensar diferentemente, e por isso não podem progredir. Com isso advém o perigo de que as almas, que se mantêm assim atadas por si próprias, percam ainda o último prazo de se libertarem, não ascendendo à Luz em tempo, pelo que terão de resvalar para a decomposição, encontrando como meta final a condenação eterna.

Condenação eterna é estar permanentemente desligado da Luz. É ficar separado *dela,* por si próprio e para sempre, pela natureza do fenômeno lógico de não poder voltar à Luz como personalidade plenamente consciente e desenvolvida. Essa circunstância decorre do arrastamento à decomposição, que pulveriza e dissolve junto com o corpo de matéria fina também tudo o que houver sido conquistado espiritualmente de pessoal-consciente.* É então a chamada "morte espiritual", da qual não pode mais haver nenhuma ascensão à Luz para o "eu" consciente que até aí se havia desenvolvido, ao passo que este, numa ascensão, não somente permanece, mas continua evoluindo até a perfeição espiritual.

A pessoa que passa para o Além com uma crença errada ou irrefletidamente aceita como sendo própria, permanece impedida até se tornar livre e viva *em si mesma* mediante outra convicção, rompendo assim o obstáculo que devido à sua própria crença a impede de tomar o caminho certo e verdadeiro, e de ali prosseguir.

Mas essa superação e o desenvolvimento de forças, necessários para libertar-se a si mesma de tal ilusão, são imensos. Já o passo para aproximar-se de tal pensamento exige, espiritualmente, um enorme impulso. Assim, milhões mantêm-se presos, não podendo mais reunir forças, nem mesmo para levantar o pé, na ilusão perniciosa de com isso cometer algum mal. Estão como que paralisados e também perdidos, a não ser que a própria força viva de Deus procure o caminho para eles. Esta, contudo, somente pode por sua vez intervir ajudando, quando houver na alma humana uma centelha de vontade para tanto, indo ao seu encontro.

Nesse fenômeno, tão simples e natural em si, há uma paralisação tal, que mais terrível e fatal não poderia existir. É que, com isso, a bênção da força da livre decisão concedida ao ser humano se converte em maldição, devido à aplicação errada. Cada um, individualmente, tem sempre à mão, excluir-se ou associar-se. E precisamente nisso a vingança se efetiva tremendamente, quando uma pessoa se entrega cegamente a uma doutrina, sem o mais cuidadoso e severo exame! A indolência nisso poderá custar-lhe todo o seu ser!

O pior inimigo do ser humano, sob o ponto de vista puramente terreno, é o comodismo. Comodismo na fé, porém, torna-se sua morte espiritual!

---

* Dissertação: "O mundo".

Ai daqueles que não despertam logo, animando-se para a mais acurada análise de tudo quanto chamam crença! Destruição, porém, aguarda aqueles que causam tão grande miséria! Aqueles que, como falsos pastores, conduzem suas ovelhas às regiões agrestes e desoladoras. Nada consegue ajudá-los, a não ser reconduzir as ovelhas perdidas ao caminho certo. A grande pergunta aí, no entanto, é se ainda lhes resta suficiente tempo para tanto. Examine-se, pois, cada um a si próprio, cuidadosamente, antes de procurar doutrinar o seu próximo.

Crença errada é ilusão desmedida! E essa, tanto aqui como no Além, mantém o espírito humano preso, segura e firmemente, com tal intensidade, que apenas a força viva da verdadeira Palavra de Deus pode romper. Por isso cada um que for atingido por ela, que ouça o seu chamado. O chamado só se destina àquele que o intui, a esse é ele destinado. Esse, então, que examine, pese e se liberte!

Não deve esquecer aí que *apenas a sua resolução individual* é capaz de romper as algemas com as quais ele próprio se prendeu anteriormente, devido à crença errônea. Assim como outrora resolveu por comodismo ou preguiça seguir às cegas qualquer doutrina, sem examiná-la atentamente em *todas as partes,* ou assim como talvez tenha procurado negar Deus apenas por não ter podido encontrar até então sozinho um caminho para Ele, que correspondesse à necessidade justificada de uma sequência lógica, sem lacunas, assim também agora novamente terá de partir *dele próprio a primeira vontade* para um exame irrestrito no pesquisar! *Só então* consegue erguer o pé, até então preso por causa da sua própria vontade, e dar o primeiro passo que o conduz à Verdade e, com isso, à liberdade na Luz.

Ele *próprio,* e sempre apenas ele próprio, *pode, deve* e *tem* de pesar, pois traz em si o dom para isso. Tem também de arcar com toda a responsabilidade, duma ou doutra forma, pouco importando o que quiser e o que fizer.

A consciência *disso,* por si só, deveria obrigá-lo ao mais severo exame.

Precisamente essa responsabilidade concede a cada ser humano não somente o direito ilimitado a tal exame, mas até o torna a mais premente necessidade! Considere ele isso calmamente como um sadio instinto de autoconservação, o que absolutamente não é errado! Pois ele não assina nenhum contrato terreno que lhe imponha uma responsabilidade, sem antes examinar rigorosamente palavra por palavra e refletir se pode cumprir tudo. Não é diferente, porém muito mais sério, nas relações espirituais referentes à decisão de entregar-se a qualquer crença! Se a tal propósito os seres humanos pusessem em prática um instinto de autoconservação algo mais sadio, isso não seria pecado, mas bênção!

Ressurreição da carne! Como pode a carne de matéria grosseira ascender até o reino espírito-primordial de Deus-Pai! Matéria grosseira que nem sequer consegue passar para a matéria fina do Além! Tudo quanto seja de matéria grosseira, até mesmo de matéria fina, está sujeito à decomposição, segundo as leis eternas da natureza. Nisso não há exceções nem irregularidades, pois as leis são perfeitas. Portanto, o que é de matéria grosseira também não pode, depois da morte, ascender ao reino do Pai e nem mesmo para o Além de matéria fina, sujeito igualmente à decomposição! Devido à perfeição das leis divinas da natureza, tais aberrações são simplesmente impossíveis!

Em escala pequena tudo isso é também nitidamente observável nas leis da Física, as quais igualmente nada mais demonstram do que as inamovíveis leis do Criador, que perpassam também esse campo, assim como tudo no existir universal.

Tudo quanto existe se encontra, pois, submetido às leis uniformes de origem, as quais trazem em si, de maneira clara e nítida, a vontade divina, simples, porém indesviável. Nada pode ser separado disso.

Tanto mais lastimável é, por isso, quando algumas doutrinas não querem reconhecer precisamente essa colossal grandeza de Deus que aí se manifesta, com a qual Ele, visivelmente, tanto se aproxima da humanidade em sua compreensão!

Cada doutrina indica, de modo absolutamente certo, a perfeição de Deus. Se, portanto, a origem ou a fonte primordial é perfeita, então somente o que é perfeito pode provir dela. Por conseguinte, devem ser perfeitas também, necessariamente, as

48. Ressurreição do corpo terreno de Cristo

leis da Criação provenientes dos atos da vontade. De modo absolutamente natural, uma coisa não se deixa separar da outra. Essas leis perfeitas da Criação, como leis da natureza, perpassam e sustentam tudo quanto se formou.

A perfeição equivale, porém, à inalterabilidade. Disso resulta que é completamente impossível uma torção nessas leis básicas ou da natureza. Com outras palavras: em circunstância alguma podem ocorrer exceções que contradigam a todos os outros fenômenos em sua naturalidade.

Portanto, não pode ocorrer nenhuma ressurreição da carne que, por ser grosso-material, permanece incondicionalmente ligada à matéria grosseira!

Uma vez que todas as leis primordiais promanaram da perfeição divina, um novo ato da vontade de Deus jamais poderá se desenvolver de forma diferente do que a dada desde os primórdios da Criação.

Se algumas doutrinas se fecham a essa evidência, que resulta incondicionalmente da perfeição de Deus, provam então que os seus fundamentos estão *errados,* que estão construídos sobre o raciocínio humano adstrito ao espaço e ao tempo e, consequentemente, não podem ter nenhuma pretensão à Mensagem de Deus, a qual não mostraria nenhuma lacuna, uma vez que tal Mensagem só pode advir da perfeição, da própria Verdade, que é completa e igualmente compreensível em sua grandeza singela. Antes de mais nada é *natural,* porque a natureza, assim chamada pelas criaturas humanas, originou-se da perfeição da vontade divina, conservando ainda hoje de maneira inalterada sua vitalidade, mas também não podendo com isso estar sujeita a nenhuma exceção.

Quando Cristo veio à Terra, a fim de anunciar a Mensagem de Deus, da Verdade, teve para tanto de se servir dum corpo de matéria grosseira, isto é, da carne. Já nisso, afinal, bem como pela morte corpórea ocorrida com a crucificação, cada pessoa que reflete, deveria reconhecer a inalterabilidade das leis da natureza.

Essa carne de matéria grosseira, porém, não podia depois da morte constituir nenhuma exceção, devendo, portanto, permanecer no mundo de matéria grosseira! *Não* podia ressuscitar, a fim de entrar em outro mundo! As leis divinas ou naturais firmemente estabelecidas não consentem isso, por causa de sua perfeição emanada da vontade divina. Nem podem, do contrário não seriam perfeitas, e isso, por sua vez, faria com que também a vontade de Deus, Sua força e Ele próprio não fossem perfeitos.

Uma vez que isso fica excluído, como cada ciência pode verificar na própria Criação, é errado e constitui uma dúvida em relação à perfeição de Deus, quando deve ser afirmado que esta carne de matéria grosseira tenha ressuscitado e após quarenta dias ingressado em outro mundo.

Se a carne realmente deva ressuscitar, isso só poderá ocorrer quando a alma, ainda ligada por um cordão de matéria fina ao corpo de matéria grosseira durante algum tempo, for chamada de volta a esse corpo.* Devido às leis naturais, isso somente pode acontecer enquanto persistir esse cordão. Uma vez desligado tal cordão, um ressuscitar, isto é, uma chamada de volta da alma ao corpo de matéria grosseira de até então, seria impossível!

Isso igualmente está sujeito estritamente às leis da natureza sem lacunas, e nem o próprio Deus o conseguiria, pois seria contra as Suas próprias leis perfeitas, contra a Sua vontade perfeita que atua de modo automático na natureza. Exatamente devido a essa perfeição, nunca poderia lhe ocorrer ideia tão imperfeita, que apenas constituiria um ato de arbitrariedade.

Aqui se mostra, mais uma vez, uma aparente limitação de Deus na obra da Criação, devido a Sua irrestrita perfeição, que tem de ser cumprida de qualquer forma e não admite alteração alguma, a qual, porém, nem é intencionada nem necessária. Não é absolutamente nenhuma autêntica limitação de Deus, mas apenas *parece* como tal ao ser humano em algumas coisas, porque não consegue ter uma visão sobre *todos* os fenômenos. Esse não poder abranger com a visão o *todo* é que o leva, aliás, com intenções bastante boas e respeitosas, a esperar de seu Deus atos de arbitrariedade que, refletindo bem, só podem diminuir a perfeição divina.

---

* Dissertação: "A morte".

O que os seres humanos aí com toda a humildade têm de bom em mente, não se torna nesse caso um respeitoso erguer de olhos, mas um rebaixar à limitação inteiramente natural do espírito humano.

O cumprimento incondicional das leis da vontade divina ou da natureza verificou-se também no ressuscitar de Lázaro, bem como no do moço de Naim. Estes puderam ser ressuscitados porque o cordão de ligação com a alma ainda subsistia. Ante o chamado do Mestre, pôde a alma se tornar novamente una com o corpo. E este ficou então obrigado, devido às leis da natureza, a permanecer no mundo de matéria grosseira, até que ocorresse um novo desenlace entre o corpo de matéria grosseira e o de matéria fina, possibilitando a este último ingressar no Além de matéria fina, isto é, seguindo-se uma nova morte grosso-material.

A passagem do corpo de matéria grosseira para outro mundo é, porém, coisa impossível. Se o espírito de Cristo houvesse reingressado no corpo de matéria grosseira ou se nem o tivesse abandonado, teria sido obrigado a permanecer na matéria grosseira, até que sobreviesse uma nova morte, não diferentemente.

Uma ressurreição em carne para outro mundo é inteiramente impossível para os seres humanos, assim como também para Cristo naquele tempo!

O corpo terreno do Salvador seguiu o mesmo caminho que tem de seguir qualquer outro corpo de matéria grosseira, segundo as leis naturais do Criador.

Por conseguinte, Jesus de Nazaré, o Filho de Deus, não ressuscitou carnalmente!

E, todavia, não obstante toda a lógica e a muito maior veneração a Deus justamente aí contida, ainda haverá muitos que na cegueira e na indolência de sua crença errada não quererão seguir os caminhos tão simples da Verdade. Certamente também muitos que não poderão seguir devido à própria limitação. Outros, por sua vez, que tentarão lutar raivosamente contra isso com intenção plena, pelo receio bem fundado de que toda a sua estrutura de crença cômoda soerguida com esforço terá de ruir.

48. Ressurreição do corpo terreno de Cristo

De nada lhes pode adiantar se, como base, se apoiarem em tradições verbais, pois os discípulos também eram seres humanos. É, pois, puramente humano, se naquele tempo os discípulos, fortemente abalados por causa de todo aquele horrível acontecimento, tenham, ao se recordarem, entretecido vários de seus próprios pensamentos em suas narrações, transmitindo muita coisa diferentemente do que na realidade havia ocorrido, devido à visão precedente de milagres a eles próprios ainda inexplicáveis.

Assim como na errônea fusão do Filho de Deus e do Filho do Homem, seus escritos e narrativas muitas vezes basearam-se em demasia nas *próprias* pressuposições humanas, as quais estabeleceram para mais tarde a base de muitos erros.

Mesmo que tivessem a seu lado, como auxílio, a mais forte inspiração espiritual, apesar disso interferem intensamente na retransmissão opiniões preconcebidas, turvando muitas vezes a mais bem-intencionada e a mais clara imagem.

O próprio Jesus, no entanto, não deixou quaisquer escritos nos quais, unicamente, seria possível basear-se de modo incondicional e categórico.

Nunca teria dito ou escrito algo que não concordasse com as leis de seu Pai, as leis divinas da natureza ou a vontade criadora, de modo pleno e integral. Ele próprio disse, pois, expressamente:

"Vim para cumprir as leis de Deus!"

As leis de Deus, porém, repousam nítidas na natureza, a qual, aliás, se estende para mais longe do que somente à matéria grosseira, permanecendo, no entanto, "natural" por toda parte, bem como no mundo de matéria fina, no enteal e no espiritual. Uma pessoa que reflete, certamente conseguirá encontrar nessas significativas palavras do Salvador algo que mostre um caminho para quantos perscrutam com seriedade e que ultrapasse os confusos dogmas religiosos!

Além disso, porém, cada pessoa pode achar sobre isso pontos de apoio na Bíblia, pois Jesus apareceu a muitos. Mas o que aconteceu? A princípio, Maria não o reconheceu, Madalena não o reconheceu de imediato, os dois discípulos no caminho de Emaús não o reconheceram durante horas, não obstante andasse com eles e lhes falasse… Que se deve concluir disso? *Que devia ser outro corpo* o que eles viram, do contrário todos o teriam reconhecido *imediatamente!* —

Pois que continue surdo quem não quiser ouvir, e cego quem é demasiadamente indolente para abrir seus olhos!

O conceito geral "ressurreição da carne" encontra sua justificativa nos nascimentos *terrenos,* que não cessarão enquanto houver criaturas humanas terrenas. É uma grande promessa a da concessão de repetidas vidas terrenas, de renovadas encarnações com o objetivo de um progresso mais rápido e indispensável resgate de efeitos recíprocos de espécies inferiores, equivalendo a um perdão dos pecados. Uma prova do incomensurável amor do Criador, cuja graça se encontra no fato de que para as almas desencarnadas, que malbarataram total ou parcialmente seu tempo terreno e por isso chegaram ao Além imaturas para uma escalada, é dada mais uma vez oportunidade de se envolverem com um novo corpo de matéria grosseira ou manto, pelo que sua carne deixada festeja uma ressurreição na nova carne. Com isso a alma desencarnada vivencia uma nova ressurreição *na* carne!

A bênção que reside nessa realização continuamente repetida de uma tão sublime graça, o espírito humano, que não consegue abranger tudo com a vista, somente mais tarde poderá compreender!

CONCEITO HUMANO E VONTADE DE DEUS NA LEI DA RECIPROCIDADE

QUANDO se deve falar em conceito humano e em concepção humana, a que também se acha ligada a justiça terrena, não se deve esperar que isso equivalha à justiça divina ou que sequer se lhe aproxime. Pelo contrário, deve-se infelizmente dizer que na maior parte dos casos existe até uma diferença tão grande como o céu. Nessa confrontação a expressão popular "tão grande como o céu" é apropriada no mais verdadeiro sentido.

Essa diferença poderia ser explicada muitas vezes em face do raciocínio da humanidade, limitado ao espaço e ao tempo, o qual em sua estreiteza não consegue reconhecer o errado *propriamente* e separá-lo do certo, uma vez que isso raramente é reconhecível de modo claro por exterioridades, mas se encontra pura e simplesmente no mais íntimo de cada pessoa, para cujo julgamento, rígidos parágrafos de lei e sabedoria escolar não bastam. É entristecedor, porém, que por esse motivo tantos julgamentos dos tribunais humanos tenham de estar em oposição direta à justiça divina.

Não é o caso de se falar dos tempos da Idade Média nem das épocas tristes das torturas angustiosas, bem como das chamadas cremações de bruxas e de outros crimes da justiça. Tampouco devem ser mencionadas as inúmeras cremações, torturas e assassínios que entram no débito das comunidades *religiosas,* devendo em seus efeitos recíprocos atingir os praticantes de modo duplamente pavoroso, porque abusaram aí do nome do Deus perfeito, cometendo em Seu nome todos aqueles crimes, como supostamente agradáveis a Ele e, com isso, cunhando-o perante os seres humanos como responsável por aquilo.

Abusos e barbaridades que não poderiam ser esquecidos tão depressa, mas que deveríamos fazer voltar à memória como advertência, sempre de novo, também nos julgamentos de hoje, principalmente porque os que outrora assim agiam cometiam tais incongruências aparentando a melhor boa-fé e o mais pleno direito.

Muito mudou. Contudo, virá o tempo, evidentemente, em que se voltará a olhar com semelhante horror para a justiça atual, como nós, hoje, encaramos os tempos acima citados, os quais, segundo o nosso atual reconhecimento, encerram tanta injustiça. Esse é o curso do mundo, e certo progresso.

Olhando-se mais profundamente, porém, o aparentemente grande progresso entre o tempo de outrora e o de hoje se encontra *apenas nas formas externas.* O poder absoluto de um só, profundamente incisivo na existência inteira de tantas pessoas na Terra, continua frequentemente ainda o mesmo, sem a responsabilidade pessoal daquele. Também não mudaram muito os seres humanos, nem os motivos de suas ações. E onde a *vida interior* ainda é a mesma, iguais são também os efeitos recíprocos que trazem em si o Juízo *divino.*

Se a humanidade subitamente se tornasse *vidente a tal respeito,* a consequência somente poderia ser um único grito de desespero. Um horror que se estenderia sobre todos os povos. Ninguém levantaria a mão contra o seu semelhante com recriminações, uma vez que *cada um, individualmente,* sentiria sobre si de algum modo o peso de idêntica culpa. Não tem nenhum direito de enfrentar a outrem repreensivamente nisso, uma vez que até então *cada qual* julgou erroneamente apenas segundo as aparências externas, *não dando importância* a toda *a vida real.*

Muitos se desesperariam consigo mesmos no primeiro facho de luz, se este pudesse penetrar neles sem estarem preparados, ao passo que outros, que até agora jamais se deram tempo para refletir, deveriam intuir incomensurável exasperação por haverem dormido durante tanto tempo.

Por isso é, pois, oportuno o estímulo para a reflexão serena e para o desenvolvimento da *justa capacidade de julgamento próprio,* a qual repele qualquer inclinação cega a opiniões

49. Conceito humano e vontade de Deus na lei da reciprocidade 307

alheias e somente *assimila, pensa, fala e age* de acordo com a sua *própria* intuição!

Jamais o ser humano deve esquecer-se de que ele, *completamente só*, terá de responder por tudo aquilo que *ele* intui, pensa e faz, mesmo que o tenha aceitado de outrem de modo incondicional!

Feliz daquele que alcança essa altura, indo ao encontro de cada parecer de modo criterioso, para então agir segundo suas *próprias* intuições. Assim não coparticipa da culpa, como milhares que muitas vezes se sobrecarregam com um carma pesado, apenas por leviandade e sensacionalismo, por preconceitos e difamação, o que os leva a regiões cujos sofrimentos e dores jamais necessitariam conhecer. Com isso, frequentemente, já na Terra se deixam reter de muito do que é realmente bom, perdendo com isso não somente muito em benefício próprio, mas põem em jogo assim talvez tudo, sua existência inteira.

Assim foi com o ódio inflamado e insensato contra Jesus de Nazaré, cujo motivo propriamente apenas poucos dos malévolos vociferadores conheciam, ao passo que os demais se entregavam simplesmente a uma fúria totalmente ignorante e cega, gritando em conjunto, sem que jamais tivessem, pessoalmente, estado em contato com Jesus. Não menos perdidos estão também todos aqueles que, baseados em opiniões errôneas de outros, se afastaram dele e nem sequer ouviram suas palavras, e muito menos ainda se deram ao trabalho de um exame criterioso, com o que, não obstante, poderiam ter reconhecido finalmente o valor.

Somente assim pôde amadurecer a desvairada tragédia que colocou sob acusação de *blasfêmia* exatamente o *Filho de Deus*, levando-o à cruz. Ele, o único que promanava diretamente de Deus e lhes anunciava a Verdade sobre Deus e a Sua vontade!

Esse fato é tão grotesco, que nele se patenteia com ofuscante clareza toda a mesquinhez das criaturas humanas.

E de lá para cá a humanidade não progrediu interiormente, pelo contrário, só regrediu, não obstante todas as outras descobertas e invenções.

Apenas o que progrediu, e isso em função dos êxitos exteriores, foi a presunção de sempre querer saber mais, a qual foi gerada e cultivada exatamente pela estreiteza, sendo, aliás, uma característica específica da estreiteza.

E nesse solo, que durante dois milênios se foi tornando cada vez mais fértil, é que brotaram as concepções humanas atuais, que atuam de modo decisivo e *devastador*, enquanto as criaturas humanas, sem pressentirem, se enleiam a si mesmas nisso, cada vez mais, para sua própria horrível fatalidade.

Quem nisso tudo, através de falsas concepções, atrai para si, muitas vezes de boa-fé, efeitos maus de uma corrente recíproca, agindo, portanto, contra as leis divinas, isso até agora raras vezes se tornou claro a alguém. O número é grande, e muitos, em sua vaidade, sem o pressentir, estão inclusive orgulhosos a respeito disso, até que um dia terão de ver a Verdade com angustioso pavor, a qual é tão diferente daquilo que sua convicção os deixou imaginar.

Mas então será tarde demais. A culpa com que se sobrecarregaram terá de ser remida em luta penosa consigo mesmos, muitas vezes por decênios.

Longo e difícil é o caminho até o reconhecimento, quando uma pessoa perdeu a oportunidade favorável da existência terrena e se sobrecarregou, até intencionalmente, ou por ignorância, ainda com novas culpas.

Desculpas, aí, jamais são consideradas de importância. *Cada um pode sabê-lo, se quiser!*

Quem sentir o anseio de reconhecer uma vez a justiça divina no decurso dos efeitos recíprocos, em contraste com concepções terrenas, este se esforce em observar algum exemplo da vida terrena a respeito, examinando aí de que lado se acha realmente o certo e o errado. Muitos se lhe apresentarão, diariamente.

Em breve sua própria capacidade de intuir se desenvolverá mais acentuada e mais viva, para lançar fora, finalmente, todos os preconceitos aprendidos de concepções falhas. Surge assim uma intuição de justiça, que pode confiar em si mesmo, porque, no reconhecer de todos os efeitos recíprocos, acolhe a vontade de Deus, nela está e atua.

O FILHO DO HOMEM

DESDE o crime contra o Filho de Deus, o portador da Verdade, Jesus de Nazaré, pesa como que uma maldição sobre a humanidade, por esta não haver reconhecido devidamente a mais importante das profecias para os seres humanos, encontrando-se frente a isso ainda hoje inconsciente, como se tivesse uma espessa venda diante dos olhos. A consequência medonha disso será que grande parte das criaturas humanas passará cambaleando pela única possibilidade de sua salvação da condenação, ao encontro da destruição.

Trata-se da profecia da vinda do Filho do Homem, dada como estrela de esperança e, não obstante, também como severa advertência, pelo Filho de Deus, sob os ataques constantes das massas, que por se encontrarem nas trevas logicamente tinham de odiar o portador da Verdade.

A mesma onda de ideias e sentimentos errôneos que já naquele tempo não deixava que se reconhecesse o Filho de Deus como tal, perturbava a compreensão a respeito da importância dessa anunciação, já na ocasião de sua origem. Estava o espírito humano demasiado obscurecido, por demais convencido de si, para poder ainda receber de modo puro Mensagens de Deus tão elevadas. Mensagens que vinham de uma altitude acima de seu próprio círculo de origem resvalavam pelos ouvidos, sem efeito.

Para uma compreensão teria sido necessária fé proveniente de convicção consciente, do que outrora nem os próprios adeptos eram capazes. O solo onde as palavras do Salvador caíam, ainda estava demasiadamente coberto por um cipoal. A isso juntaram-se, em apenas poucos anos, as colossais experiências vivenciais e abalos anímicos dos mais próximos ao Salvador, com o que tudo havia de concentrar-se sentimentalmente de tal modo na pessoa dele, que o seu falar, referente a outra pessoa num futuro remoto, não foi considerado nesse sentido, e sim relacionado novamente com ele próprio.

Assim perdurou até os dias de hoje o erro na concepção dos seres humanos, uma vez que os descrentes não se preocuparam com as palavras do Salvador, ao passo que os fiéis suprimiram à força, exatamente por causa de sua fé, qualquer análise séria e crítica às tradições, pelo temor sagrado de tocar mesmo de leve nas palavras do Salvador. Não viam com isso, porém, que não se tratava das próprias palavras dele, verdadeiramente autênticas, mas tão só de reproduções que foram escritas muito tempo depois de sua passagem pela Terra. Em virtude disso, porém, ficaram sujeitas naturalmente às alterações inconscientes do raciocínio humano e da concepção humana e pessoal.

Há, sem dúvida, certa grandeza nessa respeitosa conservação de tradição puramente humana e, por isso, tampouco se deve fazer qualquer censura a respeito.

Contudo, nada disso impede consequências estorvantes de concepções errôneas, decorrentes duma tradição errada, porque nem mesmo nesse caso podem ser derrubadas as leis da reciprocidade. Mesmo se no resgate para o espírito humano elas se efetivem apenas como grades, estorvando a ascensão progressiva, isso significa, contudo, um estacionar fatal e um não progredir, enquanto a palavra libertadora da elucidação não puder se tornar viva neles.

Aquele que acredita no Filho de Deus e em suas palavras, tendo-as vivificado dentro de si, isto é, trazendo-as dentro de si na *correta* interpretação e agindo de acordo, evidentemente não precisa esperar pelo prometido Filho do Homem, pois este não lhe pode trazer outra coisa senão o mesmo que o Filho de Deus já trouxe. Pressupõe-se aí, no entanto, que haja *compreendido realmente* as palavras do Filho de Deus e que não se agarre obstinadamente a tradições errôneas. Caso se tenha apegado em qualquer parte a erros, não poderá concluir sua escalada, até obter o esclarecimento que ficou reservado ao Filho do Homem, porque o limitado espírito humano, por si, não é capaz de se livrar do cipoal que envolve agora espessamente a Verdade.

Jesus designou a vinda do Filho do Homem como a última possibilidade de salvação, indicando também que com ele se desencadeará o Juízo, que, portanto, aqueles que mesmo então não quiserem, ou dito de outro modo, não estiverem dispostos a receber nenhum esclarecimento, devido a sua própria obstinação ou indolência, terão de ser definitivamente condenados. Disso se deve concluir que em sequência ulterior não haverá mais outra possibilidade de reflexão e de decisão. Nisso reside também, evidentemente, a anunciação de uma ação severa, a qual traz o fim de uma paciente espera. Isso, por sua vez, atesta luta futura da Luz contra todas as trevas, que terá de findar na destruição violenta de todas as trevas.

Não é de se supor que isso se desenrole segundo as expectativas, desejos e conceitos humanos, pois *todos* os acontecimentos de até agora falam contra isso. Nunca, nos fatos precedentes, o conceito humano se mostrou uno com os efeitos da vontade divina. A realidade sempre foi diferente da imaginação dos seres humanos e só muito depois, às vezes, surgia lentamente o reconhecimento do ocorrido.

Nem é de se esperar dessa vez nenhuma modificação, porque o conceito dos seres humanos e suas concepções nada lucraram em relação a antigamente; pelo contrário, têm se tornado ainda muito mais "reais".

O Filho do Homem! Há ainda um véu sobre ele e o seu tempo. Mesmo que em muitos espíritos desperte um pressentimento vago, um anseio pelo dia de sua vinda, é provável também que vários dos que anseiam passem por ele inconscientemente, não querendo conhecê-lo, porque a espera dele lhes fez crer em outra realização. O ser humano, pois, apenas mui dificilmente pode familiarizar-se com a ideia de que na Terra o divinal, exteriormente, não pode ser diferente do que as próprias criaturas humanas, em obediência à lei de Deus. Obstinadamente ele quer ver o divinal somente de modo sobrenatural e, no entanto, lamentavelmente, já se manietou de tal modo, que nem seria capaz de divisar ainda *acertadamente* o que é sobrenatural, muito menos de suportá-lo. Isso, aliás, nem é necessário!

A pessoa que procura a vontade de seu Deus nas leis naturais de toda a Criação, em breve também a reconhecerá aí, sabendo por fim que o divinal só lhe pode vir pelos caminhos dessas leis imutáveis, não por outro modo. Em consequência disso, tornar-se-á vigilante, examinando cuidadosamente tudo o que aí se lhe deparar, mas somente com vistas às leis *divinas,* e não segundo a opinião da criatura humana. Assim, pois, reconhecerá na hora certa aquele que lhe trará a liberdade na Palavra. Através da própria análise daquilo que foi trazido, e não pela gritaria das massas.

Todo aquele que reflete, já há de ter chegado sozinho à conclusão de que o Filho de Deus e o Filho do Homem não podem ser um só! A diferença está expressa nitidamente nas próprias palavras.

A pura divindade do Filho de Deus trazia consigo, durante sua missão e encarnação, naturalmente por causa do puro divinal, a *condição de tornar-se novamente um só* com a divindade. Nem é possível diferentemente, pela natureza da coisa. Isso confirma também as alusões do próprio Filho de Deus sobre a sua "reunificação com o Pai", a expressão de seu "retorno ao Pai".

Por isso a missão do Filho de Deus, como mediador entre a divindade e a Criação, tinha de ter uma *duração limitada.* O Filho de Deus que, como puro divinal, devido à força de atração da igual espécie mais forte, tinha de ser reatraído incondicionalmente para a origem divinal, sendo obrigado também a permanecer lá, após ter deixado tudo o que era extradivinal nele aderido, não podia, portanto, continuar a ser o mediador *eterno* entre a divindade e a Criação com a humanidade. Assim, ter-se-ia aberto um novo abismo com o retorno do Filho de Deus ao Pai, e o mediador entre a pura divindade e a Criação estaria faltando novamente.

O próprio Filho de Deus anunciou então à humanidade a vinda do Filho do Homem, que permaneceria como *eterno* mediador entre o divinal e a Criação. Nisso reside o grandioso amor do Criador por Sua Criação.

50. O Filho do Homem

A diferença entre o Filho do Homem e o Filho de Deus consiste no fato de que o Filho do Homem se originou, sim, do puro divinal, mas ao mesmo tempo foi ligado ao espiritual consciente, de maneira a estar com um pé no divinal e com o outro, simultaneamente, no mais elevado espiritual consciente. Ele é uma parte de *cada,* formando assim a ponte imperecível entre o divinal e o ápice da Criação. Essa ligação, porém, acarreta a imperiosidade da permanência de separação do puro divinal, permitindo, não obstante, a entrada no divinal, condicionando-a até.

A adição espiritual ao divino apenas evita uma reunificação, que do contrário seria inevitável. Que isso seja um renovado sacrifício de amor do Criador e o cumprimento de uma promessa de tamanha grandeza, que só Deus mesmo pode oferecer e realizar, a humanidade certamente jamais compreenderá. *Essa* é a diferença entre o Filho de Deus e o Filho do Homem.

A missão do Filho do Homem aqui na Terra é a continuação e a conclusão da missão do Filho de Deus, porque a missão do Filho de Deus só podia ser transitória. Ela é, portanto, com a continuação e a conclusão, concomitantemente, uma *consolidação* dela.

Enquanto o Filho de Deus nasceu diretamente para a sua missão terrestre, o percurso do Filho do Homem, antes de sua missão, teve de passar por um círculo muito maior, antes de poder iniciar a sua verdadeira missão. Vindo das alturas máximas, teve, como condição para poder cumprir a sua missão, ainda mais terrenal comparada com a do Filho de Deus, também de percorrer as profundezas mais baixas. Não apenas no Além, mas também terrenalmente, a fim de poder "vivenciar" junto de si todas as dores e todos os sofrimentos dos seres humanos. Somente dessa maneira fica em condições de, quando chegar a sua hora, interferir nas falhas de modo eficiente e criar alterações, auxiliando.

Por esse motivo não pôde ficar *à margem* do vivenciar da humanidade, mas sim teve de estar no meio disso tudo através da própria vivência, inclusive das coisas amargas, e também sofrer com isso. Novamente, só por causa das criaturas humanas teve de realizar-se, portanto, essa sua aprendizagem. Mas precisamente nisso, por ficar incompreensível tal condução superior ao espírito humano em sua estreiteza, e por só ser capaz de formar um juízo segundo as aparências externas, procurarão fazer-lhe censuras, a fim de dificultar-lhe a missão assim como a Cristo naquele tempo.

Exatamente aquilo que teve de sofrer por causa das criaturas humanas, a fim de reconhecer os lugares mais doentios dos erros, aquilo que, portanto, sofreu ou através de vivência aprendeu a conhecer em prol do futuro bem das criaturas humanas, quererão utilizar como pedra, a fim de atingi-lo com isso num ódio crescente, atiçado pelas trevas, trêmulas de medo ante a destruição.*

Não é inexplicável que algo tão incrível possa suceder outra vez apesar das experiências com a passagem do Filho de Deus pela Terra, porque na realidade mais da metade dos seres humanos que hoje se encontram na Terra de modo algum lhe pertencem, mas sim deveriam amadurecer em regiões muito mais baixas e mais escuras! Devido ao contínuo retrocesso anímico, com o aumento dos escravos do seu próprio instrumento, o raciocínio limitado, foi colocada a base para tanto.

O raciocínio limitado, como absoluto soberano, só favorecerá sempre tudo aquilo que é material, por ser puramente terreno, e assim cultivará também os subsequentes maus efeitos colaterais. O consequente declínio das concepções mais elevadas formou uma brecha e estendeu a mão para baixo, pela qual puderam subir almas para a encarnação, as quais, de outro modo, com o seu peso espiritual devido à escuridão mais densa, jamais poderiam ter subido até a superfície da Terra.

Antes de tudo são também as intuições puramente animais nas gerações, bem como outras tendências pelos prazeres terrenos, que na época desmoralizada já desde séculos vêm contribuindo para que almas medíocres possam subir. Estas rodeiam então permanentemente as futuras mães, chegando à encarnação em dado momento, porque tudo o que é luminoso até agora recuou voluntariamente diante das trevas, a fim de não ser conspurcado.

---

* Isso aconteceu também em ampla escala.

50. O Filho do Homem

Assim, pouco a pouco, pôde acontecer que o ambiente de matéria fina da Terra se tornasse cada vez mais denso e mais escuro e, com isso, também mais pesado; de tal peso, que até chega a manter a própria Terra de matéria grosseira afastada de uma órbita que seria mais acessível a influências espirituais mais elevadas.

Como a maioria de todos os encarnados pertence de fato a regiões que se acham situadas muito mais abaixo do que a própria Terra, haverá, portanto, nisso também, apenas justiça divina, se tais almas forem varridas, para descer até lá onde, aliás, pertencem, onde junto à sua absoluta igual espécie não dispõem mais de ocasião para se sobrecarregarem ainda com novas culpas e, através disso, amadurecerem mais facilmente para uma modificação ascendente no sofrimento de sua esfera.

Não é a vontade humana que poderá um dia escolher o Filho do Homem enviado por Deus, mas a força de Deus o soerguerá na hora em que a humanidade desvalida implorar choramingando por salvação. Então, calar-se-ão as injúrias, por que o pavor selará tais bocas, e de bom grado serão aceitas todas as dádivas que o Criador oferecer através dele às criaturas. Mas quem não as quiser receber dele, será expulso por toda a eternidade.

A FORÇA SEXUAL EM SUA SIGNIFICAÇÃO PARA A ASCENSÃO ESPIRITUAL

EU indico mais uma vez que toda *vida* na Criação consiste de duas espécies: a autoconsciente e a inconsciente. Somente ao tornar-se consciente forma-se também a imagem do Criador, que compreendemos como sendo a forma humana. O amoldamento processa-se uniforme e concomitantemente com a conscientização.

Na *primeira* Criação propriamente, então, que por estar mais próxima do Espírito criador, também só pode ser espiritual, encontra-se ao lado do consciente ser humano espiritual, criado por primeiro, também o espiritual ainda *inconsciente*. Nesse inconsciente, com as mesmas propriedades do consciente, reside naturalmente o impulso para o desenvolvimento progressivo. Este só se pode dar, porém, pelo aumento progressivo da autoconscientização.

Quando, portanto, no espírito inconsciente esse impulso para a conscientização tiver aumentado até certo grau, dar-se-á um fenômeno no desenvolvimento mais natural, que equivale a um nascimento terreno. Precisamos apenas prestar atenção ao nosso ambiente. Aqui, o corpo de matéria grosseira expele automaticamente cada fruto amadurecido. No animal e na criatura humana. Também cada árvore expele seus frutos. O fenômeno é a repetição de um desenvolvimento progressivo, cujos fundamentos se acham na *primeira* Criação.

De igual modo sucede também *lá,* num determinado amadurecimento do inconsciente que anseia pela conscientização, um repelimento automático, uma separação, também denominada expulsão, da outra parte do inconsciente que ainda não anseia por isso. *Essas partículas espirituais inconscientes, assim expelidas, formam então os germes espirituais de futuros seres humanos!*

Esse fenômeno *tem* de acontecer, porque no inconsciente se encontra a irresponsabilidade, ao passo que com a conscientização amadurece concomitantemente a responsabilidade.

A separação do inconsciente em amadurecimento é, portanto, indispensável para o espiritual, que por impulso natural quer desenvolver-se para o consciente. É um progresso, nenhum retrocesso!

Como esses germes vivos não podem ser expelidos para cima, para a perfeição, resta-lhes então o único caminho para baixo. Mas aí penetram no reino enteal de mais peso, o qual nada contém de espiritual.

Assim, o germe espiritual que anseia pela conscientização fica de súbito num ambiente a ele heterogêneo, portanto *estranho,* e com isso praticamente *descoberto.* Como espírito ele se sente descoberto e nu na entealidade mais densa. Se quiser permanecer aí ou prosseguir, torna-se-lhe uma necessidade natural cobrir-se com um *invólucro* enteal, que tenha a mesma espécie do seu ambiente. De outra maneira não consegue agir aí, tampouco se manter. Portanto, não sente apenas a necessidade de cobrir sua nudez no caminho para o reconhecimento, conforme figuradamente a Bíblia descreve, mas também se trata aqui de um processo evolutivo indispensável.

O germe do espírito humano em desenvolvimento é, pois, conduzido progressivamente à matéria, por caminhos naturais!

E aqui então o envolve mais uma vez um necessário invólucro, da mesma estruturação do seu novo âmbito material.

Encontra-se ele então na orla extrema da matéria fina.

Mas a Terra é *aquele* ponto de matéria grosseira onde se reúne *tudo* quanto existe na Criação. Confluem aqui *todos* os setores, os quais de outro modo se achariam categoricamente separados, devido às suas características específicas. Todos os fios, todos os caminhos convergem para a Terra, como que se concentrando num ponto de encontro. Ligando-se aqui e gerando também novos efeitos, são arremessadas para o Universo correntes de energia em poderosas chamas! De tal modo, como de nenhum lugar da matéria.

Sobre esta Terra processa-se o mais intenso vivenciar através da conglomeração de *todas* as espécies da Criação, para o que a materialidade contribui. No entanto, somente a conglomeração de todas as *espécies da Criação,* nada de divinal, nada do Espírito Santo, que pairam *acima* e fora da Criação.

As últimas manifestações desse vivenciar na Terra afluem, pois, ao encontro do germe espiritual, tão logo ele entre na matéria fina. É envolto por esses efeitos. São eles que o atraem, ajudando-o, porém, a despertar com isso sua conscientização, e levá-lo ao desenvolvimento.

Sem ligação ainda, portanto sem culpa, nesse limiar de toda a matéria, ele intui as manifestações das vibrações de fortes experiências vivenciais, que se desenrolam na evolução e na decomposição de tudo quanto é material.

Aí lhe advém então o anseio dum *melhor* conhecimento. Mas tão logo forme nisso um desejo, sintoniza-se voluntariamente, ao formular esse desejo, com qualquer vibração, seja ela boa ou má. E, imediatamente, devido à atuante lei da força de atração da igual espécie, será atraído por uma espécie igual, que é mais forte do que a sua. É impelido para um ponto onde a espécie almejada é venerada de modo mais veemente do que era seu próprio desejo.

Com tal anseio íntimo, o seu invólucro de matéria fina condensa-se logo de modo correspondente a esse anseio, e a lei da gravidade o deixa afundar ainda mais.

O verdadeiro *vivenciar,* porém, do anseio nele latente, *só* lhe oferece por fim a Terra de matéria grosseira! —— Sente-se, por isso, impelido a prosseguir até o nascimento terreno, porque quer passar do petiscar ao saborear. Quanto mais intensos se tornam os desejos pelos prazeres *terrenos* do espírito que desperta no petiscar, tanto mais espesso se forma também o invólucro de matéria fina que traz consigo. Com isso vai adquirindo também mais peso e afunda vagarosamente em direção ao plano terrestre, onde se acha a oportunidade para a realização dos desejos. Uma vez chegado até esse plano terrestre, tornou-se com isso também amadurecido para o nascimento terreno.

Nisso, a lei da força de atração da igual espécie manifesta-se *mais nitidamente* ainda. Cada um dos espíritos imaturos é atraído como que magneticamente, exatamente de acordo com o desejo ou pendor que traz em si, por um ponto onde o conteúdo do seu desejo chega à realização através de seres humanos terrenos. Se tiver, por exemplo, o desejo de dominar, não nascerá acaso num ambiente onde ele próprio então possa viver na realização de seu desejo; ao contrário, será atraído por uma pessoa com acentuada tendência para dominar, que, portanto, intui como ele, e assim por diante. Expia dessa forma o errado, em parte, ou acha a felicidade no certo. Pelo menos tem ensejo para tanto.

Devido a esse fenômeno supõe-se, pois, erroneamente, transmissão hereditária de propriedades ou de faculdades espirituais! *Isso é errado!* Externamente, contudo, pode aparentar assim. Na realidade, porém, uma criatura humana não pode transmitir aos filhos *nada* de seu espírito vivo.

Não existe nenhuma hereditariedade espiritual!

Pessoa alguma se encontra em condições de ceder sequer uma reduzidíssima partícula de seu espírito vivo!

Nesse ponto criou-se um erro que lança suas sombras estorvantes e perturbadoras sobre muita coisa. Nenhum filho pode ser grato aos pais por qualquer faculdade espiritual, tampouco censurá-los por defeitos! Seria errôneo e uma injustiça!

Jamais esta maravilhosa obra da Criação seria tão falha e imperfeita, a ponto de permitir atos arbitrários ou casuais de hereditariedade espiritual!

Essa força de atração de todas as espécies iguais, tão importante no nascimento, pode partir do pai, bem como da mãe, assim como de cada um que esteja na proximidade da futura mãe. *Por isso uma futura mãe deveria ser cautelosa em relação àqueles que ela permite ficar em sua proximidade.* Cumpre ponderar aí que a força interior reside predominantemente nas *fraquezas,* e não acaso no caráter exterior. As fraquezas trazem momentos culminantes de vivenciar interior, que resultam em vigorosa força de atração.

A vinda terrena do ser humano compõe-se, pois, de geração, encarnação e nascimento. A encarnação, isto é, a entrada da alma, ocorre no *meio do período da gravidez*. O crescente e mútuo estado de maturação, tanto da futura mãe, como da alma em via de encarnação, conduz a uma especial ligação ainda *mais terrena*. Essa é uma irradiação provocada pelo mútuo estado de maturação, e por fenômeno natural buscam-se reciprocamente de modo irresistível. Tal irradiação se vai tornando cada vez mais intensa, prendendo uma à outra, a alma e a futura mãe, cada vez mais forte e de maneira exigente, até que por fim a alma é literalmente absorvida pelo corpo em desenvolvimento no ventre materno.

Esse momento de ingresso ou de absorção acarreta também, naturalmente, os primeiros abalos do pequeno corpo, o que se manifesta por contrações que são chamadas os primeiros movimentos da criança. Com isso se processa na futura mãe, muitas vezes, uma transformação de suas intuições. De modo bem-aventurado ou opressor, conforme a espécie da alma humana que ingressa. —

A alma humana, até tal ponto desenvolvida, veste com o pequeno corpo o manto de matéria grosseira, que é necessário a fim de experimentar vivencialmente tudo, de modo pleno, na matéria grosseira terrena, ouvir, ver e sentir, o que só se torna possível através dum invólucro ou dum instrumento da mesma matéria, *da mesma espécie*. Só então poderá passar do petiscar para o saborear propriamente e, com isso, *para o discernimento*. É compreensível que a alma tenha de aprender primeiro a servir-se desse novo corpo como instrumento, e a dominá-lo.

Eis resumidamente o processo evolutivo do ser humano até o seu primeiro nascimento terreno.

Pois já desde muito tempo, por fenômeno natural, alma alguma não mais pode vir à Terra para a *primeira* encarnação; pelo contrário, os nascimentos trouxeram almas que já haviam passado *no mínimo* por uma vida terrena. Por isso, já no nascimento se encontram estreitamente enlaçadas por variadíssimo carma. *A força sexual propicia a possibilidade de se libertarem disso.*

Devido ao encobrimento pelo corpo de matéria grosseira, a alma de um ser humano fica isolada, durante todos os anos da infância, dos influxos que do lado de *fora* procuram alcançar a alma. Todas as trevas, o mal, que movimentam o plano terrestre, encontram seu caminho impedido pelo corpo terreno de matéria grosseira. Não podem por isso obter nenhuma influência sobre a criança, não podem causar-lhe nenhum dano. O mal, porém, que a alma novamente encarnada trouxe consigo do vivenciar anterior, se mantém para ela naturalmente de idêntico modo durante a infância.

O corpo constitui esse anteparo, enquanto se achar ainda incompleto e imaturo. É como se a alma tivesse se retirado para um castelo, estando a ponte levadiça erguida. Assim, durante esses anos, permanece uma separação intransponível entre a alma infantil e a Criação de matéria fina, onde vivem as vibrações de matéria fina de culpa e de redenção.

Fica assim a alma abrigada nesse invólucro terreno, amadurecendo para a responsabilidade e aguardando, para a verdadeira vida na matéria, o momento da descida da ponte levadiça erguida.

O Criador inculcou através das leis naturais o *instinto imitativo* em *cada* criatura, em lugar dum livre-arbítrio, onde ainda nenhum livre-arbítrio atua. Denomina-se isso em geral de "receptibilidade infanto-juvenil". O instinto de imitação deve preparar o desenvolvimento para a vida terrena, até que, nos animais, seja enriquecido e amparado por experiências, mas nos seres humanos, soerguido para o atuar autoconsciente através do espírito, no livre-arbítrio!

Falta, pois, ao espírito encarnado no corpo da criança, uma ponte de irradiação que só poderá formar-se na época da maturação corpórea, pela força sexual. Essa ponte falta ao espírito para uma atuação plenamente efetiva e realmente laboriosa na Criação, atuação que somente poderá ser efetuada pela possibilidade ininterrupta de irradiações através de todas as espécies da Criação. Pois apenas nas irradiações se encontra a vida, e somente delas e através delas surge movimento.

Durante esse tempo a criança, que só pode atuar de modo pleno sobre o seu ambiente pela sua parte *enteal,* não, porém, pelo núcleo espiritual, tem, perante as leis da Criação, um pouco mais de responsabilidade do que um animal em desenvolvimento máximo.

Nesse ínterim vai amadurecendo o corpo jovem e, pouco a pouco, nele desperta a *força sexual,* que se encontra apenas na *matéria grosseira.* Ela é a *mais fina e a mais nobre flor de toda a matéria grosseira,* o mais elevado que a Criação de matéria grosseira pode oferecer. Por sua *delicadeza* constitui o *ápice de tudo quanto é de matéria grosseira,* isto é, terrenal, que se encontra mais perto da entealidade, como último reflexo vivo da matéria. A força sexual é a vida pulsátil da matéria, e só ela pode constituir a *ponte* para a entealidade que, por sua vez, proporciona a passagem para o espiritual.

Por esse motivo o despertar da força sexual no corpo de matéria grosseira é como o processo do abaixar da ponte levadiça de um castelo até então fechado. Com isso poderá a moradora desse castelo, isto é, a alma humana, sair preparada plenamente para a luta; na mesma medida, porém, poderão chegar a ela também os amigos ou inimigos que cercam esse castelo. Tais amigos ou inimigos são, antes de mais nada, as correntezas de matéria fina de espécie boa ou má, mas também os do Além que aguardam apenas que se lhes estenda a mão mediante algum desejo, com o que ficam em situação de se agarrarem firmemente e exercerem influência de igual espécie.

As leis do Criador, porém, só permitem entrar sempre, de fora para dentro, numa intensificação natural, a mesma força que de dentro possa ser contraposta, de maneira a ficar totalmente excluída uma luta desigual, enquanto aí não se pecar. Pois todo e qualquer instinto sexual antinatural que for despertado por estímulos artificiais abre prematuramente esse forte castelo, pelo que a alma ainda não fortalecida uniformemente fica entregue ao desamparo. Terá de sucumbir às correntezas de matéria fina más e assaltadoras, as quais de outro modo estaria absolutamente em condições de enfrentar.

Num amadurecimento normal, devido a fenômeno natural, só pode haver sempre a mesma força em ambos os lados. A decisão aí, porém, é dada pela vontade do habitante do castelo e não pela dos assediadores. Assim, com boa vontade, ele sempre vencerá na matéria fina; isto é, nos acontecimentos do mundo do Além, o qual o ser humano mediano não pode ver enquanto se encontra na

Terra, e o qual, no entanto, está estreitamente ligado a ele e de modo muito mais vivo do que o seu ambiente de matéria grosseira a ele visível.

Se o habitante do castelo, porém, *espontaneamente,* isto é, por desejo próprio ou livre resolução, estender a mão a um amigo ou inimigo de matéria fina que se encontre do lado de fora, ou também a correntezas, então evidentemente é algo completamente diferente. Visto que, através disso, ele se sintoniza com uma determinada espécie dos sitiantes que esperam do lado de fora, assim podem estes, facilmente, desenvolver contra ele uma força dez e até cem vezes maior. Sendo ela boa, receberá auxílio, bênçãos. Sendo, porém, má, colherá destruição.

Nessa livre escolha encontra-se a atuação de seu próprio livre-arbítrio. Uma vez que se decidiu a isso, então fica sujeito às consequências, incondicionalmente. Para essas consequências seu livre-arbítrio fica então excluído. Segundo a própria escolha, liga-se a ele carma bom ou mau, ao qual evidentemente está sujeito, enquanto não se modificar interiormente. —

A força sexual tem a tarefa e também a faculdade de *"incandescer"* terrenalmente toda intuição *espiritual* de uma alma. Só assim pode o espírito receber uma ligação certa com a matéria toda, só assim também se torna de pleno valor, terrenalmente. Apenas então consegue abranger tudo o que é necessário para se fazer valer plenamente nesta matéria, a fim de estar firme nela, influenciar de modo incisivo, ter proteção e, aparelhado de tudo, exercer vitoriosa resistência.

Há algo gigantesco nessa ligação. *Essa* é a *finalidade principal* desse enigmático e imensurável instinto! Deve ajudar o espiritual a desenvolver-se nesta matéria à plena força de atuação! Sem essa força sexual isso seria impossível, por falta de uma transição para a vivificação e o domínio de toda a matéria. O espírito permaneceria demasiado estranho à matéria, para nela poder manifestar-se direito.

Com isso, porém, o espírito humano recebe então também a força plena, seu calor e sua vitalidade. Somente com esse processo se torna terrenalmente preparado para a luta.

Por isso principia aqui, pois, a responsabilidade! Um sério ponto de transição na existência de cada ser humano.

A sábia justiça do Criador outorga ao ser humano, porém, nesse importante momento, simultaneamente, não apenas a possibilidade, mas sim até o impulso natural para desembaraçar-se *com facilidade* e *sem esforço* de todo o carma com que até então sobrecarregou seu livre-arbítrio!

Se o ser humano perde o tempo, então a culpa é *dele*. Refleti sobre isso: com a entrada da força sexual manifesta-se de modo preponderante um impulso poderoso para cima, para tudo o que é ideal, belo e puro! Isso é nitidamente observável na juventude incorrupta de ambos os sexos. Daí o entusiasmo dos anos da mocidade, infelizmente muitas vezes ridicularizado pelos adultos. Por isso também nesses anos as intuições inexplicáveis e levemente melancólicas.

Não são infundadas as horas em que parece que um moço ou uma jovem têm de carregar toda a dor do mundo, quando lhes surgem pressentimentos duma profunda seriedade.

Também o não se sentir compreendido, que tão frequentemente ocorre, contém em si, na realidade, muito de verdadeiro. É o reconhecimento temporário da conformação errada do mundo em redor, o qual não quer nem pode compreender o sagrado início de um voo puro às alturas, e só está satisfeito quando essa tão forte intuição exortadora nas almas em amadurecimento é arrastada para baixo, para o "mais real" e sensato, que lhe é mais compreensível e que considera mais adequado à humanidade, julgando, em seu sentido intelectual unilateral, como o único normal!

A graça misteriosamente irradiante duma jovem ou dum moço incorruptos não é outra coisa senão o *puro* impulso ascendente da força sexual que desperta, visando o que é mais elevado, mais nobre, em união com a força espiritual!

Cuidadosamente, o Criador dispôs que isso sucedesse no ser humano numa idade em que pudesse ter plena consciência de sua vontade e de sua ação. Então, é chegado o momento em que ele pode libertar-se, aliás, deveria libertar-se como que brincando de todo o passado, através dessa ligação com a força plena nele agora existente. Cairia até por si, se a pessoa mantivesse a vontade para o bem, a que ela é impulsionada continuamente nesse período. Poderia, então, como indicam bem acertadamente as intuições, escalar sem esforço aquele degrau ao qual ela pertence como criatura humana!

Contemplai o estado sonhador da juventude incorrupta! Não é outra coisa senão a intuição do impulso ascendente, do querer libertar-se de todas as impurezas, o anseio ardente para o que é ideal. A inquietação impulsionadora é, porém, o sinal para não perder tempo, e sim para libertar-se energicamente do carma e *principiar* com a escalada do espírito.

É algo maravilhoso estar nessa força concentrada, atuar *dentro dela e com ela!* Contudo, apenas enquanto a direção que a pessoa escolher for boa. Outrossim, nada há de mais miserável do que malbaratar essas forças unilateralmente em cego delírio sensual, paralisando com isso o seu espírito.

Mas, infelizmente, infelizmente o ser humano perde na maioria dos casos esse tão precioso período de transição, deixando-se guiar, pelos "esclarecidos" que o rodeiam, para caminhos falsos que o retêm, levando-o em seguida para baixo. Assim *não* consegue libertar-se das vibrações turvadoras que dele pendem; pelo contrário, estas recebem novo suprimento de forças de sua espécie igual e com isso o livre-arbítrio do ser humano é enredado mais e mais, até que não consegue mais reconhecê-lo, por causa de tantas desnecessárias excrescências. Assim como nas trepadeiras, às quais um tronco sadio oferece no início apoio protetor e que por fim tiram a vida desse tronco, cobrindo-o inteiramente e estrangulando-o.

Se o ser humano desse mais atenção a si próprio e aos fenômenos em toda a Criação, carma algum poderia ser mais forte do que seu espírito que se aproxima na plenitude de sua força, tão logo receba, através da força sexual, ligação completa com a matéria, à qual, pois, pertence o carma.

Mesmo quando o ser humano perde a época, enredando-se ainda mais, talvez até caindo profundamente, apesar disso ainda se lhe oferece ensejo para a ascensão: através do amor.

Não o amor cobiçoso da matéria grosseira, mas o elevado e límpido amor, que nada mais conhece e visa senão ao bem da pessoa querida. Pertence também à matéria e não exige nenhuma renúncia, nenhum ascetismo, mas apenas quer sempre o melhor para outrem. E tal querer, que jamais *pensa em si próprio*, constitui também a melhor proteção contra qualquer ato abusivo.

Mesmo na idade mais avançada, o amor tem sempre de novo, como fundamento, as intuições que aspiram por ideais da juventude incorrupta, que esta sente no irromper da força sexual. Contudo, manifesta-se de outra forma: estimula a pessoa madura até a força plena de sua capacidade total, sim, até ao heroísmo. A tal respeito não há limite nenhum devido à idade. A força sexual persiste, mesmo quando o instinto sexual, inferior, se acha excluído, pois a força sexual e o instinto sexual não são uma só coisa.

Tão logo uma pessoa dê guarida ao amor puro, seja o dum homem por uma mulher ou vice-versa, por um amigo, por uma amiga, pelos pais, pelos filhos, não importa; contanto que seja puro, traz também como primeira dádiva a oportunidade para a remição do carma, que pode ser dissolvido mui rapidamente, "de modo simbólico". "Seca", por não encontrar mais nenhuma ressonância análoga, nenhuma nutrição na criatura humana. Com isso ela se torna livre! E assim começa a escalada, a libertação das correntes indignas que a prendem embaixo.

A primeira intuição que aí desperta é o julgar-se indigno diante do ser querido. Pode-se denominar esse fenômeno de princípio da modéstia e da humildade, portanto, o recebimento de duas grandes virtudes. A isso junta-se o impulso de manter a mão sobre o outro, protetoramente, a fim de que não lhe aconteça nenhum mal, venha de onde vier. O "querer trazer nas palmas das mãos" não é um ditado oco, mas sim caracteriza mui acertadamente a intuição que brota. Nisso, porém, se encontra uma abdicação da própria personalidade, uma grande vontade de servir, o que, por si só, poderia bastar para eliminar em pouco tempo todo o carma, tão logo essa vontade perdure e não dê lugar a instintos puramente sensuais.

Por último, manifesta-se ainda, no amor puro, o desejo ardente de poder fazer algo bem grande para o outro ser querido, no sentido nobre, de não ofendê-lo ou feri-lo com nenhum gesto, nenhum pensamento, nenhuma palavra, muito menos ainda com uma ação feia. Torna-se viva a mais delicada consideração.

Trata-se, então, de segurar a pureza dessa intuição e colocá-la à frente de tudo o mais. Nunca alguém, nesse estado, ainda quererá ou fará algo de mal. Simplesmente não consegue, mas sim, pelo contrário, tem nessas intuições a melhor proteção, a maior força, o mais bem-intencionado conselheiro e auxiliador.

O Criador, em Sua sabedoria, deu com isso uma boia de salvação, que não somente uma vez na existência terrena toca em *cada* criatura humana, a fim de que nela se segure e por ela se alce!

O auxílio está à disposição de *todos*. Nunca faz uma distinção, nem à idade nem ao sexo, nem ao pobre nem ao rico, tampouco ao nobre ou ao humilde. Por essa razão o amor é também a maior dádiva de Deus! Quem compreende isso está certo da salvação de *todas* as vicissitudes e de *todas* as profundezas!

O amor é capaz de arremessá-lo para cima, com o ímpeto da tempestade, para a Luz, para Deus, já que Ele próprio é o amor. —

Tão logo num ser humano se manifeste o amor, que se esforça por proporcionar a outro luz e alegria, não o degradando mediante cobiças impuras, mas sim soerguendo-o protetoramente bem alto, então ele *serve* a esse outro, sem se tornar consciente do servir, propriamente, pois torna-se assim um doador desinteressado, um alegre presenteador. E esse servir liberta-o!

A fim de encontrar o caminho certo, atente o ser humano sempre apenas numa coisa. Paira sobre todos os seres humanos terrenos, de modo imenso e forte, um desejo: poder *ser,* realmente, diante de si mesmos, *aquilo* que valem diante *daqueles* pelos quais são amados. E esse desejar é o caminho certo! Conduz imediatamente às alturas.

Muitas oportunidades são oferecidas aos seres humanos para tomarem impulso e ascenderem, sem que delas se utilizem.

O ser humano de hoje é como um homem ao qual foi dado um reino e que prefere malbaratar seu tempo com brinquedos infantis.

Evidente é, e nem se pode esperar de outro modo, que as forças poderosas outorgadas ao ser humano terão de *destroçá-lo,* se não souber *dirigi-las.*

Também a força sexual terá de destruir o ser humano individual, povos inteiros, lá onde se abusar de sua *finalidade principal!* A finalidade da geração só vem em *segundo* lugar.

E que meios de auxílio oferece a força sexual a cada pessoa, a fim de que reconheça a finalidade principal e a *vivencie!*

Pense-se na intuição do pudor corporal! Desperta simultaneamente com a força sexual, é dada para *proteção.*

Como em toda a Criação há também aqui um trítono, e no descer reconhece-se igualmente um desenvolvimento cada vez mais grosseiro. A intuição do pudor, como a primeira consequência da força sexual, deve constituir o *obstáculo* quanto à transição para o instinto sexual, a fim de que o ser humano em seu alto nível não se entregue à prática sexual animalescamente.

Ai *do povo que não der atenção a isso!*

Uma forte intuição de pudor cuida para que o ser humano jamais possa sucumbir a uma embriaguez sensual! Protege contra paixões, pois, devido a fenômeno completamente natural, jamais permitirá oportunidades para a perda do autocontrole, nem sequer pela fração de um momento.

Somente *com muita força* consegue o ser humano afastar, mediante sua vontade, essa maravilhosa dádiva, para então comportar-se *animalescamente!* Tal violenta intromissão na ordem universal do Criador *terá,* porém, de tornar-se maldição para ele, pois a força do instinto sexual corpóreo assim libertada não lhe é mais natural em seu desencadeamento.

Faltando a intuição do pudor, o ser humano transforma-se de senhor em servo, é arrancado de seu degrau humano e colocado ainda abaixo do animal.

Pondere o ser humano, somente acentuado pudor impede a oportunidade de queda. Com isso lhe é dada a mais vigorosa defesa.

Quanto maior for o pudor, tanto *mais nobre* será o instinto, e tanto mais alto espiritualmente estará o ser humano. É essa a melhor *medida do seu valor espiritual interior!* Essa medida é infalível e facilmente reconhecível por qualquer pessoa. Com o estrangulamento ou afastamento do sentimento exterior do pudor, ficam também, concomitantemente, sempre asfixiadas as propriedades anímicas mais finas e mais valiosas e, com isso, desvalorizado o ser humano interior.

Um sinal infalível de queda profunda e de decadência certa é quando a humanidade começa, sob a mentira do progresso, a querer "erguer-se" acima da joia do sentimento de pudor, tão favorecedora sob todos os aspectos! Seja isso, pois, sob o manto do esporte, da higiene, da moda, da educação infantil ou sob muitos outros pretextos para isso bem-vindos. Não se pode então impedir a decadência e a queda, e apenas um horror da pior espécie poderá levar ainda alguns à reflexão.

E, todavia, é facilitado ao ser humano terreno enveredar pelo caminho das alturas.

Basta que se torne somente "mais natural". Ser natural, porém, não significa andar seminu por aí, ou perambular descalço, com trajes extravagantes! Ser natural significa atender cuidadosamente às íntimas intuições e não, eximir-se veementemente das admoestações delas!

Infelizmente, porém, mais da metade das criaturas humanas já chegaram hoje a tal ponto, que se tornaram demasiado broncas para ainda compreenderem as intuições naturais. Para tanto já se restringiram excessivamente! Um grito de pavor e de horror será o fim disso!

Feliz daquele que então puder vivificar novamente o sentimento do pudor! Tornar-se-lhe-á escudo e apoio, quando tudo o mais se destroçar.

EU SOU A RESSURREIÇÃO E A VIDA; NINGUÉM CHEGA AO PAI, A NÃO SER POR MIM!

JESUS, vindo do divinal, usou com direito essas palavras, porque podia abranger tudo com a vista e era o único que podia esclarecer realmente. A sua Mensagem, que não se deixa separar dele próprio, mostra, em meio à confusão das falsas concepções, o caminho *claro* para cima, para a Luz. Isso significa, para todos os espíritos humanos, a possibilidade de se soerguerem, ou a *ressurreição da matéria* em que eles estão mergulhados para o próprio desenvolvimento progressivo. Tal ressurreição é, para cada um, *vida!*

Escutai atentamente: toda baixeza e todo mal, portanto tudo quanto se chama trevas, se encontram *apenas* na matéria, tanto na grosseira como na fina! Quem compreende *isso* acertadamente já lucrou muito.

Logo que o ser humano pensa de modo mau ou baixo, ele se prejudica *a si próprio* de maneira descomunal. A energia principal de sua vontade flui então em direção do que é baixo, como uma irradiação magnética emitida, e atrai, em virtude do próprio peso, a matéria fina mais densa, por sua vez também mais escura devido à densidade, pelo que o *espírito* humano, de quem se originou a vontade, ficará envolto com essa espécie densa da matéria.

Também quando o sentido humano é preponderantemente dirigido para as coisas terrenas, como que tomado por alguma paixão que não seja apenas imoralidade, jogatina ou bebedeira, mas também pode ser uma acentuada predileção por qualquer coisa terrenal, um invólucro de matéria fina, mais ou menos

52. Eu sou a ressurreição e a vida; ninguém chega...

denso, então se fechará em torno de seu espírito, pelo fenômeno que já mencionei.

Esse invólucro denso, e por isso também escuro, retém o espírito de qualquer possibilidade de escalada e assim *permanece,* enquanto esse espírito não alterar o modo de seu querer.

Só o querer sincero e um sério esforço pelo *espiritual elevado* podem afrouxar semelhante invólucro e por fim dissolvê-lo totalmente, porque, não recebendo mais suprimento de forças da espécie igual, irá aos poucos perdendo o apoio, acabando por cair dissolvido, libertando assim o espírito para a escalada.

Por matéria fina não se tem em mente acaso um refinamento dessa matéria grosseira visível, mas é uma espécie totalmente *estranha* a essa matéria grosseira, de *outra* estruturação, mas que, não obstante, pode ser chamada de matéria. É uma transição para a entealidade, da qual se origina a alma do animal.

Permanecendo na matéria, os seres humanos, um dia, de acordo com a natureza da coisa, terão de ser arrastados à decomposição de tudo quanto é material, que a ela está sujeito, porque eles, devido ao seu invólucro, não poderão mais se desligar em tempo da matéria.

Eles que, para seu desenvolvimento, mergulharam conforme o próprio desejo na matéria, nela permanecerão atados, *caso não se mantiverem no caminho certo!* Não conseguirão emergir dela, o que significaria uma ressurreição ao encontro da Luz. — —

Sirva de explicação mais detalhada, que *todo* o desenvolvimento de um germe espiritual que anseia pela autoconsciência pessoal *condiciona* um mergulhar na matéria. *Só pelo vivenciar na matéria poderá desenvolver-se nesse sentido.* Nenhum outro caminho lhe fica aberto para tanto. Mas não será acaso forçado a isso; pelo contrário, acontecerá apenas quando nele despertar o *anseio próprio* para isso. Seu *desejar* impulsiona-o então ao encontro do indispensável processo evolutivo. Para fora do assim chamado Paraíso do inconsciente e, com isso, também para fora do irresponsável.

Se as criaturas humanas na matéria, por causa de desejos errôneos, perderem o caminho certo que conduz novamente para cima, de volta para a Luz, permanecerão vagando na matéria.

Tentai, pois, olhar para os fenômenos na *matéria grosseira*. O formar e o decompor em vosso ambiente mais próximo e visível.

Observai no germinar, crescer, amadurecer e decompor, o formar-se, portanto o conglomerar-se dos elementos básicos, o amadurecer e o retornar novamente para os elementos básicos mediante o desfazer-se, isto é, pela desintegração das formas na decomposição. Vedes isso nitidamente na água, igualmente nas pedras pela assim chamada desintegração, nas plantas e nos corpos, tanto animais como humanos. Contudo, como aqui nas coisas pequenas, assim também ocorre exatamente nas coisas grandes e, por fim, de modo igual, em todos os fenômenos universais. Não somente na matéria grosseira, que é *visível* aos seres humanos terrenos, mas também na matéria fina, no assim chamado Além, que, todavia, ainda nada tem a ver com o Paraíso. — —

Toda a matéria pende qual enorme grinalda, como a parte mais baixa da Criação, e move-se num círculo gigantesco, cujo percurso abrange milhões de anos. Portanto, no fenômeno da grande Criação, tudo gira não só em redor de si mesmo, mas o todo se move irresistivelmente além disso ainda, numa órbita descomunal. Assim como esse grande percurso *resultou* do primeiro conglomerar-se até a perfeição atual, *da mesma forma prossegue* sem interrupção, até começar a se efetuar a decomposição, retornando à matéria original. Ainda assim o círculo prossegue tranquilamente com essa matéria original para, na nova conglomeração que então se segue, formar outra vez novas partes do Universo, contendo em si energias virginais ainda intatas.

Assim é o grande processo que se repete eternamente, tanto nas coisas mínimas como nas máximas. E *acima* desse circular está, firme, a primeira Criação puramente espiritual, o assim chamado Paraíso. Este, ao contrário da matéria formada, *não* está sujeito à decomposição.

Nesse espiritual eterno, que se acha resplandecente acima do circular, encontra-se o ponto de partida do germe espiritual inconsciente do ser humano. O espiritual é também o que constitui novamente a *meta final* para o espírito humano, que na matéria se tornou consciente de si e com isso também *pessoal*.

52. Eu sou a ressurreição e a vida; ninguém chega... 333

Sai como germe inconsciente e irresponsável. Volta como personalidade própria e consciente, e com isso responsável, se... não se perder no seu caminho indispensável através da matéria, ficando devido a isso preso nela, mas sim festejar a ressurreição, saindo dela como espírito humano tornado plenamente consciente. É o alegre emergir da matéria, ao encontro dessa parte luminosa e eterna da Criação.

Enquanto o espírito humano se encontra na matéria, participa com ela duma parte do eterno grande circular, sem que, evidentemente, disso se aperceba. E assim ele também chega finalmente um dia àquele limite em que a parte do Universo, onde ele se encontra, vai lentamente ao encontro da decomposição.

Então, porém, será o último momento para todos os espíritos humanos que ainda se encontram *na* matéria, para que se apressem em tornar-se *de tal modo,* que possam escalar o porto seguro e luminoso do reino eterno, isto é, encontrar o caminho certo e acima de tudo também o *mais curto,* a fim de sair do alcance dos perigos que se iniciam na matéria, antes que estes os possam agarrar.

Se não o conseguirem, tornar-se-á para eles cada vez mais difícil e por fim tarde demais!

Serão então arrastados com tudo o mais para a decomposição lenta, sendo aí destruído o "eu" *pessoal* por eles adquirido. Sob mil tormentos transformar-se-ão com isso novamente na semente espiritual inconsciente. O mais horrível que possa suceder a um espírito que já tenha adquirido consciência pessoal.

São todos aqueles que desenvolveram sua personalidade num rumo errado. Terão de perdê-la de novo, por inútil e nociva. Note-se bem que decomposição não significa acaso destruição. Nada pode ser destruído. É apenas uma retrogradação ao estado primitivo. Destruído será, nos assim perdidos, o "eu" pessoal até agora adquirido, o que ocorre sob os maiores tormentos.

Tais perdidos ou condenados deixam de ser espíritos humanos desenvolvidos, ao passo que os outros puderam entrar como espíritos autoconscientes no reino eterno da alegria e da Luz, usufruindo conscientemente todo aquele esplendor. —

Assim como um campo de trigo, após uma série de anos, só produz espigas cada vez piores, recebendo novas energias apenas pela mudança das semeaduras, diferente não é em toda a matéria. Também esta ficará gasta um dia e deverá receber força nova através da decomposição e nova composição. Tal processo, contudo, requer milhões de anos. No entanto, também no processo de muitos milhões de anos, uma vez haverá *um determinado ano* como limitação decisiva para uma separação indispensável de tudo quanto é útil, do que é inútil.

E essa época é agora atingida pela Terra no grande movimento circular. O espírito humano que se encontra na matéria, *tem* de decidir-se finalmente pela ascensão, do contrário a matéria mantém-no agarrado para a decomposição vindoura... que é a condenação eterna, donde não será possível nunca mais uma ressurreição espiritual de modo pessoal e autoconsciente e uma ascensão para a luminosa e eterna parte da Criação, que paira acima de tal decomposição. —

No desenvolvimento natural do todo, desde muito já foi tirada qualquer possibilidade de os germes espirituais que anseiam pela conscientização encarnarem-se neste plano terrestre superamadurecido, pois levariam demasiado tempo para saírem ainda a tempo desta matéria como espíritos conscientes de si próprios. Em fenômeno natural, o curso dos germes espirituais só encontra *aquelas partes do Universo* que *nisso* tenham uma espécie igual, de modo que as necessidades de desenvolvimento requeiram exatamente o mesmo tempo que um germe espiritual precisa para o pleno desenvolvimento, mesmo nos casos mais demorados. Somente espécie igual ao do degrau de desenvolvimento dá caminho livre ao germe espiritual, ao passo que um amadurecimento mais adiantado, duma parte do Universo, estabelece barreiras inacessíveis ao germe espiritual imaturo. Também nisso fica de todo impossível a crítica referente a uma injustiça e a uma falha. *Cada espírito humano poderá assim, com o amadurecimento máximo do ambiente material, no qual se move, estar concomitantemente amadurecido naquele limite onde se encontra agora aquela parte da matéria que presentemente habitamos.*

Não há *um* sequer, que não possa estar maduro! A desigualdade entre os seres humanos é apenas a consequência imprescindível da sua própria vontade livre. Entra agora a matéria, devido ao superamadurecimento, em decomposição, indo com isso, concomitantemente, ao encontro de seu renascimento.

Para a seara dos espíritos humanos chega, porém, a ceifa, a colheita, e com isso a separação. O que estiver maduro será elevado para a Luz pelos efeitos das leis naturais que permitem tirar pouco a pouco o invólucro de matéria fina, a fim de que o espírito liberto disso se eleve conscientemente ao reino da igual espécie, de tudo quanto é eterno-espiritual. O que não prestar, porém, será retido na matéria, devido à densidade de seu corpo de matéria fina, por ele próprio desejada.

O destino desses é então de tal forma, que seu corpo de matéria fina fica sujeito às alterações que se iniciam na matéria, devendo nela sofrer dolorosíssima decomposição milenar. A amplitude de tal tormento envolve por fim o espírito humano de tal modo, que este perde a autoconsciência. Desintegra-se com isso, por sua vez também, a forma da imagem de Deus, a forma humana adquirida através da consciência.

Após a desintegração total do que é material, retornando à matéria original, torna-se outra vez livre a partícula espiritual agora *inconsciente* e se eleva de acordo com a sua espécie. Contudo, não volta como espírito humano consciente, mas como semente inconsciente, que um dia reiniciará todo o seu percurso numa nova parte do Universo, devido a um novo anseio que desperta.

Cristo, *como sempre,* escolheu suas palavras olhando desse alto mirante, portanto de *cima* para baixo, descrevendo assim um processo absolutamente natural com o ressurgir partindo da matéria, na qual a semente espiritual mergulhou.

Imaginai que vós próprios estejais *acima* da matéria.

Abaixo de vós jaz estendida, qual campo de cultivo, a matéria de um modo geral em suas muitas espécies. Vindos de cima, os germes espirituais descem à matéria. Pouco a pouco, depois de longo tempo, emergem daí, com muitos intervalos, espíritos humanos completos, que se tornaram autoconscientes pelas experiências vivenciais materiais, podendo deixar para trás tudo quanto é material, mediante o impulso de esforçar-se para as alturas. Estes festejam com isso a ressurreição, saindo da matéria.

Mas nem todos os germes reaparecem na superfície, amadurecidos. Vários destes ficam para trás, devendo perecer como inúteis. — Tudo é exatamente assim como num campo de trigo.

Assim como em relação ao grão de trigo, todo o misterioso e verdadeiro formar se processa *na* terra necessária para isso, do mesmo modo o formar principal de um germe espiritual se dá dentro da matéria em geral. —

Cristo, por meio de *cada uma* de suas frases, através de *imagens,* sempre esclarece algum fenômeno na Criação. — —

Se, pois, disse: "Ninguém chega ao Pai a não ser através da minha Mensagem, ou através da minha Palavra, ou através de mim", é o mesmo. Quer dizer tanto, como: "Ninguém acha o caminho, a não ser através daquilo que digo". Um significa o mesmo que o outro. Da mesma forma quando diz: "Trago-vos em minha Mensagem a possibilidade de ressurreição da matéria e, com isso, também a vida" ou "Eu, com a minha Palavra, sou para vós a ressurreição e a vida".

Os seres humanos devem compreender o *sentido,* mas não se confundir sempre de novo com palavreados. — — —

Os fenômenos aqui apontados em largos traços na órbita da matéria podem apresentar algumas exceções, cujas causas, no entanto, não são devidas a modificações ou desvios das leis atuantes da Criação, mas nisso se encontra igualmente uma realização perfeita e inalterável.

A fim de não deixar que surjam equívocos, quero já aqui, antecipando dissertações futuras, dar algumas breves indicações:

A mencionada temporária desintegração de todas as matérias, em determinado lugar de sua órbita, é uma consequência do fato de as sementes do espírito humano, que trazem em si a faculdade de livre decisão, poderem se desenvolver nas matérias.

Como essa faculdade de livre decisão nem sempre escolhe o caminho em direção à Luz, forma-se uma condensação das matérias, não desejada pela Luz, que as deixa se tornarem mais pesadas, impelindo-as para baixo, para um curso que conduz ao superamadurecimento e ao funil que age sobre tudo como um filtro purificador, no qual, concomitantemente, se processa a desintegração.

Uma parte do Universo ou corpo sideral material, onde espíritos humanos em desenvolvimento estão sintonizados com todos os seus desejos e sua vontade pura somente para a Luz, permanece mais luminosa e desse modo mais leve, em uma altitude que sem interrupção está capacitada a receber de modo pleno as forças vivas de irradiações provenientes da Luz, podendo com isso permanecer sempre vigorosa e sadia, vibrando nas leis da Criação, nem chegando por isso ao curso que deve conduzir ao superamadurecimento e à desintegração.

Tais partes passam, naturalmente, portanto segundo a vontade da Luz, bem alto por cima disso.

Mas a isso, infelizmente, pertencem apenas mui poucas partes. A culpa disso cabe ao espiritual humano autorizado a desenvolver-se, porque escolheu caminhos errados, neles persistindo apesar de todas as exortações.

Onde, porém, um ato de graça de Deus, na maior aflição, isto é, pouco antes da entrada na força de sucção do sorvedouro da desintegração, ainda quer oferecer auxílio, lá o processo muda.

Com a ancoragem da Luz mediante a chegada dum emissário de Deus, a força da Luz, sem participação dos espíritos humanos, será reforçada de tal modo, que se processará uma purificação, erguendo assim aquela parte agraciada da matéria, ainda no último momento, para as alturas mais luminosas, de maneira a passar por cima do funil de desintegração, podendo continuar a existir.

A purificação, naturalmente, varre tudo quanto é treva, bem como os produtos e os asseclas das trevas juntamente com suas obras, enquanto os espíritos humanos ainda remanescentes têm de se empenhar com todas as suas forças, gratamente, ao encontro da Luz.

Esse extraordinário fenômeno vibra também inteiramente nas leis da Criação, sem se desviar sequer pela espessura de um fio de cabelo em seus efeitos. A purificação violenta, ligada à ancoragem da Luz, corresponde a um total renascimento.

MATÉRIA GROSSEIRA, MATÉRIA FINA, IRRADIAÇÕES, ESPAÇO E TEMPO

MUITAS perguntas vieram sobre o conceito das minhas expressões matéria grosseira e matéria fina. A matéria grosseira é tudo aquilo que o ser humano pode ver com seus olhos *terrenos,* o que *terrenalmente* sente e ouve. A isso pertence também aquilo que vê por intermédio de recursos terrenos e que ainda verá por futuras invenções. Como, por exemplo, tudo quanto é visto pelo microscópio. A matéria grosseira é apenas uma *determinada* espécie da matéria.

O grande domínio de *toda* a matéria, no entanto, abrange *várias* espécies que são totalmente diferentes entre si desde a base, razão por que *jamais se misturam entre si.*

As diferentes espécies da matéria encontram-se bem embaixo, no fundo ou fim da Criação. Novamente, como em toda a Criação, começando por cima com a espécie mais leve e terminando em direção para baixo, com a mais pesada e mais densa. Todas essas espécies da matéria servem, unicamente, como recursos para o desenvolvimento de todo o espiritual que ali entra como semente em fértil campo de cultivo; exatamente como um grão de semente necessita da terra para a germinação e o crescimento.

A própria matéria, nas diversas camadas, é por si só inativa, desamparada. Só quando é traspassada e ligada pelo enteal, que se acha acima dela, recebe calor e vida, servindo de invólucros ou corpos das mais diversas formas e espécies.

Conforme já disse, as diferentes espécies da matéria *não* se deixam *misturar,* mas sim ligar e entretecer multiplamente pelo enteal. Nesse ligar e entretecer originam-se, pois, calorias e irradiações. Cada uma das espécies da matéria gera com isso sua

53. Matéria grosseira, matéria fina, irradiações, espaço e tempo

própria e determinada irradiação, que se mistura com as irradiações das outras espécies a que está ligada, resultando, conjuntamente, um anel de irradiações que já hoje se conhece e se denomina por Od ou também irradiação.

Assim, cada pedra, cada planta, cada animal tem sua irradiação, que pode ser observada e que varia completamente segundo o *estado* do corpo, isto é, do invólucro ou forma. Por isso podem ser observadas perturbações no anel de irradiações e reconhecidos assim focos de doença do invólucro.

O anel de irradiações dá, por conseguinte, a cada forma um âmbito especial, que constitui uma proteção na defesa, e ao mesmo tempo, porém, uma ponte para o âmbito mais afastado. Alcança, além disso, ainda a parte interna, a fim de coparticipar do desenvolvimento do núcleo enteal, no sentido *mais grosseiro,* pois na realidade juntam-se ainda muitas coisas para a verdadeira atuação na Criação, as quais somente posso desenrolar mui vagarosamente, passo por passo, para facilitar, aos que procuram seriamente, a penetração nas leis da Criação.

Sem ser perpassada pelo enteal, a matéria nada é. O que agora observamos, porém, foi apenas a ligação do enteal com as diversas espécies da matéria. E isso, por sua vez, proporciona em primeiro lugar o *campo de cultivo* para o *espírito!* O enteal ata, liga e vivifica o que é material; o espírito, porém, domina a matéria *com* o enteal. Assim que o espírito, portanto o que é espiritual, mergulha na ligação vivificada pelo enteal para o seu desenvolvimento, essa lhe fica subordinada sem mais nem menos, conforme a natureza da coisa, portanto inclusive o enteal.

O domínio é assim entregue ao espiritual, do modo mais natural. Triste, se ele o utiliza mal ou erradamente! *O verdadeiro recurso do espírito,* para seu desenvolvimento na Criação, é, pois, *proporcionado pelas irradiações* de que acabamos de falar. O solo para o desenvolvimento do espírito já é, antes de seu mergulho, preparado cuidadosamente pelo enteal. Os invólucros envolvem-no automaticamente, protegendo-o, e a sua incumbência é utilizar-se direito do recurso assim outorgado, para o seu bem e ascensão, não, porém, para seu dano e queda.

Não é difícil compreender que *a* espécie de matéria do invólucro do espírito que está representada do modo mais vigoroso, tem de ser também decisiva para a espécie da mistura de irradiações, pois aí dominará naturalmente sempre a irradiação da espécie material mais forte existente. No entanto, o predominante aí é, por sua vez, o que tem maior influência, intrínseca e extrinsecamente.

A mistura de irradiações é, contudo, de importância muito maior do que a humanidade até agora pôde pesquisar. De seu verdadeiro objetivo não foi pressentida nem a décima parte!

A constituição do anel de irradiações é decisiva para a força das ondas, as quais têm de receber vibrações do sistema de irradiações do Universo inteiro. O ouvinte e leitor não passe aqui superficialmente sobre isso; pelo contrário, aprofunde-se nesse pensamento e assim verá diante de si, bem subitamente, todos os fios dos nervos na Criação, os quais deverá aprender a tocar e utilizar.

Deve imaginar a força primordial derramada irradiantemente sobre a obra da Criação! Perflui cada parte e cada espécie. E cada parte e cada espécie transmiti-la-á modificada de modo irradiante. A constituição diversa das partes da Criação produz assim modificação na irradiação primordial, que modifica igualmente a cor dessa irradiação.

Assim, a Criação toda mostra um quadro maravilhoso de admiráveis irradiações coloridas, que pintor algum seria capaz de reproduzir. E cada parte da Criação em si, cada astro, até cada corpo individualmente, por pequeno e ínfimo que seja, assemelha-se a um prisma bem lapidado, que retransmite cada irradiação recebida, irradiando em múltiplas cores.

As cores, por sua vez, contêm em si um retinir sonoro que ecoa semelhante a um acorde retumbante.

E o espírito do ser humano, aparelhado com as irradiações dos invólucros a ele outorgados, defronta-se com esse reino gigantesco de irradiações. Até o despertar da força sexual, o fenômeno é como num lactente. Os invólucros materiais sugam, mediante suas irradiações, apenas aquilo de que necessitam para o amadurecimento. Com o advir da força sexual, porém, o espírito está completamente aparelhado; com isso as portas em

53. Matéria grosseira, matéria fina, irradiações, espaço e tempo 341

direção a ele se encontram abertas, está estabelecida a ligação direta. Recebe então um contato multiplamente reforçado com as poderosas forças das irradiações do grande Universo! Como agora o ser humano, isto é, o espírito, desenvolve e rege as cores de suas próprias irradiações, assim ele também sintoniza como num rádio suas ondas nas cores correspondentes, captando-as então do Universo. O recebimento pode igualmente ser denominado de atração ou força de atração da igual espécie. Não importa como seja denominado, o processo permanece em si o mesmo. As cores designam apenas a espécie, e a espécie dá a cor.

Nisso se encontra também a chave perdida para a *verdadeira* arte régia da astrologia, bem como a chave para a ciência da terapêutica das ervas e, igualmente, para a tão discutida arte do magnetismo terapêutico, a chave para a arte da vida, assim como para a escada da ascensão espiritual. Pois com essa escada, a assim chamada escada para o céu, não se entende nada mais do que um simples *instrumento,* que deve ser utilizado. As malhas dessa rede de irradiações na Criação são os degraus dessa escada. Nisso se encontra *tudo,* todo o saber e o último segredo da Criação.

Vós que procurais, pegai nas malhas dessa rede de irradiações! Conscientemente, mas com *boa* vontade e com humilde reconhecimento de vosso Deus, que deu essa maravilhosa Criação, da qual, para a vossa felicidade, podeis utilizar-vos como que brincando infantilmente, se pelo menos uma vez quiserdes isso *sinceramente,* e vos despojardes de toda presunção de sabedoria. Antes de tudo tem de cair de vossos ombros, de vosso espírito, o lastro falso, do contrário não podeis levantar-vos vigorosos e libertos.

Também na mistura de irradiações do corpo humano deve reinar absoluta harmonia, a fim de proporcionar ao espírito os meios integrais para a proteção, para o desenvolvimento e para a ascensão, os quais lhe estão destinados no desenvolvimento normal da Criação. Exatamente pela escolha da alimentação, da atividade física, como, aliás, de todas as contingências da vida, em muitas coisas essas irradiações têm sido desviadas unilateralmente, o que requer um equilíbrio, se uma ascensão deva tornar-se possível. *Hoje, tudo aí é doente.* Nada pode ser chamado de sadio. —

A criatura humana pode então avaliar que efeitos só a escolha de alimentos já exerce sobre esse sistema de irradiações. Mediante a escolha de alimentos para a nutrição do corpo, ela consegue ajudar equilibradoramente, fortalecendo, enfraquecendo algumas coisas, e também alterando o que predomina, quer isso atue de modo favorável ou inibidor, de maneira que *aquela* irradiação, que para ela seja *favorável,* se torne dominante e, com isso, também normal, pois somente o favorável é um estado normal.

Tudo isso, porém, não pode acaso condicionar nem causar a própria ascensão, mas tão somente oferece solo sadio para a atividade integral do espírito, *a cuja vontade* fica reservado determinar o caminho para cima, para o lado, ou também para baixo.

O corpo, porém, deve fortificar-se como o espírito, tão logo se tenha a capacidade de atentar nisso. Atualmente, contudo, peca-se nisso gravemente quase por toda parte, devido à ignorância. —

Quando falo em matéria grosseira e em matéria fina, então não deve ser suposto que a matéria fina deva significar um refinamento da matéria grosseira. A matéria fina é duma espécie totalmente *diferente,* de outra constituição. Nunca poderá se transformar em matéria grosseira, mas sim forma um degrau de transição ascensional. Tal como a respeito da matéria grosseira, deve-se entender por matéria fina apenas um *invólucro* que tem de ser ligado com o enteal, a fim de poder ser vivificado por ele.

Passando então a esses setores, devo mencionar que as divisões de modo algum ficam, com isso, esgotadas. Por conseguinte, já hoje quero esclarecer que além do espiritual consciente e inconsciente, e do enteal, atravessam ainda a Criação, a fim de vivificar as espécies da matéria, *correntes de energia* das diversas espécies, contribuindo segundo as suas espécies, de modo igualmente diverso, para o desenvolvimento e progresso.

Essas correntes de energia são por sua vez o mais próximo, aquilo que se liga à atividade do espiritual e do enteal, ou melhor, aquilo que, precedendo-os, prepara o campo para suas atividades. Quanto mais desmembrarmos, entrando em detalhes, tanto mais ainda virá, muito mais.

53. Matéria grosseira, matéria fina, irradiações, espaço e tempo

Uma coisa se enfileira progressivamente à outra, a fim de, em ligação com o já existente, ir também formando sempre novas gradações. Tudo, porém, se deixa explicar coerentemente, pois após a primeira Criação só podia surgir o que era coerente. Outra coisa não existe. E esse fato também dá, categoricamente, a garantia de uma solução sem lacunas, de uma visão clara. Em minhas dissertações ofereço, pois, a *chave!* Cada ouvinte pode abrir então para si próprio toda a Criação.

Mas tudo de uma só vez resultaria numa obra cuja multiplicidade poderia confundir as pessoas. Se, no entanto, como até agora, eu deixar evoluir calmamente uma coisa da outra, no decorrer dos decênios vindouros será fácil acompanhar e por fim também abranger com a vista, calma e conscientemente, tudo bem nítido. Fácil para aquele que quiser seguir-me até lá. No começo quero apenas esclarecer os mais fortes fundamentos da Criação, antes de tocar em todos os pormenores.

Ao ouvinte e ao leitor certamente acontecerá assim como a uma criatura a quem eu mostre, primeiramente, um esqueleto humano e, em seguida, coloque ao lado dele um ser humano vivo, na plenitude de sua força e atividade. Se ela não tivesse ainda nenhuma ideia do ser humano, não reconheceria na pessoa viva o esqueleto, talvez até dissesse que um nem tem conexão com o outro, ou ainda, que não é a mesma coisa.

Identicamente sucederá com aqueles que em minhas explanações não me seguirem calmamente até o fim. Quem não procurar desde o início entender com sincero afinco, não poderá *então* compreender a Criação toda quando eu tiver chegado aos derradeiros esclarecimentos. *Tem* de procurar seguir nisso apenas passo a passo. —

Como tive de falar em largos traços, passo agora *lentamente* para as coisas *novas*. Do contrário seria demasiadamente saltitante. Aliás, já me foi dito muitas vezes que em tudo dou somente extrato, que a uma grande maioria não se torna tão facilmente compreensível. No entanto, não posso agir de outro modo, se quiser trazer tudo aquilo que ainda tenho por falar. Do contrário, teríamos de parar na quarta parte, visto que para esclarecimentos mais amplos uma existência terrena decerto não daria. Virão outros que poderão escrever um ou mesmo mais livros de cada uma das minhas dissertações. Eu não posso agora me deter nisso. — —

Uma vez que a matéria fina, como eu disse, é de espécie *diferente* da matéria grosseira, decorre disso algo a que até aqui não fiz menção. Para não confundir, até agora me servi de expressões populares a respeito de muitas coisas, as quais devo agora ampliar. A isso pertence, por exemplo, a expressão: *"Estar acima do tempo e do espaço!"*

Isso se referia sempre ao extraterrenal. Com vistas a um prosseguimento, precisamos dizer de hoje em diante: a vida na matéria fina "encontra-se acima do conceito terreno de espaço e de tempo", pois também na matéria fina existe um conceito de espaço e de tempo, porém de *espécie diferente,* consentânea com a matéria fina. O conceito de espaço e de tempo encontra-se até na Criação toda, mas sempre ligado à espécie determinada! A própria Criação tem seus limites; com isso, um conceito de espaço também é válido para ela.

Também todas as leis básicas que perpassam uniformemente a Criação inteira são em seus *efeitos* sempre influenciadas pela respectiva espécie da Criação e subordinadas às particularidades dela! Por isso as consequências *de uma determinada lei* também devem apresentar-se *diferentes* nos diversos setores da Criação, o que tem levado a grandes equívocos, contradições, dúvidas quanto à uniformidade das leis da Criação ou da vontade divina e também à crença em atos arbitrários do Criador. No fundo, porém, dependia e depende tudo apenas da ignorância dos seres humanos a respeito da própria Criação.

Sobre essas coisas só virei a falar mais minuciosamente muito mais tarde, pois hoje elas desviariam e turvariam a atenção do ouvinte e do leitor. Falarei tão logo se torne necessário para uma compreensão progressiva. Não ficará nenhuma lacuna. —

O ERRO DA CLARIVIDÊNCIA

CLARIVIDÊNCIA! Quanta glorificação se reúne em torno disso, e também quanta ironia se ouve dum lado, ao passo que do outro se apresenta uma curiosidade temerosa; o resto é respeitoso silêncio. Os próprios videntes andam orgulhosos por aí, como pavões pelo galinheiro. Julgam-se, em presunçosa humildade, agraciados por Deus, sentindo-se com isso elevados muito acima dos outros. Deixam-se de bom grado admirar por algo que na realidade lhes é tão estranho, como seu ambiente que apresenta muitas perguntas.

Envolvem em sorriso inexpressivo sua ignorância real, de modo a aparentar sabedoria. É, no entanto, antes de tudo, a expressão que se tornou habitual, de sua ignorância diante de perguntas que exigem conhecimento próprio sobre o fenômeno.

Na realidade, eles não conhecem mais do que o martelo e o cinzel, com os quais a mão do artista molda qualquer obra. No entanto, aqui também são novamente apenas os próprios seres humanos que querem transformar os seus semelhantes, dotados de capacidades clarividentes, em algo diferente do que realmente são, prejudicando-os com isso gravemente.

Essa é a situação doentia que se encontra hoje por toda parte. Na maioria dos casos, esse "ver" é, sim, *real,* mas de modo algum algo de extraordinário que fosse digno de admiração e muito menos ainda de um calafrio, uma vez que na realidade deveria ser algo muito natural. Natural, porém, será apenas quando surgir espontaneamente e, também, for deixado ao verdadeiro desenvolvimento, de modo sereno, sem ajuda alheia ou própria. Uma *ajuda* a tal propósito é tão condenável quanto seria uma ajuda por ocasião do falecimento corpóreo.

A vidência, porém, só ganha valor pelo autêntico *saber*. Só o saber, exclusivamente, consegue dar segurança a essa faculdade natural e, concomitantemente, a sintonização *certa* com o rumo certo. Contudo, que isso falta à grande maioria de todas as pessoas clarividentes, pode-se desde logo verificar pela afoiteza ambiciosa que traz consigo a presunção, bem como pelo fato, desveladamente exposto e também prazerosamente expresso, de se considerarem sabidos.

E essa presunção de saber é exatamente aquilo que impede tais pessoas não só de progredir mais, mas que até lhes traz a perdição, levando-as, em seus esforços, a desvios que conduzem *para baixo,* em vez de para cima, sem que aquele que se considera mais sabido se aperceba de algo disso. Para tais, apenas como máximo auxílio, pode dar-se aqui e acolá que sua clarividência ou clariaudiência pouco a pouco se enfraqueça e se perca. Isso é salvação! Através de qualquer circunstância favorável que suceda para eles e das quais há múltiplas.

Observemos agora as pessoas videntes e a sua convicção errônea, que transmitem a outras pessoas. Exclusivamente a elas cabe a culpa de que até agora todo esse terreno pudesse ter sido lançado à lama como errado e incerto.

O que tais pessoas veem é, no melhor e mais avançado caso, o segundo degrau do assim chamado Além, caso se quiser dividi-lo em degraus (não entendidos por planos) e nos quais o da Luz seria, mais ou menos, o vigésimo, apenas para se obter uma imagem aproximada da diferença. Os seres humanos, porém, que realmente conseguem ver até um segundo degrau, pensam realizar com isso algo colossal. Aqueles, contudo, que apenas podem ver até o primeiro degrau, na maioria dos casos se enfatuam muito mais ainda.

Deve-se, pois, considerar que um ser humano, com seu dom máximo, na realidade pode ver sempre só até onde lhe permitir o seu próprio amadurecimento interior. *Está atado aí ao seu próprio estado íntimo!* Pela natureza da coisa, é-lhe simplesmente impossível ver algo diferente, *ver* realmente, que não seja sua própria igual espécie. Portanto, dentro do âmbito em que poderia locomover-se desimpedidamente depois de seu falecimento terreno. Não mais adiante, pois no momento em que ele transpusesse aquele limite do Além, que lhe prescreve o estado de seu próprio amadurecimento, teria de perder imediatamente qualquer consciência do seu ambiente. Por si só, de modo algum conseguiria transpor esse limite.

Se, no entanto, sua alma, ao sair, fosse levada por alguém do Além, pertencente ao próximo degrau mais alto, perderia ele logo a consciência naqueles braços ao transpor o limite para o degrau mais alto, isto é, adormeceria. Trazido de volta, poderia, apesar de seus dons clarividentes, lembrar-se sempre somente até o ponto em que sua própria maturidade lhe permitiu olhar acordado em redor. Portanto, não lhe adviria vantagem alguma, mas sim prejudicaria seu corpo de matéria fina.

Tudo quanto supõe ver além disso, sejam paisagens ou pessoas, jamais foi vivenciado por ele de modo realmente vivo, ou pessoalmente visto, mas trata-se aí apenas de *imagens* a ele mostradas e cuja linguagem também supõe ouvir. Jamais é a realidade. Tais imagens são aparentemente tão vivas, que ele mesmo não consegue distinguir entre o que apenas lhe é mostrado e o que realmente vivencia, porque o ato de vontade dum espírito mais forte pode criar tais imagens vivas.

Acontece assim que muitos clarividentes e clariaudientes julgam encontrar-se muito mais alto, em seus passeios no Além, do que realmente estão. E daí se originam tão numerosos erros.

Igualmente constitui um grande erro, quando alguns supõem ver ou ouvir Cristo, pois isso seria coisa impossível, segundo as leis da Criação oriundas da vontade divina, devido ao enorme abismo decorrente da ausência de espécie igual! O Filho de Deus não pode vir a uma sessão espírita, como quem vai a uma reunião de chá, a fim de ali embevecer as visitas distinguidamente, tampouco grandes profetas ou espíritos mais elevados.

No entanto, a nenhum espírito humano, ainda ligado à carne e ao sangue, é permitido movimentar-se tão segura e firmemente no Além, durante a vida terrena, a fim de poder ver ou ouvir tudo desveladamente e talvez até correr degraus acima. Tão simples a coisa não é, apesar de toda a naturalidade. Ela permanece ligada às leis incontornáveis.

E quando um clariaudiente ou um clarividente negligencia suas tarefas terrenas, por querer penetrar somente no Além, perde mais com isso do que ganha. Quando lhe chegar então a hora para amadurecer no Além, terá consigo uma lacuna que *somente na Terra* poderá preencher. Por isso não pode subir mais, fica preso até certo ponto e tem de voltar a fim de recuperar o que perdeu, antes de poder pensar numa continuação séria da escalada. Também aqui tudo é simples e natural; apenas sempre uma consequência indispensável do que ficou atrás, que jamais se deixa desviar.

Cada degrau de uma existência humana requer ser vivido realmente com toda a seriedade, com plena capacidade de recepção da respectiva época. Insuficiência nisso acarreta um afrouxamento que no caminho seguinte se fará sentir cada vez mais, produzindo finalmente uma ruptura com a consequente ruína, se não se voltar a tempo, reparando o lugar defeituoso mediante renovado vivenciar, para que este se torne firme e seguro.

Assim é em todos os fenômenos. Infelizmente, porém, o ser humano adquiriu o hábito doentio de estender a mão sempre além de si mesmo, porque julga ser mais do que realmente é.

ESPÉCIES DE CLARIVIDÊNCIA

LONGO tempo hesitei em responder a diversas perguntas sobre clarividência, porque cada ser humano que houver lido *direito* a minha Mensagem do Graal, tem de estar perfeitamente informado a tal propósito. Pressuposto, naturalmente, que não tenha lido a Mensagem como mera leitura, como passatempo ou com preconceitos, mas nela se tenha aprofundado seriamente, considerando importante cada frase, cujo sentido em si, bem como o fato de ela pertencer incondicionalmente a toda a Mensagem, ele tem de se *esforçar* em perscrutar, pois assim é exigido de antemão.

O espírito aí tem de estar alerta. Devido a isso, pessoas superficiais devem ser automaticamente excluídas.

Repeti frequentemente que uma *espécie* só pode ser reconhecida sempre pela *mesma espécie*. Por essas espécies se entendem naturalmente espécies da Criação.

Visto de baixo para cima, existem a espécie de *matéria grosseira*, a de *matéria fina*, a *enteal* e a *espiritual*. Cada uma dessas espécies se subdivide, por sua vez, em muitos degraus, de maneira a facilmente haver o perigo de confundir os degraus finos da matéria grosseira com os degraus grosseiros da matéria fina. Praticamente imperceptíveis são as transições, as quais nos efeitos e fenômenos não são acaso firmemente unidas, pelo contrário, apenas se engrenam umas nas outras.

Em cada um desses degraus se manifesta uma vida de espécie diversa. O ser humano dispõe dum invólucro de cada espécie da Criação que se encontra *abaixo* do espiritual. O núcleo, em si, é espiritual. Cada invólucro equivale a um corpo. O ser humano é, portanto, um núcleo espiritual que no desenvolvimento da autoconsciência adquire forma humana, a qual, com o desenvolvimento progressivo rumo à Luz, se idealiza cada vez mais até a mais perfeita beleza; com um desenvolvimento para baixo, porém, adquire cada vez mais o contrário disso, até as deformações mais grotescas. A fim de excluir aqui qualquer equívoco, quero mencionar especialmente que o invólucro de matéria grosseira ou corpo não passa por esse desenvolvimento. Apenas tem de cooperar durante curto período, e no plano terrestre de matéria grosseira pode estar sujeito somente a bem reduzidas variações. Uma criatura humana externamente bonita pode, portanto, ser interiormente má e vice-versa.

O ser humano na face da Terra, isto é, na matéria grosseira, traz consigo os invólucros de *todas* as espécies da Criação *ao mesmo tempo.* Cada invólucro, portanto cada corpo das diversas espécies, tem seus órgãos sensoriais independentes. Os órgãos de matéria grosseira, por exemplo, *só* podem atuar na *mesma espécie,* isto é, na espécie de matéria grosseira. Um desenvolvimento mais minucioso nisso dá, no caso mais favorável, a possibilidade de conseguir ver até certo grau da mais fina matéria grosseira.

Essa matéria grosseira mais fina é denominada "astral" pelas pessoas que com ela se ocupam, um conceito, aliás, que realmente nem é conhecido direito por aqueles que criaram essa expressão, muito menos ainda pelos que a repetem.

Aplico essa terminologia conceitual por já ser conhecida. Aliás, essa denominação vale, como é usual em pesquisas ocultistas, apenas como uma espécie de conceito coletivo de tudo aquilo que se conhece, sim, e que se pressente como existente, mas que ainda não se pode compreender direito, e menos ainda fundamentar.

Todo o querer saber dos ocultistas, até agora formulado, nada mais é do que um grande labirinto de ignorância criado por eles próprios, um monte de entulho de arrogâncias do raciocinar intelectivo, insuficiente para tais coisas. Não obstante, quero ficar com a designação "astral", tão usada. No entanto, o que os seres humanos veem e entendem como "astral" não pertence sequer à matéria fina, mas tão somente à fina matéria grosseira.

55. Espécies de clarividência

Os pesquisadores imbuídos de ilusões humanas ainda nem saíram das paragens da matéria grosseira, mas sim permaneceram na *espécie mais inferior* da Criação posterior, fazendo por isso tanto alarde com estrangeirismos os mais "soantes" possíveis! Nem sequer enxergam com os olhos de matéria fina, mas tão somente com a *intuição de transição* dos olhos de matéria grosseira para os de matéria fina. Poder-se-ia chamar isso uma visão de transição ou semivisão.

Quando uma pessoa se desfaz do corpo de matéria grosseira pela morte terrena, são abandonados com isso, naturalmente, também os órgãos sensoriais da matéria grosseira, porque eles pertencem exclusivamente ao respectivo invólucro. A morte terrena não é outra coisa, portanto, do que o abandono do invólucro mais externo ou casca, que lhe possibilitava ver e agir na matéria grosseira. Logo depois desse despir, encontra-se ela no assim chamado outro mundo ou, melhor falando, nas planícies da matéria fina. Aqui poderá, novamente, apenas agir com os órgãos sensoriais do corpo de matéria fina, que agora lhe ficou como casca mais externa. Vê, por conseguinte, com os olhos do corpo de matéria fina, ouve com os ouvidos deste, etc.

Natural é que o espírito humano, ao entrar na matéria fina, precise aprender a se servir correspondentemente certo dos órgãos sensoriais do invólucro de matéria fina, que são assim de repente obrigados a entrar em funcionamento, como antes os órgãos do corpo grosso-material na matéria grosseira. Correspondentemente à matéria de espécie diferente, não tão pesada, o aprendizado de utilização correta dos órgãos ocorre também de modo mais rápido, mais leve. E assim é com cada espécie seguinte.

A fim de facilitar esse aclimatar-se nas diferentes espécies, é dada a visão de transição ou semivisão dos planos intermediários. Os olhos de matéria grosseira conseguem, com certas tensões, através de estados extraordinários do corpo, ver, pressentindo, o plano de interligação entre a matéria grosseira e a matéria fina, ao passo que os olhos de matéria fina alcançam, igualmente, no estado inicial de suas atividades, o mesmo plano de modo retrospectivo e semivisual, onde a parte fina da matéria grosseira toca a parte grossa da matéria fina.

Essa semivisão dá ao espírito humano certo apoio durante seu trânsito, de modo que nunca se sentirá completamente perdido. Assim ocorre em *cada* limite entre duas espécies diferentes. A fim de que as duas espécies diferentes de matéria possam se manter interligadas e não formem acaso um abismo, por jamais poderem se misturar, zelam para tanto ondas de forças *enteais* que, com sua faculdade de atração magnética, atuam prendendo e unindo.

Após passar pelos diversos setores da matéria fina, deixando também o corpo fino-material, o ser humano entra na *entealidade*. Restou-lhe então o corpo *enteal* como invólucro mais externo, através de cujos olhos tem agora de olhar e de cujos ouvidos ouvir, até que lhe seja possível também deixar os invólucros enteais e ingressar no reino do espírito. Somente aqui ele é *unicamente ele mesmo,* sem invólucros, e tem de ver, ouvir, falar, etc., com seus órgãos *espirituais*. Também suas vestes e tudo o que o circunda são de espécie *espírito*-enteal.

Estas minhas explanações devem ser analisadas rigorosamente pelos leitores, a fim de que possam fazer para si uma imagem correta disso.

Materializações dos que faleceram terrenalmente não são mais do que fenômenos onde os falecidos terrenalmente, portadores, pois, do corpo de matéria fina, através da utilização de um médium, se cobrem ainda com um invólucro da fina matéria grosseira. Essa seria, certamente, a única exceção onde as criaturas humanas terrenas de hoje seriam capazes de ver *nitidamente* a fina matéria grosseira com seus olhos de matéria grosseira e também alcançá-la com seus outros sentidos de matéria grosseira, porque aí se processa uma ligação especialmente forte e com isso densificação da fina matéria grosseira através de extraordinárias irradiações do sangue do médium. Podem vê-la e senti-la porque, não obstante toda a finura, se trata sempre ainda da mesma espécie de seus órgãos sensoriais, portanto, ainda de matéria grosseira.

Portanto, o ser humano deve atentar que a matéria grosseira só pode ser "alcançada" pela matéria grosseira, a matéria fina só pela matéria fina, o que é enteal só pelo que é enteal e o que é espiritual só pelo que é espiritual. Nisso não há misturas. Sob o presentemente denominado "enteal" entende-se uma bem determinada espécie por si mesma. Divino-enteal e espírito-enteal são, por sua vez, espécies totalmente diferentes.

Há, porém, uma coisa: uma criatura humana terrena pode ver com os olhos de matéria grosseira e durante sua existência terrena também já abrir seus olhos de matéria fina, pelo menos temporariamente. Isto é, não acaso ao mesmo tempo, mas consecutivamente. Quando vê com os olhos de matéria fina, os olhos de matéria grosseira permanecem fora de ação, totalmente ou em parte, e vice-versa. Jamais estará apto a ver direito com os olhos de matéria grosseira aquilo que é de matéria fina, tampouco com os olhos de matéria fina o que seja de matéria grosseira. Isto é impossível.

Afirmações contrárias basear-se-iam apenas em erros decorrentes do desconhecimento das leis da Criação. São ilusões, às quais tais pessoas se entregam, quando afirmam poderem reconhecer com os olhos de matéria grosseira o que é de matéria fina, ou com os olhos de matéria fina o que é espiritual.

Quem considerar direito tudo isso, procurando ter uma noção clara, reconhecerá que confusão indescritível tem de existir agora no julgamento sobre a clarividência, que até fica impossível conseguir-se informações seguras a respeito, enquanto não forem dadas a conhecer as leis sobre isso, o que *não* pode ocorrer através de inspirações ou manifestações em círculos espíritas, uma vez que os que se acham no Além, inspirando e também se manifestando, não possuem, eles mesmos, uma visão geral; pelo contrário, cada um tem de mover-se sempre nos limites aos quais pertence o seu respectivo estado de maturidade.

Uma autêntica ordem nos esclarecimentos do maravilhoso tecido da Criação posterior só pode ser dada quando um *saber* abranger tudo. Do contrário é impossível. As criaturas humanas, porém, em seu conhecido e doentio querer ser sábias, jamais reconhecem tal, pelo contrário, desde logo se opõem hostilmente aos esclarecimentos.

Preferem prosseguir enfatuadamente em suas medíocres pesquisas e, justamente por isso, jamais podem chegar a uma concordância, jamais a um resultado real. Se apenas *uma vez* mostrassem uma grandeza tal, tomando a Mensagem do Graal *realmente a sério,* como esclarecimento universal sem preconceitos, e vencessem sua presunção, excluindo dos estudos todo o querer saber próprio, abrir-se-lhes-iam logo perspectivas que em consequência lógica esclarecem todos os fenômenos incompreendidos, aplainando com grande ímpeto os caminhos para o até então desconhecido.

Contudo, já é conhecido que justamente a teimosia é *apenas um* dos mais infalíveis sinais de verdadeira estupidez e estreiteza. Todas essas pessoas nem supõem que exatamente com isso imprimem em si o cunho de sua absoluta inutilidade, o qual já em tempo próximo as queimará envergonhadora e excluidoramente, porque não poderá mais então ser escondido ou negado.

Para o julgamento de uma clarividência, como base, deveria ser conhecido com que olhos o clarividente vê de cada vez, a que região pertence, portanto, a sua vidência e até onde ele se desenvolveu nesse sentido. Só então outras conclusões podem ser tiradas. Nisso, quem dirige tais investigações deveria, pessoalmente, de modo categórico, estar bem claramente informado a respeito de cada degrau das diferentes espécies, bem como a respeito do efeito variado e da atuação que aí se desencadeiam. E disso sofre a época de hoje, onde exatamente aquelas pessoas que, aliás, nada entendem, se julgam instruídas.

É lastimável ler a avalanche de publicações em folhetos e livros sobre toda sorte de observações e experimentos ocultistas, com tentativas mais ou menos ilógicas e insustentáveis, que, na maioria dos casos, ainda recebem arrogantemente impresso o carimbo de certo saber, enquanto que em todas as partes não somente ficam longe dos fatos, mas até trazem *o contrário*. E como o bando de tais inteligências se encoleriza hostilmente, quando lhes é apresentada em singela sequência a estruturação da Criação posterior, sem cujo conhecimento exato, aliás, nada poderão compreender. Da Criação primordial aqui nem queremos falar.

Quem quiser julgar ou mesmo condenar clarividentes, tem de conhecer a Criação toda, conhecer realmente! Enquanto esse não for o caso, deve-se calar a tal respeito. Tampouco, porém,

55. Espécies de clarividência 355

como defensores fervorosos dos fatos da clarividência, fazer afirmações que sem o conhecimento exato da Criação não podem ser provadas.

Tão nefastos erros são propagados a respeito de todos os fenômenos fora da matéria grosseira, que urge, finalmente, introduzir ordem e conformidade com a lei.

Felizmente já não está mais distante o tempo em que uma varredura sadia será feita entre as inúmeras figuras, ridículas até, nos campos ocultistas em si tão sérios, as quais, sim, como se sabe, mais gritam e são as mais importunas com suas teorias. Pena é que exatamente esses tagarelas, através de sua conduta, já tenham extraviado muitos dentre os que procuram. A responsabilidade disso, contudo, não faltará e recairá com terrível violência sobre todos aqueles que procuram tratar desses seríssimos domínios tão levianamente, mas os desencaminhados e enganados dessa forma pouco lucrarão com isso; pelo contrário, eles próprios terão igualmente de sofrer o prejuízo por terem se deixado conduzir tão facilmente a acepções erradas.

Em geral, pode-se calmamente afirmar que exatamente no campo ocultista, por enquanto, ainda o tagarelar é designado com a bela expressão "pesquisar", sendo, por conseguinte, a maioria dos pesquisadores apenas tagarelas.

Existe, portanto, entre os clarividentes uma visão da fina matéria grosseira, uma visão da matéria fina e uma visão da entealidade. Tudo isso com os respectivos olhos de igual espécie. Uma visão espiritual permanece, no entanto, vedada aos seres humanos, pois para isso teria de ser um especialmente eleito, agraciado para uma determinada finalidade, para que pudesse abrir também seus olhos espirituais já na existência terrena.

Entre esses, porém, *não* se encontram os inúmeros clarividentes atuais. A maioria, aliás, consegue apenas reconhecer a matéria fina em *um* de seus vários degraus e, com o tempo, talvez abranger também mais degraus. São-lhes abertos, portanto, os olhos de matéria fina. Raras vezes apenas, ocorre que os olhos do corpo enteal também enxerguem.

Se, pois, em ocorrências terrenas especiais, como, por exemplo, em casos de crimes ou outros, deva ser utilizada uma pessoa clarividente para fins de esclarecimento, o interessado nisso precisa então saber do seguinte: o clarividente vê com seus olhos de matéria fina, *não* podendo, portanto, ver a ocorrência propriamente de *matéria grosseira* que se verificou. Cada ocorrência de matéria grosseira, contudo, tem ao mesmo tempo seus fenômenos concomitantes de matéria fina, que são muitas vezes idênticos às ocorrências de matéria grosseira ou, pelo menos, semelhantes.

Portanto, o clarividente verá, na prática de um assassínio, o fenômeno *de matéria fina* que ocorreu ao mesmo tempo, não o que foi de matéria grosseira realmente, que é unicamente decisivo à justiça, segundo as leis terrenas hoje vigentes. Esse acontecimento de *matéria fina,* porém, pode em diversos pormenores desviar-se para mais ou para menos do acontecimento de matéria grosseira. É, por conseguinte, errado falar prematuramente de malogro da clarividência ou de uma visão errônea.

Continuemos, pois, com um assassínio ou roubo. O clarividente chamado para o esclarecimento verá, em parte de modo astral, em parte de modo fino-material. De modo astral, portanto na fina matéria grosseira, o local da ocorrência, de modo fino-material, porém, a própria ação. Advém ainda que possa ver aí também diversas formas de pensamento originadas no curso dos pensamentos do assassino bem como do assassinado ou do ladrão. Distinguir isso deve fazer parte da capacidade de quem dirige as investigações! Só então o resultado será certo. Mas, por enquanto, ainda não existe um dirigente de investigações assim instruído.

Por mais grotesco que possa soar, em virtude de não possuir na realidade a mínima analogia, quero citar, no entanto, um exemplo secundário referente à atividade de um cão policial, que também é utilizado, sim, na elucidação de crimes. Com referência a esses cães policiais, evidentemente, quem os conduz deve conhecer de maneira exata o modo de atuação do cão e junto com ele trabalhar de modo direto, cooperando até mui ativamente, como é do conhecimento dos entendidos. Precisa-se imaginar, pois, essa maneira de trabalho apenas em forma muito mais enobrecida, então temos a atividade do trabalho conjunto de um dirigente de investigações e de um clarividente para a elucidação de crimes.

Também aqui o dirigente de investigações deve ser quem trabalhe ativamente, combine observando e chame a si a maior parte da atividade, enquanto que o clarividente continuará apenas como auxiliar, trabalhando passivamente. Para cada juiz deve preceder um longo estudo de tal atividade, antes que possa a isso se dedicar. É um estudo muito mais difícil do que a ciência do Direito.

NO REINO DOS DEMÔNIOS E DOS FANTASMAS

PARA tal esclarecimento é necessário antes saber que o ser humano terreno não se encontra na Criação primordial, mas numa Criação posterior. A Criação primordial é, única e exclusivamente, o *reino espiritual,* que existe por si realmente, conhecido pelas criaturas humanas como o Paraíso, cujo ápice constitui o Supremo Templo do Graal como o portal na direção do divinal, que se encontra fora da Criação.

A Criação posterior, porém, é o assim chamado "mundo" em seu eterno circular orbital, *abaixo* da Criação primordial, e cujos universos solares isolados estão sujeitos à formação e à desintegração, portanto, ao amadurecer, envelhecer e decompor, porque não foram criados imediatamente pelo divinal, como a imperecível Criação primordial, o Paraíso.

A Criação posterior originou-se da vontade dos primordialmente criados e está sujeita à influência dos espíritos humanos em desenvolvimento, cujo caminho evolutivo passa através dessa Criação posterior. Essa também a razão das imperfeições aí, não encontradas na Criação primordial, que está aberta à influência imediata do divino Espírito Santo.

Para consolo dos primordialmente criados, desesperados por causa da crescente imperfeição da Criação posterior, a qual se fazia sentir cada vez mais, clamava-se do divinal: "Aguardai aquele que Eu escolhi... para vosso auxílio!" Assim como, razoavelmente nítido, transmite a lenda do Graal como tradição proveniente da Criação primordial. —

Agora, ao tema propriamente: *cada* ação terrena pode ser considerada somente como expressão exterior de um processo íntimo. Por "processo íntimo" entende-se uma vontade intuitiva espiritual. Cada vontade intuitiva é *ação* espiritual que se torna incisiva para a existência de um ser humano, pois resulta em subida ou em descida. Em caso algum pode ser colocada no mesmo degrau que a vontade mental.

A vontade intuitiva refere-se ao núcleo do ser humano propriamente; a vontade mental, porém, somente a um círculo exterior, mais fraco. Contudo, ambas nem sempre precisam se tornar terrenalmente visíveis, apesar de seus efeitos categóricos. A ação terrena, grosso-material, não é necessária para acumular um carma. Por outro lado, não existe nenhuma atividade grosso-material terrena que não tenha sido precedida por uma vontade mental ou por uma vontade intuitiva. A atividade terrenalmente visível, por isso, depende da vontade mental ou da vontade intuitiva, mas não inversamente.

Aquilo que é realmente incisivo para a existência de um espírito humano, para a sua subida ou descida, está, no entanto, ancorado de modo *tão forte* na *vontade intuitiva,* que a criatura humana quase nem atenta, mas para cujos efeitos categóricos, e que jamais falham, não há nenhuma fuga e também nenhum paliativo ou adulteração. Somente nisso reside o verdadeiro "vivenciar" do espírito humano, pois *a vontade intuitiva é a única alavanca para o desencadeamento das ondas de força espiritual,* que se encontram na obra do Criador, aguardando apenas o estímulo da vontade intuitiva dos espíritos humanos, a fim de serem levadas então imediatamente à efetivação, de modo multiplamente aumentado. Exatamente a esse tão importante fenômeno, o mais importante mesmo, pouca atenção tem dado até agora a humanidade.

Por tal motivo quero apontar sempre de novo para um ponto principal, aparentemente simples, mas que encerra *tudo* em si: a *força* espiritual que perpassa a obra da Criação *só* pode obter ligação com a *vontade intuitiva* dos espíritos humanos; tudo o mais fica excluído de uma ligação!

Já a vontade mental não consegue mais ligação alguma, muito menos quaisquer *produtos* da vontade mental. Esse fato exclui *toda* a esperança de que a *verdadeira* força principal na Criação sequer pudesse ser posta em conexão com qualquer "invenção"! Contra isso é passado um ferrolho inamovível. O ser humano não conhece essa força principal, bem como os seus efeitos, embora esteja dentro dela.

O que este ou aquele pensador ou inventor imagina como força primordial, não o é! Trata-se então sempre apenas de uma energia bem secundária, da qual poderão ser descobertas muitas ainda com efeitos surpreendentes, sem que com isso se aproxime sequer um passo da força propriamente, da qual o espírito humano se serve diariamente de modo inconsciente. Infelizmente como que brincando, sem dar atenção às horríveis consequências dessa desmesurada leviandade! Em sua absoluta ignorância, tenta sempre desviar criminosamente a responsabilidade das consequências para Deus, o que, no entanto, não o liberta da grande culpa com a qual se sobrecarrega pelo seu não querer saber.

Quero tentar apresentar aqui uma imagem clara. Uma pessoa, por exemplo, *intui* inveja. Diz-se comumente: "A inveja brota dela!" De início trata-se de uma intuição genérica, muitas vezes nem claramente consciente ao espírito humano. Essa intuição, contudo, ainda nem moldada em determinados pensamentos, portanto sem ter ainda "chegado" ao cérebro, por si só é aquilo que traz *a chave, única* capacitada a estabelecer ligação com a *"força viva",* a formar a ponte para tanto.

Imediatamente flui então tanto dessa "força viva" existente na Criação, em direção à referida intuição, quanto seja a sua capacidade de recepção, condicionada pela respectiva força da intuição. Somente *com isso* a intuição *humana,* isto é, *"espiritualizada",* vivifica-se e recebe a enorme capacidade geradora (não força criadora) no mundo de matéria fina, que torna o ser humano senhor entre todas as criaturas, a criatura suprema na Criação. Esse fenômeno, contudo, deixa-o exercer também imensa influência sobre toda a *Criação posterior,* acarretando com isso... responsabilidade pessoal, que criatura alguma além dele na Criação posterior pode ter, uma vez que somente o ser humano possui a faculdade determinante para tanto, a qual reside na constituição do *espírito.*

E somente *ele,* em toda a Criação posterior, contém espírito em seu âmago mais íntimo e obtém por isso, *como tal,* exclusivamente também, ligação com a força *viva superior* que reside na Criação posterior. Por sua vez, os primordialmente criados no Paraíso são de espírito *diferente* do que os que peregrinam pelos mundos, os assim chamados seres humanos terrenos, razão por que sua faculdade de ligação se destina também a uma onda de força diferente, mais elevada e ainda muito mais forte, da qual se utilizam conscientemente, podendo criar assim de modo natural também coisas muito diferentes do que os peregrinadores do mundo, aos quais pertencem os seres humanos terrenos, cuja onda de força superior é apenas uma gradação da energia latente na Criação primordial, da mesma forma que os próprios seres humanos terrenos são apenas uma gradação dos primordialmente criados.

O que até hoje tem faltado principalmente ao saber humano é o conhecimento das muitas gradações de tudo aquilo que se encontra na Criação primordial, que se tornam cada vez mais fracas em direção descendente, e o reconhecimento de que eles próprios pertencem apenas a essas *gradações*. Estando tal compreensão corretamente consolidada, a presunção de até agora cairá, ficando livre dessa forma o caminho para a escalada.

Ruirá então por si, miseravelmente, a tola ilusão de serem os supremos, de trazerem dentro de si até mesmo algo de divinal e, por fim, restará apenas vergonha libertadora. Os primordialmente criados, tão mais superiores e mais valiosos, não possuem tal presunção. Apenas sorriem complacentemente dos desencaminhados vermes terrenos, tal qual sorriem muitos pais da tagarelice imaginosa de seus filhos.

Mas, voltando à intuição. A intuição de uma pessoa, assim fortalecida, produz agora, em ulterior gradação absolutamente automática, uma configuração que corporifica exatamente *a espécie* da intuição! Nesse caso, pois, a inveja. De início, a configuração acha-se dentro, a seguir ao lado do gerador, ligada a este por um cordão nutridor. Concomitantemente, porém, sob o efeito da lei de atração da igual espécie, entra ela logo em contato com o local de concentração das configurações de espécies iguais, recebendo de lá vigoroso reforço, que, juntamente com a nova configuração, constitui agora o ambiente de matéria fina da respectiva pessoa.

Nesse ínterim, a intuição chega até o cérebro, e aí desperta *pensamentos* de igual espécie, que delineiam nitidamente o alvo. Assim, os pensamentos tornam-se canais ou vias por onde as configurações seguem na direção de um bem determinado alvo, a fim de ali causar danos, se encontrarem solo para tanto.

A pessoa visada como alvo, tendo em si apenas solo puro, portanto vontade pura, não oferece a essas configurações nenhuma área de agressão, nenhuma base de ancoragem. Nem por isso elas se tornam acaso novamente inofensivas, mas sim continuam a vagar isoladamente ou juntam-se com as espécies iguais em seus locais de aglomeração que podem ser chamados de "planícies", visto estarem sujeitas à lei de sua gravidade espiritual e, por isso, têm de formar *determinadas* planícies, as quais sempre apenas podem admitir e prender espécies iguais.

Continuam dessa maneira categoricamente perigosas, porém para todos aqueles espíritos humanos que não trazem em si suficiente pureza na forte vontade para o bem, acabando por trazer também destruição a seus geradores, uma vez que sempre permanecem em ligação com eles, permitindo refluir pelo cordão nutridor, continuamente, novas energias de inveja, que as próprias configurações recebem da aglomeração das centrais.

Por isso não é tão fácil a tal gerador reentregar-se a intuições mais puras, porque fica fortemente tolhido devido ao refluxo das energias de inveja. É continuamente arrancado disso. É forçado a reunir muito mais energias para a escalada, do que um espírito humano que não esteja de tal modo tolhido. E somente mediante uma constante vontade pura, fenece, pouco a pouco, um cordão nutridor do mal, até que por fim, secando, caia sem forças.

Eis a libertação do gerador de tal mal, pressupondo-se que a sua configuração não tenha até aí causado dano, pois *então* entrarão logo *novas* ligações em vigor, as quais também querem ser resgatadas.

Para uma dissolução de tais fios, necessário é um novo encontro no Aquém ou no Além com as pessoas prejudicadas

56. No reino dos demônios e dos fantasmas

por esse mal, até que aí surjam o reconhecimento e o perdão. Em consequência disso, a escalada do gerador de tais configurações não poderá preceder a escalada daqueles que foram assim atingidos. Os fios de ligação ou do destino retêm-no, enquanto não ocorrer uma dissolução pela reparação e pelo perdão.

Mas isso ainda não é tudo! Essa vontade intuitiva tem, sob o reforço da "força" viva, um efeito ainda muito maior, pois não somente povoa o mundo de matéria fina, mas também interfere na matéria grosseira. De modo construtivo ou destrutivo!

A tal respeito deveria o ser humano finalmente reconhecer quantos disparates já cometeu, em vez de cumprir seus deveres oriundos das faculdades de seu espírito, para bênção desta Criação posterior e de todas as criaturas. Muitas vezes o ser humano pergunta por que a luta se manifesta na natureza e, no entanto, o enteal se orienta na Criação posterior... segundo a maneira das criaturas humanas! Com exceção dos enteais primordialmente criados. — Mas prossigamos:

Os produtos da vontade intuitiva do espírito humano, as configurações antes mencionadas, não deixam de existir depois que se desprendem de quem as gerou, mas continuam existindo de maneira *autônoma,* enquanto forem recebendo nutrição dos espíritos humanos que têm a mesma espécie delas! Não é necessário que seja seu próprio gerador. Procuram ensejo para agarrar-se a este ou àquele ser humano disposto a tanto ou também a seres humanos fracos para uma defesa. No mau sentido, são elas *os demônios,* oriundos da inveja, do ódio e de tudo quanto é similar. No bom sentido, porém, são entes benfazejos, que pacificam com amor e favorecem a ascensão.

Em todos esses fenômenos não é necessária absolutamente uma ação terrenalmente visível das pessoas; ela adiciona somente novas cadeias ou fios que terão de ser resgatados no plano da matéria grosseira, tornando indispensável uma reencarnação, se a remição não puder se realizar numa só vida terrena.

Essas configurações da vontade intuitiva do ser humano contêm *em si* força, porque se originam da vontade *espiritual* em ligação com a "força principal neutra" e, o que é o mais importante, porque *com isso,* ao serem formadas, recebem em si algo do *enteal,* isto é, *aquela* espécie donde se desenvolvem os gnomos, etc.

A vontade de um animal não pode realizar isso, porque a alma do animal nada tem de espiritual em si, mas apenas de enteal. É, portanto, um fenômeno que *somente* se realiza nas configurações da vontade intuitiva humana, que por isso tem de trazer grande bênção no caso de vontade *boa,* mas incalculável desgraça mediante vontade má, porque um núcleo enteal de tais configurações possui *força impulsionadora própria,* ligada à capacidade influenciadora sobre tudo o que é de matéria grosseira. E, com isso, a responsabilidade do espírito humano aumenta enormemente. Sua vontade intuitiva cria, de acordo com sua espécie, os *entes de vontade boa,* bem como os *demônios.*

Ambos são exclusivamente produtos da capacidade do espírito humano na Criação posterior. Contudo, o seu núcleo automaticamente impulsionador, e com isso incalculável em sua ação, *não* se origina da *entealidade com capacidade de vontade,* donde provêm as almas dos animais, mas *duma gradação* disso, *que não possui capacidade de vontade própria.* Existem também na entealidade, assim como no setor do espírito situado acima dela, muitas gradações e espécies determinadas, a cujo respeito ainda devo falar em especial.

Para esclarecimento adicional sirva ainda que o enteal *também* entra em contato com uma força viva, latente na Criação, que, contudo, não é a mesma a que a vontade do espírito humano está ligada, mas uma gradação daquela.

Exatamente as variadas possibilidades e impossibilidades de ligação são os mais severos guardas da ordem na Criação posterior, resultando em firme e inamovível divisão em todo o formar e decompor.

Tão longe, portanto, alcança a atuação do espírito humano. A tal respeito observai hoje os seres humanos atentamente e podereis imaginar quanta desgraça já causaram. Principalmente quando aí se considerarem as ulteriores consequências da atividade dessas configurações vivas, que são soltas, sim, sobre todas as criaturas! É, pois, como a pedra que, atirada pela mão, fica fora do controle e da vontade de quem a arremessou. —

56. No reino dos demônios e dos fantasmas

Ao lado dessas configurações, para cuja descrição da extensa atividade e influência seria necessário um livro inteiro, existe outra espécie que se acha em íntima ligação com essas, mas que constitui uma seção *mais fraca*. Apesar disso, é ainda bastante perigosa para molestar muitas pessoas, obstá-las e até levá-las ao soçobro. São as configurações dos pensamentos, isto é, as formas de pensamentos, os fantasmas.

A vontade mental, portanto o produto do cérebro terreno, ao contrário da vontade intuitiva, não possui a capacidade de entrar em ligação imediata com a força principal e neutra existente na Criação. Por isso falta a tais formas o núcleo autônomo das configurações da intuição, as quais podemos chamar de *"sombras anímicas enteais"*. As formas de pensamentos permanecem categoricamente dependentes de seu gerador, com o qual estão ligadas de maneira semelhante às configurações da vontade intuitiva. Portanto, mediante um cordão nutridor que forma simultaneamente a via para os efeitos de retorno da reciprocidade. Sobre essa espécie, já falei na dissertação "Formas de Pensamentos". Por isso, posso poupar nesse ponto uma repetição.

As formas de pensamentos são, em relação à lei da reciprocidade, o degrau mais fraco. Ainda assim influenciam de forma bastante desastrosa, podendo ocasionar não só a destruição de espíritos humanos isolados, mas até de grandes massas, bem como contribuir para a devastação de partes inteiras do Universo, tão logo sejam excessivamente nutridas e cultivadas pelas criaturas humanas, recebendo assim um poder inimaginado, conforme tem ocorrido nos últimos milênios.

Assim, todo mal se originou *somente* através dos próprios seres humanos. Através de sua incontrolada e errada vontade intuitiva e mental, bem como através de sua leviandade nisso! —

Esses dois domínios, o reino das configurações da vontade intuitiva humana e o reino das formas da vontade mental humana, onde, naturalmente, também espíritos humanos são obrigados a viver, constituíam o campo exclusivo de trabalho e de visão dos maiores "magos" e "mestres" de todos os tempos, que aí se enredam e finalmente, por ocasião do trespasse, também aí ficam detidos. E hoje?

Os "grandes mestres do ocultismo", os "iluminados" de tantas seitas e lojas... não estão melhor! Mestres, são eles apenas *nesses* reinos. Vivem entre suas próprias configurações. Somente *ali* podem ser "mestres", não, porém, na *vida propriamente do Além!* Tão longe nunca vai o poder e a maestria deles.

Criaturas humanas dignas de lástima, não importando se professam a magia negra ou a branca, conforme seja a espécie da vontade, má ou boa... julgavam-se e julgam-se poderosas na força do espírito, quando na verdade são menos do que uma pessoa *ignorante* a tal respeito. Esta, com sua simplicidade infantil, encontra-se bem *acima* dos campos de atuação já por si inferiores de tais "ignorantes" príncipes do espírito, portanto *mais elevada* no espírito do que estes.

Tudo seria muito bom, se os efeitos da atuação de tais sumidades pudessem recair retroativamente *apenas* sobre eles próprios, mas tais "mestres", com seus esforços e atividades, deixam mais movimentadas as camadas inferiores, por si próprias insignificantes, e sem necessidade agitam-nas, fortalecendo-as assim a ponto de torná-las perigosas para todos os fracos na defesa. Para outros ficam felizmente inócuas, porque um espírito humano ingênuo, que se alegra com sua existência de maneira infantil, eleva-se sem mais nem menos *acima* dessas camadas inferiores, nas quais os sabichões chafurdam, acabando por ficar ali presos pelas formas e configurações fortalecidas por eles próprios.

Por mais sério que isso deva ser considerado, ao ser visto de cima, apresenta-se indizivelmente ridículo e triste, indigno do espírito humano. Pois inflados por falsa presunção e enfeitados de quinquilharias, rastejam e formigam ativamente em redor, a fim de insuflar vida a tal reino. Um reino de sombras no mais verdadeiro sentido, um mundo inteiro de *aparências,* que se torna capaz de mostrar ilusoriamente todo o possível e o impossível. E aquele que o evocou primeiro, por fim não poderá novamente bani-lo, terá de sucumbir!

Muitos, pois, perscrutam com afinco, para lá e para cá nessas camadas inferiores, supondo com orgulho que altura colossal alcançaram dessa maneira. Um espírito humano, claro e singelo, no entanto, pode passar descuidadamente, sem mais nem menos, por essas camadas inferiores, sem ter de aí se deter de algum modo.

O que devo ainda dizer sobre tais "sumidades"? Nem um sequer daria ouvidos a isso, uma vez que no seu reino de aparência podem por certo lapso de tempo aparentar o que na verdadeira existência *do espírito vivo* jamais conseguiriam ser, pois lá está determinado para eles: "servir". Então o querer ser mestre cessa rapidamente. Por esse motivo lutam contra isso, visto que muito lhes será tomado pela verdade! Falta a coragem para suportar isso. Quem deixaria cair de bom grado toda a estruturação de sua imaginação e de suas vaidades? Teria de ser de fato uma *pessoa direita* e realmente *grande!* E essa não teria caído em tais ciladas da vaidade.

Só uma coisa aí é entristecedora: quantas, ou melhor dito, quão poucas pessoas são tão esclarecidas e firmes em si, quão poucas ainda dispõem de tão infantil e alegre ingenuidade, a fim de poderem transpor *ilesas* esses planos, levianamente criados e continuamente fortalecidos pela vontade dos seres humanos. Para todas as demais, porém, será conjurado com isso um perigo que só aumenta constantemente.

Se os seres humanos, finalmente, pudessem se tornar *realmente videntes* nisso! Quanta desgraça poderia ser evitada. Através de uma intuição mais pura, do pensar puro de cada ser humano, todos os planos sombrios e escuros do Além teriam de ficar logo tão enfraquecidos, que até se ofereceria uma libertação mais rápida aos espíritos humanos ali retidos em luta, porque poderiam livrar-se mais facilmente do ambiente tornado mais fraco. —

Exatamente como tantos grandes "mestres" aqui na Terra, também no Além espíritos humanos vivenciam tudo como sendo inteiramente *legítimo* nos diversos ambientes, formas e configurações, quer seja nas regiões sombrias e inferiores, quer nas de matéria fina, já mais altas, mais agradáveis... o medo bem como a alegria, o desespero bem como a salvação libertadora... e, todavia, nem aí se encontram no reino da verdadeira vida, *mas a única coisa realmente viva aí são apenas eles próprios!* Tudo o mais, seu bem variado e mutável ambiente, só pode existir através deles mesmos e de seus semelhantes aqui na Terra.

Até o próprio inferno é apenas produto dos espíritos humanos, existindo, com efeito, e trazendo em si também sério perigo, desencadeando sofrimentos medonhos, e, todavia, dependente de modo exclusivo da vontade de todos aqueles seres humanos, cujas intuições conduzem para a manutenção do inferno, força proveniente da força neutra de Deus, a qual se encontra na Criação para utilização dos espíritos humanos. Portanto, o inferno não é instituição alguma de Deus, mas uma obra das criaturas humanas!

Quem reconhece *isso* direito, aproveitando conscientemente esse reconhecimento, ajudará a muitos; outrossim, ele próprio escalará mais facilmente para a Luz, *onde unicamente se encontra toda a verdadeira vida.*

Se pelo menos uma vez ainda os seres humanos se abrissem *a ponto* de se tornarem aptos a pressentir que tesouro está à sua disposição na Criação! Um tesouro que deve ser encontrado e erguido pelo espírito humano individualmente, isto é, *que deve ser utilizado conscientemente:* a força neutra principal tantas vezes por mim mencionada. Ela não conhece a distinção entre o bem e o mal, mas sim se encontra fora de tais conceitos, é simplesmente *"força viva".*

Cada vontade intuitiva de uma pessoa age *como chave* desse tesouro, estabelece contato com essa força sublime. Tanto a vontade boa como a vontade má. Ambas são reforçadas e avivadas pela "força", porque esta reage imediatamente sob a vontade intuitiva do espírito humano. E *somente* sob esta; nada além disso. O *modo de ser* da vontade é determinado pelo ser humano, está exclusivamente em suas mãos. A força não conduz nem o que é bom, nem o que é mau, mas simplesmente é "força" e vivifica o que o ser humano quis.

Importante é saber aqui, contudo, que o ser humano não traz em si mesmo essa força vivificadora, *mas possui apenas a chave para isso, na capacidade de suas intuições.* É, portanto, administrador dessa força criadora e formadora, que age de acordo com a sua vontade. Por esse motivo tem de prestar

56. No reino dos demônios e dos fantasmas

contas da atividade administrativa que exerce a cada hora. No entanto, qual criança ignorante, brinca de modo inconsciente com o fogo, ocasionando por isso, igual a ela, grandes danos. Não tem necessidade, porém, de ser ignorante! Esse é o *seu* erro! Todos os profetas e por último o Filho de Deus esforçaram-se em dar clareza a esse ponto, mediante parábolas e ensinamentos, em mostrar o caminho que as criaturas humanas devem seguir, *de que maneira* devem intuir, pensar e agir, a fim de prosseguir de *modo certo!*

Foi, porém, em vão. Com esse poder incomensurável a eles confiado, os seres humanos continuaram brincando segundo seu *próprio* parecer, sem ouvir as advertências e conselhos da Luz, trazendo assim por fim o desmoronamento e a destruição de suas obras e também de si próprios, pois essa força atua de modo inteiramente neutro, fortalece tanto a boa como a má vontade de um espírito humano, mas devido a isso destrói também a viatura e o condutor, de modo frio e sem hesitar, como automóveis guiados erradamente.

Essa imagem é certamente bastante clara enfim. Mediante a vontade e os pensamentos, os seres humanos dirigem os destinos de toda a Criação posterior, bem como os deles mesmos, e nada sabem disso. Favorecem o florescer ou o fenecer, podem alcançar soerguimento na maior harmonia ou também *aquela* confusão caótica que *atualmente* se dá! Ao invés de construir sensatamente, malbaratam desnecessariamente o tempo e a energia com tantas vaidosas futilidades.

Sensatos chamam a isso castigo e julgamento, o que em certo sentido está correto, e, todavia, foram os *próprios* seres humanos que forçaram tudo quanto agora tem de acontecer.

Houve já muitas vezes pensadores e observadores que pressentiram tudo isso, mas equivocaram-se na errônea suposição de que esse poder do espírito humano se manifestasse como um sinal da própria divindade. Isso é um erro, resultante apenas de observação externa e unilateral. O espírito humano nem é Deus nem divino. Esses tais, que pretendem ser sábios, só veem o aspecto externo dos fenômenos, mas não o núcleo. Nos efeitos, confundem a causa.

E, lamentavelmente, originaram-se dessa insuficiência muitas doutrinas errôneas e presunções. Por isso, mais uma vez acentuo: a força de Deus que perflui permanentemente a Criação e que nela reside é *apenas emprestada* a todos os espíritos humanos. Eles podem *dirigi-la, ao utilizar-se* dela, mas não a contêm em si, *ela não lhes pertence!* Tal força pertence apenas ao divinal. Este a aplica, no entanto, somente para o bem, porque o divinal nem conhece as trevas. Os espíritos humanos, porém, aos quais ela é emprestada, criaram com isso para si um covil de assassinos!

Por isso mais uma vez clamo insistentemente a todos: conservai puro o foco da vontade e de vossos pensamentos, com isso estabelecereis a paz e sereis felizes! Desse modo a Criação posterior, finalmente, ainda se assemelhará à Criação primordial, na qual reinam apenas Luz e alegria. Tudo isso está nas mãos dos seres humanos, na capacidade de cada espírito humano autoconsciente de não mais permanecer estranho nesta Criação posterior! — —

Muitos dos meus ouvintes e leitores, intimamente, desejarão que eu ainda junte aos esclarecimentos alguma imagem condizente com tal fenômeno, proporcionando um panorama vivo para melhor compreensão. A outros, por sua vez, isso estorvará. Pode haver também os que digam a si mesmos que eu com isso enfraqueço a seriedade do que foi dito, porque a reprodução de um fenômeno vivo nesses planos facilmente pode ser considerada como fantasia ou visão. Algo semelhante até já tive de ouvir quando publiquei minhas dissertações "O Santo Graal" e "Lúcifer". Todavia, as pessoas que investigam a fundo e que não têm os ouvidos espirituais fechados, intuirão aí por que isso é dito por mim. A essas, unicamente, destina-se também a imagem que quero dar a respeito, pois saberão que não é fantasia nem visão, mas sim muito mais.

Tomemos, pois, um exemplo: uma mãe pôs fim à vida, pelo afogamento, arrastando consigo à morte terrena seu filho de dois anos. Ao acordar no Além, ela encontra-se afundando em águas lôbregas, lamacentas, pois o último e terrível momento da alma tornou-se vivo na matéria fina. É o lugar onde todas as espécies iguais sofrem a mesma coisa junto com ela, em contínuo tormento. Conserva nos braços o seu filho, que a ela se apega com angústia mortal, mesmo que no ato terrenal ela o tenha lançado *antes* às águas.

Esses terríveis momentos ela terá de vivenciar durante um período menor ou maior, de acordo com a sua constituição anímica; deverá ficar, portanto, afogando-se permanentemente, sem que aí chegue a um fim, sem perder a consciência. Pode durar decênios ou ainda mais, até que desperte em sua alma o legítimo grito de socorro, baseado em pura humildade. Isso não ocorre com facilidade, pois em seu redor somente existe espécie igual, mas nenhuma Luz. Ouve apenas maldições horrendas e imprecações, palavras grosseiras; vê somente a mais brutal falta de consideração.

Com o tempo, então, talvez lhe irrompa primeiro o impulso de pelo menos proteger o filho daquilo, ou de tirá-lo daquele ambiente medonho e do perigo e tormento contínuos. Angustiada, ela o mantém, por isso, na fatalidade do próprio afundar, acima da superfície fétida e viscosa, enquanto muitas outras figuras ao seu redor, agarrando-se a ela, procuram arrastá-la consigo às profundezas.

Essas águas pesadas como chumbo são os pensamentos vivificados na matéria fina, mas ainda sem contornos nítidos, dos suicidas por afogamento, bem como de todos aqueles que ainda se encontram na Terra e se ocupam com pensamentos semelhantes. Estes têm ligação entre si e, atraindo-se de modo recíproco, conduzem mutuamente sempre novos reforços, com o que os tormentos se renovam infinitamente. Tais águas haveriam de secar, se ao invés desses afluxos de igual espécie afluíssem da Terra ondas de pensamentos refrescantes, alegres e que encerrassem alegria de viver.

A preocupação, pois, pela criança, a qual o instinto maternal permite com o tempo chegar a um amor dedicado e cuidadoso, recebe força bastante a fim de formar o primeiro degrau da escada de salvamento para a mãe, que a conduz para fora desse tormento que ela mesma criou para si, mediante tal fim prematuro de sua existência terrena. Ao mesmo tempo em que deseja resguardar a criança do tormento para o qual ela própria a arrastou, nutre algo de mais nobre em si, o que por fim conseguirá levá-la para outro ambiente, não tão lúgubre.

A criança em seus braços não é, na realidade, a alma viva do filho que ela arrastou consigo às águas, matando-o. Tal injustiça não pode ocorrer. Na maioria dos casos, a alma *viva* da criança brinca em paragens ensolaradas, ao passo que a criança nos braços da mãe em luta é apenas... um fantasma, uma configuração viva da intuição da assassina e também... da criança! Pode ser uma configuração de culpa, originada, portanto, sob a pressão da consciência de culpabilidade, ou uma configuração do desespero, do ódio, do amor, não importa, a mãe supõe que seja o próprio filho vivo, porque a configuração se assemelha perfeitamente à criança e assim também se move, chora, etc. Não quero entrar em tais pormenores nem nas muitas variações.

Inúmeros fenômenos poderiam ser descritos, cujas espécies sempre se encontram ligadas exatamente às ações precedentes.

Uma coisa, porém, ainda quero citar como exemplo, de que modo ocorre a transição do Aquém para o Além.

Admitamos que uma senhora ou uma moça tenha ficado involuntariamente em condições de vir a ser mãe e que, conforme infelizmente sucede mui frequentemente, tenha providenciado algo contra isso. Mesmo que tudo haja ocorrido, em casos especialmente favoráveis, sem prejuízos *corpóreos,* no entanto, com isso o ato não está concomitantemente remido. O mundo de matéria fina, como ambiente depois da morte terrena, registra de modo exato e ininfluenciável.

Desde o momento em que isso ocorreu, apegou-se ao pescoço de matéria fina da mãe desnaturada o corpo de matéria fina da criança em formação, para não sair desse lugar até que o ato seja remido. Evidentemente a respectiva moça ou senhora não notará, enquanto viver na Terra, no corpo de matéria grosseira. No máximo sentirá, como efeito, uma vez ou outra, certa sensação levemente angustiante, porque o pequeno corpo de matéria fina da criança em relação ao corpo de matéria grosseira tem a leveza duma pluma, e a maioria das jovens, hoje,

56. No reino dos demônios e dos fantasmas

é demasiadamente embotada para sentir esse pequeno fardo. Esse embotamento, contudo, não constitui nenhum progresso, tampouco um sinal de saúde robusta, pelo contrário, significa retrocesso, o sinal de estar enterrada animicamente.

No momento da morte terrena, porém, o peso e a densidade do pequeno corpo infantil aderente tornam-se *iguais* aos do corpo de matéria fina da mãe ao sair do corpo terreno, e com isso um autêntico fardo. Causará ao corpo de matéria fina da mãe, imediatamente, os mesmos incômodos como na Terra o agarrar-se de um corpo infantil de matéria grosseira ao seu pescoço. Conforme a natureza dos fatos anteriores, isso pode crescer até um tormento asfixiante. Terá a mãe de carregar no Além esse corpo infantil e dele não ficará livre até que nela desperte o amor materno, procurando então, de modo cuidadoso, proporcionar ao corpo infantil todas as facilidades e cuidados, penosamente e com sacrifício da própria comodidade. Até lá, porém, muitas vezes há um caminho longo, cheio de espinhos!

Esses acontecimentos não deixam de ter naturalmente também certa tragicomicidade. Basta apenas imaginar qualquer pessoa, para a qual tenha sido retirada a parede separadora entre o Aquém e o Além, entrando numa família ou reunião social. Ali talvez se encontrem senhoras em animada conversa. Uma das senhoras ou "donzelas" emite durante a conversa juízos reprovadores sobre os seus semelhantes, com revolta moral, enquanto que justamente no pescoço daquela tão revoltada ou orgulhosa, a visita vê pendurado um ou até vários pequenos corpos infantis. E não somente isso, mas em *cada uma* das demais pessoas pendem as obras de sua verdadeira vontade, nitidamente visíveis, que frequentemente se encontram em oposição, a mais grotesca, com as suas palavras e com aquilo que ela gostaria de aparentar e que também procura representar perante o mundo.

Quanto juiz há, muito mais sobrecarregado de culpa do que o réu por ele condenado e diante do qual está sentado. Quão céleres passarão os poucos anos terrenos, quando ele estará diante do *seu* juiz, perante o qual valem outras leis. E o que, então?

Infelizmente, na maioria dos casos, o ser humano consegue enganar o mundo de matéria grosseira de modo fácil; isso, no entanto, fica excluído no mundo de matéria fina. Lá, felizmente, o ser humano *terá* de colher realmente aquilo que semeou. Por isso ninguém precisa se desesperar se, apesar de tudo, o mal mantiver passageiramente o predomínio aqui na Terra. Nem sequer um único pensamento mau permanecerá inexpiado, mesmo que não se tenha concretizado numa ação de matéria grosseira.

APRENDIZADO DO OCULTISMO, ALIMENTAÇÃO DE CARNE OU ALIMENTAÇÃO VEGETAL

AS tendências, tanto do aprendizado do ocultismo como da assim chamada reforma da vida, escolheram um elevado alvo; alcançá-lo significaria uma época mais adiantada no desenvolvimento da humanidade. O tempo da concretização desses valiosos *alvos* de fato virá. Os esforços que agora surgem para esse fim, somente fazem parte do processo de fermentação dessa nova era.

Contudo, enquanto os guias das tendências ocultistas, imbuídos das melhores intenções, tomaram um caminho totalmente errado no terreno para eles próprios desconhecido, que nada de diferente alcança a não ser abrir livre passagem para as trevas, expondo a humanidade a perigos aumentados do Além, os assim chamados reformadores da vida, para conseguirem seu alvo digno de louvor, ultrapassam-no de muito, em relação à *época atual!*

As atividades de ambas as partes devem ser empreendidas diferentemente. Os exercícios espirituais exigem, desde a base, uma maneira *mais elevada* do que os até agora praticados. Há de se enveredar aí por um caminho totalmente diferente, a fim de poder chegar às alturas. O atual caminho leva exclusivamente ao cipoal inferior do Além, onde a maior parte dos seguidores é inteiramente enlaçada pelas trevas e arrastada para baixo.

O caminho *certo* tem de conduzir *para o alto desde o início,* e não deve perder-se primeiro em ambientes inferiores e no máximo de nível idêntico. Os dois caminhos não têm nenhuma semelhança, já são completamente diferentes desde sua espécie básica. O caminho certo logo eleva interiormente; segue, portanto, já desde o início para cima, sem tocar antes no ambiente de matéria fina equivalente, muito menos ainda no inferior, pois isso é desnecessário, uma vez que no sentido normal só deve haver um aspirar da Terra para cima. Por isso seja feita novamente uma séria advertência com relação a todo o acrobatismo do espírito.

Necessita o espírito durante sua existência terrena, imprescindivelmente, de um corpo sadio e robusto, terrenalmente em estado normal, para o *pleno* cumprimento de sua finalidade de existir. Alterando-se esse estado do corpo, tal alteração perturba a harmonia totalmente necessária entre o corpo e o espírito. *Só essa* proporciona um desenvolvimento sadio e eficaz do espírito, impedindo excrescências doentias.

O corpo sadio e não oprimido, devido ao seu estado normal, harmonizará sempre com o espírito de modo absolutamente natural, proporcionando-lhe assim uma base firme na matéria, na qual o espírito não se encontra sem finalidade, e dando-lhe, outrossim, o melhor auxílio para cumprir de modo integral essa sua finalidade de autodesenvolvimento e concomitante beneficiamento da Criação.

Cada corpo gera determinadas irradiações que o espírito necessita categoricamente para sua atividade na matéria. Antes de tudo, é a tão misteriosa força sexual, que fica independente do instinto sexual. No caso de uma alteração da harmonia entre o corpo e o espírito, essa força que atua traspassando e irradiando é puxada para outra direção e assim enfraquecida em sua finalidade real.

Isso ocasiona um estorvo ou paralisação do cumprimento na existência do espírito na matéria. A consequência disso é que também o espírito não pode atingir um desenvolvimento normal e, por essa razão, terá de cair para trás enfraquecido, incondicionalmente, de qualquer ponto ulterior de sua desejada escalada, a fim de recuperar uma grande parte do seu curso evolutivo, devido à natureza da coisa. Pois o que ele negligencia na matéria grosseira, não pode recuperar na matéria fina, porque lá lhe faltam, para tanto, as irradiações do corpo de matéria grosseira. Terá de voltar, para preencher essa lacuna.

57. Aprendizado do ocultismo, alimentação de carne ou...

Nesses acontecimentos também se encontra uma tão nítida objetividade, um fenômeno tão natural e simples, que nem pode ser diferente. Qualquer criança se certificará disso claramente, achando lógico, se tiver compreendido acertadamente as leis básicas. Preciso ainda de toda uma série de dissertações, para trazer tão perto da humanidade a Criação grandiosa, de forma que ela mesma possa ver todos os fenômenos em suas naturalíssimas sequências, regressiva e progressivamente, na incomparável e maravilhosa conformidade de leis.

Esse desvio da força sexual, indispensável ao espírito na matéria, pode dar-se de diversas maneiras. Por excesso das práticas sexuais ou apenas por seu excitamento. Bem como pelo aprendizado do ocultismo ou pelos falsos exercícios espirituais, quando o espírito chama a si violentamente essa força do corpo amadurecido, para desperdiçá-la nessa espécie de atividade errada e inútil. Em ambos os casos uma aplicação errada que, com o tempo, acarretará também enfraquecimento do corpo.

O corpo enfraquecido, por sua vez, não pode produzir mais irradiações tão fortes como o espírito realmente necessita, e assim um adoece pelo outro mais e mais. Chega-se desse modo a uma unilateralidade que *sempre* se processa em detrimento da finalidade correta, acarretando por isso danos. Não quero entrar aqui em pormenores sobre outros desvios, onde o espírito, identicamente, necessita demais da força sexual para finalidades erradas, dispondo por isso de menos para a finalidade principal, assim como na leitura de livros que deixam surgir um falso mundo na fantasia e outras coisas mais.

Em todos esses casos o espírito chega *imaturo* ao mundo de matéria fina e leva consigo também um corpo de matéria fina *fraco*. As consequências de tais pecados terrenos intervêm em todo o ser de maneira tão incisiva, que cada ser humano terá de pagar por isso com peso multiplicado. Tal negligência, tal atuação errada durante o tempo terreno adere-se então a ele, de modo embaraçador, tornando-se-lhe cada vez mais pesada, até que ele, como já foi dito, em certo ponto de sua escalada, não pode mais prosseguir, e então cai para trás, para lá onde sua atuação errada se iniciou. Até o limite onde ainda possuía sua harmonia.

A força de um espírito, desenvolvido por aprendizado do ocultismo, com prejuízo do corpo, é também apenas *aparente*. O espírito então *não é forte*, mas sim como uma planta de estufa, que mal pode resistir aos ventos, muito menos ainda às tempestades. Tal espírito é *doente*, e não evoluído. O estado equivale a uma febre produzida artificialmente. Também o doente febril pode dispor temporariamente de energias extraordinárias, para então recair ainda mais na fraqueza. Mas o que para o doente febril representa apenas segundos e minutos, para o espírito equivale a decênios e séculos. Chegará um momento em que tudo isso se vingará amargamente.

Por toda parte a harmonia é a única coisa certa. E unicamente o *caminho do meio* proporciona harmonia em tudo. A beleza e a força da harmonia têm sido tão frequentemente cantadas. Por que não se quer deixá-la valer aqui, mas destruí-la categoricamente?

Todo aprendizado do ocultismo no modo de ser de até agora é errado, mesmo que o alvo seja elevado e necessário. —

Totalmente diferente é com os guias e os adeptos das assim chamadas reformas da vida. O caminho aqui é certo, sim, mas se quer fazer já *hoje, aquilo* que *só* será adequado *em gerações,* e por essa razão o efeito final é hoje não menos perigoso para a maioria dos seres humanos. *Falta a transição necessária.* A época para o início está aí! Todavia, não se deve sem mais nem menos saltar com os dois pés para dentro; pelo contrário, deve-se conduzir a humanidade *lentamente.* Para isso decênios não bastam! Conforme se pratica hoje, ocorre, na realidade, mesmo com aparente bem-estar do corpo, um enfraquecimento devido à velocidade da transição. E o corpo assim enfraquecido jamais conseguirá se fortalecer de novo!

Alimentação vegetal! Produz, mui acertadamente, o refinamento do corpo humano, um enobrecimento, também o fortalecimento e grande saneamento. Com isso o espírito também é soerguido. *No entanto, tudo isso não é já para a humanidade de hoje.* Sente-se a falta de uma direção ponderada nessas tendências e lutas.

Para o corpo de hoje não basta, em nenhuma circunstância, uma alimentação vegetal assim de imediato, como se fazem tentativas tão frequentemente. Está muito bem quando aplicada temporariamente, e talvez durante anos com doentes; indispensável até para curar algo ou, fortalecendo unilateralmente, ajudar em alguma parte; isto, porém, não perdurará. Deverá então ser reiniciada lentamente a alimentação a que hoje os seres humanos estão tão acostumados, se é que o corpo deva manter sua plena força. A aparência de bem-estar engana.

Certamente é muito bom quando também os sadios uma vez se utilizem durante algum tempo exclusivamente da alimentação vegetal. Sem dúvida sentir-se-ão bem com isso e, igualmente, sentirão um livre impulso do seu espírito. Mas isso é causado pela *mudança,* como qualquer mudança refresca, também espiritualmente.

Mantendo, porém, subitamente a alimentação unilateral de modo permanente, não notarão então que, na realidade, se tornam mais fracos e mais sensíveis para muitas coisas. A serenidade e o estado de equilíbrio, na maioria dos casos, não constituem nenhuma força, antes uma fraqueza de bem determinada espécie. Apresenta-se agradável e não opressiva, por não ter sua origem numa doença.

O estado de equilíbrio é semelhante ao equilíbrio da ainda sadia *velhice,* com exceção do enfraquecimento do corpo. Está, pelo menos, muito mais próximo dessa espécie de fraqueza, do que da fraqueza de uma doença. O corpo não pode aí, pela falta repentina daquilo a que está habituado desde milênios, reunir aquela força sexual da qual o espírito necessita para o pleno cumprimento de sua finalidade na matéria. —

Muitos fervorosos vegetarianos notam-no pela leve moderação do instinto sexual, o que saúdam alegremente como progresso. Isso, porém, não é de modo algum o sinal do enobrecimento de seu espírito através da alimentação vegetal, mas sim a *diminuição* da força sexual, que terá de acarretar igualmente a diminuição de seu impulso espiritual na matéria.

Existem aí erros sobre erros, porque o ser humano quase sempre só vê diante de si o mais próximo. Certamente é de se saudar e constitui um progresso quando o instinto sexual inferior se torna muito mais moderado do que é hoje, pelo enobrecimento do espírito. Certo também é que ingerir carne aumenta o instinto sexual, mas não devemos medir aí pela humanidade de hoje, pois nela o instinto sexual tem sido *cultivado em excesso, unilateralmente e de modo doentio,* sendo hoje de todo antinatural. Isso, porém, não se deve lançar, exclusivamente, na conta do uso da carne.

A moderação do instinto sexual, absolutamente, não depende da diminuição da força sexual. Pelo contrário, esta é capaz de amparar, *auxiliadoramente,* o espírito humano, *libertando-o* da dependência hoje manifesta do instinto grosseiro. A força sexual é até o *melhor meio* para isso. —

A transição, como primeiro degrau, é limitar-se exclusivamente à *carne branca.* Quer dizer: aves, vitela, cordeiro e outras, ao lado da alimentação vegetal aumentada.

"Não descuidai de vosso corpo", quero clamar para um grupo, advertindo! Para o outro grupo, o contrário: "Pensai no espírito!" Então o que estiver certo ainda amadurecerá das confusões da época atual.

MAGNETISMO TERAPÊUTICO

O MAGNETISMO terapêutico ocupa uma das posições de liderança no desenvolvimento progressivo do gênero humano. Quando falo dos magnetoterapeutas entende-se com isso exclusivamente pessoas sérias e capacitadas, dispostas a ajudar a humanidade com vontade sincera. Não acaso o grupo daqueles que, com insignificante irradiação mediana, muitas palavras e gestos misteriosos, supõem realizar algo de grande.

Uma inquietação nervosa passa hoje pelas fileiras daqueles corajosos, que já há anos, em tantos casos, ofereceram aos seus semelhantes a melhor dádiva terrena que podiam ofertar: a cura de vários sofrimentos por meio do assim chamado magnetismo de seu corpo, ou mediante a transmissão de correntes semelhantes provenientes da matéria fina, do Além.

Infelizmente se procura, sempre de novo, denominar a classe dos magnetoterapeutas como de pouco valor, senão até algo pior, a fim de embaraçá-los e de oprimi-los. Com muito alarde se exagera demasiadamente as exceções isoladas, onde a vil ganância criou caracteres desonestos, ou onde de antemão já havia intenções fraudulentas como motivação, visto nem sequer ter existido essa bela dádiva nos praticantes.

Olhai em redor: onde é que *não* existem enganadores e charlatães? Encontram-se por toda parte! Em outras profissões até muito mais ainda. Por esse motivo cada um vê aí, nessas hostilidades, imediatamente e de modo claro, o mal frequentemente *intencional*.

Mas a inveja, e mais ainda o medo, fazem crescer agora o número dos adversários e dos inimigos. Em rodas de cerveja e vinho *essa* arte terapêutica, evidentemente, *não* pode ser adquirida.

Ela exige pessoas sérias e, acima de tudo, equilibradas e sadias!

A maior raiz de toda inveja, certamente, reside *nisso,* o que acarreta então as principais hostilidades, pois condições de tal espécie não são hoje fáceis de preencher. E o que aí se perdeu, não será possível recuperar.

Além do mais, *legítima* e vigorosa força curativa não se aprende. É uma dádiva, que qualifica de convocado aquele assim agraciado.

Quem quiser oprimir tais pessoas, prova que *não* tem diante dos olhos o bem da humanidade, muito menos ainda no coração. Sobrecarrega-se assim também com uma culpa que terá de lhe ser fatal.

O pequeno grupo desses corajosos não precisa temer. Os obstáculos são passageiros. Na realidade constituem um sinal seguro de uma breve, alegre e altiva ascensão.

VIVEI O PRESENTE!

OBSERVANDO-SE os seres humanos, verificam-se diversos setores. Uma parte vive exclusivamente no passado. Quer dizer, começam a compreender algo, somente quando já passou. Acontece, pois, que nem podem alegrar-se de fato com algo que ocorre, nem intuir toda a gravidade de uma coisa. Só depois é que começam a falar disso, a entusiasmar-se ou a entristecer-se com isso. E nesse repetido falar somente sobre aquilo que pertence ao passado, sentindo-se bem nisso ou lastimando-se, negligenciam sempre de novo o que ocorre no presente. Só quando se tornou velho, passado, é que começam a apreciá-lo.

Outra parte, por sua vez, vive no futuro. Constantemente desejam e esperam somente do futuro e esquecem, assim, que o presente tanto lhes tem a oferecer; esquecem, igualmente, de agir de tal modo, que muitos de seus sonhos, referentes ao futuro, poderiam se tornar realidade.

Ambas as partes, às quais pertence a grande maioria dos seres humanos, na realidade praticamente nem têm vivido na Terra. Malbaratam seu tempo terreno.

Haverá também pessoas que compreenderão algo completamente errado com a conclamação: "Vivei o presente"; talvez que eu queira incentivar o gozo e a usufruição de cada momento, encorajando para uma determinada vida leviana. Dessas há, pois, tantas, que concordando dessa maneira cambaleiam pela vida de modo insensato.

Com essa conclamação eu exijo, sim, um aproveitar total de cada minuto, mas *interiormente,* e não apenas exteriormente. Cada hora do presente tem de se tornar um verdadeiro vivenciar para o ser humano! Tanto o sofrimento, como a alegria.

Deve ele estar aberto e assim *alerta* para o presente, com todo seu meditar e pensar, e com a intuição. Somente *assim* terá lucro da existência terrena, lucro esse que aí lhe está previsto. Nem nas reflexões do passado nem nos sonhos referentes ao futuro pode encontrar um verdadeiro vivenciar, tão forte, que imprima um cunho ao seu espírito, e o qual, como lucro, leve consigo para o Além.

Se não *vivencia,* também não poderá *amadurecer,* pois o amadurecimento depende, exclusivamente, do vivenciar.

Se, pois, não tiver sempre vivenciado em si o *presente* na existência terrena, voltará vazio e terá de percorrer mais uma vez o tempo assim perdido, porque não esteve aí alerta, não tendo se apropriado de nada através de vivência.

A vida terrena é como um degrau na existência inteira do ser humano, tão grande, que ele não pode saltá-lo. Não colocando, pois, seus pés de modo firme e seguro sobre o degrau, não pode, de modo algum, subir ao seguinte, pois necessita do anterior como base para tanto.

Se a criatura humana imaginar sua existência inteira como voltando desta Terra para a Luz, ascendendo em degraus, terá então de ficar ciente de que só pode alcançar o próximo degrau, se tiver cumprido plenamente o anterior, estando firmemente nele. É de ser expresso até mais fortemente ainda: somente do cumprimento completo e incondicional do respectivo degrau a ser vivenciado, pode desenvolver-se o imediatamente acima. Se uma criatura humana não cumpre, pelo vivenciar, aquele degrau em que se encontra, o que unicamente lhe pode servir para o amadurecimento, então o novo degrau não se lhe tornará visível, porque ela necessita para este da vivência do degrau anterior. Somente com o preparo dessa vivência, recebe a força para reconhecer e escalar o próximo degrau acima.

Assim prossegue de um degrau para outro. Se quiser olhar *somente* para o alvo elevado, sem dar a devida atenção a cada degrau que a leva até lá, jamais alcançará esse alvo. Os degraus, que ela própria tem de construir para a escalada, seriam assim demasiadamente precários e também frágeis demais, acabando por ruir na tentativa de escalada.

Esse perigo, porém, é prevenido pelo fenômeno natural de que um degrau seguinte só pode se desenvolver sempre pelo total cumprimento do degrau presente. Quem, pois, não quiser permanecer durante a metade de sua existência num degrau, e voltar repetidamente para o mesmo, esse que se obrigue a pertencer sempre inteiramente ao presente, a compreendê-lo acertadamente, a vivenciá-lo, para que tenha proveito espiritual disso.

Com isso também não lhe faltará lucro terrenal, pois sua primeira vantagem disso será nada esperar dos seres humanos e da época, senão aquilo que *realmente* lhe podem dar! Assim, nunca se decepcionará e permanecerá em harmonia com o ambiente.

Trazendo, porém, em si apenas o passado e os sonhos do futuro, mui facilmente irá além do âmbito de seu presente em suas expectativas, devendo entrar assim em desarmonia com o presente, com o que *não somente ele* sofre, mas *também o seu ambiente mais próximo.*

Deve-se, sim, também pensar no passado, a fim de extrair dele ensinamentos, bem como sonhar com o futuro, a fim de receber estímulo, mas *viver* plenamente consciente deve-se apenas no presente!

O QUE TEM O SER HUMANO DE FAZER PARA PODER ENTRAR NO REINO DE DEUS?

SERIA errado responder a essa pergunta, que se apresenta frequentemente, com uma bem determinada regra, dizendo: faz isso e faz aquilo! *Com isso não se indicou nenhum caminho!* Não haveria nisso nada de vivo e, por esse motivo, também nada que tenha vida poderia originar-se daí, o que é absolutamente indispensável para um impulso ascendente, pois unicamente *vida* contém a necessária chave para a ascensão.

Se eu, porém, disser: "Faz isso e aquilo, deixa esse", estarei dando assim apenas fracas muletas, exteriores, com as quais ninguém pode se locomover direito e sozinho, porque essas muletas não lhe servem concomitantemente para "ver". E, no entanto, precisa *ver* diante de si, nitidamente, o *"caminho",* do contrário nada lhe adiantam as muletas. Tal pessoa coxeia errante como um cego num caminho desconhecido. Não, isso não é o certo; mais uma vez conduziria apenas a um novo dogma que, obstando, impede qualquer escalada.

Reflita o ser humano: se quiser entrar no reino do espírito, terá evidentemente de ir até lá. *Ele* terá de ir, o reino não vem a ele. No entanto, este se encontra no ápice da Criação, *é* o próprio ápice.

O espírito humano, porém, encontra-se ainda nos baixios da matéria grosseira. Por isso, certamente será compreensível a cada um que antes terá de percorrer o caminho desses baixios até às alturas almejadas, a fim de alcançar o alvo.

Para que não se perca, também é indispensável que *conheça exatamente* todo o trajeto que terá de percorrer. E não apenas esse trajeto em si, mas também tudo quanto lhe possa vir ao encontro nele, quais os perigos que com isso o ameaçam e quais os auxílios que lá encontra. Uma vez que todo esse trajeto se encontra *na Criação, é* a Criação, torna-se indispensável que um peregrinador, que se dirige ao reino do espírito, *conheça* antes, portanto de modo absolutamente exato, a Criação que o conduz até lá. Pois quer atravessá-la, do contrário não chegará ao alvo.

Até agora não houve, pois, nenhum ser humano que pudesse descrever de *tal forma* a Criação, conforme é necessário conhecê-la para a escalada. Dito de outro modo, não houve ninguém que pudesse indicar de modo visível e nítido *o caminho para o Supremo Templo do Graal,* para o ponto mais alto da Criação. O caminho para aquele Templo que se encontra no reino do espírito como o Templo do Altíssimo, onde só existe o *puro* culto a Deus. Não imaginado apenas figuradamente, mas existindo em toda a realidade.

A Mensagem do Filho de Deus já apontou uma vez esse caminho. No entanto, pelo querer ser inteligente dos seres humanos, ela foi *interpretada de modo errôneo* múltiplas vezes e com isso os *indicadores do caminho* foram *colocados erradamente,* pelo que, conduzindo a esmo, não deixam ascender nenhum espírito humano. —

Todavia, chegada é a hora em que *cada* espírito humano *terá* de se decidir pelo sim ou pelo não, pelo dia ou pela noite, se deva haver uma ascensão às alturas luminosas ou um escorregar para baixo, de modo categórico e irrevogável, sem possibilidade mais tarde de uma nova alteração para ele. Por isso vem agora outra vez uma Mensagem do luminoso Supremo Templo. A Mensagem, pois, *corrige* os indicadores de caminho erradamente colocados, a fim de que o caminho certo se torne reconhecível aos que procuram *sinceramente.*

Felizes de todos aqueles que se orientarem por ela, com os sentidos lúcidos e o coração aberto! Nela aprenderão, pois, a conhecer *tudo isso* na Criação, verão *os* degraus que seu espírito tem de se utilizar para a escalada, a fim de ingressar no reino do espírito, no Paraíso.

Cada um individualmente encontrará nela o que *ele* necessita, a fim de escalar para a Luz com as faculdades que *ele* possui.

Só isso dá *vida,* liberdade para a escalada, desenvolvimento das faculdades individuais, indispensáveis para isso, e não apenas um jugo uniforme em dogma fixo, que o torna um escravo sem vontade própria, oprimindo o desenvolvimento autônomo e, com isso, não somente embaraçando a ascensão, mas, para muitos, destruindo-a totalmente. —

O ser humano que conhece a Criação em sua atuação de acordo com as leis, compreende logo nela a grande vontade de Deus. Sintonizando-se direito com isso, a Criação então lhe serve, portanto também o caminho, *somente* para uma alegre ascensão, pois desse modo está também de maneira certa na vontade de Deus. Seu caminho e vida devem por isso estar certos! —

Não é um beato levantar de olhos, não é se contorcer por remorsos, se ajoelhar, rezar, mas é a oração *realizada,* executada vivamente com atividade sadia, alegre e pura. Não é suplicar choramingantemente por um caminho, mas *vê-lo* com grato soerguer dos olhos e *segui-lo* alegremente.

Completamente diferente do que até agora foi pensado apresenta-se, portanto, toda a vida que pode ser chamada de agradável a Deus. Muito mais bela, mais livre! É o estar *certo na Criação,* conforme quer o vosso Criador através da Criação! Na qual, falando figuradamente, segura-se a mão de Deus, que Ele assim oferece à humanidade.

Conclamo, por isso, ainda uma vez: tomai, finalmente, tudo *de modo objetivo, real,* não mais figuradamente, e sereis vós mesmos de fato, em lugar das atuais sombras mortas! Aprendei a conhecer direito a Criação, *em suas leis!*

Nisso se encontra o caminho para o alto, em direção à Luz!

VÊS O ARGUEIRO NO OLHO DE TEU IRMÃO E NÃO ATENTAS PARA A TRAVE NO TEU OLHO

CADA um julga haver entendido plenamente essas palavras simples, e, todavia, haverá poucos que reconheceram seu verdadeiro sentido. É unilateral e errado interpretar esse dito como se tivesse sido expresso apenas para o ser humano aprender a ter indulgência para com o seu próximo. Indulgência para com o seu próximo vem com o vivenciar dessa frase, espontaneamente como algo evidente, mas apenas em segundo lugar.

Quem perscruta assim as palavras de Cristo, não perscruta suficientemente a fundo, mostrando assim que se acha muito distante de poder tornar vivas as palavras do Filho de Deus, ou que ele subestima de antemão a sabedoria contida em seus ditos. Também essas palavras, como tudo o mais nas interpretações de muitos pregadores, estão enquadradas na moleza e na lassidão *daquele* amor, que a Igreja de tão bom grado procura apresentar como amor cristão.

O ser humano, porém, pode *e deve* aplicar esse ditame do Filho de Deus apenas como medida de seus próprios erros. Se olhar à sua volta com olhos abertos e se simultaneamente observar aí a si próprio, reconhecerá logo que exatamente aqueles erros que mais o incomodam no próximo, são os que se acham pronunciados nele próprio, em escala grandemente acentuada e incômodos para outrem.

E a fim de aprenderdes a observar acertadamente, será melhor primeiro prestardes cuidadosa atenção aos vossos semelhantes. Dificilmente haverá entre esses um que não tenha a reclamar isso ou aquilo de outrem, pronunciando-se também aberta ou veladamente a respeito. Tão logo isso aconteça, mantende essa pessoa, que se queixa dos defeitos dos outros ou até se irrita, sob rigorosa observação a tal respeito. Não tardará muito até descobrirdes, para vosso espanto, que exatamente aqueles defeitos que a referida pessoa tão acerbamente censura nos outros, encontram-se em grau muito maior nela mesma!

Isso é um fato que no começo vos deixará perplexos, mas que se apresenta *sempre,* sem exceção. Ao julgar as pessoas, podeis no futuro considerar, serenamente, isso como certo, sem precisardes temer que estais errando. Permanece o fato de que uma pessoa que se irrita com estes ou aqueles defeitos de outrem, com certeza possui exatamente os mesmos defeitos em escala muito maior.

Procedei um dia com calma a tais exames. Conseguireis, e logo reconhecereis a verdade, porque vós próprios não estais aí implicados e, portanto, não procurais atenuar coisa alguma em ambas as partes.

Tomai, pois, uma pessoa que cultivou em si o mau costume de ser predominantemente mal-humorada e descortês, raras vezes mostrando uma fisionomia afável, a quem, portanto, se prefere evitar. Exatamente essas são as que se outorgam o direito de quererem ser tratadas de modo especialmente afável, e exasperam-se, moças e senhoras, até mesmo a ponto de chorar, quando uma vez enfrentam, justificadamente, apenas um olhar repreensivo. A um observador sereno isso atua de modo tão indizivelmente ridículo e triste, que se esquece de se indignar com isso.

E assim é de mil e uma maneiras diferentes. Fácil se tornará para vós o aprender e o reconhecer. Mas quando então chegardes a tanto, deveis também ter a coragem de supor que vós próprios não formais exceção alguma, uma vez que encontrastes a prova em todos os demais. E com isso, finalmente, ser-vos-ão abertos os olhos para vós próprios. Isso equivale a um grande passo, talvez até o maior para o vosso desenvolvimento! Cortareis com isso um nó que hoje mantém a humanidade inteira oprimida! Libertai-vos e auxiliai então, alegremente, também aos outros de igual maneira.

É o que quis dizer o Filho de Deus com essas simples palavras. Tais valores educativos ele os deu com suas frases singelas.

Os seres humanos, porém, não *procuraram* nelas de modo sincero. Quiseram, como sempre, sobrepondo-se, aprender apenas a olhar sobre os outros de modo indulgente. Isso lisonjeava o seu orgulho repugnante.

A completa miserabilidade de seu falso pensar se põe por toda parte em evidência nas interpretações de até agora, isto é, o farisaísmo desvelado e hipócrita. Transplantou-se inalteradamente para o cristianismo. Pois mesmo os que se dizem perscrutadores, aceitaram e continuam aceitando tudo com demasiada leviandade em sua habitual ilusão de que com a leitura, realmente, também devam ter compreendido o sentido, porque assim o fazem crer a si próprios, bem de acordo com *seu* respectivo parecer.

Isso não é nenhum sincero procurar. Por isso não conseguem encontrar o verdadeiro tesouro. Por isso também não pôde haver nenhum progresso. O Verbo permaneceu morto para aqueles que deviam torná-lo *vivo* dentro de si, a fim de auferir daí valores que conduzam às alturas.

E cada frase que o Filho de Deus outorgou à humanidade encerra tais valores, que só não foram encontrados porque nunca foram procurados corretamente.

A LUTA NA NATUREZA

TOLOS, vós que sempre de novo perguntais se é certa a luta na Criação, vós que a considerais apenas como crueldade; não sabeis que com isso vos designais como fracalhões, como nocivos para qualquer possibilidade de ascensão atual?

Despertai finalmente dessa moleza inaudita, que só deixa *afundar* lentamente o corpo e o espírito, jamais, porém, se elevarem!

Olhai em redor de vós, vendo, reconhecendo, e tereis de *abençoar* a grande força impulsionadora que impele para a luta e, com isso, para a defesa, a cautela, a *vigilância* e a *vida!* Ela protege a criatura do envolvimento pela indolência mortífera!

Acaso poderá um artista atingir um ponto culminante e mantê-lo, se não se exercitar constantemente, lutando para tanto? Não importa com o que se ocupe, quão fortes as capacitações que possua. A voz de um cantor logo se enfraqueceria, perdendo sua firmeza, se não puder obrigar-se a exercitar e aprender sempre de novo.

Um braço só se pode robustecer quando se exercita continuamente. Negligenciando nisso, terá de enfraquecer. E assim também cada corpo, cada espírito! Voluntariamente, porém, pessoa alguma se deixa levar a isso. Alguma obrigação deve prevalecer!

Se queres ser sadio, então *cuida* de teu corpo e de teu espírito. Quer dizer, mantém-nos em rigorosa atividade!

Aquilo que o ser humano hoje e desde sempre tem na conta de "cuidar" não é o certo. Ou entende com "cuidar" um doce ócio, no qual, por si só, já se encontra o que é enfraquecedor, entorpecedor, ou pratica o "cuidar" apenas de modo unilateral, como em cada esporte, isto é, o cuidar torna-se "esporte", *excesso unilateral* e com isso transforma-se em abuso leviano, ambicioso, indigno para uma humanidade séria.

Verdadeira humanidade deve, pois, ter diante dos olhos o *alvo máximo,* que não se pode alcançar com salto em altura, natação, corridas, equitação e dirigir insensatamente. A humanidade e a Criação inteira não lucram coisa alguma com semelhantes façanhas individuais, para as quais tantas pessoas sacrificam, mui frequentemente, a maior parte de seus pensamentos, de seu tempo e de sua vida terrena!

Que tais excrescências pudessem se formar, mostra como é falso o caminho que a humanidade segue e como também tem desviado essa grande força impulsionadora na Criação só para trilhas erradas, malbaratando-a assim em brincadeiras fúteis, senão até em prejuízo, obstruindo o progresso sadio para o qual todos os meios se encontram na Criação.

Em sua presunção humana torcem de tal modo o curso das fortes correntes do espírito que devem beneficiar o impulso ascendente, que em lugar do benefício desejado, surgem estagnações que atuam como obstáculos, os quais, retroativamente, aumentam o impulso para a luta e, por fim, rebentando, arrastam tudo consigo para as profundezas.

É com *isso* que o ser humano, hoje, se ocupa predominantemente em suas vazias brincadeiras e fúteis ambições aparentemente científicas. Como *perturbador* em toda a harmonia da Criação!

Já há muito teria caído no sono indolente da ociosidade, ao qual deve seguir a podridão, se não existisse ainda na Criação, felizmente, o impulso para a luta, que o *obriga, mesmo assim,* a se mexer! Do contrário, já há muito tempo teria chegado à arrogância de que Deus deve cuidar dele através de Sua Criação, como nos sonhos do país da utopia. E se para tanto expressa seu agradecimento numa oração vazia, seu Deus então está altamente recompensado, pois existem muitos que nem lhe agradecem por isso!

Assim é o ser humano, e de fato nada diferente.

Ele fala de crueldade na natureza! Não lhe ocorre a ideia, antes de tudo, de examinar-se uma vez a si próprio. Só quer sempre criticar.

Mesmo na luta entre os animais só existem bênçãos, nenhuma crueldade.

Basta que se observe bem qualquer animal. Tomemos, por exemplo, o cão. Quanto mais atenciosamente for tratado tal cão, tanto mais comodista se tornará, mais preguiçoso. Se um cão vive na sala de trabalho de seu dono e este atenta, cuidadosamente, para que o animal jamais seja pisado, ou apenas empurrado, mesmo que se deite em lugares onde constantemente esteja em perigo de poder ser machucado sem intenção, como junto à porta, etc., isso redunda apenas em *prejuízo* do animal.

Em bem pouco tempo o cão perderá sua própria vigilância. Pessoas "de bom coração" dizem, atenuando "afetivamente", talvez até comovidas, que com isso ele mostra uma "confiança" indizível! Sabe que ninguém o machucará! Na realidade, porém, nada mais é do que uma grave diminuição da capacidade de *"vigilância"*, um acentuado retrocesso da atividade anímica.

Se, no entanto, um animal tem de estar constantemente alerta e em prontidão de defesa, ele não somente se torna e permanece animicamente vigilante, mas progredirá continuamente em inteligência, *lucrando* de toda maneira. Permanecerá vivo em todos os sentidos. E isso é progresso! Assim se dá em relação a *cada* criatura! Do contrário sucumbe, pois também o corpo enfraquece nesse caso pouco a pouco, tornando-se mais facilmente acessível às doenças, não tendo mais nenhuma capacidade para resistir.

Que o ser humano também aqui mantenha e exerça em vários sentidos uma disposição totalmente errada em relação ao animal, não surpreenderá um observador rigoroso, uma vez que o ser humano, sim, tem se sintonizado em *tudo,* mesmo em relação a si próprio e em relação a toda a Criação, de modo totalmente errôneo, causando espiritualmente apenas prejuízos em toda parte, ao invés de trazer vantagens.

Se hoje não existisse mais na Criação o impulso para a luta, a que tantos indolentes denominam como cruel, há muito tempo a matéria já se encontraria em apodrecimento e em decomposição. Atua ainda como *algo conservador,* de modo anímico e físico, jamais como algo destruidor, conforme superficialmente apenas

62. A luta na natureza

aparenta. De outra maneira não haveria nada mais que conservasse essa inerte matéria grosseira em movimento e, com isso, saneada e vigorosa, depois que o ser humano torceu tão ignominiosamente, devido à sua perdição, o efeito refrescante a isso realmente destinado, da *força espiritual* que tudo perpassa, de modo que ela não pode atuar *assim* como realmente deveria!

Se o ser humano não houvesse malogrado tanto em sua destinação, muita coisa, *tudo mesmo,* se apresentaria hoje de modo diferente! Inclusive a assim chamada "luta" não se encontraria *naquela* forma em que se apresenta *agora.*

O impulso para a luta seria enobrecido, espiritualizado, pela vontade ascendente das criaturas humanas. O efeito, primitivamente bruto, em vez de aumentar como se dá agora, ter-se-ia com o tempo modificado, devido à influência espiritual *correta,* para um impulso comum e alegre em benefício mútuo, que requer a mesma intensidade de energia que a mais violenta luta. Só com a diferença de que da luta sobrevém cansaço; do benefício, porém, pelo efeito retroativo, maior intensificação ainda.

Por fim, ter-se-ia estabelecido através disso, também na cópia da Criação, onde a vontade *espiritual* do ser humano constitui a influência mais forte, o estado paradisíaco da verdadeira Criação, para *todas* as criaturas, onde não será mais necessária nenhuma luta e nenhuma aparente crueldade! O estado paradisíaco, porém, não é acaso ociosidade; pelo contrário, equivale à mais enérgica *atividade,* à vida real, pessoal e plenamente consciente!

Que isso não tivesse podido acontecer, é culpa do espírito humano! Volto repetidamente ao incisivo pecado original, que descrevo minuciosamente na dissertação "Era uma vez..."

Só o total falhar do espírito humano na Criação, com o *emprego abusivo* da força espiritual entregue a ele, através dos desvios dos efeitos *para baixo,* em vez de em direção às alturas luminosas, conduziu às excrescências erradas de hoje!

Até da faculdade de reconhecer o erro, o ser humano já se descuidou, perdeu-a. Portanto, eu só *pregaria* a *ouvidos surdos,* se quisesse falar mais ainda a tal respeito. Quem *quiser* "ouvir" realmente e *puder* procurar com sinceridade, encontrará na minha Mensagem *tudo* quanto precisa! Por toda parte constam esclarecimentos a propósito do grande falhar, que acarretou tão indizível desgraça em tão múltipla configuração.

Quem, todavia, for *surdo espiritualmente,* como tantos, tem, pois, apenas o riso estúpido da incompreensão, que deve *aparentar saber,* mas denuncia, na realidade, apenas leviana superficialidade, equivalente à máxima estreiteza mental. Quem hoje ainda se impressiona de algum modo com o riso idiota dos que são espiritualmente restritos, nada vale. *A esse respeito* cabe o dito de Cristo: "Deixai que os mortos enterrem seus mortos!" Pois quem é *espiritualmente* surdo e cego, equivale a morto espiritualmente!

O espírito humano podia, com a sua faculdade, transformar o mundo terrestre num paraíso, como cópia da Criação! Não o fez e por isso vê agora o mundo diante de si *assim* como a sua influência errada o deformou. *Nisso se encontra tudo!* Por conseguinte, não insulteis por falsa moleza um fenômeno tão importante como a luta na natureza, que necessariamente ainda equilibra um pouco do que o ser humano negligenciou! Não ouseis ainda dar o nome de "amor" à vossa moleza doce-abafadiça, amor no qual a criatura humana procura de tão bom grado enfileirar as suas fraquezas! A falsidade e a hipocrisia terão de se vingar amargamente!

Por isso ai de ti, ó criatura humana, obra corroída de tua arrogância! Caricatura daquilo que *deverias ser!*

Contemplai com calma o que costumais chamar de natureza: montanhas, lagos, bosques, prados! Em todas as estações do ano. Os olhos podem saciar-se com a beleza de tudo aquilo que contemplam. E então refleti: o que tanto vos alegra e vos recreia são os frutos de um atuar de tudo quanto é *enteal,* que se encontra na Criação *abaixo* do espiritual, cuja força vos foi outorgada!

Depois procurai os frutos de *vosso* atuar, vós que sois espirituais e que teríeis de efetuar algo mais elevado do que o enteal que vos antecede.

Que vedes aí? Apenas uma imitação sem vida de tudo aquilo que o enteal já fez, mas nenhum desenvolvimento progressivo em direção à altura ideal no que é vivo e, com isso, na Criação!

62. A luta na natureza

Com instintos criadores simplesmente atrofiados, procura a humanidade imitar formas sem vida, enquanto que, de espírito livre e consciente, com o olhar voltado para o divinal, seria capaz de formar algo bem diferente, muito mais grandioso!

Da grandeza, que só provém do espírito livre, os seres humanos se privaram criminosamente, e por isso, além de imitações pueris, conseguem somente fazer ainda... máquinas, construções, técnica. Tudo, como eles próprios, preso à Terra, inferior, vazio e morto!

Esses são os frutos que os seres humanos agora, como sendo espirituais, podem contrapor à atuação do enteal. *Assim* cumpriram a missão espiritual na Criação posterior doada a eles para tanto!

Como querem agora subsistir na prestação de contas? Pode aí então causar espanto, que o elevado Paraíso *tenha* de permanecer fechado para as criaturas humanas com o pendor pelo que é inferior? Deve ainda causar surpresa, se agora, no fim, o enteal destrói de modo retroativo a obra tão erradamente conduzida pelo espírito humano? —

Quando tudo vier a desmoronar sobre vós, em consequência de vossa incapacidade notória, então cobri vosso rosto, reconhecei envergonhados a imensa culpa com que *vos* sobrecarregastes! Não tenteis, novamente, por causa disso, acusar vosso Criador ou chamá-lo de cruel, de injusto!

Tu, porém, ó pesquisador, examina-te com sinceridade e impiedosamente, e então procura sintonizar todo teu pensar e intuir, sim, todo o teu ser, de modo *novo* sobre base *espiritual,* a qual não mais vacilará como aquela base até agora intelectiva e por isso muito restrita!

EFUSÃO DO ESPÍRITO SANTO

O ACONTECIMENTO descrito na Bíblia, da efusão do Espírito Santo sobre os discípulos do Filho de Deus, é para muitas pessoas um fenômeno ainda inexplicável, considerado frequentemente como extraordinário, como só tendo ocorrido aquela única vez e, consequentemente, como sucedido de modo arbitrário.

Reside, outrossim, exatamente nessa consideração errônea, a causa do aparente "inexplicável".

Esse acontecimento não foi único, não foi levado a efeito especialmente para os discípulos, mas foi já desde o existir da Criação um fenômeno que se *repete com regularidade!* Com *esse* reconhecimento também o inexplicável perder-se-á logo, tornando-se compreensível aos leitores da Mensagem do Graal que perscrutam seriamente, sem que aí se perca em grandeza, pelo contrário, se torne antes de tudo muito mais poderoso ainda.

Quem houver estudado cuidadosamente a minha Mensagem do Graal, já pôde também ter achado nela a solução para isso, pois leu também o esclarecimento "O Santo Graal". Aí mencionei a renovação da força, que se *repete regularmente* cada ano para a Criação inteira. É o momento em que nova força divina se derrama no Santo Graal para a conservação da Criação!

Com isso surge por momentos sobre o Graal a "Pomba Sagrada", que é a forma espiritual visível da presença do Espírito Santo, que pertence diretamente à "forma" do Espírito Santo, constituindo, portanto, uma parte de sua "forma".

Como a Cruz é a forma espiritual visível da Verdade divina, assim a "Pomba" é a forma visível do Espírito Santo. *É* a forma, realmente, não é imaginada apenas como forma!

63. Efusão do Espírito Santo

Essa renovação de forças através do Espírito Santo, isto é, da vontade viva de Deus, que é a força, ocorre cada ano num bem determinado tempo no santuário do supremo ápice ou Templo, que abriga o Santo Graal, no único ponto de ligação da Criação com o Criador, e por isso também chamado o *Supremo Templo do Graal.*

A renovação pode ser designada também de efusão de forças, isto é, efusão do Espírito Santo ou, mais nitidamente ainda, efusão de forças *através* do Espírito Santo, pois o Espírito Santo não é acaso derramado; pelo contrário, ele derrama força!

Uma vez que os discípulos naquele dia se encontravam reunidos, pensando no seu Senhor que havia ascendido e que lhes prometera enviar o Espírito, isto é, a força viva, nesse recordar fora então dada uma base de ancoragem *a esse fato,* para que se efetivasse em determinado e correspondente grau, diretamente sobre os discípulos reunidos na Terra em devoção, e assim sintonizados com o acontecimento que se realizava ao mesmo tempo no espiritual primordial! Principalmente porque o caminho para esses discípulos fora possibilitado e aplainado pela existência terrena do Filho de Deus.

E por *esse* motivo aconteceu o milagroso, que, aliás, não havia sido possível na Terra, cujo vivenciar é transmitido na Bíblia. O *vivenciar* puderam os evangelistas descrever, mas não o processo em si, que eles próprios ignoravam.

O Pentecostes vale, pois, aos cristãos como recordação desse acontecimento, sem que tenham um pressentimento de que efetivamente nessa época, mais ou menos, é que ocorre o dia da Pomba Sagrada, no Supremo Templo do Graal, isto é, o dia da renovação de força para a Criação através do Espírito Santo! Evidentemente, nem sempre no dia exato de Pentecostes calculado na Terra, mas sim na aproximada época deste.

Naquela ocasião a reunião dos discípulos coincidiu *exatamente* com o fato real! Mais tarde será também aqui na Terra comemorado, regularmente e na época *certa,* como a suprema e mais sagrada solenidade da humanidade, em que o Criador outorga, repetidamente, Sua força conservadora à Criação, como o "dia da Pomba Sagrada", isto é, o dia do Espírito Santo, como grande oração de gratidão a Deus-Pai!

Será comemorado por *aquelas* pessoas que finalmente estiverem *conscientemente* nesta Criação, que chegaram então a conhecê-la de modo certo em todos os seus efeitos. Devido a sua sintonização devocional na época exata, será também possível que, ao se abrirem, chegue, reciprocamente, de novo a bênção viva até embaixo, na Terra, e se derrame nas almas sedentas, como outrora nos discípulos.

Paz e júbilo trará então essa época, que já não mais está tão distante, se as criaturas humanas não falharem nem quiserem ficar perdidas por toda a eternidade.

SEXO

GRANDE parte dos seres humanos terrenos se deixa oprimir sobremaneira pelos pensamentos referentes às relações entre os dois sexos, o masculino e o feminino. Excluídos disso ficam, sim, apenas os levianos, que em geral não se deixam oprimir por nada. Todos os outros, por mais diferentes que sejam, procuram aberta ou silenciosamente dentro de si alguma solução.

Existem, felizmente, muitas pessoas que exatamente a tal propósito anseiam por um orientador certo. Se seguiriam de acordo, fica, aliás, duvidoso. É fato, contudo, que se ocupam muito com isso e que em grande parte se deixam também oprimir pela certeza consciente de que se encontram diante dessa questão de modo ignorante.

Procurou-se resolvê-la ou fixá-la em problemas matrimoniais, mas não se aproximou ainda com isso de uma ideia fundamental satisfatória, uma vez que aqui, como por toda parte, o objetivo principal é apenas que o ser humano saiba com o que tem de tratar! Do contrário jamais chegará a uma conclusão. Permanece-lhe a inquietação.

Muitos confundem aí, mui frequentemente, já de antemão, o conceito certo da palavra "sexo". Tomam-na de modo genérico, quando o verdadeiro sentido disso é muito mais profundo.

Se quisermos ter uma imagem certa a tal respeito, não devemos ser tão unilaterais a ponto de comprimi-la em preceitos que somente podem servir a uma ordem social, puramente terrena, e muitas vezes totalmente oposta às leis da Criação. Em assuntos tão sérios é indispensável aprofundar-se na Criação, a fim de compreender o *pensamento básico*.

Denominamos o conceito, feminino e masculino, simplesmente de dois sexos diferentes. A palavra sexo, porém, faz com que a maioria das pessoas erre de modo incisivo desde o início, porque involuntariamente em muitos surgem pensamentos ligados à procriação. E isso é errado. A separação entre feminino e masculino *nesse* sentido, dentro da grande acepção da Criação, somente tem algo a ver com a mais externa e densa matéria grosseira. No fenômeno *principal,* não.

Que é um sexo? O germe espiritual, em sua saída do reino espiritual, não tem sexo. Também não ocorre uma cisão, conforme é admitido muitas vezes.

No fundo, um germe espiritual permanece sempre individual. Com a conscientização do germe espiritual em sua peregrinação através da Criação posterior, isto é, da cópia automática da Criação propriamente, adquire, como já disse diversas vezes, as formas humanas que conhecemos, de acordo com a gradação de sua conscientização, as quais são cópias das imagens de Deus, dos primordialmente criados.

Decisivo aí é, pois, o *modo de atividade* de um germe espiritual. Isto é, em que direção tal germe espiritual, durante a conscientização, procura desenvolver de modo predominante as faculdades nele latentes, se de modo positivo, vigorosamente impulsionador, ou de modo negativo, serenamente conservador. Para onde sua vontade principal o impele.

E, com a atividade por ele realizada, mesmo que essa atividade no início conste somente dum forte desejar, que se intensifica num forte anseio, *molda-se a forma.*

O positivo constitui a forma masculina, o negativo, a forma feminina. Nisso já o masculino e o feminino se mostram reconhecíveis, exteriormente, por sua forma. Ambos são por suas formas a expressão definida da *espécie* de sua atividade, que escolhem ou desejam. Tais desejos são, na realidade, em sua origem, apenas as expressões da constituição específica dos respectivos germes espirituais, portanto, negativa ou positiva.

Feminino e masculino nada têm a ver, portanto, com o conceito habitual de um sexo, mas mostram apenas *o modo de atividade na Criação.* Somente na matéria grosseira tão conhecida dos seres humanos se desenvolvem, oriundos da forma, os órgãos de reprodução que compreendemos por masculino e feminino. Somente o corpo de matéria grosseira, isto é, o corpo terreno, necessita desses órgãos para a sua reprodução.

O modo de atividade na Criação molda, pois, a forma do corpo propriamente, a masculina ou a feminina, da qual o corpo terreno de matéria grosseira é, por sua vez, apenas uma reprodução toscamente feita.

Com isso colocam-se também as práticas sexuais naquele degrau a que pertencem, isto é, no mais baixo degrau existente na Criação, na de matéria grosseira, que se encontra bem distante do espiritual.

Tanto mais triste é, pois, quando um espírito humano se submete de tal modo ao jugo dessas práticas, pertencentes ao invólucro mais externo, a ponto de tornar-se um escravo disso! E isso infelizmente se tornou hoje tão generalizado, resultando num quadro que mostra como o inavaliável e elevado espiritual, voluntariamente, tem de se deixar pisar e prender embaixo, sob a camada da matéria mais grosseira.

É evidente que tal procedimento antinatural tenha de resultar num fim nefasto. Antinatural porque o espiritual, por natureza, é o mais elevado na Criação toda, e só pode reinar harmonia nela, enquanto o espiritual dominar como o supremo, ficando tudo o mais *debaixo* dele, inclusive na ligação com a matéria grosseira terrena.

Não preciso mostrar aqui, especialmente, o triste papel que representa uma pessoa que coloca o seu espírito sob o domínio do manto de matéria mais grosseira. De um manto que só através dele adquire a sua sensibilidade, devendo perdê-la de novo pelo despir; uma ferramenta na mão do espírito, que necessita, sim, de cuidados, a fim de que seja mantida útil, mas que só pode, pois, continuar sempre uma ferramenta dominada.

A forma espiritual, enteal e fino-material do corpo modifica-se tão logo um germe espiritual modifique a sua atividade. Se passar predominantemente do negativo para o positivo, então a forma feminina terá de se transformar em masculina e vice-versa, pois a espécie *predominante* da atividade molda a forma.

Contudo, o invólucro de matéria grosseira terrena não pode acompanhar assim rapidamente a modificação. Esse não é de tal modo transformável, razão por que é destinado também apenas para um prazo bem curto. Aqui aparece então uma modificação nas *reencarnações,* que na maioria dos casos são numerosas.

Assim acontece que um espírito humano peregrina suas vidas terrenas às vezes *alternativamente* em corpos masculinos e femininos, de acordo com a sua modificada sintonização interior. Mas então é um estado antinatural provocado pela torção teimosa e violenta.

A acepção dos seres humanos de que para cada pessoa exista uma alma complementar, é correta em si, mas não no sentido de uma cisão precedente. A alma dual é apenas aquela *adequada* a outra alma. Quer dizer, uma alma que desenvolveu exatamente *aquelas* faculdades que a outra alma deixou adormecer em si. Disso advém então uma complementação total, resulta num trabalhar em comum de todas as faculdades do espírito, de todas as positivas e de todas as negativas. Mas tais complementações não se dão apenas uma vez, pelo contrário, muitas vezes, de maneira que uma pessoa ao desejar uma complementação não depende acaso, exclusivamente, de uma bem determinada pessoa. Dessas poderá encontrar muitas em sua existência terrena, contanto que conserve pura e vigilante a sua faculdade intuitiva.

As condições de vida para a felicidade não são, portanto, de modo algum tão difíceis de cumprir, como parece à primeira vista aos semiconhecedores. A felicidade é muito mais fácil de ser obtida do que tantos imaginam. A humanidade só tem de conhecer, antes de mais nada, as leis que residem na Criação. Se viver de acordo com elas, *terá* de se tornar feliz! Hoje, porém, ela ainda se acha muito distante disso e, por essa razão, aqueles que se aproximam da Verdade na Criação sentir-se-ão, por enquanto, solitários na maior parte das vezes, o que porém de modo algum infelicita, mas sim traz em si uma grande paz.

PODE A VELHICE CONSTITUIR UM OBSTÁCULO PARA A ASCENSÃO ESPIRITUAL?

A VELHICE não constitui nenhum obstáculo, mas sim *estímulo,* uma vez que na velhice a hora do trespasse se aproxima visivelmente. Trata-se apenas da preguiça e do comodismo, já frequentemente mencionados por mim como os piores inimigos, com os quais se sobrecarregam tais hesitantes, sucumbindo com isso.

O tempo da vagabundagem espiritual terminou, assim como o tempo do comodismo e da espera aconchegante. Com implacabilidade e terribilidade sinistra isso se abaterá em breve sobre os dorminhocos e preguiçosos, que até o mais surdo despertará.

O estudo de minhas dissertações, porém, condiciona de antemão um esforço próprio, uma concentração enérgica de todos os sentidos, e com isso uma vivacidade espiritual e vigilância *integral!* Só *então* se consegue aprofundar em minhas palavras, compreendendo-as também realmente.

E isso é desejado assim! Recuso cada indolente espiritual.

Se pelo menos um grãozinho da Verdade, oriunda da pátria, do reino espiritual, as criaturas humanas tiverem *deixado* de soterrar dentro de si, então a Palavra *terá* de atingi-las como um chamado, pressuposto que também se esforcem em lê-la uma vez ininfluenciadamente e com toda a seriedade. E se *então* nada intuírem que nelas desperte um eco, assim também no Além mal será possível ainda acordá-las, porque lá, igualmente, não podem receber *nada de diferente.* Permanecem paradas onde se colocam por vontade própria. Ninguém as forçará a desistirem disso, mas também não sairão dessa matéria a tempo, a fim de se salvarem da decomposição, portanto, da condenação eterna.

O "não querer ouvir", naturalmente, levam consigo desta Terra para a matéria fina, e lá não se comportarão diferentemente de como aqui aconteceu.

Como pode mesmo a velhice constituir um obstáculo? É um chamado da eternidade que as atinge, proveniente da Palavra que, no entanto, não querem ouvir por assim lhes ser mais cômodo. Mas a comodidade por fim as destruirá, se não quiserem se tornar vivas em tempo. A pergunta, porém, mostra mui nitidamente essa comodidade. É a mesma espécie de tantas pessoas, que permanentemente querem se iludir a si próprias, sob qualquer pretexto mais ou menos aceitável. Pertencem ao joio que, pelos vindouros vendavais purificadores, não será fortalecido, pelo contrário, varrido por ser imprestável para a seriedade da verdadeira existência.

Exigiriam sempre novos prazos do Criador para refletir, sem jamais chegarem a uma escalada, para a qual devem se esforçar espiritualmente. Por tal motivo não vale a pena ocupar-se com isso longamente. São os eternamente querentes e os que jamais realizam algo em si. E com isso também perdidos. — —

PAI, PERDOAI-LHES, POIS NÃO SABEM O QUE FAZEM!

QUEM não conhece essas palavras tão significativas que Jesus de Nazaré pronunciou quando pendia na cruz. Uma das maiores intercessões que jamais foram pronunciadas. De modo nítido e claro. Todavia, permaneceu-se durante dois milênios diante dessas palavras sem compreendê-las. Foram interpretadas *unilateralmente*. Apenas *naquela* direção que parecia agradável aos seres humanos. Não houve um sequer que levantasse sua voz em prol do verdadeiro sentido e o bradasse com toda a clareza à humanidade, principalmente aos cristãos!

Contudo, não apenas isso. *Todos* os acontecimentos abaladores da vida terrena do Filho de Deus foram colocados sob luz errada, devido à unilateralidade na transmissão. São erros, contudo, que não somente o cristianismo apresenta, mas encontram-se em *cada* religião.

Quando discípulos colocam o puramente pessoal do preceptor e mestre acima de tudo e bem em evidência, então isso é compreensível, principalmente quando esse mestre é arrancado de modo tão brutal e repentino de seu meio, para ser exposto, na mais completa inocência, a gravíssimos sofrimentos e aos mais grosseiros escárnios e, por fim, à tormentosíssima morte.

Tal coisa se grava, profundamente, nas almas daqueles que puderam conhecer o seu preceptor da maneira mais ideal na convivência em comum, fazendo com que aquilo que é pessoal se coloque então à frente de todas as recordações. Isso é absolutamente natural. Mas a sagrada *missão* do Filho de Deus foi a sua *Palavra,* foi trazer a Verdade das alturas luminosas, a fim de assim mostrar à humanidade seu caminho para a Luz, que até então lhe esteve vedado, porque seu estado espiritual, em seu desenvolvimento, não possibilitava *seguir* anteriormente aquele caminho!

Os sofrimentos infligidos pela humanidade a esse grande portador da Verdade ficam completamente à parte!

Mas aquilo que nos discípulos era evidente e natural, na religião posterior resultou em muitos e grandes erros. A *objetividade* da Mensagem de Deus ficou longe, em segundo plano, diante do culto pessoal ao portador da Verdade, o que Cristo jamais quis.

Por tal motivo, patenteiam-se falhas no cristianismo, que levam ao perigo dum descalabro, se os erros não forem reconhecidos a tempo, corrigidos corajosamente e confessados com franqueza.

Nada mais é de se esperar, senão que o menor progresso sincero terá de tornar visíveis tais lacunas. Então, decididamente, é melhor não se desviar delas, mas atacá-las corajosamente! Por que não há de a purificação partir da própria direção, de modo vigoroso e alegre, com o olhar livre para a grande divindade! Agradecidos, grandes grupos da humanidade seguiriam o chamado, como que libertados duma opressão, pressentida sim, porém nunca reconhecida, que os conduz à Luz de jubilosa convicção! —

Seguindo o hábito todo *daquelas* pessoas que se sujeitam às cegas ao domínio ilimitado de seu próprio raciocínio, estreitando assim fortemente a sua faculdade de compreensão, deu-se à vida terrena de Cristo valor igual ao da sua missão. Interessaram-se por questões de família e por todos os acontecimentos terrenos, até mais ainda aí do que pela finalidade essencial de sua vinda, que consistia em dar aos espíritos humanos amadurecidos explicações sobre todo fenômeno *legítimo* na Criação, onde, exclusivamente, encontram a vontade de Deus, que nela foi entretecida e assim, para eles, confirmada.

Trazer essa até aí desconhecida Verdade, *unicamente,* tornou necessária a vinda de Cristo à Terra. Nada mais. Pois sem reconhecer corretamente a vontade de Deus na Criação, ser humano algum consegue encontrar o caminho para a escalada ao reino luminoso, muito menos ainda segui-lo.

66. Pai, perdoai-lhes, pois não sabem o que fazem!

Ao invés de aceitarem esses fatos simplesmente como tais, de se aprofundarem na *Mensagem* e de *viverem* de acordo com ela, conforme repetida e insistentemente exigiu o portador da Verdade, os fundadores da religião cristã e igrejas criaram como base principal um culto *pessoal* que os obrigou a fazer dos sofrimentos de Cristo algo muito diferente do que foi na realidade.

Precisavam disso para esse culto! Daí resultou, por fim, mui naturalmente em sua evolução, um erro grave após outro, os quais, crescendo, se tornam obstáculos para tantas pessoas, nem deixando reconhecer corretamente o *caminho certo.*

Somente a estruturação errada, por *falta de objetividade,* acarretou o estabelecimento da desvirtuação de todo acontecer. A simplicidade, puramente objetiva, teve, sim, de sucumbir no momento em que o culto principal se tornou estritamente pessoal! Surgiu daí o impulso de ancorar a missão do Filho de Deus principalmente na *vida terrena.* Sim, resultou numa necessidade, propriamente, para isso.

Que assim, porém, se procede *erradamente,* o próprio Cristo provou em todo o seu modo de ser. Mais de uma vez repeliu clara e incisivamente o que era de pessoal em relação a si. Sempre indicava para Deus-Pai, cuja vontade cumpria e em cuja força se encontrava e agia em cada palavra e em cada ação. Explicava como, de então por diante, deveriam os seres humanos aprender a olhar para *Deus-Pai,* mas nunca se referiu aí a si próprio.

Uma vez que nisso não se obedecia às suas palavras, não podia, finalmente, deixar de acontecer que se passasse a considerar *o sofrimento terreno* de Cristo como sendo *indispensável* e desejado por Deus, tachando-o até de missão principal de sua *vinda* à Terra! Segundo a concepção oriunda disso, ele veio das alturas luminosas apenas para sofrer aqui na Terra!

Como ele próprio não se carregara com *uma* culpa sequer, ficou novamente apenas um caminho para a justificação: tinham de ser então os pecados alheios, que ele colocara sobre si, a fim de expiá-los por eles!

O que restava, então, senão continuar a construir *dessa maneira* na base colocada.

Força nutridora e solo adequado deram, outrossim, a superavaliação íntima já não mais tão desconhecida e da qual a humanidade inteira sofre. Uma consequência daquele grande pecado original que fora dirigido contra o espírito e que já repetidas vezes expliquei minuciosamente. Na supervalorização do raciocínio o ser humano só conhece a si próprio, e não ao seu Deus, para o qual ele destruiu assim todas as pontes. Apenas poucos possuem ainda, aqui e acolá, precários pontilhões para o espiritual, os quais só podem deixar pressentir bem pouco, mas *nunca saber.*

Por isso ninguém atinou com o pensamento correto e natural *de separar totalmente o sofrimento terreno de Cristo, como acontecimento à parte da Mensagem de Deus.* De reconhecer todas as hostilidades, perseguições e torturas como graves e brutalíssimos crimes que realmente foram. É um novo e grande agravo enaltecê-los como necessidade!

Mui certamente esses sofrimentos e a morte torturante na cruz merecem uma luz irradiante da mais sublime glória, porque o Filho de Deus não se deixou apavorar ante tão hedionda acolhida pelos seres humanos ávidos por domínio e vingativos, o que, após o pecado original, era de se esperar, mas sim, apesar de tudo, por causa daqueles poucos bons, trouxe sua tão necessária Mensagem da Verdade à Terra.

O ato é de se avaliar tanto mais elevado, porque realmente se trata apenas de uma pequena parte da humanidade que deseja salvar-se dessa maneira.

Novo ultraje contra Deus é, no entanto, quando os crimes de outrora dessa humanidade devam ser tão atenuados por meio de falsas pressuposições, como se as criaturas humanas aí apenas fossem instrumentos para uma realização necessária.

Devido a essa *incorreção* surge, por parte de muitas pessoas *que pensam,* a incerteza com relação às consequências do procedimento de Judas Iscariotes! Com toda a razão. Pois se era necessária a morte de Cristo na cruz, em prol da humanidade, Judas com a traição forneceu o instrumento indispensável para isso, por conseguinte não deveria, na realidade, ser punível por aquilo no sentido espiritual. Mas a verdade sobre o acontecimento real afasta todas essas divergências, cujo aparecimento

66. Pai, perdoai-lhes, pois não sabem o que fazem! 411

justificado somente resulta na comprovação de que a acepção até agora mantida tem de ser realmente errada. Pois onde existe o *certo* não há lugar para tais questões inexplicadas, pelo contrário, o fenômeno completamente natural pode ser tomado em consideração por *qualquer* lado, sem deparar com nenhum obstáculo.

Deve-se ter finalmente, agora, a coragem de reconhecer nesse enaltecimento a covardia mantida acobertada apenas pela astúcia do raciocínio preso à Terra, o maior inimigo de tudo aquilo que pode se elevar *acima* dele, conforme sempre se observa nitidamente em qualquer sujeito inferior. Ou como presunção disfarçada que se origina da mesma fonte! É, pois, agradável imaginar ser considerado tão precioso, que uma divindade, lutando para tanto, tome a si todos os sofrimentos, apenas para poder oferecer ao homúnculo um lugar de honra no divino reino de júbilo!

Assim é *realmente* a acepção fundamental, dita nua e crua! Não tem outro aspecto, tão logo se arranque com mão firme as lantejoulas daquelas formas!

Que tal acepção só possa originar-se da mais restrita estreiteza mental a respeito de todos os fenômenos extraterrenos, certamente mal preciso ainda mencionar. É sempre de novo uma das graves consequências da glorificação do raciocínio terreno, que intercepta toda visão livre e ampla. Depois do pecado original, a adoração desse ídolo raciocínio aumentou mui naturalmente de modo constante, até desenvolver-se, pois, no anticristo terrenalmente poderoso ou, falando mais claramente ainda, em tudo quanto é *antiespiritual!* Hoje, pois, isso é nitidamente reconhecível, para onde quer que se olhe. Para tanto não se necessita mais de uma visão apurada.

E visto que *somente* o espiritual pode proporcionar a ponte para a aproximação e para a compreensão de tudo quanto é divinal, a instituição do domínio do raciocínio terreno, ao qual hoje todas as ciências se confessam orgulhosamente, nada mais é do que a *declaração aberta de hostilidade a Deus!*

Contudo, não somente as ciências, mas sim a *humanidade inteira* movimenta-se hoje sob esse signo! Mesmo cada um que se denomina sério perscrutador, traz consigo esse veneno.

Por essa razão, não é antinatural que também a Igreja deva conter em si muito disso. Eis por que se imiscuiu tanta coisa na reprodução e nas interpretações de todas as palavras do Salvador, fato que tem sua origem unicamente na astúcia terrena do raciocínio!

Essa é também a serpente que sempre de novo tenta o ser humano, da qual adverte a narração da Bíblia! Unicamente essa serpente da astúcia do raciocínio coloca cada ser humano ante a decisão enganadora: *"Teria Deus dito...?"*

Tão logo fique entregue a ela qualquer decisão, portanto ao raciocínio exclusivamente, sempre, como indicado de modo acertado na Bíblia, escolherá o que é *hostil* a Deus ou *afastado* de Deus, o puramente terrenal, o muito inferior, ao qual pertence, sim, o próprio raciocínio como flor disso. Por isso ele não consegue compreender o que é mais elevado.

O ser humano recebeu o raciocínio a fim de que este lhe *dê* para cada vida *terrena,* em relação ao *espiritual* que tende para cima, *um contrapeso para baixo,* com a finalidade de que o ser humano na Terra não paire somente em alturas espirituais, esquecendo com isso a sua missão terrena. O raciocínio deve também servir-lhe para facilitar toda a vida terrena. Antes de tudo, porém, para transmitir ao pequeno âmbito terrenal, para levar à efetivação na matéria terrenalmente visível, o forte impulso pelo que é elevado, puro e perfeito, que reside no espírito. *Como sua constituição mais intrínseca.* Atuando como servidor do espírito vivo, como seu criado! Não como quem decide, nem como quem tudo dirige. Deve auxiliar a criar possibilidades terrenas, portanto materiais, para a concretização do impulso espiritual. Deve ser o instrumento e o servo do espírito.

Se, no entanto, lhe for permitido decidir *sozinho,* como acontece atualmente, então não continua mais apenas como contrapeso, não mais como auxiliador, mas sim coloca no prato da balança de cada decisão *somente o seu próprio peso,* e isso mui naturalmente terá como consequência o *afundar,* porque ele puxa para baixo. Outra coisa aí não pode suceder, uma vez que pertence à matéria e a ela permanece fortemente atado, ao passo que o espiritual vem de cima. Ao invés de, auxiliando, estender a mão para o espiritual, de modo a robustecer-se e engrandecer-se, repele a mão mais forte do espiritual estendida para ele e a exclui tão logo lhe seja tudo entregue. Nem pode de outro modo, age aí apenas segundo as leis de sua própria constituição.

Mas, note-se bem, o raciocínio terreno só é inimigo do espírito *quando* for colocado *acima* dele! Não antes. Pois estando *sob* o domínio do espírito, conforme está estabelecido por natureza, segundo a vontade do Criador, permanece um criado fiel, que se pode *apreciar* como tal. Conceda-se-lhe, porém, contrário às leis naturais, um lugar de regente, ao qual não tem direito, então ele oprime, como consequência imediata, tudo o que possa perturbá-lo, a fim de conservar-se no trono emprestado. Fecha automaticamente as portas que, permanecendo abertas, deveriam lançar luz sobre suas deficiências e absoluta estreiteza.

Um retrato dos atos *daquelas* pessoas que em condições de vida ordenadas e sob boa condução sentem crescer suas capacitações, superavaliam-nas e, na decadência a seguir, devido à incapacidade para algo mais elevado, lançam um povo à miséria e à calamidade. Assim como aquelas jamais podem chegar a um entender, procurando lançar sempre toda a culpa da própria incapacidade somente sobre o passado, perante si mesmas e os outros, tampouco o raciocínio humano reconhecerá que jamais poderia atuar no lugar do espírito superior, sem provocar os mais graves danos e por fim a ruína. Em tudo é sempre o mesmo quadro, idêntico acontecer em eterna repetição.

Reflita o ser humano de modo sereno e claro, a respeito desse fenômeno. Tudo se lhe tornará logo compreensível, devendo parecer também como o mais natural.

Essa circunstância fechou também, com relação aos fundadores de igrejas e religiões, a cortina sobre a tão grande simplicidade da Verdade divina, estendendo um véu sobre qualquer possibilidade de uma compreensão acertada.

A humanidade não poderia sobrecarregar-se com coisa mais terrível, do que com essa estreiteza voluntária, a incapacidade de compreensão de tudo aquilo que se situa extraterrenalmente, portanto da parte muito maior de todos os fenômenos. Isso se encontra assim literalmente *acima* de seu horizonte tão restrito.

Lute, pois, uma pessoa contra a impenetrabilidade de tal muro. Logo terá de reconhecer como se confirma a palavra do poeta, que contra a estupidez, mesmo deuses lutariam *em vão!*

Esse muro resistente só poderá ser rompido de dentro para fora pelo próprio ser humano, individualmente, por ter sido construído de dentro. *Mas não querem!*

Por isso o falhar hoje está em toda parte. Para onde quer que se olhe, há um quadro da mais desoladora confusão e de muita miséria!

E, em cima do monte de escombros, se encontra vazio, cheio de si, orgulhosamente, o causador da confusão tremenda... o "homem moderno", conforme costuma denominar-se de preferência. O "progressista", que na realidade regrediu constantemente! Exigindo admiração, cognomina-se também ainda de "puro materialista". —

Acrescentam-se ainda a tudo isso as inúmeras cisões, o sempre crescente ódio mútuo, apesar da uniformidade da escravidão voluntária! Nem empregador nem os empregados têm culpa disso, nem o capital nem a sua falta, nem a Igreja nem o Estado, nem as diferentes nações, mas tão somente a sintonização errada das pessoas, individualmente, fez com que tudo chegasse a tanto!

Até mesmo os assim chamados perscrutadores da Verdade raramente se encontram agora no caminho certo. Nove décimos deles tornam-se meros fariseus, que olham criticando de modo arrogante os seus semelhantes, combatendo-se aí ainda com afinco. Tudo está errado! Terá de vir primeiro ainda a inevitável consumação de um fim terrível, antes que alguns ainda possam despertar desse sono.

Voltar ainda é possível. A cada um! Mas em breve virá, finalmente, o "tarde demais" para sempre, contrário a todas as esperanças de tantos fiéis, que cultivam as acepções errôneas de que há necessidade, sim, de um período mais ou menos longo para a indispensável purificação, conforme o ser humano individualmente, e de que, por fim, seu caminho terá de conduzir, pois, novamente rumo à Luz, à alegria eterna, à felicidade da proximidade divina!

Esse pensamento é um consolo agradável, contudo incorreto, não correspondendo à Verdade. — Observemos mais uma vez com calma e lucidez, contudo em traços largos, o grande processo evolutivo da Criação e das criaturas humanas que a ela pertencem. Prestai atenção exatamente à *lei primordial da igual espécie,* que frequentemente tenho explicado, incluindo tudo quanto ela encerra de imutáveis e indispensáveis consequências no atuar:

A matéria, qual um grande campo de plantio, segue no gigantesco círculo orbital na orla *mais baixa* da Criação toda, como a parte mais pesada. Desde a semente primordial, em constante movimento, desenvolvendo-se continuamente, cada vez mais se congregando, formando até os astros a nós visíveis, aos quais pertence esta Terra. Portanto, amadurecendo até a máxima florescência e frutificação, que corresponde ao nosso tempo, para então, na supermaturação vindoura, completamente por si só, segundo as leis da Criação, decompor-se novamente, dissolver-se na semente primordial que, prosseguindo, recebe continuamente o ensejo de ligar-se e formar-se novamente. —

Assim o quadro global, serenamente observado de cima.

A matéria em si nada mais é do que a substância que serve para o *formar,* para invólucros, chegando à vida só quando o enteal não material, que paira *acima* dela, a penetre e então, através da ligação, a incandesça.

A ligação dessa matéria com o enteal não material forma uma base para o desenvolvimento progressivo. Do enteal formam-se também todas as almas de animais.

Acima dessas duas divisões básicas, o material e o enteal, encontra-se ainda, como divisão mais elevada da Criação, *o espiritual.* É uma constituição por si, conforme os meus leitores já sabem. Desse espiritual partem as sementes que desejam se constituir nos espíritos humanos autoconscientes.

Somente no campo de cultivo da matéria é que tal semente do espírito consegue amadurecer, tornando-se espírito humano autoconsciente, igual ao grão de trigo que se desenvolve no campo de cultivo numa espiga madura.

Sua penetração no solo material, porém, só é possível quando este tiver atingido certo grau de desenvolvimento, que em sua constituição corresponda à capacidade de acolhida do espiritual, situado no ponto mais alto de toda a Criação.

É *aquela* época em que a Criação produz o corpo animal desenvolvido ao máximo, onde não mais é possível um maior desenvolvimento através da alma animal proveniente do enteal.

Uma pequena cópia, uma repetição desse grande fenômeno universal, por exemplo, é oferecida mais tarde, repetidamente, pelo nascimento terreno da alma humana, aliás, da mesma forma que num ser humano, como coroa da Criação, portanto como a criatura mais elevada criada, todo o fenômeno universal se reflete. Uma alma humana também só pode penetrar no corpo infantil, em formação no ventre materno, quando esse corpo tiver atingido uma bem determinada maturidade. Antes, não. Só o indispensável estado de maturidade abre à alma o caminho de entrada. Esse momento se encontra *no meio* de uma gestação.

Assim, igualmente, no grande fenômeno universal a época do desenvolvimento máximo do corpo animal também ocorre no meio, isto é, na metade do circular orbital de toda a matéria! O leitor preste bem atenção nisso.

Uma vez que nesse ponto o *enteal* da alma animal tinha outrora atingido o *máximo* no desenvolvimento do corpo material, abriu-se então nessa conjuntura, automaticamente, o caminho para a penetração do *espiritual,* situado *acima dele!*

E a semente espiritual, pois, como o ínfimo em sua igual espécie espiritual, só poderia entrar por sua vez na obra prima máxima do enteal situado abaixo dela, portanto no corpo animal desenvolvido ao máximo por este.

Nesse penetrar, por sua constituição superior, toma logo em mãos naturalmente a direção de tudo, podendo então conduzir o corpo por ela habitado, bem como todo o seu ambiente terreno, a um desenvolvimento mais progressivo ainda, o que o enteal não teria conseguido. Com isso se desenvolve de modo natural e concomitantemente também o espiritual.

Assim o breve quadro de todos os fenômenos *na* Criação, cujas minúcias exatas ainda darei em dissertações posteriores, até em todas as mínimas partes.

Voltemos à primeira entrada dos germes de espíritos humanos nesta matéria, portanto na metade do circular orbital da matéria. Os animais de outrora, desenvolvidos ao máximo e hoje erroneamente denominados como seres humanos primitivos, extinguiram-se. Deles, apenas foram conduzidos ao aprimoramento *aqueles* corpos, nos quais haviam penetrado *germes espirituais,* em lugar das almas enteais de animais. Os germes espirituais amadureceram nisso em múltiplas vivências, elevaram o corpo animal até o corpo humano por nós conhecido, agrupando-se em raças e povos. —

O grande pecado original havia passado. Foi a primeira ação de decisão espontânea depois da autoconscientização dos germes espirituais, e consistiu em colocar o raciocínio *acima* do espírito, deixando que crescesse o pecado hereditário de graves consequências, que mui rapidamente produziu os frutos ocos do domínio do raciocínio, de modo nítido e facilmente reconhecíveis. O pecado hereditário é constituído pelo cérebro unilateralmente desenvolvido, devido à atividade unilateral do raciocínio, transmitindo-se, como tal, constantemente por hereditariedade. Já muitas vezes me referi a esse fato e com o tempo ainda falarei disso muito mais minuciosamente. Certamente, ainda haverá pessoas que, de acordo com a direção assim indicada, poderão cooperar, alegremente, nessa grande obra de esclarecimento. — —

Irresistivelmente o circular orbital seguiu seu percurso. A humanidade, porém, desviando-se, ocasionou paralisação e confusão no progresso necessário. Em meio à confusão, caiu o povo judeu sob o conhecido pesado jugo dos egípcios. As vicissitudes e o forte anseio pela libertação permitiram que as almas amadurecessem mais rapidamente. Por essa razão, eles tomaram espiritualmente a dianteira de todos os outros, porque devido a essa forte comoção olharam de maneira certa, antes de tudo, para dentro de si mesmos e também para as almas de seus opressores!

Depois de intuírem com clareza que tudo quanto é terrenal e mesmo a mais aguçada inteligência do raciocínio não podiam mais ajudar, com o que reconheceram igualmente o vazio de suas almas, aprenderam os olhos espirituais a ver com mais nitidez, e lentamente surgiu por fim um conceito da divindade, propriamente, mais verdadeiro e elevado do que até então tinham tido. E as orações perpassadas pela dor elevaram-se novamente com mais intensidade às alturas.

Através disso, o povo judeu pôde tornar-se o povo convocado, aquele que se encontrava espiritualmente na dianteira dos demais durante algum tempo, por haver tido uma concepção, a mais pura até então, do conceito da divindade. Tanto quanto era possível naquele tempo, dado o grau de maturidade da alma humana.

Maturidade espiritual não deve ser confundida com o saber aprendido; deveis sempre lembrar-vos de que *cheio de espírito* equivale a *cheio de coração!*

A máxima maturidade espiritual de outrora dos judeus, pois, capacitara-os também a receber por intermédio de Moisés a vontade clara de Deus sob a forma de leis, que significavam o maior tesouro para o desenvolvimento progressivo, proporcionando o melhor e o mais forte apoio.

Como o fenômeno universal, de maneira bem natural, somente se concentrará sempre no lugar de maior maturação, assim ele se reuniu outrora, pouco a pouco, nesse povo humano judeu que espiritualmente amadurecia cada vez mais. —

Mas aqui, por sua vez, o fenômeno universal não deve ser confundido com a história mundial terrestre, que se acha muito distante do fenômeno universal propriamente, transmitindo, no mais das vezes, apenas os efeitos do *livre-arbítrio* do espírito humano, tantas vezes aplicado erradamente, e o qual sempre lança somente muitas pedras no verdadeiro fenômeno, produzindo com isso muitas vezes torções transitórias e confusões terrestres.

O povo judeu achava-se, naquele tempo, na dianteira dos demais em seu culto religioso e, com isso, também mais próximo da Verdade em suas concepções.

A consequência lógica disso foi que, reciprocamente, a anunciação duma encarnação proveniente da Luz também tinha de vir por esse caminho, o qual, por ser o mais certo, podia chegar até a proximidade mais imediata. Os outros caminhos, devido à sua maior distância da Verdade, não podiam estar livres para tais possibilidades, porque se perderam em erros.

Por sua vez, segundo a lei da igual espécie, absolutamente indispensável para um atuar, nem era possível de outra maneira, senão que um portador da Verdade, proveniente da Luz, somente possa seguir *aquele* caminho para a sua encarnação, que se encontre categoricamente mais próximo dessa Verdade, vindo ao encontro, ao máximo, em sua semelhança. Somente isso dá um apoio indispensável, atrai, ao passo que as concepções falsas repelem, fechando sistematicamente um caminho para a penetração e a vinda proveniente da Luz.

A lei da reciprocidade e a da igual espécie têm de sobressair também aqui plenamente e de modo categórico. As leis primordiais abrem ou fecham uma passagem em suas efetivações uniformes e imutáveis.

Quando, porém, nesse ínterim, também entre os judeus se iniciou de novo o domínio do raciocínio na religião, criando ambições ignóbeis, aí auxiliou novamente o pesado punho dos romanos, de maneira que ainda restou um grupinho em legítimo reconhecimento, a fim de que o Verbo pudesse ser cumprido.

Da mesma forma que um germe espiritual, em sua espécie ainda não desenvolvida, porém sempre mais elevada, só pode penetrar numa parte do Universo que se encontre em condições adequadas, jamais, porém, em uma por demais imatura para isso, tampouco em uma demasiadamente madura para tanto, como o é hoje nossa parte do Universo, onde só podem viver almas que já se tenham encarnado várias vezes, diferente não é o acontecimento na encarnação de um portador da Verdade, proveniente da Luz. Sua vinda só pode ocorrer na parte da humanidade mais amadurecida para isso. As condições de todas as leis tinham de ser cumpridas *da forma mais severa* com o emissário proveniente do *divinal*. Só poderia ter sido encarnado, portanto, *naquelas* concepções que se aproximassem ao máximo da Verdade.

Assim como o germe espiritual *só* pode penetrar na matéria depois que o enteal atingiu seu ponto supremo no atuar, onde sem o penetrar do germe espiritual ocorreria uma estagnação e com isso um retrocesso, da mesma forma foi atingido, antes da vinda de Cristo, um ponto aqui na matéria em que o espiritual, na *perdição* pelo pecado hereditário, *não podia progredir mais!* O livre-arbítrio que reside no espiritual, ao invés de favorecer tudo quanto já existia, havia *impedido* o desenvolvimento em direção ao alto, desejado na Criação, dirigindo todas as suas faculdades, pelo soerguimento do raciocínio, *unilateralmente* só para o que é material.

O enteal, *sem* a posse do livre-arbítrio, havia realizado *com acerto,* mui naturalmente, o desenvolvimento da Criação, portanto, segundo a divina vontade do Criador. O espiritual, no entanto, *com* o seu livre-arbítrio, tornara-se incapaz para isso pelo pecado original, trazendo somente confusão e demora no desenvolvimento progressivo da matéria. A utilização errada do poder a ele outorgado para dirigir a força divina da Criação, como indispensável progresso na matéria amadurecida, teve até de levar à *queda,* ao invés de ao desenvolvimento máximo. Através do pecado original, o espírito humano impediu de modo violento toda *verdadeira* evolução progressiva, pois conquistas técnicas terrenas não são progresso nenhum, propriamente, no sentido do fenômeno universal desejado por Deus! *Por isso fez-se necessário o auxílio mais urgente, a intervenção do próprio Criador!*

Cada século seguinte teria aumentado tanto o mal, que uma possibilidade de caminho para auxílio divino, com o tempo, ficaria totalmente excluída, uma vez que o domínio do raciocínio teria, pouco a pouco, interceptado completamente qualquer compreensão de tudo o que é realmente espiritual e, mais ainda, do que é divinal. Teria faltado então qualquer ancoragem para uma encarnação vinda da Luz!

Devido a essa necessidade originou-se o grande e divino mistério, que Deus, em Seu amor em prol da Criação, fez o sacrifício de mandar à Terra uma parte da divindade, a fim de trazer Luz aos que se perderam!

66. Pai, perdoai-lhes, pois não sabem o que fazem!

O enteal cumpriu sua missão na matéria quanto ao evoluir da Criação; *o espiritual*, porém, *falhou* totalmente através dos seres humanos! Pior ainda até, pois utilizou a força de resolução a ele outorgada, diretamente em sentido contrário, tornando-se com isso *hostil* à vontade divina, com a própria força dela, entregue ao espiritual para aplicação. Quão grande é essa culpa, o próprio ser humano pode imaginar.

O nascimento de Cristo foi um *ato de amor* divino para toda a Criação, que estava sob a ameaça de ser minada pelo espírito humano em perdição.

Isso acarreta também que a parte divina, outrora encarnada em Jesus de Nazaré, tenha de reingressar completamente no Pai, conforme o próprio Cristo tantas vezes afirmou. Tem de se tornar novamente um só com Ele.

Somente através da Mensagem de Cristo é que os portais do Paraíso foram abertos aos espíritos humanos *amadurecidos.* Até aí ainda não existia a faculdade de compreender com acerto o caminho até lá. A Mensagem destinava-se aos seres humanos terrenos, bem como aos falecidos, como *cada* Mensagem de Deus, cada palavra da Verdade luminosa!

As criaturas humanas ouviram nela, após a severidade das leis, também de um amor, que até então ainda não tinham podido compreender, mas que deveriam de então por diante desenvolver em si. As leis, contudo, não foram derrubadas por essa Mensagem de amor, pelo contrário, apenas especificadas. Deveriam permanecer como base firme, cujos efeitos encerravam tal amor. —

Sobre essa Palavra do Filho de Deus procurou-se também edificar mais tarde, mas no início da minha dissertação já apontei quais os erros que aí se originaram devido a inúmeras falsas pressuposições. —

Contemplemos mais uma vez a história cristã. Daí se podem tirar as melhores lições e, com isso, como por meio de um facho de luz, iluminar *todas* as religiões. Por toda parte encontramos os mesmos erros.

Cada um dos pequenos e grandes portadores da Verdade, sem exceção, teve de sofrer sob escárnio e zombaria, bem como perseguições e ataques dos queridos semelhantes, os quais, como também ainda hoje, sempre se julgavam demasiadamente inteligentes e sábios para aceitar, através dos enviados de seu Criador, a explicação da vontade Dele, principalmente tendo em vista que esses enviados, de fato, jamais vieram das escolas superiores dessa humanidade!

Uma explicação da vontade divina é sempre no fundo apenas a interpretação do funcionamento da sua Criação, na qual vivem os seres humanos que a ela pertencem. E conhecer a Criação significa tudo! O ser humano conhecendo-a, facílimo lhe será utilizar-se de tudo quanto encerra e oferece. O poder utilizar, por sua vez, proporciona-lhe *toda* a vantagem. Assim, brevemente reconhecerá e cumprirá a verdadeira finalidade da existência e, beneficiando tudo, ascenderá rumo à Luz, para alegria própria e somente para bênção de seu ambiente.

No entanto, zombaram de cada enviado e com isso também da própria Mensagem. Nem uma só vez ocorreu que lhes fosse bem-vindo, mesmo que realizasse o melhor. Permaneceu sempre um aborrecimento, o que, evidentemente, se deixa facilmente explicar em face do raciocínio tão hostil a Deus, testemunhando por si a hostilidade a Deus. Cristo resumiu nitidamente o acontecimento, na alusão do amo que enviou os seus servos a cobrar dízimos de todos os seus arrendatários. Mas ao invés do pagamento, os seus servos foram meramente escarnecidos e fustigados, antes de serem mandados de volta com sarcasmo e mãos vazias.

De modo amenizador, por sua vez, se denomina a isso de *parábola*. Em aprazível comodismo o indivíduo se coloca sempre *ao lado* desses fatos, sem jamais referir-se a si próprio! Ou sente a necessidade de declarar que faz parte de uma *distinção* de Deus, quando Seus enviados têm de sofrer assim, ao invés de considerar isso como um crime dessa humanidade, não desejado por Deus.

Como o raciocínio necessita de lantejoulas e quinquilharias para poder encobrir sua estreiteza, que de outro modo se tornaria demasiadamente visível, ele se empenha, a todo custo, em olhar com absoluto desprezo para a singeleza da Verdade,

66. Pai, perdoai-lhes, pois não sabem o que fazem!

porque *esta* pode tornar-se-lhe perigosa. Ele próprio precisa de guizos chocalhantes na carapuça que veste. De muitas palavras pomposas, a fim de manter viva a atenção sobre si. Todavia, o desprezo à singela simplicidade da Verdade, há muito já se transfigurou em medo. Nessa necessitada carapuça multicolorida de tolos, penduram-se mais e mais chocalhos tilintantes, para que soem cada vez mais alto com as contorções convulsivas e os saltos, a fim de manter-se ainda algum tempo no trono emprestado.

Todavia, ultimamente tais saltos já se tornaram em dança do desespero, próxima a se transformar na derradeira dança da morte! Os esforços tornam-se maiores, *têm* de aumentar, porque o vazio perpassa cada vez mais nitidamente todo aquele chocalhar. E com o pulo forçado ao máximo, que se prepara, cairá finalmente a carapuça multicolorida da cabeça!

Então a coroa da Verdade singela se elevará irradiante e tranquilizadora para aquele lugar que só a ela compete.

Os perscrutadores sinceros, completamente confundidos por tudo aquilo que se encontra tão grotescamente forçado a uma altitude dificilmente compreensível, encontram aí finalmente, para o olhar, o firme ponto de apoio, um amparo. Poderão aprender plenamente, sem esforço, *toda* a Verdade, ao passo que até agora tinham de fazer grande esforço para encontrar apenas uma pequena partícula.

Volte-se à simplicidade no pensar! Do contrário, ninguém poderá compreender a grandeza *plenamente,* e por isso jamais alcançá-la. Pensar simplesmente como as crianças! Nisso reside o sentido da grande expressão: "Se não vos tornardes como as crianças, não podereis chegar ao reino de Deus!"

O caminho para tanto jamais poderá ser encontrado com o complicado raciocínio de hoje. Também nas igrejas e nas religiões ainda não é diferente. Quando aí se diz que *sofrimentos* ajudam a *ascender* e que por isso constituem graças de Deus, fica com isso assim acolhido um pequeno grãozinho de Verdade, mas de maneira dissimulada, malevolamente deturpada. *Pois Deus não quer quaisquer sofrimentos do Seu povo!* Quer apenas alegria, amor e felicidade! O caminho *na* Luz nem pode ser de outra maneira. E o caminho *para* a Luz só apresenta pedras quando a criatura humana aí as coloca.

O grãozinho de Verdade na doutrina do sofrimento é que com o sofrer pode ser remida alguma culpa. Mas isso só acontece quando uma pessoa *reconhece* conscientemente tal sofrimento como merecido! Igual ao ladrão que implorou na cruz.

De modo insensato vive hoje todo o mundo. Também aqueles que falam de maneira tão inteligente de remições de carma. Enganam-se nisso, porque é muito mais difícil ainda do que imaginam esses pretensos sabedores. Pois *efeitos retroativos* de carma nem sempre constituem também *remições!* A esse respeito atente bem cada pessoa. Pelo contrário, nesse caso muitas vezes pode *decair ainda mais profundamente!*

Uma ascensão depende, exclusivamente, da disposição interior de cada pessoa, não obstante os efeitos retroativos de culpa. De como manobra o grande leme dentro de si, para cima, para a frente ou para baixo, *dessa maneira,* e não diferentemente, seguirá, apesar de todas as experiências vivenciais!

Aqui se evidencia que não é nem pode ser um joguete; pelo contrário, sozinha *tem* de *dirigir* o verdadeiro caminhar, mediante a força de seu *livre*-arbítrio. *Nisso esse arbítrio permanece sempre livre até o derradeiro momento!* Aqui cada pessoa é realmente seu livre senhor, devendo, no entanto, contar incondicionalmente com as... idênticas consequências de suas disposições, que a conduzem para cima ou para baixo.

Manobrando, porém, seu leme *para cima,* através de reconhecimento e firme vontade, então os maus efeitos retroativos a atingirão cada vez menos, efetivar-se-ão por fim nela até de modo simbólico apenas, porque já foi afastada dos planos inferiores de maus efeitos retroativos, devido aos esforços ascendentes, mesmo que ainda se encontre nesta Terra. Não é necessário, absolutamente, que uma pessoa tenha de *sofrer,* quando se esforça rumo à Luz.

Por isso, fora com a venda dos olhos, colocada a fim de que não se tremesse diante do abismo que desde muito se abriu. Tranquilização transitória não é nenhum fortalecimento; significa tão somente perda de tempo que jamais poderá ser recuperado.

66. Pai, perdoai-lhes, pois não sabem o que fazem!

Até agora não se teve uma explicação certa e fundamentação para o sofrimento terrestre. Por isso buscaram-se paliativos, como um narcótico, os quais, impensadamente, são transmitidos com palavras mais ou menos habilidosas, sempre de novo, aos que sofrem. O grande erro unilateral de todas as religiões!

E quando alguém quer, de modo totalmente desesperado, uma resposta *demasiadamente* clara, simplesmente se coloca, então, aquilo que não se compreende no reino do divino mistério. Ali devem desembocar todos os caminhos de perguntas não solucionadas, como porto de salvação. Mas assim se revelam nitidamente como os caminhos *errados!*

Pois cada caminho certo tem também um fim claro, não devendo conduzir a impenetrabilidades. Onde "imperscrutáveis caminhos de Deus" devam servir como explicação, ocorre uma fuga decorrente de inconfundível ignorância.

Para o ser humano não há nem deve haver necessidade de *nenhum* mistério *na* Criação, pois Deus quer que Suas leis vigentes na Criação sejam bem *conhecidas* do ser humano, a fim de que ele possa conduzir-se de acordo e, por meio delas, completar e cumprir mais facilmente seu percurso pelo Universo, sem se perder na ignorância.

Uma das mais fatais concepções, porém, continua sendo considerar o brutal assassínio do Filho de Deus *como um holocausto indispensável* em favor da humanidade!

Pensar que esse brutal assassínio do Filho deva reconciliar um Deus!

Uma vez que não se pode encontrar logicamente nenhum esclarecimento para essa estranha concepção, as pessoas escondem-se assim, de modo embaraçado, novamente atrás do tão frequentemente utilizado muro de proteção do divino mistério, portanto, de um fenômeno que não se pode tornar compreensível ao ser humano!

No entanto, Deus é tão claro em tudo quanto faz. A própria clareza! Criou, pois, a natureza segundo a Sua vontade. Portanto, o que é natural tem de ser exatamente o certo! Pois a vontade de Deus é absolutamente perfeita.

Mas o holocausto na cruz tem de ser *antinatural* a cada bom senso, por ser, além disso, injusto contra o Filho de Deus inocente. Não existe aí nem um contornar nem um esquivar. Preferivelmente, a criatura humana deveria confessar, de modo sincero, que uma coisa dessa espécie é realmente incompreensível! Pode esforçar-se como quiser, não chegará aí a nenhuma conclusão, não podendo mais compreender seu Deus nesse caso. *Todavia, Deus quer ser compreendido!* Outrossim, pode sê-lo, porque a manifestação de Sua vontade reside claramente na Criação, nunca se contradizendo. Somente os seres humanos é que se empenham em introduzir coisas incompreensíveis em suas investigações religiosas.

A penosa construção do falso pensamento básico, de um holocausto *indispensável* com a morte na cruz, já fica desfeita pelas palavras do próprio Salvador, na ocasião em que o crucificaram.

Pai, perdoai-lhes, pois não sabem o que fazem!

Seria, pois, necessária essa intercessão, se a morte na cruz devesse ser um sacrifício indispensável para a reconciliação? "Não sabem o que fazem!" é, pois, uma acusação da mais grave espécie. Uma indicação nítida de que está *errado* o que fazem. Que esse ato foi apenas um crime comum.

Teria Cristo rogado no Getsêmani que o cálice do sofrimento lhe fosse desviado, se a morte na cruz devesse ser um holocausto necessário? Nunca! Cristo não teria feito isso! Assim, porém, sabia que as torturas que o aguardavam eram *apenas uma consequência do livre-arbítrio humano.* E *por isso* seu rogo.

Cegamente passaram diante disso durante dois milênios e irrefletidamente aceitaram em troca o mais impossível.

De modo doloroso tem de se ouvir, mui frequentemente, as opiniões de que os preferidos entre os atuais discípulos e discípulas de Jesus são agraciados com sofrimentos corpóreos, como, por exemplo, estigmas!*

Naturalmente, tudo isso decorre apenas dessa falsa interpretação dos sofrimentos terrenos de Cristo. Nem pode ser de outro

---

* Chagas.

modo. Quais as pesadas consequências pessoais que isso pode acarretar, quero ainda mencionar.

Quanta irreflexão se faz mister, e que baixo servilismo imaginar o Todo-Poderoso Criador agindo dessa maneira! É, pois, sem qualquer dúvida, a mais pecaminosa degradação da sublime divindade, para cuja imaginação essencial o mais belo ainda não pode ser suficientemente belo, o melhor insuficientemente bom, para com isso aproximar-se apenas um pouco da realidade! E a esse grande Deus julga-se que seja capaz de exigir do ser humano, por Ele criado, que tenha de se contorcer em dores diante Dele, quando Ele o agracia?

Como poderá seguir-se a isso uma ascensão!

Os seres humanos formam o seu Deus conforme *eles* o querem ter, *eles* dão a Ele as diretrizes da vontade Dele! E ai Dele, se não for assim conforme pensam; sem mais nem menos será então recusado, assim como são recusados, combatidos, *aqueles* que ousam ver Deus muito maior e mais sublime. Nas concepções humanas de até agora não há grandeza. Pelo contrário, comprovam apenas a fé inabalável no valor *próprio*. Pelo favor das criaturas humanas, um Deus tem de mendigar; das mãos ensanguentadas delas, foi-lhe permitido receber de volta Seu Filho, zombado e escarnecido, martirizado e torturado, que Ele outrora enviara em auxílio com a Mensagem salvadora!

E ainda hoje se pretende manter de pé que, para Deus, tudo isso foi um necessário sacrifício reconciliador? Quando o próprio Cristo, sob os seus tormentos, já totalmente desesperado diante dessa cegueira, clamou: "Eles, pois, não sabem *o que* com isso fazem!"

Existe então ainda uma possibilidade, aliás, de levar a humanidade para o caminho certo? Mesmo os mais graves acontecimentos sempre são ainda demasiadamente fracos para tanto. Quando, finalmente, o ser humano reconhecerá quão profundamente, na realidade, ele afundou! Quão vazias e ocas são as ilusões que criou para si!

Mas tão logo se perscrute apenas um pouco mais profundamente, encontra-se o egoísmo encapsulado em sua forma mais legítima. Embora se fale agora por todos os cantos sobre uma procura de Deus com palavras bombásticas, isto é *mais uma vez* uma grande hipocrisia na usual vaidade, à qual falta totalmente qualquer anseio sincero pela Verdade pura. Procura-se apenas autoendeusamento, nada mais. Pessoa alguma se esforça seriamente para *compreender Deus!*

Com sorrisos pretensiosos afastam logo a simplicidade da Verdade, despercebidamente, pois julgam-se instruídos demais, elevados demais e importantes demais para que *seu* Deus ainda deva ocupar-se com o que é simples! Ele tem de ser muito mais complicado, para honra deles. Do contrário, pois, não valeria a pena crer Nele! Como se poderia, segundo a acepção deles, reconhecer ainda algo que seja facilmente compreensível a cada ignorante. Algo assim não se pode tachar de *grande.* Hoje nem se deve mais se ocupar com isso, senão torna-se ridículo. Deixe-se isso para as crianças, as velhas e os ignorantes. Não é, pois, para criaturas humanas de raciocínio tão preparado, de inteligência, as quais são agora encontradas entre as pessoas cultas. O *povo* que se ocupe com isso! A cultura e a sabedoria só podem ser *medidas pela dificuldade das faculdades de compreensão!* —

São ignorantes, porém, os que assim pensam! Não merecem ainda receber uma só gota d'água das mãos do Criador por intermédio da Criação!

Por restrição privaram-se da possibilidade de reconhecer a grandeza deslumbradora na simplicidade das leis divinas! São, em sentido literal, incapazes para tanto ou, falando de modo bem claro, demasiado broncos, devido a seu cérebro unilateral tão atrofiado, que já desde a hora do nascimento trazem consigo, como um troféu das maiores conquistas.

Constitui um ato de graças do Criador, deixar que eles feneçam com a estruturação que fizeram, pois, para onde se olhe, tudo é hostil a Deus, desfigurado pela mórbida mania de grandeza de todos os seres humanos de raciocínio, cuja incapacidade se evidencia por toda parte.

E isso já vem crescendo desde milênios! Levou fatalmente ao envenenamento das igrejas e das religiões, uma vez que, como mal corrosivo, foi a consequência categórica daquele pecado original, onde o ser humano se decidiu irrestritamente a favor do domínio do raciocínio.

E esse falso domínio sempre enganou as criaturas humanas a ele escravizadas, em tudo o que se refere ao divinal! E até mesmo em todo o espiritual.

Quem não derrubar dentro de si esse trono e assim libertar-se, terá de soçobrar junto com ele!

Já não se deve mais dizer *pobre* humanidade, pois eles são *conscientemente* culpados, como jamais a criatura pôde tornar-se culpada! A expressão: "Perdoai-lhes; não sabem o que fazem!" *não* é mais adequada à humanidade de hoje! Tiveram mais de uma vez o ensejo para abrir os olhos e os ouvidos. Agem plenamente conscientes, e todo o efeito retroativo terá de atingi-los por isso na medida mais completa, integralmente! —

Portanto, quando se fechar o círculo de todo acontecer de até agora, sobrevirá com isso para esta parte da Criação o corte, a colheita e a separação. Jamais isso aconteceu até agora, desde o existir da matéria inteira.

DEUSES — OLIMPO — VALHALA

Há quanto tempo já se procura obter sobre os conhecidos deuses dos tempos passados uma interpretação certa e uma ligação com a época atual. Convocados e pessoas eruditas procuram uma solução que traga esclarecimento total.

Mas isso só pode ocorrer, se essa solução der simultaneamente uma visão geral sem lacunas sobre *todos* os tempos! Desde o começo da humanidade até agora. Do contrário, permanecerá outra vez uma obra fragmentária. Não adianta destacar, simplesmente, aquele tempo em que floresceram os conhecidos cultos dos deuses gregos, dos romanos, bem como dos germanos. Enquanto os esclarecimentos não abrangerem ao mesmo tempo todo o evoluir e o perecer, de dentro para fora, de modo bem natural, estarão errados. As tentativas levadas a efeito até agora, apesar da sagacidade empenhada, evidenciaram finalmente, sempre de novo, somente malogro; não conseguiram se manter diante de intuições mais profundas, ficaram no ar, sem ligação com as épocas anteriores e posteriores.

Nem é de se esperar diferentemente, caso se observar de modo atento a evolução dos seres humanos. —

Os ouvintes e leitores de minha Mensagem do Graal deveriam chegar por si à conclusão de como as coisas decorrem nesse terreno, as quais em parte até já foram relegadas para o reino das lendas e das sagas, ou procurou-se interpretá-las como meras configurações de fantasia de concepções religiosas, formadas e imaginadas de observações da natureza, em conexão com os acontecimentos diários.

Não deve ser difícil àquele que pensa e perscruta, encontrar nas antigas doutrinas de deuses *algo mais* do que apenas *lendas* de deuses. Há de ver até nitidamente o *fenômeno real!* Quem quiser que me siga, pois!

Volto aqui à minha dissertação: "Pai, perdoai-lhes, pois não sabem o que fazem". Lá relatei brevemente a história da humanidade na Terra, desde o princípio até hoje. Dei também uma perspectiva do prosseguimento ulterior. Com isso mostrou-se como, no meio de um circular orbital da Criação, o enteal, situado mais abaixo do que o espiritual, cumpriu o máximo de sua capacidade dentro do material, localizado ainda mais abaixo, tendo proporcionado com esse cumprir passagem livre à penetração do espiritual mais elevado, cujo processo se repete na Criação constantemente. Esclareci também como no corpo animal desenvolvido pelo enteal ao máximo, chamado homem primitivo, *só então* foi dada, em seu desenvolvimento máximo, a possibilidade da penetração de um germe espiritual, o que também ocorreu, e que, nesse ponto de desenvolvimento da Criação, outrossim, sempre ocorrerá novamente. No animal de outrora desenvolvido ao máximo entrou assim algo novo, o espiritual, que até então não estava nele.

Desse processo não se deve, no entanto, tirar precipitadamente a conclusão de que tal fenômeno se repete constantemente na *mesma* parte do Universo durante o seu desenvolvimento progressivo, pois assim não é! Na *mesma* parte acontece *apenas uma vez.*

A lei de atração da igual espécie passa aqui, igualmente, no desenvolvimento progressivo, um ferrolho irremovível com relação a uma repetição na mesma parte do Universo. Atração da igual espécie equivale nesse caso à *admissão* durante um bem determinado período evolutivo, no qual, devido a certo estado de semiamadurecimento da matéria, sementes espirituais esvoaçando nos limites podem lançar-se, qual meteoritos, na matéria que se acha em estado de receptividade para tanto, a fim de serem absorvidas, envolvidas, isto é, encapsuladas e retidas pelos pontos preparados para a recepção, nesse caso, pelos corpos animais de outrora, desenvolvidos ao máximo.

Exatamente como em escala pequena, num processo químico de fusão, a ligação de uma matéria estranha só se torna possível em bem determinado grau de calor ou de incandescência da massa receptora, depois de esse calor ou incandescência ter produzido, por sua vez, também um estado todo especial nessa massa, alcançável somente naquele determinado grau. A mínima alteração nisso torna novamente impossível a união, e as matérias se contrapõem de modo rejeitante e inacessível.

Aqui a igual espécie se encontra num determinado grau de amadurecimento mútuo, que apenas *aparentemente* apresenta grandes contrastes, pois está equilibrada pela diferença de nível, superior e inferior, de ambas as partes em fusão. O ponto mais inferior do espiritual é, na maturidade, semelhante ao ponto mais alto do enteal situado abaixo dele. Só é possível uma ligação nesse ponto *exato* de encontro. E como a matéria em seu desenvolvimento sempre se movimenta no grande circular orbital, no germinar, florescer, amadurecer e decompor pelo superamadurecimento, enquanto o espiritual se acha acima dela, esse processo só pode ocorrer sempre num bem determinado ponto, em ligação inflamadora, durante a passagem rotatória da matéria. Uma fecundação espiritual da matéria que lhe vem ao encontro, preparada para isso através da atuação do enteal.

Tendo uma parte do Universo, em sua rotação, ultrapassado esse ponto, cessa então para ela a possibilidade de fecundação espiritual *por germes espirituais,* enquanto que a que se lhe segue se coloca no lugar dela, iniciando-se para esta, porém, uma nova fase em que os espíritos em amadurecimento podem entrar, e assim por diante. Não disponho de espaço nesta dissertação para desenrolar toda a fenomenologia do Universo. Mas um pesquisador sincero poderá bem imaginar o prosseguimento. —

Logo ao entrar na matéria, o espiritual, em consequência de sua constituição mais elevada, fez sentir a sua influência viva sobre tudo o mais; mesmo em seu estado *inconsciente* de então, começou a dominar com a entrada na matéria. Como esse espiritual elevou então o corpo animal, pouco a pouco, até o atual corpo humano, não fica mais incompreensível, pois, a nenhum leitor.

Todavia, aqueles corpos animais da raça desenvolvida ao máximo naquele tempo, nos quais não penetraram sementes espirituais, pararam em seu desenvolvimento, uma vez que neles o enteal já havia atingido o máximo, faltando a força do espiritual para seguir adiante, e com a parada ocorreu rapidamente um superamadurecimento, ao que se seguiu o retrocesso para a decomposição. Existiam para essa raça apenas duas possibilidades, ou o soerguimento pelo espírito ao corpo humano, ou extinção, desintegração. E com isso cessou totalmente de existir essa espécie animal madura. —

Sigamos agora a lenta *autoconscientização* desse inicialmente inconsciente germe espiritual para um espírito humano e *acompanhemos, em espírito, sua gradual penetração nas camadas e ambientes que o envolvem.*

Isso não é assim tão difícil, porque o processo evolutivo se mostra exteriormente com bastante nitidez. Basta observar as raças humanas que *ainda hoje* se encontram na Terra.

O espírito dos seres humanos mais primitivos, por exemplo, aos quais pertencem os assim chamados povos selvagens, e também os bosquímanos, os hotentotes, etc., não se encontra acaso há menos tempo na matéria, mas sim eles não se desenvolveram conjuntamente, *ou retrocederam novamente tanto, depois de já alcançado um progresso no Aquém ou no Além, que só* puderam ser encarnados em ambientes assim *inferiores!* Por conseguinte, encontram-se por sua *própria culpa* e por processo natural, *ainda* ou *novamente* em degrau muito inferior, pelo que também sua visão do ambiente *material não grosseiro* não pode ser realmente de natureza elevada.

O impulso espiritual de ver além do próprio degrau já se encontra na semente espiritual, faz parte de sua constituição mais específica, e, devido a isso, efetiva-se fortemente já nos degraus mais baixos do desenvolvimento. E isso é o impulsor vivo *no espírito,* o especial, que falta às outras constituições ou espécies na Criação. Mas a possibilidade desse querer pressentir ou querer ver só é possível sempre até *um* degrau *acima* do próprio degrau correspondente, não mais além. Acontece por esse motivo que essas almas humanas, encontrando-se em degrau inferior e tendo se descuidado ou pecado tanto em seu desenvolvimento, só podem, outrossim, pressentir ou ver por clarividência entes *inferiores.*

Dotados de mediunidade ou clarividência encontram-se, pois, em *todas* as raças, não importando a que degrau pertençam! Quero aqui mencionar especialmente, mais uma vez, que entendo por "ver" ou "pressentir", neste esclarecimento, sempre apenas a verdadeira *"visão própria"* dos clarividentes. Visão própria, porém, dos "videntes" de todos os tempos constitui sempre apenas a quarta parte daquilo que veem, *no máximo*. E isso, por sua vez, só pode ser um degrau acima da própria maturidade interior, não mais. Não é possível diferentemente. Essa circunstância, porém, significa ao mesmo tempo uma grande proteção natural para cada vidente, conforme diversas vezes já mencionei.

Os ouvintes, portanto, não devem absolutamente julgar os médiuns e videntes tão amadurecidos e elevados interiormente, como é aquilo que eles descrevem como tendo sido "visto", pois as alturas mais puras e luminosas, os acontecimentos e os espíritos são *mostrados* a eles por guias espirituais e mais elevados, apenas em *quadros vivos!* Os clarividentes supõem, no entanto, erroneamente, vivenciar tudo aquilo realmente, iludindo-se a si próprios a respeito. Por isso, surge tantas vezes a grande surpresa sobre a frequente mediocridade do caráter de muitos médiuns, que descrevem coisas como vivenciadas e vistas, que de forma alguma ou muito pouco se coadunam com seu próprio caráter. —

Aqui falo, portanto, apenas da reduzida extensão da *verdadeira visão própria* dos médiuns e clarividentes. O restante não entra em consideração.

Clarividentes e médiuns de *todos* os tempos devem, na realidade, servir somente pelos seus dons, ajudando a humanidade sempre em sentido ascendente, mesmo que não seja como guias, mas como instrumentos. Uma pessoa mediúnica jamais, sim, poderia ser um guia, por ser demasiadamente dependente de correntes e de outras coisas. Devem ser portas abertas temporariamente para a finalidade de desenvolvimento progressivo. Degraus para a escada da ascensão.

Quando, pois, se considera que para as raças que se encontram em degraus de desenvolvimento espiritual inferior, só é possível uma visão sobre o mesmo ambiente inferior, com reduzida possibilidade de expansão para cima, então não é difícil compreender que encontremos nas raças humanas *inferiores,* predominantemente, apenas medo dos demônios e adoração aos demônios. É o que conseguem ver e pressentir.

Assim a observação superficial. Mas quero aprofundar-me mais na explicação, embora com isso nos desviemos da clara visão global.

O espírito das raças humanas inferiores, não desenvolvido, ou novamente definhado, é, naturalmente, ainda ou novamente, *espiritualmente cego* e *surdo.* Tal criatura humana não consegue ver com os olhos espirituais, *o que, aliás, mesmo até hoje ainda não se tornou possível a pessoa alguma, infelizmente.*

Quem se encontra ainda em plano inferior não consegue ver também com os olhos enteais, tampouco com os de matéria fina, mas exclusivamente com os olhos de matéria grosseira, que nas selvas se vão tornando cada vez mais aguçados, devido à indispensável luta individual com seus semelhantes, com os animais e os elementos, podendo aí distinguir pouco a pouco também a *matéria grosseira fina* e *a mais fina.*

Percebem com isso primeiramente *fantasmas!* Configurações que só foram *formadas* pelo medo e pelo temor dos seres humanos, e também mantidas devido a isso.

Tais fantasmas, *sem vida própria,* dependem inteiramente das intuições das criaturas humanas. São por elas atraídos ou repelidos. Aqui se efetiva a lei da atração de toda a igual espécie. O medo atrai continuamente essas configurações do medo e do pavor, de modo que, aparentemente, se precipitam de modo literal sobre as pessoas medrosas.

Uma vez, pois, que os fantasmas ficam ligados por cordões nutridores elásticos aos geradores, portanto às pessoas que são igualmente muito medrosas, cada medroso, outrossim, entra sempre indiretamente em ligação com a massa dos medrosos e apavorados, recebendo destes novo afluxo que só aumenta ainda o medo e o pavor próprio, podendo levá-lo por fim até o desespero, a loucura.

Intrepidez, no entanto, isto é, coragem, repele tais fantasmas categoricamente de maneira natural. Por isso, conforme é notório, o intrépido leva sempre vantagem.

É de admirar então, se nessas raças inferiores se originaram os assim chamados curandeiros e feiticeiros, cuja casta foi fundada por *clarividentes,* uma vez que eram capazes de observar como era possível "expulsar" essas formas, erroneamente consideradas entes vivos, individuais, mediante um pouco de meditação interior, com desvio do medo mediante saltos e contorções, ou mediante concentração ou exorcismos estimulantes de coragem?

Mesmo que aí cheguem a ideias, para nós absurdas, parecendo-nos ridículas, em nada altera o fato de que *para o âmbito de visão deles* e de sua capacidade de compreensão, façam algo *mui acertado,* sendo *nós,* exclusivamente, aqueles a quem falta uma compreensão disso, por ignorância.

Na sucessão desses feiticeiros e curandeiros acontece naturalmente que muitos sucessores nem tenham dom mediúnico, nem sejam clarividentes de algum modo, principalmente por se ligarem ao encargo em si, concomitantemente, influência e ganhos, em perseguição dos quais os seres humanos dos degraus mais inferiores se empenham de idêntico modo inescrupuloso quanto os da elevada raça branca. Esses não videntes imitaram então, simplesmente, sem compreender, todos os atos de seus antecessores, adicionando até algumas tolices ainda, a fim de causar maior impressão, uma vez que só davam valor ao que era de agrado de seus semelhantes, tornando-se assim os astutos impostores que aí só visam suas vantagens, não tendo, porém, eles próprios, ideia alguma do legítimo significado; e, com base nesses impostores, procura-se hoje avaliar e condenar a casta inteira.

Assim acontece, portanto, que podemos encontrar nas raças humanas inferiores, em primeiro lugar, apenas medo dos demônios e adoração aos demônios. É isso o que elas conseguem ver e temem como espécie diferente. —

Passemos agora para degraus de desenvolvimento algo mais elevado, que conseguem ver mais adiante através de clarividentes ou apenas pressentindo de modo inconsciente, o que também pertence à visão interior. Nesses mais desenvolvidos, outras camadas envoltórias são rompidas de dentro para fora, em direção ao alto, pelo encapsulado espírito que desperta cada vez mais.

Por isso já veem seres de melhor índole, ou sabem deles através de pressentimento, perdendo assim, pouco a pouco, a adoração aos demônios. Assim prossegue. Cada vez mais alto. Torna-se mais e mais luminoso. O espírito, com desenvolvimento normal, avança cada vez mais.

Os gregos, romanos, germanos, por exemplo, viam ainda mais! Sua visão interior ultrapassou a matéria, até o enteal situado mais alto. Puderam, finalmente, com seu desenvolvimento crescente, ver também *os guias dos enteais e dos elementos*. Algumas pessoas mediúnicas, por seus dons, até puderam entrar em contato mais íntimo com eles, uma vez que eles, por terem sido criados enteal-conscientes, sempre têm algo de análogo com *aquela* entealidade da qual, igualmente, o ser humano traz uma parte em si, além do espiritual.

Ver, sentir e ouvir os enteais foi para o desenvolvimento dos povos *daqueles* tempos o máximo que puderam atingir. É evidente que esses povos, então, considerassem os poderosos guias dos elementos, em sua atividade e espécie diferentes, como o mais elevado, chamando-os deuses. E sua elevada sede, existente realmente qual castelo, denominassem de Olimpo e Valhala.

Mas a visão e a audição interior dos seres humanos, sempre que se manifestam, ligam-se à capacidade dos conceitos e das expressões *pessoais* correspondentes. Daí resulta que os gregos, romanos e germanos descreveram os *mesmos* guias dos elementos e de tudo o que é enteal, segundo as formas e os conceitos das respectivas concepções de seus ambientes de então. No entanto, eram sempre os mesmos, não obstante algumas variações nas descrições!

Quando hoje, por exemplo, se reúnem cinco ou mais realmente bons clariaudientes e todos recebem, simultaneamente, uma determinada frase *pronunciada do Além,* na transmissão, apenas será uniforme *o sentido* do que foi ouvido, não, porém, a transmissão das palavras! Cada um transmitirá as palavras de modo diferente e também as ouvirá diferentemente, porque já na recepção entra muito de *pessoal* em jogo, exatamente como a música é sentida de modo totalmente diferente pelos ouvintes, desencadeando, todavia, no fundo, o mesmo sentido. A respeito de todos esses fenômenos colaterais de longo alcance na ligação do ser humano terreno com o Universo, devo falar mais pormenorizadamente somente com o decorrer do tempo. Hoje, isso nos desviaria demasiadamente do tema. —

Quando então, mais tarde, povos *convocados,* portanto os interiormente desenvolvidos ao máximo (*não* conta aí desenvolvimento do raciocínio), puderam ultrapassar esse limite da entealidade, amadurecendo pelo vivenciar, sua visão ou pressentimento alcançou *até o limiar* do reino *espiritual.*

Dessa forma, a consequência natural foi que, para esses povos, os deuses de até então tiveram de sucumbir como tais, e algo mais elevado se colocou em seu lugar. Mas apesar disso, infelizmente, eles *não* chegaram ao ponto de se tornarem aptos *para ver espiritualmente.*

Assim lhes permaneceu *fechado* o reino espiritual, uma vez que o curso natural da evolução não progrediu mais nesse ponto, impedido pela presunção do raciocínio que se erguia cada vez mais acentuadamente.

Só poucas exceções puderam manter-se livres dessa estagnação, como, por exemplo, Buda e ainda outros, que conseguiram, mediante renúncia ao mundo, continuar se desenvolvendo de modo normal e também se tornar espiritualmente videntes, até certo grau!

Essa renúncia ao mundo, isto é, o manter-se afastado de criaturas humanas, para a finalidade de desenvolvimento progressivo do espírito, só se tornou necessária devido ao cultivo geral e unilateral do raciocínio cada vez mais dominador e inimigo do espírito. Era uma autoproteção natural diante da crescente desvalorização espiritual, o que no desenvolvimento *geral* normal não deve ser absolutamente necessário. Pelo contrário, pois se uma pessoa alcança certa altitude em seu desenvolvimento espiritual, terá de fortalecer-se mais, atuando nisso, senão surge enfraquecimento, cessando assim rapidamente a possibilidade de ulterior desenvolvimento. Dá-se uma estagnação da qual logo se origina de modo fácil o retrocesso.

67. Deuses — Olimpo — Valhala

Não obstante a progressiva evolução espiritual de Buda e também de outros só ter alcançado um bem determinado grau, isto é, incompleto, mesmo assim a distância com referência aos seres humanos tornou-se grande, de maneira que consideraram os assim normalmente desenvolvidos como enviados de Deus, ao passo que, pelo avanço progressivo do espírito deles, originou-se de modo inteiramente natural apenas uma nova concepção.

Estes, destacando-se da massa humana que estacionara espiritualmente e em parte regredira, estiveram, no entanto, sempre apenas diante da porta aberta do espiritual, conseguindo perceber, sim, vagamente algo aí, *sem, contudo,* ver *de modo nítido!* Mas pressentiram e intuíram, de modo distinto, uma direção *uniforme,* consciente e poderosa vinda de cima, de um mundo para o qual não se haviam tornado aptos a ver.

Cedendo a tal intuição, formaram eles, pois, *o Deus uno e invisível!* Sem saberem algo mais pormenorizado disso.

Por isso é compreensível que imaginassem esse Deus, apenas pressentido, como o supremo ser *espiritual,* porque o espiritual era a nova região em cujo *limiar* ainda se encontravam.

Ocorreu assim que com essa nova concepção do Deus invisível, apenas foi atingido o fato em si, *mas não o conceito,* pois seu conceito disso era errado! *Nunca* foi imaginado pelo espírito humano *aquele* Deus, *que Ele realmente é!* Pois imaginou-o apenas como um *altíssimo ser espiritual.* Essa falha do desenvolvimento progressivo evidencia-se também ainda hoje no fato de que muitas pessoas, categoricamente, querem insistir em trazer em si *algo de igual espécie* Daquele que intuem como seu Deus!

O erro está na *estagnação do desenvolvimento espiritual.*

Se esse tivesse prosseguido *mais,* a humanidade em amadurecimento, na transição dos antigos deuses, provenientes do enteal, não teria logo imaginado esse Deus uno como invisível, mas sim primeiro poderia ter visto, novamente de modo pressentido, os *primordialmente criados espirituais, cuja sede é o Templo do Graal,* como o Supremo Templo do *espiritual,* e que se encontram acima dos guias de todos os elementos, denominados deuses! E, por sua vez, teriam considerado de início esses como deuses, até que então se tornassem *em si de tal modo,* que pudessem não somente ver de modo pressentido os primordialmente criados, as verdadeiras *imagens* de Deus, mas sim *ouvi*-los espiritualmente, por meio de mediadores. Desses, teriam recebido a notícia da existência do *"Eterno Deus Uno",* fora da Criação!

Dirigindo então de tal maneira a sua intuição, teriam por fim ainda amadurecido em si espiritualmente a capacidade de, como desenvolvimento progressivo, receber com júbilo uma *Mensagem divina* de um enviado de Deus, proveniente do legítimo divinal! Portanto, de fora da Criação, e com isso também fora da possibilidade de sua visão.

Esse teria sido o caminho normal!

Assim, porém, seu desenvolvimento estacionou já no limiar do espiritual, tendo mesmo regredido rapidamente, devido aos erros das criaturas humanas.

Com isso surgiu o tempo em que, como *ato de emergência,* teve de ser encarnado um forte enviado de Deus em Jesus de Nazaré, para conceder auxiliadoramente uma Mensagem proveniente do divinal para esclarecimento da humanidade ainda não amadurecida, a fim de que os que buscam pudessem, em sua imaturidade, sustentar-se nela *provisoriamente, pelo menos na crença.*

Por esse motivo não restava outra coisa ao Filho de Deus, enviado em auxílio da humanidade em vias de perder-se, senão exigir por enquanto somente *crença* e *confiança* em sua Palavra.

Uma incumbência desesperadora. *Cristo não pôde sequer dizer tudo quanto queria ter dito.* Por isso *não* falou de muitas coisas, como das reencarnações terrenas e outros assuntos. Encontrava-se frente a uma imaturidade espiritual muito grande para tais coisas. E tristemente ele próprio disse a seus discípulos: *"Ainda teria muitas coisas a dizer-vos, mas não compreenderíeis!"*

Portanto, nem mesmo os discípulos, que em muitas coisas o interpretaram erroneamente. E se o próprio Cristo, já durante sua existência terrena, sabia que não era compreendido *por seus discípulos,* fica evidente, pois, que na retransmissão de sua Palavra, mais tarde, originaram-se muitos erros, nos quais infelizmente ainda hoje as pessoas procuram apegar-se com tenacidade. Embora Cristo tivesse exigido, da imaturidade de outrora, apenas *crença* em sua Palavra, dessa maneira solicitava, pois, dos que tinham vontade sincera, que essa crença inicial também se tornasse "viva" neles!

Isso significa que aí chegassem à convicção. Pois quem seguisse confiante a Palavra dele, nesse a evolução espiritual prosseguiria novamente, e ele teria de chegar com isso lentamente, durante o desenvolvimento, da crença à convicção do que fora dito por Cristo.

Por isso agora o Filho do Homem, ao invés de crença, exigirá *convicção!* Inclusive de todos aqueles que querem trazer em si a Mensagem de Cristo, aparentando segui-la! Pois quem ainda não puder trazer em si, no lugar da crença, a *convicção* da Verdade da Mensagem divina de Cristo, que é *uma só* com a Mensagem do Graal e inseparável dela, também não atingiu a maturidade de espírito necessária à entrada no Paraíso! Esse será condenado!

Nem mesmo a maior sabedoria intelectual lhe proporciona aí qualquer subterfúgio! Naturalmente tem de ficar para trás, e está perdido para sempre. — —

Que a humanidade dessa parte do Universo ainda se encontre, em seu desenvolvimento, no *limiar* do reino espiritual, na maior parte até mesmo ainda muito *abaixo* disso, decorre exclusivamente do não querer próprio, da autopresunção de um querer saber melhor do raciocínio. Nisso a realização do desenvolvimento normal tinha de malograr totalmente, como certamente já se tornou claro a tantos, nesse ínterim. —

Os cultos religiosos da humanidade, em suas diversidades, não se originam absolutamente de fantasia alguma, pelo contrário, mostram setores da *vida* no assim chamado Além. Mesmo o curandeiro de uma tribo de negros ou de índios tem a sua razão de ser *no degrau inferior* de seu povo. O fato de aí se misturarem charlatães e impostores não pode desacreditar a coisa em si.

Demônios, entes da floresta e do ar, e também os assim chamados deuses antigos se encontram ainda hoje nos mesmos lugares, inalteradamente, e na mesma atividade de antes. Também o Supremo Templo desses grandes guias de todos os elementos, o Olimpo ou Valhala, jamais foi lenda, mas sim visto na realidade. O que, porém, as criaturas humanas que estacionaram no desenvolvimento *não mais* puderam ver, são os espíritos primordiais, as imagens de Deus, primordialmente criadas, que igualmente possuem um Templo no ápice, denominando-o Templo do Graal, o Supremo Templo do espiritual primordial e assim também de toda a Criação!

Somente por meio de inspirações pôde ainda chegar notícia da existência desse Supremo Templo aos seres humanos que se encontram no limiar de todo o espiritual, uma vez que espiritualmente não amadureceram tanto, para ver também *aquilo* pressentidamente.

Tudo é vida! Somente os seres humanos, que se julgam progressistas, em vez de progredir, desviaram-se, voltando em direção às profundezas. —

Agora, não se deve acaso esperar ainda que, com um desenvolvimento ulterior, devesse se alterar novamente o conceito de Deus, ensinado por Cristo e pela minha Mensagem do Graal! Esse permanece de agora em diante, porque algo mais não existe.

Com um ingresso no espiritual, que hoje ainda falta, e o aperfeiçoamento nisso, cada espírito humano pode ascender tanto, que por fim adquirirá incondicionalmente a convicção desse fato no vivenciar interior. Poderia então de modo consciente, estando na força de Deus, realizar feitos grandiosos, para os quais já fora convocado desde o princípio. Mas então nunca mais se atreveria a imaginar que tenha em si algo de divino. Essa ilusão é exclusivamente o carimbo e o cunho de sua imaturidade de hoje!

No estado consciente *correto,* porém, encontrar-se-ia então a grande humildade, originar-se-ia o servir libertador, o que é dado pela doutrina pura de Cristo sempre *como exigência.*

Somente quando os missionários, os pregadores e os preceptores, baseados no saber do desenvolvimento natural de toda a Criação, e com isso também no conhecimento exato das leis da vontade divina, começarem sua atividade, sem saltos e sem deixarem lacunas, é que poderão obter verdadeiros resultados, *espiritualmente vivos.*

Agora cada religião, infelizmente, nada mais é do que uma forma rígida, que conserva sempre penosamente um conteúdo inerte. Após a transformação indispensável, no entanto, ao adquirir vida, esse conteúdo até então inerte torna-se vigoroso, rebenta as frias, mortas e rígidas formas e, bramindo, se derrama jubilosamente sobre todo o Universo e entre todos os povos! —

CRIATURA HUMANA

SEMPRE de novo surgem novas ondas de indignação e lançam seus círculos sobre estados e países, provocadas por minha afirmação de que a humanidade nada tem de divino em si. Isso mostra quão profundamente a presunção lançou raízes nas almas humanas, e com que pouca vontade querem elas se separar disso, mesmo quando sua intuição, advertindo aqui e acolá, já surja à tona, deixando-as reconhecer que, contudo, finalmente tem de ser assim.

O relutar, no entanto, não modifica em nada o fato. Os espíritos humanos são até menores *ainda,* mais insignificantes do que julgam, quando, de modo penoso, já tiverem chegado interiormente à convicção de que lhes falta tudo o que se refere ao divino.

Por isso, quero ir ainda além do que até agora, estirar mais um pouco ainda a Criação, a fim de mostrar a que degrau pertence o ser humano. Certamente não é bem possível que possa iniciar com a ascensão, sem antes saber exatamente o que ele *é* e o que ele *pode*. Ciente disso, então sabe finalmente ainda o que *deve!*

Isso, porém, é bem diferente de tudo o que hoje *quer!* E quão diferente!

Não desperta mais piedade naquele a quem é dado ver claramente. Entendo com "ver" não a visão de um vidente, mas a de um sábio. Ao invés de piedade e compaixão, só há de surgir agora apenas *ira*. Ira e desprezo por causa da ilimitada arrogância perante Deus, que centenas de milhares, presunçosamente, praticam diariamente e a toda hora, renovadamente. Numa presunção que não encerra nem uma sombra de saber. Não vale a pena gastar nisso uma palavra sequer.

68. Criatura humana

O que eu disser, doravante, destina-se àqueles poucos que, devido à sua pura humildade, ainda podem chegar a certo reconhecimento, sem terem antes de ser tão arrasados, conforme acontecerá brevemente segundo as leis divinas, para finalmente proporcionar ingresso à *verdadeira* Palavra Dele, e abrir solo fértil para tanto!

Toda a vazia e eloquente obra artificial dos que se julgam sabidos terrenalmente, cairá em ruínas concomitantemente com o atual solo, completamente estéril!

Urge que esse palavrório vazio, que atua como veneno sobre tudo o que se esforça para cima, desmorone por si mesmo com toda a sua vacuidade. —

Mal estabeleci a separação entre o Filho de Deus e o Filho do Homem, como duas personalidades, assim surgem tratados querendo *esclarecer* com confusões teológicas e filosóficas que assim não é. Sem entrar objetivamente na minha indicação, procura-se conservar o erro antigo *a qualquer preço,* mesmo pelo preço da objetividade lógica, no modo turvo dos dogmas de até então. Teimosamente se agarram a algumas frases das velhas escrituras, excluindo qualquer pensamento próprio e assim também, com a condição não expressa de que os ouvintes e leitores, igualmente, não devam refletir, menos ainda intuir, pois do contrário rapidamente se reconhece que com aquelas numerosas palavras nada fica fundamentado, porque fica impossível uma conclusão certa, quer para trás quer para diante. Ainda mais visivelmente, porém, falta àquelas muitas palavras uma conexão com o fenômeno real.

Quem nisso finalmente se tornar capaz de abrir seus ouvidos e seus olhos, sem mais nada terá de reconhecer a nulidade de tais "doutrinações"; é um derradeiro agarrar-se, que já não se pode mais denominar como um segurar-se a um apoio de até então, o qual em breve se evidenciará como *nada.*

A única fundamentação é formada por frases, cuja transmissão certa não pode ser comprovada, as quais, pelo contrário, devido à impossibilidade de inclusão lógica nos fenômenos universais, mostram bem nitidamente que seu sentido chegou à retransmissão de modo desfigurado pelo cérebro humano. Nenhuma delas pode ser incluída nos fenômenos e na intuição, sem lacunas. Mas somente onde tudo se fecha *num círculo completo,* sem fantasias e sem palavras de crença cega, *aí* todos os fenômenos são esclarecidos de modo *certo!* —

Contudo, por que se esforçar, se o ser humano *não quer* libertar-se de tal ideia fixa! Aconteça, pois, calmamente o que nessas condições agora *terá* de acontecer.

Afasto-me com horror dos fiéis e de todos aqueles que, em sua falsa humildade e devido a tanto saber melhor, não reconhecem uma verdade singela, rindo dela até ou ainda querendo melhorá-la benevolentemente. Quão depressa exatamente esses se tornarão tão pequenos, pequenos mesmo, perdendo todo o apoio, porque não o têm na crença nem no seu saber. *Terão* o caminho que obstinadamente querem manter, pelo qual não mais poderão voltar para a vida. O direito de escolha jamais lhes foi negado. —

Os que até aqui me acompanharam, sabem que o ser humano se origina da parte suprema da Criação: do espiritual. Contudo, muitas diferenças têm de ser registradas ainda na região do espiritual. O ser humano terreno que se atreve a querer ser grande, que frequentemente nem hesita em rebaixar seu Deus para o supremo *daquele* degrau ao qual *ele* pertence, que às vezes ousa até negá-lo ou injuriá-lo, na realidade nem é aquilo que no melhor sentido um ou outro humilde julga ser. O ser humano terreno não é *nenhum ser criado,* mas apenas um *ser desenvolvido.* É uma diferença que a criatura humana não pode imaginar. Uma diferença que jamais conseguirá abranger livremente.

As palavras são belas e bem-vindas a muitos, e inúmeros preceptores as trazem nos lábios, a fim de aumentar o número de adeptos. Contudo, até mesmo esses preceptores ignorantes estão ainda convictos de todos os erros que propagam e não sabem como é grande o dano que assim causam aos seres humanos!

Somente a certeza com relação àquela grande pergunta pode conduzir a uma ascensão: *"Que sou eu"?* Se ela não for resolvida antes de modo bem radical, reconhecida, então a ascensão tornar-se-á amargamente difícil, pois *voluntariamente* os seres humanos não se dignam a tal humildade, que lhes proporcionaria o caminho certo, o qual, outrossim, realmente podem seguir! Todos os acontecimentos têm comprovado isso de modo claro até a época atual.

A própria humildade ou fez desses homens escravos, o que é tão errado quanto a presunção, ou, com essa humildade, ultrapassaram em muito o alvo propriamente e puseram-se num caminho a cujo fim jamais podem chegar, porque a constituição do espírito não é suficiente para isso. E por isso caem numa profundeza, que os faz despedaçarem-se, porque antes quiseram ser superiores demais. —

Apenas os *seres criados* são imagens de Deus. São os primordialmente criados, espíritos primordiais naquela verdadeira Criação, da qual tudo o mais pôde se desenvolver. Nas mãos desses encontra-se a direção suprema de todo o espiritual. São os ideais, modelos eternos para a humanidade inteira. O ser humano terreno, porém, só pôde desenvolver-se como cópia dessa Criação constituída. Do pequenino germe espiritual inconsciente até uma personalidade autoconsciente.

Somente plenamente desenvolvido pela observância do caminho certo na Criação, torna-se cópia das imagens de Deus! Ele mesmo, de modo algum, é a própria imagem! De permeio jaz ainda um grande abismo até ele, embaixo!

Mas também, das legítimas imagens, o próximo passo fica ainda longe de Deus. Por isso, uma criatura humana terrena, finalmente, deveria reconhecer tudo aquilo que se encontra entre ela e a sublimidade da divindade, que tanto se esforça por arrogar a si. O ser humano terreno julga tornar-se divino, quando plenamente desenvolvido, ou pelo menos uma parte disso, ao passo que em sua máxima elevação apenas se tornará a *cópia* de uma *imagem* de Deus! Permitido lhe é chegar até o átrio, aos vestíbulos de um Templo do Graal, como máxima distinção que possa ser conferida a um espírito humano. —

Lançai fora, finalmente, essa presunção que só vos pode tolher, uma vez que com isso perdeis o caminho luminoso. Os que se acham no Além, querendo dar doutrinas bem-intencionadas nos círculos espíritas, *nada* sabem a respeito, pois a eles próprios ainda falta o necessário reconhecimento para tanto. Poderiam rejubilar-se, se lhes fosse permitido ouvir a respeito disso. Igualmente entre eles não deixará de vir o grande lamento, quando chegar o reconhecimento do tempo perdido em brincadeiras e obstinações.

Assim como na região espiritual, também é no enteal. Aqui os guias de todos os elementos são os enteais *primordialmente criados*. Todos os enteais que se conscientizam, como as ondinas, os elfos, os gnomos, as salamandras, etc., *não* são entes criados, mas apenas desenvolvidos, oriundos da Criação. Desenvolveram-se, portanto, da parte enteal, desde a semente *enteal* inconsciente até o enteal consciente, pelo que, na conscientização, adquirem também formas humanas. Isso se processa sempre, simultaneamente com a conscientização. Existe no enteal a mesma gradação que no espiritual.

Os primordialmente criados dos elementos no enteal, da mesma maneira que os primordialmente criados no espiritual, têm forma masculina ou feminina, segundo a espécie de sua atividade. Daí o conceito na Antiguidade de *deuses* e *deusas*. É aquilo a que já me referi na minha dissertação "Deuses — Olimpo — Valhala". —

Uma grande e uniforme disposição perpassa a Criação e o Universo!

O ouvinte e o leitor de minhas dissertações trabalhe sempre em si mesmo, lançando sondas e pontes duma dissertação para a outra, bem como para fora, para os grandes e pequenos fenômenos do mundo! *Só então* pode compreender a Mensagem do Graal, percebendo que com o tempo ela se fecha num todo completo, sem deixar lacunas. Nos fenômenos, o leitor voltará sempre de novo para as disposições básicas. Pode esclarecer tudo e tirar conclusões de tudo, sem precisar modificar uma só frase. Para quem vê lacunas, falta a compreensão completa. Quem não reconhece a grande profundidade, aquilo que abrange tudo, é superficial e nunca tentou penetrar vivamente no espírito da Verdade aqui enunciada.

Que se associe àquelas massas que, em vaidade e na ilusão de já terem o máximo saber, seguem pela estrada larga. A ilusão do saber impede os assim perdidos de ver o que é vivo em outros pronunciamentos, e que ainda falta a seu saber aparente. Para onde olham, o que ouvem, por toda parte se antepõe a satisfação própria daquilo que julgam ter firmemente nas mãos.

Somente quando atingirem aquele limite que inexoravelmente condena tudo o que é inverídico, bem como toda a aparência, reconhecerão, ao abrir as suas mãos, que estas *nada* contêm que lhes possibilite uma continuação do caminho e dessa forma, por fim, o ingresso no reino do espírito. Mas então já é tarde demais para voltar pelo caminho e retomar o que foi jogado fora e não levado em consideração. Para tanto, não dá mais tempo. A porta de entrada está fechada. A última possibilidade, perdida. —

Enquanto o ser humano não se tornar *assim* como *deve,* pelo contrário, permanecer ainda preso naquilo que ele deseja, não pode falar de uma verdadeira condição humana. Deve ter sempre em conta que apenas se originou da *Criação,* e não diretamente das mãos do Criador.

"Jogo de palavras, no fundo é uma só coisa, apenas expressa de modo diferente", dizem presunçosos e podres frutos ocos dessa humanidade, porque sempre serão incapazes de intuir a grande diferença que aí existe. A simplicidade das palavras faz com que se enganem novamente.

Apenas quem é vivo dentro de si não passará descuidadamente por cima disso, mas intuirá as imensuráveis distâncias e os rigorosos limites.

Se eu quisesse mostrar já agora *todas* as divisões da *Criação,* muitas pessoas hoje, "em si" grandes, ao reconhecerem que as palavras contêm verdade, ficariam logo prostradas desesperadamente. Esmagadas pela percepção de sua nulidade e pequenez. A expressão tão frequentemente empregada "verme da terra" não é injustificada para os "superiores espiritualmente" que se vangloriam ainda hoje da inteligência, e os quais, em breve, muito em breve, hão de ser os ínfimos em toda a Criação, se até não pertencerem aos condenados. —

É chegado, pois, o tempo de reconhecer direito o mundo como tal. Não é sem razão que se separa o mundano do espiritual, mesmo na vida terrena. Essas denominações certamente se originaram da capacidade correta de pressentimento de diversas pessoas, pois refletem a diferença na Criação inteira. Também a Criação, podemos dividir em Paraíso e mundo, isto é, no espiritual e no mundano. Também com isso não fica excluído o espiritual do mundano, mas sim o mundano do espiritual.

O mundo, devemos denominar de matéria, que também é propulsada pelo espiritual. O espiritual é o reino espiritual da Criação, o Paraíso, onde fica excluído tudo o que é material. Temos, por conseguinte, Paraíso e mundo, espiritual e material, Criação primordial e desenvolvimento, a ser denominado também reprodução automática.

A verdadeira Criação é exclusivamente o Paraíso, o atual reino espiritual. Tudo o mais é apenas *desenvolvido,* portanto, não mais criado. E o *desenvolvido* deve ser designado com a expressão *mundo*. O mundo é transitório, desenvolve-se das emanações provenientes da Criação, imitando-a em imagens, impulsionado e mantido através de emanações espirituais. Amadurece, para então, no superamadurecimento, decompor-se. O espiritual, porém, não envelhece conjuntamente, mas sim permanece eternamente jovem, ou expresso de outro modo: eternamente igual.

Somente no *mundo* culpa e expiação são possíveis! Isso decorre da imperfeição do desenvolvimento posterior. Culpa de qualquer espécie é completamente impossível no reino do espírito.

A quem tiver lido com seriedade as minhas dissertações, isso é bem claro. Sabe que nada de todo o espiritual, que perflui o Universo, pode voltar à origem, enquanto ainda estiver aderida ao espiritual uma *partícula* de outra espécie, proveniente da peregrinação. A menor partícula torna impossível a ultrapassagem dos limites para o espiritual. Ela retém, mesmo que o espírito tenha avançado até o limiar. Com essa derradeira partícula não pode ingressar, porque essa partícula, devido a sua constituição diferente e inferior, não permite a entrada, enquanto ainda estiver aderida ao espiritual.

Só no momento em que tal partícula se desliga e cai para trás, o espírito se torna totalmente livre e adquire com isso a mesma leveza que existe na camada *mais inferior* do espiritual,

68. Criatura humana

tornando-se assim como lei para esta camada inferior do espiritual, que ele não só *pode,* mas *tem* de passar pelo limiar onde, primeiro, ainda havia sido retido por causa daquela derradeira partícula.

O fenômeno pode ser observado e descrito de muitos ângulos, pouco importando com que palavras a pessoa o retransmita figuradamente, ele permanece em si exatamente o mesmo. Eu posso enfeitá-lo com as mais fantásticas narrativas, posso servir-me de muitas parábolas para torná-lo mais compreensível, o fato em si, no entanto, é singelo, bem simples e provocado pela efetivação das três leis que frequentemente mencionei.

Enfim, pode-se dizer também, com razão, que no Paraíso jamais um pecado consegue manifestar-se; que não é atingido por nenhuma culpa. Consequentemente, apenas o que é criado tem valor integral, ao passo que mais tarde, naquilo que progressivamente se desenvolveu disso, como cópia da Criação, que foi cedida de todo ao espírito humano para o seu desenvolvimento e fortalecimento, como campo de atividade, pôde surgir uma culpa pela vontade errônea dos indolentes espíritos humanos, a qual tem de ser expiada por remição, antes que o espiritual seja capaz de regressar.

Quando sementes espirituais partem da Criação, isto é, do Paraíso, seguindo um impulso por elas escolhido, a fim de proceder a uma peregrinação por aquele mundo, então pode se dizer, evidentemente e de modo figurado, que os filhos deixam a terra natal, a fim de aprender e depois voltar plenamente amadurecidos. Tal expressão se justifica, se for tomada *figuradamente.* Tudo, no entanto, deve permanecer sempre figuradamente, não devendo ser transformado no sentido pessoal, conforme se tenta por toda parte.

Visto que o espírito humano só se carrega de culpa no mundo, por ser impossível algo assim no espiritual, evidentemente também não pode voltar para o reino espiritual, antes que se liberte da culpa que nele pesa. A tal respeito eu poderia tomar milhares de imagens, *todas* poderiam ter em si somente o único sentido fundamental que muitas vezes já dei na efetivação das simples três leis básicas.

Soa estranho a tantos, quando descrevo o fenômeno *de modo objetivo,* porque o que é figurado lisonjeia a sua presunção e o amor próprio. Prefere permanecer no seu mundo de sonhos, pois aí tudo soa muito mais bonito, aí ele próprio se sente muito mais importante do que realmente é. Comete assim o erro de não querer ver o que é objetivo nisso, excedendo-se em fantasias, perde assim o caminho e seu apoio, ficando apavorado, talvez até revoltado, quando lhe mostro agora, com toda a simplicidade e sobriamente, *como* a Criação é, e qual o papel que ele realmente representa nela.

É para ele uma transição, como a de uma criança pequena que nos braços afáveis da mãe ou da avó ouvisse contos, com os olhos cintilantes e as faces empolgadas de entusiasmo, para então ver, finalmente, o mundo e os seres humanos na realidade. Completamente diferente do que soa nos belos contos, contudo idêntico no fundo, numa análise mais rigorosa e retrospectiva desses contos. O momento é amargo, porém necessário, senão criança alguma poderia progredir, sucumbindo como "estranha ao mundo", com grande sofrimento.

Aqui não é diferente. Quem quiser ascender mais, terá de conhecer finalmente a Criação em toda a sua *realidade.* Terá de andar firme nos pés, não deve mais devanear em sentimentos que servem bem para uma criança irresponsável, mas não para uma pessoa madura, cuja força de vontade traspassa a Criação de modo beneficente ou perturbador, e assim a soergue ou a destrói.

Moças que leem romances, os quais, apresentados inveridicamente, apenas encobrem a vida real, experimentarão mui rapidamente amargas decepções na vida com a fantasia assim despertada, mui frequentemente ficarão até traumatizadas por toda a sua existência terrena, como presa fácil da falsidade inescrupulosa, da qual se aproximaram confiantemente. Não é diferente na evolução dum espírito humano na Criação.

Por isso, fora com tudo o que é figurado, que o ser humano nunca aprendeu a entender por ter sido demasiadamente comodista para a seriedade de uma interpretação certa. É chegado o tempo dos véus caírem, e ele ver claramente de onde veio, quais as obrigações impostas pela sua incumbência e também para onde terá de ir. *Para tanto necessita do caminho!* E esse caminho ele o vê claramente indicado na minha Mensagem do Graal, pressuposto que o *queira* ver.

A Palavra da Mensagem do Graal é viva, de modo que só se deixa encontrar profusamente por aquelas pessoas que têm na alma verdadeiro e sincero anseio! Tudo o mais ela repele automaticamente. Para os presunçosos e para os que procuram apenas superficialmente, a Mensagem permanece o livro com sete selos!

Somente quem se abrir espontaneamente, receberá. Se ele começa a leitura de antemão com disposição certa e autêntica, tudo o que procura florescer-lhe-á em maravilhosa realização! Todavia, os que não forem de coração inteiramente puro, serão repelidos por essa Palavra, ou ela se fechará diante dos falsos olhares. Não encontrarão nada!

E MIL ANOS SÃO COMO UM DIA!

QUEM das criaturas humanas já compreendeu o sentido dessas palavras; em que igreja são interpretadas direito? Em muitos casos são consideradas apenas como um conceito de vida sem tempo. Todavia, na Criação nada existe sem tempo e nada sem espaço. Já o conceito da palavra Criação tem de contradizer isso, pois o que é criado é uma obra, e cada obra tem uma limitação. Mas o que tem limitação não é sem espaço. E aquilo que não é sem espaço, tampouco pode ser sem tempo.

Há diversos mundos que formam a morada de espíritos humanos, segundo sua maturidade espiritual. Esses mundos são de densidade maior ou menor, mais próximos ou mais afastados do Paraíso. Quanto mais afastados, tanto mais densos e com isso mais pesados.

O conceito de tempo e de espaço restringe-se com a crescente densidade, com a mais firme compactação da matéria, com a maior distância do reino espiritual.

A diversidade do conceito de tempo e de espaço origina-se da maior ou menor capacidade de assimilação do vivenciar pelo cérebro humano, que por sua vez está ajustado ao grau de densidade do respectivo ambiente, portanto à espécie daquela parte do Universo em que o corpo se encontra. Sucede assim que devemos falar da diferença dos conceitos referentes a espaço e tempo nas diversas partes do Universo.

Existem, pois, partes do Universo que se acham muito mais próximas do Paraíso, do que aquela a que pertence a Terra. Essas mais próximas são de outra espécie de matéria, mais leve e menos compacta. Consequência disso é a possibilidade de um vivenciar mais amplo com plena consciência. Aqui denominamos isso vivenciar consciente.

As matérias de outra espécie pertencem à matéria grosseira de consistência mais fina, bem como à parte de consistência grosseira da matéria fina e, ainda, à matéria fina absoluta, ao passo que nos encontramos, atualmente, no mundo da matéria grosseira absoluta. Quanto mais refinada for a matéria, tanto mais permeável também será. Contudo, quanto mais permeável for uma matéria, tanto mais amplo e mais extenso para o espírito humano que se encontra no corpo será o campo da possibilidade de vivenciar conscientemente, ou digamos da possibilidade de receber impressões.

O espírito humano que habita um corpo mais grosseiro e mais denso, dispondo de um cérebro correspondentemente mais denso como estação intermediária dos fenômenos exteriores, encontra-se de modo natural mais firmemente isolado ou circumurado do que em uma espécie de matéria mais penetrável, menos densificada. Por conseguinte, na mais densa ele somente pode perceber em si acontecimentos ou deixar-se impressionar por eles até um limite mais restrito.

Quanto menos densa, porém, for uma espécie de matéria, tanto mais leve ela será naturalmente; com isso terá de se encontrar tanto mais alta e será, igualmente, também mais translúcida e, por conseguinte, também mais clara. Quanto mais perto se encontrar do Paraíso, em decorrência de sua leveza, tanto mais luminosa e radiante será também por esse motivo, por deixar passar as irradiações provenientes do Paraíso.

Quanto mais, pois, um espírito humano recebe, por meio de seu corpo, a possibilidade de um sentir vivo, devido a um ambiente mais leve, menos denso, tanto mais capaz será de vivenciar em si, de modo que no decorrer de um dia terreno poderá assimilar muito mais vivências em seu ambiente, do que uma criatura humana terrena com seu cérebro mais denso, em seu ambiente mais pesado e assim mais firmemente compactado. Conforme a espécie da permeabilidade, portanto conforme a espécie mais leve e mais luminosa do ambiente, um espírito humano consegue no decorrer de um dia terreno vivenciar tanto como num *ano* terreno, devido à assimilação mais fácil, e no próprio reino espiritual, no decorrer de um dia terreno, tanto como em mil anos terrenos!

Por isso está dito: "Acolá mil anos são como um *dia*". *Portanto, na riqueza do vivenciar,* cuja intensificação se orienta segundo o amadurecimento crescente do espírito humano.

O ser humano pode imaginar isso melhor, pensando em seus *sonhos!* Aí consegue frequentemente intuir, vivenciar realmente no espírito uma vida humana inteira num único minuto de tempo terreno! Vivencia aí as coisas mais alegres, bem como as mais dolorosas, ri e chora, vivencia seu envelhecer e, no entanto, gastou aí apenas o tempo de um único minuto. Na própria vida terrena necessitaria, para esse mesmo vivenciar, de muitos decênios, porque o tempo e o espaço do vivenciar terreno são demasiadamente limitados, prosseguindo assim cada degrau mui lentamente.

E como o ser humano na Terra somente em sonho pode vivenciar tão rapidamente, porque as algemas do cérebro foram aí tiradas parcialmente do espírito pelo sono, assim, nas partes mais luminosas do Universo, como espírito não mais tão fortemente algemado e mais tarde completamente livre, ele se encontra *sempre* nesse vivenciar ativo e rápido. Para o vivenciar real de mil anos terrenos não precisará mais tempo do que um dia!

INTUIÇÃO

CADA intuição forma imediatamente uma imagem. Nessa formação de imagem participa o cerebelo, que deve ser a ponte da alma para o domínio do corpo. É *aquela* parte do cérebro que vos transmite o sonho. Essa parte encontra-se, por sua vez, em ligação com o cérebro anterior, de cuja atividade se originam os pensamentos, mais ligados ao espaço e ao tempo, e dos quais, por fim, é composto o raciocínio.

Atentai bem, portanto, ao processo! Podeis aí distinguir nitidamente quando a intuição vos fala por meio do espírito, ou o sentimento por meio do raciocínio!

A atividade do espírito humano provoca no plexo solar a intuição, impressionando assim, concomitantemente, o cerebelo. A *efetivação* do espírito. Portanto, uma onda de força que *sai* do espírito. Essa onda o ser humano intui, naturalmente, ali onde o espírito dentro da alma se acha em ligação com o corpo, no centro do assim chamado plexo solar, que transmite o movimento para o cerebelo, o qual fica então impressionado.

Esse cerebelo, segundo a espécie determinada das diversas impressões, forma, igual a uma chapa fotográfica, a imagem do acontecimento desejado pelo espírito, ou que o espírito formou com sua poderosa força, através de sua vontade. *Uma imagem sem palavras!* O cérebro anterior recebe essa imagem e procura descrevê-la com palavras, com o que se dá a geração dos pensamentos que chegam então à expressão na linguagem.

O processo todo é na realidade muito simples. Quero repetir ainda uma vez: o espírito, com o auxílio do plexo solar, impressiona a ponte a ele dada, imprime, por conseguinte, em ondas de força uma determinada vontade no instrumento a ele entregue para tanto, o cerebelo, que logo retransmite ao cérebro anterior o que recebeu. Nessa retransmissão já se processa uma pequena modificação, pela condensação, visto o cerebelo acrescentar algo de sua própria espécie.

Como os elos que se articulam numa corrente, atuam os instrumentos no corpo humano, os quais estão à disposição do espírito para utilização. Todos eles agem, porém, *apenas formando;* não podem diferentemente. Tudo quanto lhes é transmitido formam de acordo com sua própria espécie peculiar. Dessa maneira, também o cérebro anterior recebe a imagem transmitida pelo cerebelo e, de acordo com sua estrutura um pouco mais grosseira, comprime-a pela primeira vez em conceitos mais restritos de espaço e tempo, condensando-a assim, e retransmitindo-a dessa maneira ao mundo de matéria fina, já mais palpável, das formas de pensamentos.

Logo a seguir, porém, já forma também palavras e frases, que então, por meio dos órgãos da linguagem, penetram como ondas sonoras formadas na fina matéria grosseira, para aí, por sua vez, provocarem um novo efeito, o qual acarreta o movimento dessas ondas.

A palavra falada é, portanto, uma manifestação das imagens por meio do cérebro anterior. Este, porém, também pode dar a direção da manifestação, em vez de para os órgãos da linguagem, aos órgãos da movimentação, pelo que se origina, em lugar da palavra, a escrita ou a ação.

Esse é o curso normal da atividade do espírito humano, desejada pelo Criador, na matéria grosseira.

É o caminho *certo* que teria conduzido ao desenvolvimento sadio na Criação, pelo qual nem era possível a humanidade perder-se.

No entanto, o ser humano saiu voluntariamente dessa via que lhe foi prescrita pela constituição do corpo. Com teimosia, interferiu no curso normal da corrente de seus instrumentos, fazendo do raciocínio o seu ídolo. Dessa maneira lançou toda a energia na educação do raciocínio, unilateralmente, apenas sobre esse ponto. O cérebro anterior, como gerador, foi forçado desproporcionalmente em relação aos demais instrumentos cooperadores.

Isso naturalmente se vingou. O funcionamento uniforme e em comum de todos os elos individuais foi derrubado e tolhido; com isso também qualquer desenvolvimento correto. O esforço máximo do cérebro anterior, *exclusivamente,* durante milênios, provocou seu crescimento muito acima de tudo o mais.

A consequência é a diminuição forçada da atividade de todas as partes negligenciadas, que tinham de ficar mais fracas pela menor utilização. A isso pertence em primeiro lugar o cerebelo, que é o instrumento do espírito. Disso decorre que a função do espírito humano, propriamente, não somente ficou fortemente impedida, mas muitas vezes interceptada e desligada totalmente. A possibilidade de correto intercâmbio com o cérebro anterior, através da ponte do cerebelo, está enterrada, ao passo que uma ligação direta do espírito humano com o cérebro anterior fica totalmente excluída, visto que sua constituição nem é adequada para isso. Depende, categoricamente, do pleno funcionamento do cerebelo, em cuja *sequência* se encontra, de acordo com a vontade de Deus, se quiser cumprir corretamente a função que lhe cabe.

Para receber as vibrações do espírito é necessária a espécie do cerebelo. Isso nem pode ser contornado, pois o cérebro anterior, já pela atividade, tem de preparar a transição para a fina matéria grosseira e, por isso, é também de constituição completamente diferente, muito mais grosseira.

No cultivo excessivo e unilateral do cérebro anterior encontra-se, portanto, o pecado hereditário do ser humano terreno contra Deus, ou, expresso de modo mais nítido, contra as leis divinas, que, como em toda a Criação, estão igualmente inseridas na distribuição correta de todos os instrumentos corpóreos.

A conservação dessa distribuição *correta* teria trazido em si, também, o caminho certo e reto para a ascensão do espírito humano. Assim, no entanto, o ser humano, em sua presunção ambiciosa, interferiu nas malhas do sadio atuar, destacando e cuidando de modo especial de uma parte disso, não atentando às demais. Isso *tinha* de acarretar desigualdade e estagnação. Mas se o curso do processo natural for impedido desse modo, então a doença, o falhar e por último uma emaranhada confusão e ruína terão de ser a absoluta consequência.

Aqui, no entanto, não entra em consideração apenas o corpo, mas em primeiro lugar o espírito! Com esse abuso do cultivo desigual de ambos os cérebros no decorrer dos milênios, o cérebro posterior foi oprimido pela negligência, e com isso impedido o espírito em sua atividade. Tornou-se *pecado hereditário,* porque com o tempo o cultivo excessivo e unilateral do cérebro anterior já é transmitido a cada criança, como herança de matéria grosseira, pelo que lhe dificulta de antemão, incrivelmente, o despertar e o fortalecimento espiritual, porque a ponte do cérebro posterior, indispensável para tanto, não lhe ficou mais tão facilmente transitável e mui frequentemente foi até cortada.

A criatura humana nem sequer pressente que ironia há nas expressões criadas por ela própria "cérebro e cerebelo", condenando-a gravemente! Essa acusação não poderia ter sido formulada de modo mais terrível contra o seu abuso da determinação divina! Ela marca com isso exatamente o pior de sua culpa terrena, uma vez que com criminosa teimosia mutilou de tal modo o instrumento fino do corpo de matéria grosseira que deveria auxiliá-la nesta Terra, que este não somente não lhe pode servir *assim* como foi previsto pelo Criador, mas *tem* de conduzi-la até as profundezas da perdição! Pecaram assim muito pior do que beberrões ou aqueles que, entregando-se a todas as paixões, destroem seus corpos!

E, além disso, ainda têm a arrogância de querer que Deus se lhes deva tornar *de tal modo* compreensível, que eles, no invólucro arbitrariamente desfigurado de seu corpo, também possam compreender! Por cima desse crime já praticado, ainda *essa* exigência!

Em desenvolvimento normal, a criatura humana teria podido escalar os degraus para as alturas luminosas de maneira fácil e cheia de alegria, se não tivesse interferido na obra de Deus com mão criminosa!

Os seres humanos do futuro terão cérebros *normais* que, trabalhando com uniformidade, se apoiarão então mutuamente, de modo harmonioso. O cérebro posterior, que se chama cerebelo, por estar atrofiado, robustecer-se-á então, porque chegará à atividade certa, até ficar em relação correta com o cérebro anterior. Então haverá novamente harmonia, e o contorcido e doentio terá de desaparecer!

Agora, sigamos para as *demais* consequências do modo de vida errado de até então: o cérebro posterior, demasiadamente pequeno na relação, dificulta, aos que hoje procuram de modo realmente sincero, distinguir o que neles seja legítima intuição e o que é simplesmente sentimento. Eu já disse anteriormente: o sentimento é gerado pelo cérebro anterior, ao atuarem seus pensamentos nos nervos do corpo que, irradiando retroativamente, obrigam ao cérebro anterior o estímulo da assim chamada fantasia.

Fantasias são imagens criadas pelo cérebro anterior. Não podem ser comparadas com as imagens formadas pelo cerebelo sob pressão do espírito! Temos aqui a diferença entre a expressão da intuição, como consequência duma atuação do espírito, e os resultados dos sentimentos provenientes dos nervos corpóreos. Ambos dão imagens que para os leigos são difíceis ou até impossíveis de reconhecer, apesar de existir aí uma tão enorme diferença. As imagens da intuição são legítimas e contêm força viva; as imagens do sentimento, porém, a fantasia, são simulações duma força emprestada.

A diferença, porém, é fácil para quem conhece a evolução da Criação inteira, observando-se a seguir a si próprio de modo rigoroso.

Nas imagens da intuição, que é a atividade do cerebelo, como ponte para o espírito, surge *primeiro* a imagem imediatamente, e só depois se transforma em pensamentos, pelo que então a vida sensitiva do corpo fica influenciada pelos pensamentos.

No entanto, nas imagens geradas pelo cérebro anterior dá-se o contrário. Aí os pensamentos têm de *anteceder*, a fim de estabelecerem as bases das imagens. Mas tudo isso se passa tão depressa, que quase parece uma só coisa. Com um pouco de prática em observar, contudo, uma pessoa pode, em pouco tempo, distinguir com exatidão de que espécie é o processo.

Outra consequência desse pecado hereditário é a confusão dos sonhos! Por esse motivo, as pessoas hoje não podem mais dar aos sonhos *aquele* valor que lhes caberia, propriamente.

O cerebelo normal transmitiria os sonhos, influenciado pelo espírito, de maneira clara e inconfundível. Quer dizer, nem seriam *sonhos,* mas *vivências* do espírito acolhidas e retransmitidas pelo cerebelo, enquanto o cérebro anterior repousa em sono. A atual força dominadora do cérebro anterior ou diurno, porém, exerce também durante a noite sua influência, irradiando sobre o sensível cérebro posterior. Este, em seu enfraquecido estado atual, acolhe as fortes irradiações do cérebro anterior, simultaneamente com as vivências do espírito, originando-se assim uma mistura semelhante à exposição dupla duma chapa fotográfica. Isso resulta, então, nos sonhos confusos atuais.

A melhor prova disso é que, muitas vezes, também surgem nos sonhos palavras e frases, que *só* se originam do funcionamento do cérebro *anterior,* o único a formar palavras e frases por estar ligado ao espaço e ao tempo mais intimamente.

Por essa razão, o ser humano agora também não está mais acessível, ou só precariamente, a advertências e ensinamentos espirituais através do cérebro posterior, e devido a isso muito mais exposto a perigos, dos quais, em caso contrário, poderia desviar-se pelas advertências espirituais!

Assim existem, além dessas mencionadas consequências más, muitas outras, que a interferência do ser humano nas determinações divinas trouxe consigo, pois na realidade *todo* mal se originou somente desse único falhar, hoje tão visível a qualquer um, e que foi tão só um fruto da vaidade, originado pela aparição da mulher na Criação.

Liberte-se, portanto, o ser humano finalmente das consequências do mal hereditário, se não quiser se perder.

Tudo, evidentemente, requer esforço, assim também isto. O ser humano *deve,* sim, despertar de seu comodismo, para tornar-se finalmente aquilo que já deveria ter sido desde o início! Beneficiador da Criação e transmissor de Luz para toda criatura!

A VIDA

O CONCEITO do ser humano sobre a vida tem sido errado até agora. Tudo quanto ele denominava vida, nada mais é do que um movimento impulsionado, que deve ser considerado apenas como efeito natural da verdadeira vida.

Na Criação inteira é, portanto, formador, maturativo, conservador e desintegrador apenas o efeito posterior do movimento mais ou menos forte. O raciocínio humano pesquisou esse movimento como sendo o mais elevado e aí encontrou os seus limites. Não pode ir além em suas pesquisas, por ser ele mesmo um produto desse movimento. Por isso denominou-o, por ser o máximo de seu reconhecimento, simplesmente "força" ou "força viva", ou denominou-o também "vida".

Contudo, não é força nem vida, mas tão somente um efeito natural e inevitável disso, pois força existe apenas na própria vida, é uma só coisa com ela, inseparável. Uma vez, pois, que a força e a vida são inseparáveis, a Criação, porém, apenas formada, conservada e novamente desintegrada pelo movimento, tampouco se pode falar de força nem de vida dentro da Criação.

Quem, portanto, quiser falar em descoberta da força primordial ou até em aproveitamento dessa força primordial por meio de máquinas, está enganado, porque nem poderá encontrar essa força dentro da Criação. Considera como tal algo diferente e o denomina, apenas segundo a sua acepção, erroneamente "força". Tal pessoa prova com isso, porém, não ter ideia alguma dos fenômenos na Criação ou dessa própria Criação; contudo, não pode ser censurada a respeito, pois coparticipa dessa ignorância com *todos* os seus semelhantes, instruídos ou não instruídos.

Por isso falei desde o começo na minha Mensagem de uma "força" que perflui a Criação, porque só dessa maneira eu podia tornar muitas coisas compreensíveis aos seres humanos.

Do contrário, nem teriam compreendido minhas explanações. Mas agora posso prosseguir e dar uma imagem que reflete de modo realístico os acontecimentos de todos os fenômenos. Essa descrição é nova, mas não altera *nada* de meus esclarecimentos até aqui dados, pelo contrário, tudo permanece exatamente assim como eu disse e *é real*. O novo em minha atual transmissão é apenas aparente, porque desta vez eu o ilumino de maneira diferente.

Dou com isso uma base firme, uma grande taça em que a pessoa pode colocar tudo o que foi dito na presente Mensagem, como um conteúdo borbulhante em contínuo movimento, perfazendo um todo, algo absolutamente entrelaçado, confluente. Assim, o ser humano ganha uma visão global inteiramente harmoniosa e inesgotável para ele, do grande fenômeno até aí desconhecido dele, o qual encerra em si seu próprio evoluir e existir.

O ouvinte e o leitor procurem, pois, conceituar em imagens o que eu lhes desenrolo:

Vida, vida real, é algo completamente autônomo, completamente independente. Do contrário, não deveria ser denominado de "vida". Essa, contudo, só se encontra em *Deus!* E uma vez que fora de Deus nada é realmente "vivo", só Ele tem a força que está na vida. Unicamente Ele, portanto, é a frequentemente chamada força primordial ou, aliás, a "força"! E na força reside, por sua vez, a Luz! A expressão "Luz primordial" para isso é identicamente errada como a expressão "força primordial", pois existe simplesmente apenas aquela Luz única e aquela força única: *Deus!*

A existência de Deus, da força, da Luz, portanto da vida, já por si só condiciona as Criações! Pois a Luz viva, a força viva não pode evitar *irradiações. E essas irradiações, pois, encerram todo o necessário para a Criação.*

A irradiação, porém, não é a própria Luz!

Portanto, tudo o que existe fora de Deus tem sua origem exclusivamente na irradiação de Deus! Essa irradiação, contudo, é para a Luz um efeito evidente. E esse efeito *sempre* existiu, desde a eternidade.

A intensidade da irradiação é, pois, nas proximidades da Luz, evidentemente mais forte, de maneira que nisso não pode haver nenhum outro movimento senão o absoluto e rigoroso *movimento para a frente,* que reside na irradiação. Assim emana de Deus para longe, para distâncias lendárias, cuja extensão um espírito humano não consegue imaginar.

Lá, porém, onde esse incondicional impelir para a frente, equivalente a uma pressão contínua e descomunal, diminui, por fim, um pouco, o movimento até então apenas impulsionador passa *para um* sentido *circular.* Esse sentido circular é provocado pelo fato de que a concomitante atração atuante da força viva retrai novamente tudo o que foi lançado além do limite da irradiação integral, até o ponto onde predomina o movimento que impele apenas para a frente. Originam-se assim os movimentos circulares em forma *elíptica,* por *não* ser uma movimentação *própria,* mas apenas produzida através do lançamento para além de certo ponto e o seguinte retraimento provocado pela atração que reside na força, portanto no próprio Deus.

Além disso, age aqui ainda o processo de cisão da irradiação em espécie positiva e negativa, o que ocorre na saída da esfera divina de incandescência branca.

Nesses movimentos circulares, onde a descomunal pressão da irradiação direta diminui, origina-se naturalmente também um ligeiro resfriamento e disso, por sua vez, uma determinada sedimentação.

Essa sedimentação desce mais, ou mais se afasta da irradiação originalmente mais forte, sendo, contudo, sempre mantida pela atração da força que tudo perpassa; contém, porém, sempre e simultaneamente ainda bastante força propulsora da irradiação, pelo que, por sua vez, surgem novos movimentos circulares dentro de limites constantemente diferentes, mas bem determinados. Assim se sucede sedimentação sobre sedimentação, formando-se nisso um plano de movimento elipticamente circular após outro, que produzem aglomerações e, por fim, formas cada vez mais firmes, mais e mais distantes da irradiação original e de sua descomunal pressão propulsora.

As gradações que daí se originam constituem planos onde se congregam e se mantêm determinadas espécies, conforme o grau de seu resfriamento. Esses planos ou espécies já descrevi em minha Mensagem como sendo os grandes planos básicos do espiritual, no lugar mais elevado da Criação, seguindo-se depois o enteal, a matéria fina e por último a matéria grosseira com suas muitas gradações. Que com isso todas as espécies mais perfeitas fiquem mais no alto, mais próximas do ponto de origem, por se assemelharem ao máximo com este, é natural, uma vez que nelas a atração da força viva tem de atuar de modo mais forte. — —

Conforme já disse, sempre existiu essa tão inconcebível e atuante irradiação da Luz, desde a eternidade.

No entanto, Deus não deixou essa irradiação ir e atuar além do limite em que a corrente absolutamente propulsora ainda formava uma linha reta, de maneira que a pura irradiação divina, sem resfriamento e os sedimentos daí decorrentes, ainda permaneceu resplandecente com toda a clareza. Isso constituía, com o próprio Deus, a eterna esfera divina! Nessa clareza jamais pôde surgir turvação, por conseguinte também nenhum desvio, nenhuma alteração. Tão só harmonia completa com a origem, a própria Luz, era possível. E ela se encontra inseparavelmente ligada a Deus, porque *essa* irradiação da força viva, seu efeito natural, não pode ser evitada.

A essa esfera divina, que se encontra sob a pressão, inconcebível ao espírito humano, da máxima proximidade da força viva, pertence, como extremo ponto de delimitação e ancoragem, o Supremo Templo do Graal propriamente dito, a imaginar-se também como o extremo polo terminal oposto. Encontra-se, por conseguinte, ainda no círculo do divinal e existe por isso desde toda a eternidade, e por toda a eternidade permanecerá inalterado, mesmo que a Criação um dia tivesse de reduzir-se a escombros.

Assim tem sido desde toda a eternidade. Algo incompreensível para o espírito humano.

Somente quando Deus, em Sua vontade, emitiu a grande expressão: *Faça-se a Luz!* as irradiações se lançaram, além do

71. A vida

limite até então desejado, para o espaço sem Luz, trazendo movimento e calor. E assim se iniciou a Criação que, gerando o espírito humano, pôde tornar-se sua pátria.

Deus, a Luz, não precisa dessa Criação. Se Ele limitasse outra vez a irradiação ao ponto em que é inevitável, de modo a restar apenas uma esfera de pureza divina, onde jamais pode ocorrer uma turvação, como já fora antes, então teria chegado o fim para tudo o mais. Mas com isso acabaria também a existência da criatura humana, que só *nela* pode ter consciência! —

A irradiação imediata da Luz *só* pode gerar o que é perfeito. Nas alterações dessa primeira pressão, porém, que se originam em decorrência das distâncias cada vez maiores, essa perfeição original diminui, porque no resfriamento progressivo separam-se continuamente partes individuais e ficam para trás. Pureza na perfeição exige a *pressão da irradiação divina em sua mais alta potência,* como somente é possível na proximidade de Deus. A pressão gera movimento, resultando aquecimento, calor e incandescência.

A pressão, por sua vez, é apenas o efeito da força, e não a própria força; como também as irradiações se originam apenas sob a pressão da força, mas não são a própria força. Por isso as irradiações na Criação são também apenas a consequência dum movimento correspondente que, por sua vez, tem de se ajustar de acordo com a respectiva pressão. Onde, portanto, não houver irradiações na Criação, também não há movimento ou, conforme dizem as pessoas erroneamente, nenhuma "vida". Pois cada movimento irradia, e a paralisação é o nada, a imobilidade, chamada de morte pelas criaturas humanas.

Assim, o grande Juízo só se dará por meio da aumentada pressão de um raio divino, retransmitido por um enviado de Deus encarnado na matéria grosseira, ao qual Deus deu uma centelha de *Sua força viva.* Só poderá resistir à pressão dessa *centelha* viva de força, que naturalmente não pode ser tão forte como a poderosa pressão da força viva no próprio Deus-Pai, tudo aquilo que vibrar *direito* nas leis da efetivação da força de Deus! Pois isso é assim fortalecido, mas não transformado em incandescência branca, porque não basta para isso a irradiação da força de uma centelha.

Tudo o que for perturbador, porém, será arrancado, impelido para fora de seus falsos movimentos, destruído e desintegrado, para o que a irradiação da força de uma centelha é completamente suficiente. Assim o grande Juízo de Deus se processa de forma totalmente automática e não fica, acaso, sujeito a uma arbitrariedade do enviado de Deus. Ocorre simplesmente baseado na lei de irradiações, que tinha de se formar como consequência da irradiação da força de Deus, pois tudo o que se move *direito* no pensar e no atuar irradia na matéria grosseira a cor violeta.

Mas o que é das trevas, do mal, ou tende para isso, quer no pensar ou no desejar, apresenta um *amarelo* turvo. Essas duas cores são, pois, fundamentais para o Juízo! Segundo a força de uma vontade ou de uma ação as irradiações são também fracas ou fortes. Com o enviado de Deus vem para a Criação um raio de Luz *divina* de modo inalterado; com isso também aqui para a Terra! A Luz divina fortalece e soergue o bem, portanto tudo quanto tiver a cor violeta terrena, ao passo que o amarelo turvo terreno é desintegrado e destruído por ela.

Segundo a espécie e a força de uma vontade ou de uma ação, mais forte ou mais fraca é a irradiação. E de acordo com isso, formam-se então também a espécie e a força do efeito julgador do raio de Luz divina, em imutável justiça!

Pode muito bem ser dito que a Criação se acha envolta e perpassada por uma gigantesca rede de irradiações multicoloridas. Essas irradiações, porém, são apenas a expressão dos diversos movimentos que têm sua origem na pressão da força viva em Deus. Com outras palavras: Deus em Sua força viva mantém a Criação. Tudo isso é certo, pouco importando qual a forma de expressão escolhida para tanto, deve apenas ser conhecida com exatidão a origem certa e o progressivo curso evolutivo, caso se queira iniciar algo com isso.

Como, pois, o grau máximo de calor faz incandescer até chegar ao *branco,* assim também ocorre na esfera divina, enquanto que com a diminuição dos graus pouco a pouco surgem outras cores, densificando-se tudo, mais e mais, com o resfriamento!

Para prosseguir esclarecendo nesses conceitos terrenos, quero dizer que o espírito humano jamais pode se tornar branco-incandescente, porque se originou num plano onde a pressão se achava em declínio, não sendo mais capaz de produzir aquele grau máximo de calor. Assim, em sua origem, ele é de uma espécie que não pode mais suportar conscientemente esse grau máximo de força. Ou pode-se dizer igualmente: somente com um bem determinado resfriamento surge o que é espiritual, podendo conscientizar-se. Também a espécie da qual se origina o "espírito", é apenas mais um *sedimento* proveniente da esfera divina, que tinha de se formar devido ao leve resfriamento, e assim por diante.

Tudo isso se amplia ainda mais, gradualmente. O primeiro sedimento da esfera divina forma o espiritual primordial, donde se originam os primordialmente criados. Só o sedimento destes produz a espécie donde podem se desenvolver os espíritos humanos. O sedimento dessa espécie produz, por sua vez, o enteal, do qual se sedimenta a matéria fina que, por sua vez, produz como último o que é de matéria grosseira. Todavia, existem ainda aí muitíssimos degraus intermediários de cada uma das espécies básicas aqui citadas, inclusive no divinal, os quais, como transições, tornam possível a ligação.

O *primeiro* sedimento proveniente da esfera divina é, como facilmente se compreende, também o de conteúdo mais rico, e por isso pôde tornar-se imediatamente autoconsciente, formando os assim chamados primordialmente criados, ao passo que o sedimento subsequente e proveniente desse primeiro sedimento não é mais tão forte, devendo se desenvolver pouco a pouco para uma conscientização. Daí se originam os espíritos humanos.

Devido ao conteúdo mais rico de sua espécie, os primordialmente criados se encontram, portanto, no lugar supremo da Criação, porque constituem o *primeiro* sedimento proveniente da esfera divina, ao passo que os espíritos humanos só se originaram do sedimento subsequente e, naturalmente, mesmo com plena maturidade, não podem chegar à altura dos primordialmente criados, especificamente mais ricos em conteúdo, devendo, pelo contrário, permanecer na altura de sua própria espécie.

Para escalar mais alto falta-lhes algo que não é possível complementar. A não ser que lhes fosse proporcionado algo diretamente da força viva de Deus, o que, contudo, não pode ocorrer pelo caminho natural de transição, mas sim teria de provir de uma parte viva de Deus transferida para a Criação, visto que com ela, como *força viva* própria e real, fica neutralizado o resfriamento da irradiação, que do contrário ocorreria imprescindivelmente na transição. Tão só ela está, portanto, em condições de juntar algo a um espírito humano, através de sua própria e imediata irradiação, o que lhe possibilita passar o limite da região dos primordialmente criados.

Quando do lançamento das irradiações para além dos limites da esfera divina, isto é, no princípio da Criação, originou-se do outro lado do limite extremo onde se encontra o Supremo e eterno Templo do Graal, portanto na parte mais espiritualizada da Criação, uma amplificação, de modo que também os primordialmente criados, do seu lado, possam visitar a parte nova do Supremo Templo, no espiritual, até o limite superior determinado pela sua espécie.

Um passo para cima, isto é, para a esfera divina, significaria para eles um imediato desfalecimento, um consumir-se na incandescência branca, se... pudessem dar esse passo. Mas isso é impossível, porque seriam simplesmente repelidos pela pressão muito mais forte da esfera divina, a que não estão afeitos, ou, dito de outra forma, essa pressão não os deixa entrar. De modo muito natural lhes impede a entrada, sem que aí precise acontecer algo mais.

Analogamente ocorre com os espíritos humanos desenvolvidos, em relação aos primordialmente criados e sua planície existencial.

Assim, o Supremo Templo do Graal com seu anexo espiritual encontra-se hoje como mediador entre o divinal e a Criação. Através dele têm de passar todas as irradiações necessárias à Criação, e o Filho do Homem, como Rei do Graal, é o único mediador que pode ultrapassar o limite da Criação para o divinal, devido à sua espécie de origem, que liga o divinal com o espiritual. Por esse motivo *tinha* de acontecer o mistério dessa ligação.

Só muito abaixo desse Supremo Templo do Graal e da região dos primordialmente criados encontra-se o Paraíso, como ponto mais alto e mais belo para os espíritos humanos que, plenamente amadurecidos na vontade divina, se ajustaram às leis da irradiação dela. — —

Não quero entrar aqui em pormenores, a fim de que a imagem em si, do fenômeno, não seja estendida excessivamente. Sobre isso ainda editarei livros para a ciência terrena, destinados ao estudo dos processos isolados, como, por exemplo, o desenvolvimento dos planos separadamente, seu interatuar e assim por diante. Nada deve ser saltado, senão ocasiona uma lacuna que logo provoca uma estagnação do saber humano.

Voltando, pois, um espírito humano terreno, amadurecido após longa peregrinação, aos limites determinados à sua espécie, portanto ao início de uma pressão mais forte, não poderá incandescer-se mais ainda do que sua plena maturidade já lhe permite incandescer. A pressão aumentada de uma força ainda mais reforçada, teria de fazer derreter e queimar a espécie de sua constituição, transformando-a para o grau de calor mais elevado, com o que o seu eu se perderia. Não poderia mais subsistir como espírito humano e teria de queimar, desfazendo-se na Luz branca, enquanto que já na região dos primordialmente criados, devido à pressão mais elevada ali reinante, desfaleceria.

A Luz branca, isto é, a irradiação de Deus, onde tão somente o que é divinal pode manter-se consciente, *contém, portanto, em si todos os componentes fundamentais da Criação,* os quais, no resfriamento lento, sedimentam para baixo, formam-se no movimento e congregam-se formados, contudo sem mais se absorverem reciprocamente, visto faltar-lhes a pressão específica para tanto. Em cada grau de resfriamento se estabelece um determinado sedimento que fica para trás. Primeiro o divinal, depois o espiritual e a seguir o enteal, até que finalmente apenas a matéria fina e a grosseira continuam descendo.

Assim a Criação é propriamente a sedimentação da irradiação da Luz viva, no progressivo resfriamento da Luz branca. O espiritual, bem como o enteal, só pode formar-se e conscientizar-se em um bem determinado grau de resfriamento, o que equivale à diminuição da pressão da irradiação de Deus.

Quando falo aqui de um derreter-se ou dissolver-se do espírito humano, sob uma pressão excessiva da irradiação da Luz, não é de se considerar acaso, com esse limite, o nirvana dos budistas, como estes talvez queiram interpretar meu esclarecimento. Meu atual esclarecimento trata apenas dos fenômenos na direção da Luz para baixo, ao passo que o nirvana seria o ponto culminante do caminho para cima.

Aí seria passado um ferrolho, pois para chegar desta Terra até o reino espiritual, o Paraíso, em cujo supremo limite se deve procurar aquele ponto, cada espírito humano, no estado "autoconsciente", já deve ter alcançado a máxima maturidade. Maturidade segundo a vontade divina, e não acaso segundo a opinião humana. Do contrário, não poderá entrar nesse reino. Estando, porém, como espírito autoconsciente, amadurecido até esse ponto, será rigorosamente retido, repelido pela aumentada pressão da esfera divina, já no limite. Mais adiante, não *pode!* E nem quer. Na esfera divina jamais conseguiria deleitar-se com as alegrias, visto não poder ser mais espírito humano lá, pelo contrário, seria fundido, ao passo que no reino espiritual, no Paraíso, encontra alegrias eternas e, com gratidão, nem mais pensa querer ser dissolvido totalmente.

Além disso, ele é *necessário* em seu pleno amadurecimento para o soerguimento e o aperfeiçoamento dos planos que ficam abaixo dele, que, em sedimentos ulteriores, só são capazes de resistir a uma pressão ainda menor do que ele próprio. Lá *ele,* o espírito humano, é o maior, porque resiste a uma pressão maior, necessitando dela até. —

A missão do espírito humano, pois, nessas camadas inferiores, é tornar acessível à influência das puras irradiações da Luz, tanto quanto possível, tudo o que estiver abaixo dele, com a força nele inerente, e assim poder agir como mediador, através da pressão mais forte, proporcionando bênçãos para tudo o mais, porque pode receber essa pressão superior e, repartindo, transmiti-la, a qual, purificando, desintegra tudo o que é impuro.

Infelizmente, nisso a criatura humana procedeu mal. Certamente se desenvolveu nas Criações tudo o que devia se desenvolver até agora, seguindo a pressão ou impulso, porém de modo errado, porque a criatura humana não somente falhou aqui, mas até conduziu enganadoramente para baixo, ao invés de para o alto! Por esse motivo originaram-se somente feias caricaturas de tudo, em lugar de beleza natural.

Ser natural, porém, significa subir, esforçar-se em direção ao alto, seguindo a atração da força viva. Pois pela naturalidade tudo se esforça somente para cima, como cada erva, cada flor, cada árvore. Assim, lamentavelmente, aquilo que a vontade humana conduziu, só ainda exteriormente apresenta *semelhança* com o que devia estimular.

Uma rica vida interior, por exemplo, muitas vezes é confundida exteriormente, em observação superficial, com o vazio que se mostra no esnobismo. A veneração pura de tudo quanto é belo é, em suas manifestações iniciais, também semelhante à baixa cobiça, pois ambas apresentam certo grau de entusiasmo, mas apenas uma é legítima, a outra é falsa, servindo tão só como meio à finalidade. Assim, a verdadeira graça é substituída pela vaidade, o verdadeiro servir simulado pela ambição. Dessa maneira prossegue tudo o que o ser humano criou. Raramente seus caminhos conduzem à Luz. Quase tudo propende para as trevas.

Isso tem de ser extirpado, para que dessa Sodoma e Gomorra venha, agora, o reino de Deus na Terra! Tudo finalmente ao encontro da Luz, para o que o ser humano é o mediador!

— — —

Da própria Luz, de Deus, não falo aqui. É-me demasiado sagrado! Além disso, o ser humano jamais poderia compreender isso; tem de se contentar por toda a eternidade *de que Deus é!*

ÍNDICE

1. Responsabilidade 7
2. Destino 12
3. A criação do ser humano 19
4. O ser humano na Criação 26
5. Pecado hereditário 31
6. Deus 33
7. A voz interior 37
8. A religião do amor 42
9. O Salvador 44
10. O mistério do nascimento 52
11. É aconselhável o aprendizado do ocultismo? 62
12. Espiritismo 66
13. Preso à Terra 75
14. A abstinência sexual beneficia espiritualmente? 79
15. Formas de pensamentos 82
16. Vela e ora! 90
17. O matrimônio 96
18. O direito dos filhos em relação aos pais 103

19. A oração 108

20. O Pai Nosso 114

21. Adoração a Deus 121

22. O ser humano e seu livre-arbítrio 130

23. Seres humanos ideais 153

24. Lançai sobre ele toda culpa 158

25. O crime da hipnose 162

26. Astrologia 167

27. Simbolismo no destino humano 171

28. Crença 179

29. Bens terrenos 182

30. A morte 185

31. Falecido 192

32. Milagres 198

33. O batismo 200

34. O Santo Graal 203

35. O mistério Lúcifer 210

36. As regiões das trevas e a condenação 219

37. As regiões da Luz e o Paraíso 224

38. Fenômeno universal 226

39. A diferença de origem entre o ser humano e o animal . . 238

40. A separação entre a humanidade e a ciência 242

41. Espírito 246

42. Desenvolvimento da Criação 248

43. Eu sou o Senhor, teu Deus! 257
44. A imaculada concepção e o nascimento do
    Filho de Deus 274
45. A morte do Filho de Deus na cruz e a Ceia 280
46. Desce da cruz! 285
47. Esta é a minha carne! Este é o meu sangue! 292
48. Ressurreição do corpo terreno de Cristo 295
49. Conceito humano e vontade de Deus na lei da
    reciprocidade 305
50. O Filho do Homem 309
51. A força sexual em sua significação para a ascensão
    espiritual 316
52. Eu sou a ressurreição e a vida; ninguém chega ao Pai,
    a não ser por mim! 330
53. Matéria grosseira, matéria fina, irradiações,
    espaço e tempo 338
54. O erro da clarividência 345
55. Espécies de clarividência 349
56. No reino dos demônios e dos fantasmas 358
57. Aprendizado do ocultismo, alimentação de carne ou
    alimentação vegetal 375
58. Magnetismo terapêutico 381
59. Vivei o presente! 383
60. O que tem o ser humano de fazer para poder entrar
    no reino de Deus? 386
61. Vês o argueiro no olho de teu irmão e não atentas
    para a trave no teu olho 389

62. A luta na natureza 392

63. Efusão do Espírito Santo 398

64. Sexo. 401

65. Pode a velhice constituir um obstáculo para a ascensão espiritual? 405

66. Pai, perdoai-lhes, pois não sabem o que fazem! 407

67. Deuses — Olimpo — Valhala 430

68. Criatura humana 444

69. E mil anos são como um dia! 454

70. Intuição 457

71. A vida 463

AO LEITOR

A Ordem do Graal na Terra é uma entidade criada com a finalidade de difusão, estudo e prática dos elevados princípios da Mensagem do Graal de Abdruschin "NA LUZ DA VERDADE", e congrega as pessoas que se interessam pelo conteúdo das obras que edita. Não se trata, portanto, de uma simples editora de livros. Se o leitor desejar uma maior aproximação com as pessoas que já pertencem à Ordem do Graal na Terra, em vários pontos do Brasil, poderá dirigir-se aos seguintes endereços:

Por carta
ORDEM DO GRAAL NA TERRA
Rua Sete de Setembro, 29.200 – CEP 06845-000
Embu das Artes – SP – BRASIL
Tel/Fax: (11) 4781-0006

Por e-mail
graal@graal.org.br

Pela Internet
www.graal.org.br

Fonte: Times
Papel: Pólen Soft 70g/m²
Impressão: Mundial Gráfica